FRANCKE

Bodie Thoene

Eine Tochter aus Zion

Überarbeitete Neuausgabe

FRANCKE
Verlag der Francke-Buchhandlung GmbH

Die Deutsche Bibliothek - CIP-Einheitsaufnahme

Thoene, Bodie:
Eine Tochter aus Zion / Bodie Thoene. [Dt. von Traute Reil-Kaczorowski]. -
Überarb. Neuausg.. - Marburg an der Lahn : Francke, 2000
(Zion-Chroniken / Bodie Thoene ; Bd. 2)
(Francke-Lesereise)
Einheitssacht.: A daughter of Zion <dt.>
ISBN 3-86122-459-3

Originaltitel: A Daughter of Zion

Published by Bethany House Publishers, Minneapolis, USA

Deutsch von Traute Reil-Kaczorowski
Umschlaggestaltung: Reproservice Jung, Wetzlar
Umschlagbild: Dan Thornberg
Satz: Verlag der Francke-Buchhandlung GmbH
Druck: Wiener Verlag, Himberg, Österreich

Francke-Lesereise

Inhaltsverzeichnis

Prolog: Jerusalem, der sechste Tag des Ab, 70 n. Chr.

Unaufhörlich ertönte seit drei Tagen und Nächten das Krachen der Rammböcke. Und die wenigen Menschen, die noch innerhalb der Tempelmauern lebten, waren durch das Dröhnen, das von den Wänden widerhallte, dem Wahnsinn nahe.

Elisabeth presste den schlafenden Jungen noch enger an sich, als sie daran dachte, was geschehen würde, wenn die Tore schließlich brechen würden. Ihr Blick verweilte auf seinem Kopf mit dem zerzausten Haar. Sanft berührte sie seine Stirn, sein Ohr und streichelte schließlich mit den Fingerspitzen über seine Wangen. Was für Hoffnungen hatte sie am Tage seiner Geburt gehegt! Als ein Erstgeborener aus dem Hause Levi hatte er dem Herrn in seinem heiligen Tempel in Jerusalem dienen sollen. Aber nun wusste sie, dass es anders kommen sollte. Aaron, ihr Sohn, das einzige Kind, das ihrem Schoß entstammte, sollte mit ihr zusammen sterben. Und mit ihnen würde auch die Hoffnung ihres Volkes sterben.

Mit festem Griff umfasste sie die Mesusah, die Enoch ihr am Tage ihrer Hochzeit geschenkt hatte. Die zierliche goldene Kapsel glitzerte im Mondlicht. Mit winzigen Buchstaben eingraviert, enthielt sie die Verheißung, die Elisabeth und Enoch gewählt hatten, um ihrem gemeinsamen Lebensweg Sinn und Halt zu geben: „Ich habe euch mit immer währender Liebe geliebt ...“ Aber all dies wurde nun von den Eroberern mit Füßen getreten. Und ihr Liebstes lag schlafend in ihren Armen und würde bald nie mehr erwachen.

Der Kleine regte sich, sah seine Mutter, die ihn in schlaflosem Kummer betrachtete, zunächst schweigend an und sagte schließlich: „Mama, ich bin durstig. Dürfen wir jetzt Wasser trinken?“

Sie nickte und half ihm auf seine dürren Beine. Schon vor Tagen waren die letzten Lebensmittel aufgezehrt worden, nur Wasser gab es im Tempel immer noch im Überfluß. Unter seinem Hof befand sich ein Netz von Aquädukten und Zisternen, die Wasser von den Quellen des Kidrontales herbeiführten. Es konnte zwar sein, dass die Menschen in Jerusalem verhungern würden, aber die Könige des alten Israel hatten dafür gesorgt, dass sie nicht verdursten mussten.

Sie nahm Aaron auf den Arm und ging vorsichtig um die Menschen herum, die auf den Steinen des Frauenhofes schliefen und deren unruhigen Schlaf das Dröhnen der Rammböcke mit einem tödlichen Rhythmus untermalte. Während sie Aarons Kopf wiegte und den Jungen noch fester an sich drückte, füllten sich Elisabeths Augen mit Tränen.

„Wo ist Papa?", fragte der Junge.

„Fort, mein Sohn. Still jetzt. Nur noch einen Augenblick, und dann gibt es Wasser." Sie unterdrückte ein Schluchzen, als sie an ihren tapferen, wundervollen Enoch dachte. Vor einer Woche war er durch die Stadtmauern geschlüpft, um nach Wurzeln zu suchen. – Er war nicht mehr zurückgekehrt. Am nächsten Morgen hatte der Priester es ihr berichtet: Enoch war einer von Hunderten, die nun, ans Kreuz geschlagen, die Straße zum Berg Zion säumten. Sie war selbst auf die Mauer geklettert, weil sie sich gegen den Gedanken gesträubt hatte, dass jemand, der so jung und tapfer war, gefangen werden und einen solchen Tod erleiden konnte. Sie hatte sich selbst überzeugen müssen. Und als ihr Blick dem ausgestreckten Arm des Priesters gefolgt war, der dorthin deutete, wo Enoch hing, war sie innerlich gestorben. Wäre nicht Aaron gewesen, sie hätte sich von der Mauer auf die darunter liegenden Felsen gestürzt. Aber sie hatte sich dazu durchgerungen, noch eine Stunde, noch einen Tag zu leben, immer darauf hoffend, dass wenigstens ihr Sohn mit dem Leben davonkommen würde.

„Kommt Papa bald zurück?", fragte der Junge.

„Still jetzt, Aaron. Hier ist Wasser."

Sie näherte sich den dunklen Gestalten von vier jungen Zeloten, die neben der offenen Zisterne standen und in deren schwarze Tiefe starrten. „Er ist da. Ich habe ihn gefunden!", hallte eine hohle Stimme aus der Tiefe herauf.

„Aber das Wasser. Wie tief ist das Wasser?“, rief einer der Männer, die neben der Zisterne standen.

„Etwas mehr als knietief. Der Gang ist eng. Wenn wir gut genährt wären, könnten wir es nicht schaffen. Aber hier ist er tatsächlich, der Weg nach draußen.“

Die Männer hatten Elisabeth bisher nicht bemerkt; zu sehr erfüllte sie die Hoffnung, ihrem selbst geschaffenen Gefängnis entkommen zu können.

Als sie jedoch ungläubig und vor Erregung etwas zu laut fragte: „Habt ihr den Fluchtweg gefunden?“, fuhren sie erschrocken auf und wandten sich drohend zu ihr um.

„Wo kommst du her?“ Ein Mann, der wie eine Vogelscheuche aussah, trat einen Schritt auf sie zu.

„Wir sind wegen des Wassers gekommen“, entgegnete sie und drückte Aaron wieder fest an sich.

„Nun werden es also bald alle im Hof wissen und schreiend vom Teich her angelaufen kommen, bis auch der letzte Römer im Lager den Fluchtweg findet“, sagte der kräftige Zelot in angewidertem Tonfall.

„Ihr könnt uns doch mitnehmen“, erwiderte Elisabeth hastig.

„Oder euch auf der Stelle töten“, meinte ein anderer und machte einen Schritt auf sie zu. Seine Schwertklinge blitzte im Mondschein.

„Das würde sie jedenfalls davor bewahren, von den Römern missbraucht zu werden, meint ihr nicht auch?“, fügte er drohend hinzu.

„Nein, wartet.“ Die Vogelscheuche trat zwischen sie. „ Sie hat ein Kind, um das sie sich kümmern muss.“ Er legte seine Hand schützend auf Aarons winzigen Rücken. „Ich hatte auch einen Sohn.“ Dann stellte er sie zur Rede: „Wer bist du, Tochter Zions?“

„Ich bin Elisabeth, die Frau Enochs des Leviten, der gekreuzigt worden ist.“

Er nickte und stand dann einen Moment lang schweigend da.

„Los!“, flüsterte der Mann in der Zisterne heiser. „Du verschwendest wertvolle Zeit.“

„Töte sie!“, knurrte der Kräftige.

„Wird das Kind weinen, wenn wir euch mitnehmen?“

„Du wirst nicht weinen, nicht wahr, Aaron?“, fragte sie den Jungen bittend.

„Nein, Mama. Ich werde tapfer sein wie Papa.“

„Dann komm, Frau.“ Die Vogelscheuche nahm sie am Arm und half ihr in das kühle Wasser der Zisterne. Als sie über die raue Steinkante glitt, verfing sich der Lederriemen, an dem ihre goldene Mesusah hing, und riss, so dass Enochs Geschenk in der Tiefe der Zisterne verschwand.

„Mein Amulett!“, schrie sie auf und beugte sich zum Wasser hinunter.

„Los, Frau. Lass das! Lass es!“

„Aber das ist alles, was mir noch von meinem Mann geblieben ist!“

„Willst du sterben, du Närrin?“ Die Vogelscheuche packte sie hart am Arm. „Du hast ein Kind. Du musst an den Sohn denken, der dir vom Körper deines Mannes geblieben ist. Folge mir!“, kommandierte er. Das Feuer der Fackel leckte an der Decke des engen Aquäduktes und sein Schein spiegelte sich im Wasser und an den Wänden wider, die einen so schmalen Gang bildeten, dass sie sich seitlich hindurchschieben mussten, um vorwärts zu kommen.

Elisabeth tauchte die hohle Hand ins Wasser und hielt sie an Aarons durstige Lippen. Er schlürfte geräuschvoll und bat um mehr, während die Zeloten vor ihnen stetig weitergingen.

Elisabeth beeilte sich, ihnen zu folgen, obwohl ihre nassen Kleider sie hinunterzogen und beim Vorwärtsgehen behinderten.

„Wohin gehen wir, Mama?“, fragte Aaron, während das Licht durch den langen Tunnel tanzte.

„In die Freiheit!“, keuchte Elisabeth. „Zum Leben.“

Teil 1

Die Reise

1. Januar 1948

„Ein Schatz ist uns noch geblieben – der Mut, der nach der Verzweiflung kommt."

Jitzhak Lamden

1. Jerusalem

Der winzige Lammspieß in der Mitte der riesigen schwarzen Bratpfanne wirkte erbärmlich und verloren. Rachel wischte sich die Hände an der Schürze ab und betrachtete stirnrunzelnd die Lammstücke, die sie auf einen Spieß gesteckt hatte. Dann zählte sie mit geschürzten Lippen die winzigen Tropfen Knoblauch, die sie mit der Knoblauchpresse auf das Fleisch träufelte. „Von dem Lämmchen ist nicht viel übrig geblieben“, meinte Rachel mit einem augenzwinkernden Lächeln zu Jakov, der ihr gebannt zusah. „Aber auch wenn es klein ist, müssen wir ihm Achtung entgegenbringen, nicht wahr? Wenn mich Ellie zum Busbahnhof bringt, musst du also den guten Professor Moniger daran erinnern, dass er es mit Fett begießen soll. Sonst schrumpft es wie Schuhleder!“

Bei dem Gedanken daran verzog Jakov voller Ekel sein Gesicht und rückte seine Augenklappe zurecht. „Wenigstens bleibst du so lange, bis du das Fleisch gewürzt hast!“, meinte er seufzend. „Gut und koscher, wie Großvater es mag. Was für ein Essen! Aber ich wünschte, du könntest bleiben und es zusammen mit uns essen. Lamm und Gemüserollen und dazu gute weiße Challah! Das Neujahrsfest der Gojim ist ein sehr schöner Feiertag, finde ich. Und David hat uns für später auch noch ein amerikanisches Neujahrsprogramm versprochen. Kannst du nicht heute Abend bei uns bleiben und erst später in die Altstadt fahren?“

Rachel nahm Jakovs Kinn in die Hand. Tatsächlich erschien es ihr merkwürdig, dass ihr so eine wichtige und gefährliche Aufgabe übertragen würde, da sie doch im Grunde einzig und allein den Wunsch hatte, in der Küche zu hantieren, sich um Jakov zu kümmern und endlich in Frieden zu leben. Wenn Mosche nicht zu ihr hinsah, betrachtete sie ihn oft mit versonnenem Blick. Da ihr Herz nicht mehr so versteinert war wie früher und inzwischen wieder Gefühle zuließ, malte sie sich dann aus, wie ihr Leben wohl verlaufen wäre, wenn sie weder das Mal auf ihrem Arm noch das in ihrem

Herzen trüge. „Kleiner Bruder“, sagte sie schließlich zärtlich, „ich muss gehen. Ich muss es für unser Volk tun. Und auch für mich selbst.“

„Ja, Schwester.“ Er stieß mit der Fußspitze gegen die Bodenfliesen, und sein Kinn zitterte leicht. „Kommst du denn zurück?“

„Ja.“ Sie hob sein Kinn noch etwas höher und küsste ihn leicht auf die Wange. „Ich komme zurück.“

„Wann?“

„Bald.“

„Morgen?“

„Bald. Vergiß nicht, den Professor daran zu erinnern, dass er das Lamm übergießen soll, ja? Abgemacht?“

Jakov nickte. „Ich habe gehört, wie Captain Luke Thomas gesagt hat, dass es in der Altstadt sehr gefährlich ist. Er sagt, es ist ganz wichtig, dass du bald zurückkommst.“

„Es ist nicht gut für dich, zuzuhören, wenn der Captain, Mosche und der Professor sich unterhalten“, schalt Rachel und wandte sich wieder ihrer Arbeit zu.

„Du hast mir doch gesagt, ich soll fragen, ob sie noch Kaffee wollen. Kann ich es da verhindern, wenn sie sich vor mir einfach weiter unterhalten, während ich warte, um ihr Gespräch nicht zu unterbrechen?“ Er schnaufte ärgerlich und nestelte wieder nervös an seiner Augenklappe. „Ich habe gehört, was der Captain dir in dem Fleisch und dem Brot und dem Gemüse gebracht hat. Du musst sehr vorsichtig sein, Rachel. Ich wäre sehr traurig, wenn du in die Luft gesprengt würdest, so kurz nachdem ich dich wiedergefunden habe.“

„Ich auch, kleiner Bruder.“ Sie zauste ihm lächelnd das Haar und musste dann doch laut auflachen, als sie daran dachte, was der Captain, versteckt in den Lebensmitteln für das abendliche Festessen, alles mitgebracht hatte. In den Broten hatten sich zwei auseinander genommene Pistolen, in dem Lammfleisch eine Handgranate und im Gemüse Sprengkapseln befunden.

In nicht einmal drei Stunden würde sie als Kurier einen Bus der Linie zwei besteigen. Sie würde Waffen zu den Soldaten bringen, die das belagerte jüdische Viertel hinter den alten Mauern der Jerusalemer Altstadt nicht aufgaben, obwohl sie fast verteidigungsunfähig waren. Abgesehen von dieser Mission, gedachte sie dort, bei ihrem Volk, auch noch einige andere Dinge zu erledigen. Aber dies waren geheime Gedanken, die sie weder Mosche noch diesem aufgeweckten Kind erzählen konnte, das jetzt neben ihr in der Küche stand. „Dann sag mir also, Jakov", meinte sie, „wollen sie denn noch Kaffee?"

„Nur der Professor und Mosche. Captain Thomas möchte gerne Tee, wenn du welchen hast."

Seufzend füllte Rachel den Kessel und eilte dann durch den Flur zu Howards Arbeitszimmer, wo Luke, Howard und Mosche leise die Verteidigung der Altstadt besprachen.

„Vierzehn Gewehre?"

„Das ist alles. Und sie sind leider alle alt."

„Und was ist mit Israels ältesten Waffen?", wollte Howard von Luke wissen.

Luke räusperte sich ungemütlich. „In Sicherheit. Vor aller Augen versteckt." Er zögerte einen Augenblick und fuhr dann fort: „Es geht das Gerücht um, dass sowohl der Mufti als auch die britische Regierung für die Schriftrollen mehrere tausend Pfund bieten."

Mosche stieß ein bitteres Lachen aus: „Die Briten würden sie gerne in London ausstellen, und der Mufti fände Vergnügen daran, sie bei einer Massenveranstaltung der Moslems zu verbrennen, nicht wahr?"

Howard nickte. „Ich glaube, wir haben wohl alle Beteiligten davon überzeugt, dass die Schriftrollen in jener Nacht in Bethlehem abhanden gekommen sind."

„Gut", meinte Luke leise. „Aber da ist mir noch ein Gedanke gekommen." Er zwirbelte stirnrunzelnd seinen Schnurrbart. „Ich kann mir nicht im Entferntesten vorstellen, was solche Sachen wert sind, aber der Preis wäre doch bestimmt hoch genug, um Waffen für eine ganze Armee kaufen zu können."

Drückendes Schweigen lastete auf dem Raum, bis Howard schließlich das Wort ergriff: „Das steht völlig außer Diskussion, Luke. Ich weiß, dass du einen praktischen Vorschlag aus der Sicht eines Soldaten machst, aber ..."

Luke hüstelte und zuckte die Achseln. „War ja nur so eine Idee", meinte er entschuldigend. „Auf jeden Fall, Howard, reise ich in einigen Monaten nach England ab. Wenn du möchtest, kann ich sie ja dann mitnehmen und in Sicherheit bringen."

„Ich sehe keine andere Möglichkeit, sie aus Jerusalem hinauszuschmuggeln", meinte Mosche. „Ich habe den starken Verdacht, dass wir unter Beobachtung stehen."

„Falls mir irgendetwas passieren sollte, bevor ich nach Hause zurückkehre" – Luke senkte seine Stimme –, „musst du wissen, Howard, dass ich dir meine Muschelsammlung vermacht habe."

Howard lachte in sich hinein. „Die würde sich ganz gut in meinen Schaukästen machen."

An der halb geöffneten Tür zum Arbeitszimmer angekommen, zögerte Rachel einen Moment, während sie Mosche zärtlich von hinten ansah. Sein Haar war wirr, und er hatte einen Bademantel an, den er wegen des schweren Gipsverbandes an seinem Arm nur lose übergehängt hatte. Ein Gefühl der Wärme durchströmte sie, während sie sein dunkles Haar und die Neigung seines Kopfes betrachtete. Einen Moment lang stockte ihr der Atem, dann wandte sie ihren Blick von ihm ab – plötzlich voller Scham über die Gefühle, die sie für diesen freundlichen, sanften Mann empfand. *Er hat etwas viel Besseres als eine Frau wie mich verdient,* dachte sie und kniff ihre Augen fest zusammen. *Einen besseren Menschen als mich.* Sie klopfte leise an die Tür, um sich bemerkbar zu machen, und betrat dann schnell das Zimmer, ohne es zu wagen, Mosche anzusehen, obwohl sie spürte, dass sein Blick auf ihr ruhte.

„Nur das Mädchen!", rief Howard gut gelaunt.

„Zweimal Kaffee? Und einmal Tee für Sie, Captain Thomas?"

„Ja, bitte." Luke räusperte sich, um nicht zu zeigen, dass er über das sehnsüchtige Verlangen, das er in Mosches Augen las, lächeln musste.

Rachel stellte die leeren Tassen auf ein Tablett und verließ dann eilig das Arbeitszimmer, um wieder in die Küche zu gehen, die Jakov inzwischen verlassen hatte. Sie zitterte und war außer Atem, einzig und allein, weil sie in Mosches Nähe gewesen war. Während sie das Tablett auf die Arbeitsplatte stellte, starrte sie seine Tasse an. Dann legte sie langsam ihre Hände darum, hob sie an den Mund und berührte mit ihren Lippen zärtlich die Stelle, die auch seine Lippen berührt hatten. „Ach, Mosche", flüsterte sie, während sie die aufsteigenden Tränen zurückhielt, „ich kann nicht wieder hierher zurückkommen. Ich darf dich nicht wiedersehen. Niemals darf ich das. Ich darf es nicht zulassen, dass ich dich liebe. Nicht jetzt. Und auch nicht später."

2. Das Zion-Tor

Captain Luke Thomas schlug den Kragen seines schweren Übermantels hoch und klopfte dann ungeduldig mit der Mündung seiner Maschinenpistole gegen seinen Oberschenkel. Er und sechs britische Soldaten, die seinem Kommando unterstanden, drängten sich jämmerlich frierend unter dem Torbogen des Zion-Tores und schauten in das Treiben der Schneeflocken, die über Jerusalem wirbelten. Der Schnee hatte sich nicht nur an der zerklüfteten Oberfläche der massiven Steinmauer um die Altstadt abgesetzt, sondern verzierte auch die Gebäude der Neustadt wie Zuckerguss ein Lebkuchenhaus. Der ungefähr zehn Zentimeter hohe Schnee bedeckte sowohl die Kopfsteinpflasterstraßen der Altstadt als auch die matschige Straße der Neustadt, die sich, von ausgewaschenen Furchen durchzogen, zuerst um den Berg Zion und dann durch das felsige Kidrontal hinauf bis zu dem Tor wand, an dem Luke und seine kleine Gruppe gerade warteten. *Unter ihrer weißen Decke,* sinnierte Luke, *sieht die Stadt der Gläubigen ganz friedlich aus, weil man das Blut nicht sieht, das Juden und Araber hier vergossen haben.* Die zerklüfteten Berge aus verbogenem Metall und zerbröckeltem Beton, von denen erst vor einer Woche die Schreie der Opfer des letzten Bombenattentats zu hören gewesen waren, fügten sich nun in stiller Harmonie in die weichen Konturen der umliegenden Gebäude ein. Es war, als ob Gott es müde geworden wäre, den unerbittlichen, hasserfüllten Kampf mit anzusehen, der Juden, Araber und Engländer entzweite und der das Gesicht der Heiligen Stadt verzerrte, um deretwillen er geweint hatte.

„Ach, Jerusalem, Jerusalem", sagte Luke leise, während er durch den weißen Vorhang zum Ölberg hin schaute. Er seufzte schwer. Nicht mehr lange, und diese Schönheit würde wieder einmal vom Blut unschuldiger Menschen befleckt werden, die zwischen die Fronten derjenigen Juden und Araber gerieten, die das Land für sich beanspruchten.

„Was ha'm Se gesagt, Captain?", fragte die raue Stimme Sergeant

Hamiltons, dessen ständig rotes Gesicht und Beleibtheit ihm den Spitznamen „der dicke Ham“ eingetragen hatten.

„Nichts.“ Luke sah an sich hinab und lächelte dünn. „Nichts“, wiederholte er matt . „Ich habe nur laut gedacht.“

„Schön is' das, nich', Sir?“ Der rundliche kleine Sergeant schob seine Mütze höher und grub die Spitze seines blitzblank polierten Stiefels in den Schnee, der um ihren Unterstand lag. „Muss wohl auch so ausgeseh'n haben, als *er* hier war, wenn Se wiss'n, was ich mein', Sir. Kaum zu glauben, dass jetzt Juden und Araber da draußen sind, um sich auszudenken, wie se sich gegenseitig das Gehirn aus 'm Kopf blasen könn'n. Und wir mitt'n drin, was? Aber eins is' sicher“ – er schneuzte sich geräuschvoll in ein frisches weißes Taschentuch –, „es is' nich' einer unter uns, der nich' froh is', wenn er wieder in England is' und nich' mehr hier in dieser Suppe, wenn Se wiss'n, was ich mein', Sir.“

„Ja“, meinte einer der Männer zustimmend. „Ich wär' für 'n warmes Ale in einem englischen Pub.“

„Nur noch vier Monate, Leute, und dann geht's heim nach England“, verkündete Ham.

Der Jubelschrei der anderen Männer schallte leise vom Torbogen herüber: „Heim nach England!“

„Gott schütze den König!“, rief ein anderer freudig.

„Und Gott schütze die Juden, wenn wir nich' mehr da sind, was, Captain?“, meinte Ham und stellte sich neben Luke, der immer noch in das Schneetreiben starrte.

„Ohne Gottes Schutz wird eine Rettung der Juden wohl nicht möglich sein, Ham“, entgegnete Luke ruhig. „Die arabischen Freischärler strömen ins Land, und das arabische Oberkommando hat das Blut jedes in Palästina lebenden Juden gefordert. Ja, Gott schütze die Juden. Auf etwas anderes wagen sie ohnehin nicht zu hoffen. Und wenn wir nicht mehr hier sind, werden sie leider auch keinen anderen Schutz gegen fünf bewaffnete arabische Nationen haben.“

„Nich', solange das Waffenembargo gegen sie verhängt is', was, Captain? Nich', dass ich etwa Politik hinterfrage, Sie versteh'n, Sir, aber glaub'n Se nich' auch, dass es 'ne ziemliche Schande is', dass es nich' mal 'n ehrlicher Kampf sein wird? Ich mein', die armen Teufel ham ja nich' mal'n Gewehr zur Hand."

„Leider können die Juden kein souveräner Staat sein, bis England offiziell abzieht, Ham, was bedeutet, dass sie bis dahin keine Waffen zu ihrer Verteidigung kaufen können. Und wenn wir dann weg sind ..."

„Dann isses für sie zu spät. Sam Baxter hat mir erzählt, dass alle arabischen Nation'n Panzer und Soldaten an den Grenzen zusammengezog'n ham. Die warten nur drauf, die Grenze zu überschreiten, sobald der letzte britische Soldat in die Heimat fährt. Die Juden wer'n dann nich' mal Zeit ham, Waffen zu kaufen, wenn Se wiss'n, was ich mein', Captain."

Luke nickte erbittert, und seine Miene verdüsterte sich, als er sich an die Worte des Muftis erinnerte: „ *Wir werden die Juden ins Meer treiben.* "

Haj Amin Husseini, Großmufti von Jerusalem, hatte bereits damit begonnen, gegen seine meistgehassten Feinde, die jüdische Bevölkerung Palästinas, Krieg zu führen. Mit Terroranschlägen und Überfällen aus dem Hinterhalt hatten seine Jihad-Moqhaden, die heiligen Kämpfer des Islam, unterstützt von den angrenzenden arabischen Nationen, bereits ihren Angriff gegen die ungläubigen Juden begonnen. Und während die jüdischen Opfer zum Begräbnis auf den Ölberg gebracht wurden, beantwortete die jüdische Terroristenbande Irgun täglich Gewalt mit Gewalt, indem sie ihrerseits die unschuldige arabische Bevölkerung angriff. *Wenn weiter nach dem Motto ‚Auge um Auge, Zahn um Zahn' verfahren wird, dann wird Jerusalem bald blind und zahnlos sein,* dachte Luke. Die frommen Chassidim, die innerhalb der Altstadtmauern lebten und ihrem Glauben nachgingen, waren von feindlichen Arabern umzingelt und vom übrigen Jischuv im wahrsten Sinne des Wortes abgeschnitten. Nur noch eine dünne Lebensader verband sie über das Zion-Tor mit der Neustadt.

Luke sah auf seine Armbanduhr und musste bereits seine Augen anstrengen, um das Zifferblatt in der blauen Abenddämmerung des ersten Abends des neuen Jahres 1948 erkennen zu können. Es war halb sechs. Der Bus der Linie zwei, der letzte Bus zum Zion-Tor, hatte bereits dreißig Minuten Verspätung. Diese Strecke war die gefährlichste in der Stadt. Denn nachdem das Fahrzeug mit der verblichenen blauen Farbe und der schützenden Panzerung die Sicherheit des Busbahnhofes von Egged im Herzen des jüdischen Jerusalem verlassen hatte, musste es sich erst durch die arabischen Teile der Stadt winden, bevor es seine letzte Station, das Zion-Tor und die Altstadt, erreicht hatte.

Von Lukes Männern, die unter dem Bogen des verschlossenen Tores standen, war ein gereiztes Murren zu hören. Der gepanzerte Mannschaftswagen, der den Bus eskortierte, brachte nämlich auch die Soldaten mit, die sie von ihrer undankbaren Aufgabe ablösen sollten, den einzigen Zugang zum jüdischen Viertel der Altstadt zu bewachen. Eine halbstündige Verspätung des Busses bedeutete also für sie nicht nur, dass sie eine halbe Stunde länger auf das Abendessen warten mussten, sondern auch eine halbe Stunde länger kalte Füße und kalte Nasen hatten.

„Wie lang müss'n wir denn noch wart'n, Captain? Wir ham alle noch nich' den Rausch von der letzten Nacht ausgeschlaf'n", stöhnte Smiley Hitchcock, dessen unglücklicher Gesichtsausdruck seinen Namen Lügen strafte.

„Ja", meinten die anderen zustimmend. „Was ham diese Kerle eigentlich für 'n Recht, unsere Zeit zu verschwenden?"

Luke rieb sich schnaufend mit seiner behandschuhten Hand über seine kalte Wange. „Ganz ruhig, Jungs. Vielleicht ist der Bus im Schnee stecken geblieben."

Den Gedanken, dass die Wachablösung vielleicht bis zu den Knien in einer Schneewehe steckte und den Bus mit militäreigenen Spaten ausschaufeln musste, empfand die kleine Gruppe als tröstlich. Sie lehnten sich gegen den steinernen Torbogen und überdachten in befriedigtem Schweigen die missliche Lage ihrer säumigen Kameraden. Hier waren sie immerhin einigermaßen vor den Unbilden des Wetters geschützt.

„Besser der Bus versinkt auf der Hin- als auf der Rückfahrt!" Smiley erschauerte bei dem Gedanken, nicht nur einen jüdischen Bus auf seiner Fahrt durch die feindlichen arabischen Gebiete entlang der Straße zum Zion-Tor bewachen, sondern gleichzeitig auch noch gegen den Schneesturm ankämpfen zu müssen.

„Was mein'n Sie, Captain – ob die Araber wohl was aushecken?", fragte Harney, ein junger Soldat mit rosigen Wangen.

„Ach, hör doch auf damit." Smiley stieß ihn heftig in die Rippen. „Du weißt doch, dass der Mufti die Hunde zurückgepfiffen hat, nachdem er letzte Woche die Ben Yehuda Street in die Luft gesprengt hat. Harney, der wird es doch weg'n so 'm armselig'n Ding wie 'nem Bus nich' riskier'n, dass ihm die ganze Welt, die sowieso schon entrüstet is', auf'n Leib rückt, also nee."

„Na, gut", fiel ein stattlicher junger Soldat namens Matthew ein. „Dann bin ich dafür, dass wir den großen langen Schlüssel nehmen, den der Captain in der Hand hat, und ihn zusammen mit einem Zettel an das Tor nageln. Darauf schreiben wir den Burschen die Nachricht: ‚Sind zum Tee gegangen.' Was meinen Sie, Captain?" Er trat einen Schritt vor.

„Dafür ist später noch Zeit genug, Leute." Luke ließ ihnen den Spaß, um die Zeit totzuschlagen. Dann sah er wieder voller Unruhe über die Verspätung des Busses auf seine Armbanduhr.

„Man sagt, der Mufti is' zum Tee gegangen", warf Ham ein.

„Wahrscheinlich eher nach Kairo, Sergeant", setzte Smiley hinzu. „Und es wär' gut, wenn wir ihn und seinesgleichen los wär'n, sag' ich. Ich hab' ein'n Tag lang zerfetzte Kinder aus dem Schutt der Ben Yehuda Street rausgeholt", meinte er und schüttelte erbittert den Kopf.

„Juden. Araber. Die sind doch alle gleich", knurrte ein junger Captain namens Stewart, der einen verbitterten Eindruck machte. Er war erst vor zwei Wochen aus England gekommen und der Patrouille als Beobachter zugeteilt. Seine Augen schienen in den dunkler werdenden Schatten zu glühen.

„Was is' denn mit dem da?", flüsterte Smiley Ham zu.

Stewart spuckte in den Schnee und knurrte: „Es is' nich' immer nur der Mufti, der irgendwelche Sachen in die Luft sprengt. Waren denn nich' ein paar von euch hier, als diese Schweine von der jüdischen Irgun den Regierungstrakt des King David Hotels hochgehen ließen?" Die Männer starrten ihn schweigend an.

„Ein Punkt für Sie", nickte Smiley. „Ein Punkt für ihn. Die ham massenhaft Engländer und arabische Regierungsangestellte umgebracht, jawohl. Ich und Sergeant Ham hier, wir ham noch vom Y.M.C.A.-Gebäude auf der anderen Straßenseite zerfetzte Leute von der Wand abgekratzt. Stimmt's Sergeant?"

Ham versetzte ihm als Antwort einen Rippenstoß. „Jetzt reicht's, Smiley", meinte er leise, als er das sprachlose Entsetzen sah, das über Stewarts kantiges junges Gesicht glitt.

„Eine blutige Schweinerei war das", fuhr Smiley unbeirrt fort.

„Tja, Sir, ich wollte nur sagen, dass ich der gleichen Meinung bin wie der Captain. Ich ..."

„Nun ist's aber genug", bellte Luke und trat drohend auf Smiley zu, der verwirrt über die plötzliche Missbilligung seines vorgesetzten Offiziers zur Mauer zurückwich, dort die Hacken zusammenschlug und zackig salutierte. „Jawoll, Sir!", rief er laut mit starr geradeaus gerichtetem Blick.

Luke erwiderte seinen Gruß und ließ dann seinen Blick über die rasch in der Dunkelheit versinkende Landschaft schweifen, in der Hoffnung, endlich die schwachen Scheinwerfer des Busses ausmachen zu können.

Alle Augen verharrten zunächst auf Smiley, der nach dem Gruß seine Hand sinken ließ. Dann richteten sie sich verwirrt auf Ham. Dieser beugte sich zu dem begriffsstutzigen Smiley hin und flüsterte heiser: „Du Tölpel! Stewarts Bruder ist im King David umgekommen."

* * *

Ellies Hände waren schweißnass und zittrig, als sie die Handbremse des alten schwarzen Plymouth Sedan kräftig anzog, um den Wagen zu parken.

„Ich finde es einfach abscheulich, im Schnee zu fahren!", meinte sie mit einem flüchtigen Lächeln zu Rachel Lubetkin, die staunend die sanft fallenden Schneeflocken betrachtete.

„Wo ich herkomme, meine Freundin", erwiderte diese mit dem unverkennbaren Akzent ihrer polnischen Heimat, „ist dies nur ein bisschen Schnee. Aber trotzdem, ist es nicht ein Wunder, dass es auch in Jerusalem Schnee gibt? Ich kann mich nicht daran erinnern, dass Großvater in seinen Briefen so etwas erwähnt hätte, außer in einem einzigen. Und als meine Mutter das las, schüttelte sie den Kopf und erzählte uns dann, dass es auch nur ein einziges Mal so viel geschneit hatte, während sie als junges Mädchen hier lebte. Damals haben sie die Jeschiva-Schüler hinausgeschickt, damit sie draußen spielen und Gott auf den Straßen loben konnten."

„Nächstes Mal denkst du bitte daran, dass ich aus Kalifornien komme, und dann nehmen wir lieber ein Taxi, ja?" Ellie fuhr sich über die Stirn und stieß einen tiefen Seufzer aus.

„Ich glaube, die Taxifahrer finden den Schnee auch nicht so angenehm." Rachel beobachtete, wie sich die heruntergekommenen jüdischen Taxis langsam durch die Jaffa Road zu dem düsteren, gedrungenen Busbahnhof von Egged schoben. Dann hielten sie am Bordstein hinter dem blassblauen Rumpf des Busses der Linie zwei, öffneten ihre Türen, und die Fahrgäste ergossen sich auf den Bürgersteig wie Zirkusclowns, die in einem Kleinwagen zusammengepfercht gewesen waren. „Wer passt heutzutage überhaupt noch in ein Taxi?"

Ellie betrachtete argwöhnisch die Reihe der Wagen. „Ich habe das unbestimmte Gefühl, dass deren Profil genauso abgefahren ist wie das von dieser alten Kiste hier." Sie nahm angestrengt blinzelnd die Reifen der Linie zwei in Augenschein. „Rachel, sieh dir bloß die Reifen des Busses an. Willst du allen Ernstes in diesem Ding fahren? Die sind ja so glatt wie Billardkugeln."

Unter günstigsten Bedingungen betrug die Höchstgeschwindigkeit eines Busses beim Anstieg auf den Zion ungefähr fünfzehn Stundenkilometer. Mit der schweren Eisenpanzerung musste der Motor jedoch selbst bei gutem Wetter Höchstleistungen vollbringen. Doch an diesem Abend, vermutete Ellie, konnte man von Glück sagen, wenn es der Bus überhaupt zum Zion-Tor schaffte.

„Vielleicht ist die britische Eskorte derselben Meinung wie du."

Rachel sah zu den vermummten Soldaten, die sich abwechselnd in die Hände bliesen und mit den Füßen stampften, während sie sich mit dem Busfahrer auseinander setzten. Die Zornesröte im Gesicht, gestikulierte dieser heftig mit seinen behandschuhten Händen in Richtung der in der Ferne liegenden Altstadt. Er wusste so gut wie Ellie und Rachel, dass die Fracht, die er bis an die Schwelle der belagerten Altstadt bringen sollte, in dieser Nacht das Tor passieren musste. Die Soldaten, die normalerweise die jüdischen Passanten auf Waffen hin durchsuchten, hatten von der Jewish Agency bereits beträchtliche Bestechungsgelder erhalten. Heute Nacht, und zwar nur heute Nacht, würden sie den dreizehn jungen Haganah-Mitgliedern keine Beachtung schenken, wenn diese, mit Pistolen und Maschinenpistolen unter ihrer groben, weit geschnittenen orthodoxen Kleidung, den Bus bestiegen. Rachel, der einzige weibliche Fahrgast der Gruppe, war, wie Onkel Howard es vor einer Stunde formuliert hatte, „bis zur Unansehnlichkeit bepackt".

„Tja, da ist irgendwas los." Ellie sah, wie zwei weitere britische Panzerwagen durch die Jaffa Road rasten und vor dem Busbahnhof schlingernd zum Stehen kamen. „Bist du bereit?"

Rachel nickte, stieg aus und nahm noch einen kleinen abgenutzten Koffer aus dem Wagen. Sie zögerte jedoch einen Moment, als die Soldaten aus ihren Fahrzeugen kletterten und vorsichtig über den glatten Bürgersteig und dann durch die Drehtür in die geflieste Eingangshalle schlenderten. *Sind alle diese Untergebenen der britischen Mandatsregierung bestochen worden?*, fragte sie sich. *Oder werden sie mich durchsuchen und festnehmen wie all die anderen Juden, die versucht haben, sich gegen den bevorstehenden arabischen Angriff zu wappnen?*

Ellie nahm sie beim Ellbogen und ging mit ihr zum Eingang des Gebäudes. „Was ist da los, Ellie?", fragte Rachel.

„Mosche hat uns ja gesagt, dass es hier von Soldaten wimmeln würde. Verhalte dich also ganz normal. Ich habe ja meine treue Kamera und meinen Presseausweis dabei, und so wird sich dir gegenüber schon niemand unverschämt benehmen und es riskieren, fotografiert zu werden."

„Unverschämt?“

„Sie werden vielleicht die Männer abtasten. Aber diese Burschen wollen nicht dabei erwischt werden, wie sie eine Frau filzen. Das *Life*Magazin wird nämlich auch in London veröffentlicht.“ Sie klapperte vielsagend mit den Augenlidern. „Glaubst du, diese Burschen möchten, dass ihre Mütter erfahren, dass sie unschuldige orthodoxe Mädchen durchsuchen, um ihren Lebensunterhalt zu verdienen? Ich werde in deiner Nähe bleiben, bis du einsteigst.“

Beide dachten insgeheim daran, dass auf jeden Juden, der mit einer Waffe angetroffen wurde, die Todesstrafe wartete. Ungeachtet dessen, dass Rachel nicht die leiseste Ahnung hatte, wie man eine Maschinenpistole lädt oder eine Handgranate zündet, brachte sie allein die Tatsache, dass sie solche Dinge bei sich trug, mit den jüdischen Terrorakten in Verbindung. Und diese standen inzwischen dem Entsetzen, das die Übergriffe des Muftis verbreiteten, in nichts mehr nach. Aus diesem Grunde hatte sich die Haganah, was „Verteidigung“ bedeutet, entschlossen, ihre Waffen einzig und allein zu Verteidigungszwecken zu gebrauchen. Und die heiligen Stätten der Altstadt waren die Orte, die Verteidigung am nötigsten hatten. Da in der Altstadt nur zweitausend orthodoxe Juden lebten, die es als ihr einziges Lebensziel betrachteten, die Gesetze der Thora zu erfüllen, waren dort nur einige überalterte Gewehre aus dem Ersten Weltkrieg zu finden. Zwar waren inzwischen fast hundert Haganah-Mitglieder, als Jeschiva-Schüler verkleidet, an den britischen Torwächtern vorbeigeschlüpft, aber jeden Tag wurde es schwieriger, Männer und Material in die Altstadt zu schmuggeln. Rachel wusste, dass ihre bevorstehende Busfahrt sehr wohl die letzte Fahrt der Linie zwei zum Zion-Tor sein konnte.

Als Ellie und Rachel die Eingangstür des Gebäudes erreichten, durchbrach der schrille Ton der Sirene eines Krankenwagens die Stille. Der Fahrer und die beiden Soldaten des Geleitschutzes sahen auf und blickten dem hellen Blinklicht entgegen, das auf sie zukam.

„Es ist sehr wahrscheinlich, dass es Tote und Verwundete beim Konvoi von Tel Aviv gegeben hat“, berichtete ein hoch gewachsener, hagerer Soldat dem Fahrer. „Sind Sie bereit, es mit Ihren Fahrgästen zu wagen, auch wenn die Araber wieder unter Waffen stehen?"

„Vielleicht sind die Araber alle im Bab el Wad beschäftigt. Jerusalem ist nicht Bab el Wad, wissen Sie." Damit hatte der Fahrer das Gespräch auf die enge Schlucht gebracht, die sich aus dem Tal nach Jerusalem hinaufwand. Seitdem vor einem Monat die Vereinten Nationen die Teilung Palästinas in zwei Staaten beschlossen hatten, waren jüdische Fahrzeuge, die von Tel Aviv kamen, ständig von den arabischen Freischärlern des Muftis angegriffen worden. Für Jerusalem, das mit seinen 100 000 Einwohnern tief im Herzen des arabischen Gebietes lag, war die schmale Schlucht von Bab el Wad die einzige Verbindung mit Tel Aviv, und diese Verbindung wurde täglich zerbrechlicher.

Ellie nahm die Frauen und Männer in Augenschein, die in der Eingangshalle standen und auf Nachricht von ihren Freunden und Lieben warteten, die an diesem Tage unterwegs nach Jerusalem waren. Einige standen mit von Sorge gezeichneten Gesichtern in kleinen Gruppen in der Nähe der Tür. Eine junge Frau in einem hellblauen Kleid saß verloren auf einer harten Holzbank, hatte die Hände vors Gesicht geschlagen und schluchzte. Ein älterer Mann in einem zerlumpten Wollpullover und mit einer Fischermütze auf dem Kopf saß neben ihr, rauchte eine Zigarette nach der anderen und starrte mit leerem Blick auf die beschädigten Fliesen zu seinen Füßen. Einige britische Soldaten standen an der Wand in der Nähe des Trinkwasserbrunnens. Sie waren genauso besorgt um ihre Kameraden, die pflichtgemäß den Konvoi nach Tel Aviv begleitet hatten. Wörter wie „Heckenschützen" und „Landminen" waren in ihrer Umgebung zu hören. Sie hatten ihre Gewehre geschultert und nahmen keine Notiz von der merkwürdigen Gruppe von Jeschiva-Schülern in der Halle, die darauf warteten, die Linie zwei besteigen zu können. In ihren langen schwarzen Mänteln und breitkrempigen Hüten wirkten sie so, als läge ein ganzes Jahrhundert zwischen ihnen und den ihnen gegenüberstehenden schwer bewaffneten Dienern der britischen Mandatsregierung. Aber auch sie waren Soldaten und Offiziere – der Haganah. Ellie warf ihnen kurz einen prüfenden Blick zu und fragte sich neugierig, wie sie es wohl geschafft hatten, die Waffen, die sie ihres Wissens ja bei sich trugen, so gut zu tarnen. Unter ausgebeulten Hosen trugen sie Maschinenpistolen, die ihnen mit Riemen ans Bein gebunden waren. Unter ihren hohen Hüten waren vielleicht eine oder mehrere Handgranaten und unter den Rändern ihrer Taffits Patronengurte verborgen. Sie bemühte sich, nicht hinzusehen, als ein bärtiger, bebrillter Haganah-Mann direkt auf die Soldaten zuging, zwischen die beiden Offiziere trat und geräuschvoll aus dem Trinkwasserbrunnen trank, während diese ihre Unterhaltung über seinen Kopf hinweg fortsetzten.

„Das nenne ich natürliches Verhalten", flüsterte Ellie Rachel zu, als sie nur ungefähr drei Meter von den Haganah-Leuten entfernt Sitzplätze auf einer fast leeren Bank in der Nähe des Fahrkartenschalters fanden.

Der schmächtige Mann am Brunnen wischte sich die Lippen mit dem Handrücken, bevor er gemächlichen Schrittes wieder zu seiner Gruppe zurückging. Sein Gesicht zeigte keinerlei Regung, während er sich mit einem großen, behäbigen jungen Mann unterhielt, der auf Ellie ganz und gar den Eindruck eines Ringkämpfers machte. Sie konnte zwar die Sprache der beiden nicht verstehen, aber sie sah zumindest, dass der Ringer zunächst seine Augenbrauen leicht hob und dann finster die Stirn runzelte.

Rachel beugte sich zu Ellie hin und flüsterte ihr zu: „Er spricht Polnisch."

„Was hat er gesagt?"

„Die Engländer wissen noch nicht genau, welchen Schaden der Konvoi von Tel Aviv erlitten hat. Es sind jedoch Verwundete im Fahrzeug. Es wurde auch vom Ziviltransport aus auf die Angreifer geschossen. Sie sagen, man wird jeden verhaften, der eine Waffe trägt, mit der man auf Araber schießen kann."

„Hat jemand die Araber festgenommen, die den Konvoi angegriffen haben?"

Rachel hob einen Finger, damit Ellie nicht weiterredete, während sie dem Gespräch der beiden Männer lauschte. „Die Araber sind geflohen, als das Panzerfahrzeug ankam. Möglicherweise sind auch Engländer verwundet. Aber man weiß es nicht genau."

Eine Welle der Angst erfasste Ellie, als sie ihre junge jüdische Freundin ansah und ihr Profil mit der gebogenen Nase eingehend betrachtete. Die orthodoxe Kleidung mochte wohl die Waffen, nicht aber die auffallende Schönheit Rachel Lubetkins verbergen. Und nun sollte Rachel eine Zielscheibe der Feindseligkeit arabischer Muslime werden.

„Bist du auch ganz sicher, dass du das wirklich willst, Rachel?", fragte Ellie.

Rachel lehnte sich auf der harten Holzbank zurück und lächelte ihrer besorgten rothaarigen Freundin zuversichtlich zu.

„Ellie", sagte sie leise, während sie Ellie über die Hand strich, mit der diese die große schwarze Kamera hielt, „es wird schon gut gehen mit mir. Wie sagt ihr in Amerika? Okay, nicht wahr? Ich werde ganz okay sein."

Rachel zog ihre linke Augenbraue ein wenig hoch und betrachtete prüfend ihre Freundin, deren äußere Erscheinung unverkennbar amerikanisch war. In ihrem blaugrünen Pullover und der schwarzen Jersey-Hose machte Ellie den Eindruck, als habe sie vor, Ski zu fahren. Rachel hatte in Ellies amerikanischen Zeitschriften Bilder von solchen Frauen gesehen. „Du kennst die Lebensweise der orthodoxen Juden nicht, meine Freundin." Sie fuhr mit der Hand über das marineblaue Kopftuch, das den seidigen Glanz ihres schwarzen Haares bedeckte. „In Polen, als ich noch ein junges Mädchen war, gehörte ich zu den Chassidim. Mein eigener Vater war Rabbi. Ich werde meinem Volk einen sehr guten Dienst erweisen, und du, meine süße, liebe Freundin, wirst ihm auf andere Weise dienen, nicht wahr?" Der Blick ihrer dunkelblauen Augen fiel auf die Kamera, die in Ellies Schoß lag.

„Aber die Altstadt, Rachel. Sie ist jetzt so gefährlich. Überbringe bitte nur die Botschaft und komm dann sofort wieder zurück." Ellie empfand geradezu körperlichen Schmerz, als sie sich ausmalte, was den wenigen Auserwählten, die die heiligen Plätze innerhalb des jüdischen Viertels der Altstadt verteidigen sollten, sicherlich zustoßen würde. Ihre Augen suchten Rachels fein gemeißelte Gesichtszüge.

Schwarz-geränderte kobaltblaue Augen erwiderten zärtlich ihren Blick. „Nicht einmal das Zeug, das du anhast ...“ Sie klappte kurz den Aufschlag von Rachels abgetragenem schwarzen Mantel hoch. „Glaubst du, dass dich nicht irgend so ein arabischer Typ bemerkt, wenn ihr beim Betreten des jüdischen Viertels gefangen werdet? Glaubst du, dass du innerhalb der Altstadtmauern sicher bist? Rachel, hast du nicht schon genug durchgemacht? Warum schicken sie nicht Frauen dorthin, die hier aufgewachsen sind, wenn sie jemanden brauchen, der eine Botschaft überbringt?“

Rachel legte ihre Hand unbewusst auf die Stelle ihres Unterarmes, an der sich die hässliche blaue Tätowierung „Nur für Offiziere“ befand. Diese hatte sie früher als das Eigentum eines Nazibordells ausgewiesen. „Gerade weil ich so viel gesehen habe und mit dem Leben davongekommen bin, muss ich gehen. Mosche und ich haben stundenlang darüber gesprochen. Er stimmt mit mir in diesem Punkt überein. Es ist meine Mizwah, meine Pflicht, mein Volk in der Altstadt zu warnen. Durch deine Sorge um mich kannst du mich nicht umstimmen.“ Sie sah sich stirnrunzelnd in der dicht bevölkerten Eingangshalle um. „Ich bitte dich nur um eins.“

„Sag es mir.“ Ellie beugte sich eilfertig vor.

„Da mein Großvater hier in der Neustadt im Krankenhaus liegt und ich fortgehe in seine heimatlichen Mauern in der Altstadt, kommt mir der Gedanke, dass ich ihn vielleicht nie wiedersehen werde.“ Sie hielt inne und sah Ellie forschend an.

„Die Ärzte sagen, er wird wieder gesund“, meinte Ellie zuversichtlich.

„Daran zweifle ich nicht.“ Rachel wartete, bis in Ellies Augen Verständnis aufflackerte; ein Verständnis, das deutlich zeigte, dass jeder Augenblick eine Gefahr für Rachel in sich bergen konnte. „Wenn es passieren sollte, dass ich nicht zurückkomme und es eines Tages kein jüdisches Viertel mehr gibt, in das mein Großvater und mein kleiner Bruder heimkehren können, und wenn du feststellen solltest, dass meine Augen sie vielleicht in diesem Leben nicht mehr wiedersehen, dann bitte ich dich, dass du irgendwie ..." Als sie stockte, verschloss Ellie ihr sanft mit den Fingern die Lippen.

„Sprich es nicht aus, ja?" Ihre Stimme zitterte. „Du bist ..." Sie atmete tief durch und begann dann wieder, fast überwältigt von dem Gedanken, dass dies vielleicht die letzten Augenblicke waren, in denen sie ihrer Freundin ins Gesicht sehen konnte: „Weißt du, dass du auch für mich etwas ganz Besonderes bist? Also nimm dir einfach vor, wieder lebend zurückzukommen, ja?"

„Ja, aber ..."

„Kein ‚Aber' ..."

„Aber wenn es nicht sein soll, musst du mir versprechen, dass du ihnen helfen wirst, ja? Großvater ist so alt. Und Jakov ist noch so jung. Und wir haben uns gerade erst wiedergefunden. Ich muss wissen, dass du meine Schwester sein wirst, meine kleine Goj-Freundin, wenn ich nicht hier bin."

Ellie nickte und konnte lange nichts sagen. „Ich wünschte nur, Mosche ließe mich mit dir gehen."

„Hast du nicht andere wichtige Dinge zu tun?" Rachel tippte wieder auf Ellies Kamera. „Ist es nicht deine Mizwah, für die Welt zu sehen und ihr unseren Kampf hier vor Augen zu führen? Die Menschen in der Welt müssen doch erkennen, dass dies für uns der letzte Winkel auf einem Planeten ist, auf dem so viele ... so viele ermordet worden sind. Ellie, ich sage dir, wenn meinem Volk nicht dieser Ort, nicht eine eigene Heimat, zugebilligt wird, dann gibt es keinen Ort auf der Welt, an dem es sicher sein kann. Und du musst dies allen vor Augen führen. Mit deinen Fotografien, ja? Dann werden sie sehen, dass es auch jetzt noch Menschen gibt, die uns vernichten wollen." Sie berührte Ellie leicht am Arm. „Ist dies denn keine wichtige Aufgabe für dich?"

Ellie nickte zögernd. „Dann wünschte ich wenigstens, dass es Mosche gut genug ginge, um mit dir zu gehen. Wen kennst du denn überhaupt in der Altstadt, Rachel?"

„Ich bin die Enkelin von Rabbi Schlomo Lebowitz. Das genügt. Ich werde den anderen Rabbis von seinem Gesundheitszustand berichten und von seinem Wunsch, dass sie die Menschen unterstützen, die helfen wollen, die Altstadt zu retten. Sie werden mir zuhören." Sie fuhr mit ihrer Hand in ihre Tasche und ließ den Brief durch ihre Finger gleiten, den der alte Mann vom Krankenhausbett aus für sie geschrieben hatte, während er sich noch von seinem Herzanfall erholte. „Und wenn sie mir nicht zuhören, dann habe ich zumindest getan, was ich tun konnte." Bei dem Gedanken an Mosche, der immer noch an den Folgen einer Verletzung durch die Kugel eines Arabers litt, huschte ein Schatten über ihr Gesicht. „Was Mosche betrifft, so denke ich, dass er viel mehr zu tun hat, als sich um mich zu kümmern."

„Ich habe das unbestimmte Gefühl, dass es nichts gibt, was er lieber tun würde", erwiderte Ellie und zog ihre Augenbrauen hoch.

Rachel schaute schnell weg und hoffte, dass Ellie die Hoffnungslosigkeit in ihren Augen nicht wahrgenommen hatte. „Er ist ein guter Mann. Ein anständiger Mann. Er verdient etwas Besseres als so eine wie mich", meinte sie beschämt darüber, dass Ellie etwas von der Zuneigung zwischen ihr und Mosche bemerkt haben könnte. „Ich bin nicht dazu bestimmt, einen Mann zu lieben und von ihm geliebt zu werden. Du hast keine Ahnung, liebe Freundin. Du kannst nicht wissen, was ich alles erlebt habe. Aber ich danke dir dafür, dass du mich mit Augen siehst, die mich nicht verurteilen."

„Wie könnte dich jemand dafür verurteilen, was dir durch die Nazis geschehen ist, Rachel?"

„Ich bin es selbst, die mich verurteilt. Vielleicht verstehst du das nicht. Aber ich werde Mosche nicht lieben. Ich will keinen Mann lieben, um ihn für mich zu haben."

Die Endgültigkeit ihrer Worte erfüllte Ellie mit Hilflosigkeit. Sie spürte, dass Rachel nicht nur deshalb darum gebeten hatte, als Kurier für die Altstadt verwendet zu werden, weil sie diese alte jüdische Stätte retten wollte, sondern auch um sich selbst zu verlieren. „Hör zu", sagte Ellie mit fester Stimme, „ich möchte, dass du an eines denkst. Manchmal ist es viel schwerer zu leben als zu sterben, nicht wahr? Und ich spreche nicht nur vom Atmen und Herumlaufen. Ich meine das wirkliche Leben. Und das bedeutet, dass du weißt, dass die Menschen *dich* brauchen, egal, was du von dir selber hältst."

In diesem Moment rief der Fahrkartenverkäufer hinter dem Schalter laut: „Die Linie zwei ist fertig zur Abfahrt!"

Rachel stand schnell auf, ängstlich darauf bedacht, nicht in Ellies flehendes Gesicht zu sehen. „Ich muss ..."

„Hast du gehört, was ich gesagt habe, Rachel?" Ellie fasste sie bei der Schulter. „Wenn du da hineingehst, dann kommst du auch wieder hinter dieser Mauer hervor – und zwar lebend; weil es alle möglichen Leute gibt, die dich jetzt brauchen. Und *Leben,* nicht Sterben, ist deine Mizwah."

Rachel schüttelte langsam den Kopf und lächelte ihre aufgewühlte Freundin an. „Danke, kleine Schickse. Für alles."

„Du steigst nicht in den Bus ein, bevor du mir nicht gesagt hast, dass du verstehst, was ich dir sagen will. Wir brauchen dich. Und wir lieben dich."

Rachel nickte wieder und wandte sich dann ab, um sich hinter der Reihe der Jeschiva-Schüler anzustellen, die mit scharrenden Schritten auf die Tür der Linie Nummer zwei zugingen. Ellie blieb bei der Holzbank in der Eingangshalle stehen. Als Rachel sich umdrehte und die Hand zum Abschiedsgruß hob, betete Ellie inständig darum, dass es ihre Freundin irgendwie schaffen würde, nicht nur zu sich selbst zu finden, sondern auch Vergebung zu erlangen, damit sie wieder ein neues Leben beginnen konnte.

3. Die Neujahrsfeier

Von seinem starren Brustverband stark behindert, beugte sich David auf seinem Stuhl vor und hielt sein Ohr näher an den Lautsprecher von Howard Monigers altertümlichem Philco-Radio. Als sich knackend und rauschend atmosphärische Störungen bemerkbar machten, drehte er den Einstellknopf so vorsichtig wie ein Safe-Knacker, der hofft, in ein Bankgewölbe einbrechen zu können.

„Na, komm schon", redete er dem Radio gut zu und klopfte dabei mit einem Fuß, der aus einem viel zu kurzen Hosenbein hervorschaute, ungeduldig auf den Boden.

Howard rieb sich mit einem Topflappen über den kahlen Schädel und betrachtete die merkwürdige Szene in seiner Küche. In der kleinen Gruppe, die sich dort versammelt hatte, um den vermutlich letzten Lammbraten im jüdischen Jerusalem miteinander zu teilen, war er der Einzige, der normal gekleidet war – wenn man davon absah, dass ihm ein Geschirrtuch als Schürze diente. Obwohl er seine üblichen Khakihosen und sein eigenes blau-weiß-kariertes Hemd trug, passte seine Kleidung hervorragend zu den von Ellie gekauften blau-weiß karierten Morgenmänteln, die Mosche und David anhatten. Ihre von Howard geliehenen Khakihosen wiesen allerdings in der Weite zu viel auf, was ihnen an der Länge fehlte.

Mit Ausnahme des Hundes Schaul, dessen Augen in sehnsüchtiger Trauer auf David und Jakov gerichtet waren, die vor dem Radio kauerten, unterschied sich Howard noch dadurch von den anderen, dass er keinen Verband trug. Seine Schnittverletzungen und Quetschungen befanden sich auf dem Wege der Heilung. Mosche trug einen schweren Gipsverband um einen Arm und den oberen Teil seines Brustkorbs. Bei David waren eine Schulter und ein Arm mit einem Verband ruhig gestellt, um sein gebrochenes Schlüsselbein vor Bewegungen zu schützen. Der kleine Jakov sah mit seiner schwarzen Augenklappe immer noch wie ein Pirat aus. Der klaffenden Wunde, die Schauls Vorderpfote aufwies, schien das sanfte Lecken, das er ihr gewissenhaft hatte angedeihen lassen, gut bekommen zu sein.

Nach den Ereignissen der vergangenen Woche waren David und Mosche aus dem Krankenhaus entlassen und auf Ellies Drängen hin zur Erholung in Monigers Haus im Stadtteil Rehavia gebracht worden. Noch nie hatten die beiden Männer so liebevolle Pflege erfahren. Jeden Morgen, während Rachel Blintsen für das Frühstück zubereitete, nahm Ellie bei beiden eine warme Nassrasur vor. Howard zuckte mitfühlend zusammen, wenn er die aus dieser Behandlung resultierenden winzigen Schnitte auf den Gesichtern der beiden jungen Männer sah. Nachdem Mosche diese Liebesdienste einige Tage lang hatte über sich ergehen lassen, hatte er schließlich darauf bestanden, dass er sich in den nächsten Wochen einen Bart wachsen lassen müsse –, um den chassidischen Juden ähnlicher zu sehen, mit denen er zweifellos zusammenarbeiten würde. David folgte schnell seinem Vorbild. Da er jedoch keine diplomatische Entschuldigung vorzubringen vermochte, hatte er einfach erklärt, er habe Angst davor, dass ihm Ellie eines Morgens den Hals aufschlitzen könnte.

Der Bart auf den männlich schönen Gesichtern von Howards jungen Gästen war inzwischen drei Tage alt und verlieh ihnen das Aussehen von Abenteurern, rauen Kerlen. Daher meinte Howard laut: „Wisst ihr, ihr Burschen seht aus, als ob ihr das Verwundetenabzeichen verdientet."

Mosche rieb sich sein Kinn. „Ich nehme gleich mehrere."

„Ich nicht, danke." David runzelte die Stirn und drehte weiter am Einstellknopf. „Ich habe mein Verwundetenabzeichen im letzten Krieg bekommen. Alles, was ich brauche, ist eine Aspirin und ein paar gute alte amerikanische Nachrichten."

„Aber ich verstehe nicht, warum es unbedingt der amerikanische Militärsender sein muss. Der BBC-Sender von Palästina ist viel leichter zu empfangen." Mosche lehnte sich auf seinem Stuhl zurück und machte ein verdrossenes Gesicht, weil David versuchte, einen Sender zu empfangen, der sich auf der anderen Seite des Mittelmeeres befand.

Howard lächelte achselzuckend und ließ die Ofentür mit lautem Knall aufklappen. Dann zog er geräuschvoll den dampfenden Braten heraus und begann das kümmerliche Stückchen Lamm zu probieren. „Das war aber ein kleiner Bursche", murmelte er. „Da ist nicht viel Fleisch dran, Jungs. Aber auch mit wenig kann man schließlich ein Fest feiern, nicht wahr?"

„Ruhe!", befahl David, der Mosches Frage einfach ignorierte. „Wir brauchen hier Ruhe."

Jakov saß da und beobachtete David schweigend und mit gespannter Aufmerksamkeit.

Dann drangen abwechselnd französische Brocken aus Marokko und arabische aus Kairo durch die atmosphärischen Störungen, bis endlich aus weiter Ferne Wortfetzen eines Sprechers mit amerikanischem Akzent zu hören waren: „Big Apple ... und Guy Lombar ... sein Orchest ..."

David schlug sich mit seiner gesunden Hand aufs Knie und stieß ein Freudengeheul aus: „Wir haben's geschafft, Jakov, mein Freund! Guy Lombardo und sein Orchester! New York City! Times Square. Das Big Apple. Was macht das schon, wenn die Übertragung ein paar Stunden alt ist, hm?"

Jakovs Gesicht glühte vor Neugier: „Das amerikanische Neujahr ist zum Feiern? Zum Tanzen?"

„Ganz richtig. Paraden. Die ‚Rose'-Parade. Und Football. Stimmt's, Howard? Und das ‚Rose'-Entscheidungsspiel."

„David, du darfst nicht vergessen, dass ich die Staaten verlassen habe, als dieser Lombardo wahrscheinlich noch in kurzen Hosen herumlief – und wahrscheinlich noch nicht einmal alt genug war, um überhaupt einen Football halten zu können."

„Nein! Nein! Nein!" David verdrehte ärgerlich die Augen. „Lombardo ist doch ein Bandleader."

Durch den Äther drangen die zischenden, abgehackten Klänge eines Orchesters mit einem schweren Anfall von Schluckauf. „Gehe ich recht in der Annahme, dass das dein Mister Lombardo ist?", fragte Howard, während er den Braten wieder zudeckte und in den warmen Backofen zurückschob.

„Er hätte das Footballspielen nie aufgeben sollen“, bemerkte Mosche mit einem belustigten Funkeln in den Augen.

„Ihr müsst den Burschen nur mal hören!“, protestierte David. „Was wir brauchen, sind Kleiderbügel, Metallbügel, und zwar viele. Howard, der Schrank in meinem Zimmer ist voll davon. Du hast doch nichts dagegen?“

„Überhaupt nicht.“

„Komm, Kleiner.“ David fuhr Jakov durchs Haar und marschierte, dicht gefolgt von Schaul, aus der Küche.

Nachdem sich Davids Enthusiasmus in einen anderen Teil des Hauses verlagert hatte, schien die Küche plötzlich ohne Leben. Lange Zeit überließen Mosche und Howard dem Radio die Unterhaltung. Mosche trommelte nervös mit den Fingern auf die Tischplatte, während Howard in der Küche hantierte und immer wieder Schranktüren öffnete, als ob er etwas suche, ohne jedoch so recht zu wissen, was.

„Ellie müsste eigentlich bald zurück sein“, meinte Mosche schließlich.

„Es ist eine Schande, dass Rachel nicht mit uns zusammen essen kann.“ Howard nahm ein Glas vom Regal und füllte es mit Wasser. „Besonders da sie das Essen zubereitet hat. Ellie kann nicht mal ein Ei kochen. Und seitdem Miriam nicht mehr da ist, laufe ich hier völlig kopflos herum.“

„Es war nicht zu ändern.“ Mosche starrte verbissen auf die abgetragenen Hausschuhe an seinen Füßen und zog dann energisch den Gürtel seines Bademantels stramm.

„Das weiß ich, Mosche. Aber es ist trotzdem eine Schande, dass sie nicht mit uns zusammen essen kann.“ Howard versuchte vergeblich, der Unterhaltung eine weniger ernste Wendung zu geben.

„Einen Tag oder auch nur eine Stunde später, und es ist vielleicht niemandem mehr möglich, in die Altstadt zu gelangen.“

„Nun ja, sie wird ja nicht lange dort bleiben. Mach dir keine Sorgen. Luke wird sich schon darum kümmern, dass sie unbehelligt ihr Ziel erreicht – und auch wieder zurückkommt.“

„Ich hoffe nur, dass ihr die Rabbis Gehör schenken werden.“

„Der Brief ihres Großvaters ist ein recht gutes Empfehlungsschreiben, Mosche. Also hör auf, dir Sorgen zu machen. In ein paar Tagen wird sie wieder hier sein."

„Ja", entgegnete Mosche leise und mit sorgenvollem Gesicht.

„Komm jetzt", schalt Howard. „Reiß dich zusammen. Denk daran, in wessen Händen Rachel ist."

Mosche sah Howard dankbar in die Augen. „Das ist alles, woran ich denken kann, alles, worum ich bete, seitdem wir uns dazu entschlossen haben, sie gehen zu lassen. Sie ist so verletzlich, Howard – wie im Augenblick mein ganzes Volk", fügte er schnell hinzu.

„Na, ich habe das Gefühl, dass sie dir ein bisschen mehr bedeutet als die anderen, stimmt's? Oder ist das etwa nur die Einbildung eines alten Mannes?"

Mosche zögerte und lächelte dann etwas verwirrt. „Du bist doch kein alter Mann, mein Freund."

„Sie ist ein entzückendes Mädchen, Mosche. Aber ich will nicht leugnen, dass ich ein klein wenig enttäuscht darüber bin, dass du nicht bald zur Familie gehören wirst."

„Ellie und ich haben uns in den letzten Tagen lange unterhalten, Howard. Sie liebt mich nicht. Und sie hat mich auch nie geliebt. Wir sind eben zu verschieden", endete Mosche ohne Schwung.

„Na ja, aber trotzdem sage ich, dass ich enttäuscht bin – obwohl ich mir schon seit ein paar Wochen so etwas gedacht habe."

In diesem Augenblick kamen Jakov und David, mit Kleiderbügeln bepackt, geräuschvoll durch die Schwingtür. Schaul konnte noch so eben durchschlüpfen, bevor sie zuschwang.

„... und gerade deswegen war ich dort in Pasadena, Junge. Die UCLA, die Universität von Los Angeles, ist nämlich meine Alma Mater, weißt du. Wir waren beide dort, Ellie und ich", erklärte David Jakov überschwänglich, während sie die Drahtbügel vor Mosche auf den Tisch fallen ließen. „Die UCLA-Bruins. Einfach unbesiegbar!" „Und hat die UCLA letztes Jahr dieses ‚Rose'-Entscheidungsspiel gewonnen?", wollte Jakov wissen.

„Na ja." David biss sich auf die Unterlippe. „Es war ein abgekartetes Spiel."

„Das heißt, dass sie verloren haben“, meinte Mosche grinsend.

„Schlechte Schiedsrichter. Die Schiedsrichter haben Illinois begünstigt, das ist alles.“ David begann an der Rückseite des Radios zu werkeln, indem er einen Kleiderbügel an die Antennenbuchse anschloss und dann die Bügel so lange aneinander hängte, bis der Empfang lauter wurde. „... und in diesem Jahr hat es allen Anschein, als ob das ‚Rose‘-Entscheidungsspiel zwischen Michigan und USC ein Spiel zwischen ebenbürtigen Partnern würde. Im letzten Jahr hat Illinois die UCLA-Bruins in einem ausgesprochen unausgewogenen Spiel mit unglaublichen 45 Punkten vernichtend geschlagen, während UCLA nur 14 Punkte errang“, dröhnte es aus dem Radio.

„Ausgezeichneter Empfang.“ Mosche bemerkte den Ärger auf Davids Gesicht, während dieser fortfuhr, die Türgriffe der Schränke mit Kleiderbügeln zu behängen.

„Schlechte Schiedsrichter?“, fragte Jakov schelmisch.

„Frag Ellie. Sie war schließlich auch da, du kleiner Knirps.“

Jakov tippte sich an die Schläfe und schaute Mosche an. „Meschugge, verrückt, was?“

Mosche nickte zustimmend.

David ließ sich nicht von ihnen beirren und zog einen Stuhl vor das Radio. „Da wir schon von Ellie sprechen“, meinte er mit plötzlichem Ernst, „müsste sie nicht inzwischen zurück sein?“

„Das Wetter hat wahrscheinlich die Abfahrt verzögert. Sie wird mit Rachel zusammen warten. Es besteht eigentlich keine Gefahr auf der Strecke zwischen unserem Haus und dem Busbahnhof“, meinte Howard, während er einen Stapel Teller aus dem Regal holte.

„Sie sollte vor der Dunkelheit zurück sein“, erklärte David und sah aus dem Fenster in das immer noch heftige Schneetreiben. „Ich hätte sie hinfahren sollen.“

„Mein Freund“, meinte Mosche herablassend. „Du bist als Fahrer nicht besser geeignet als ich.“

Beide Männer hatten nur Bademäntel, abgetragene Hosen und Hausschuhe an, und David war nicht in der Lage, seinen Kopf zu drehen, ohne dass sich der gesamte Körper mitdrehte. „Du hast vermutlich Recht. Wir sind wahrscheinlich Kandidaten für das ‚Repple-depple'."

„Wie ich schon eben gesagt habe, David" – Howard ließ seine Kelle sinken und kniff die Augen zusammen –, „ich habe die Staaten zu einem Zeitpunkt verlassen, als die Leute dort noch Englisch sprachen ..."

„Repple-depple. Ihr wisst schon, die Ersatzreserve. Eine Art Sammelstelle für Soldaten, die verwundet worden sind und die keinem Regiment mehr angehören. Dort müssen sie dann alle warten, bis sie wieder Verwendung finden. Das hier ist also das ‚Repple-depple' von Rehavia."

„Ich muss sagen, das Wort hat einen ganz netten Klang – meinst du nicht auch, Mosche?" Howard wiederholte das Wort mehrfach.

„Ganz bestimmt." Mosche musste trotz seiner Sorge um Ellie und Rachel lächeln. „Dieses Wort sollten wir ins Haganah-Handbuch aufnehmen – sobald wir so etwas haben."

Während im Hintergrund die Musik von Guy Lombardo erklang, diskutierten die Männer die Vorzüge von Kriegsvokabular, das im Laufe der Jahrhunderte in Vergessenheit geraten war. David nannte jeweils einen Begriff, dessen Bedeutung Mosche, Howard und Jakov zu erraten versuchten. So verging beinahe eine halbe Stunde, bis der Militärsender die traditionelle Neujahrsübertragung unterbrach.

Howard bat mit erhobener Hand um Ruhe, und dann erfüllte die bittere Nachricht den Raum: „... Nach beinahe dreiwöchiger Waffenruhe in Palästina sind erneut Feindseligkeiten ausgebrochen. Aus Jerusalem haben wir telegrafisch die Nachricht erhalten, dass ein Konvoi von Zivilisten aus Tel Aviv in Richtung Jerusalem in der Nähe des Passes von Bab el Wad aus dem Hinterhalt angegriffen worden ist. Zwar konnten britische Soldaten die arabischen Angreifer in die Flucht schlagen, aber es soll sowohl unter den Juden als auch unter den Briten eine Reihe von Toten und Verwundeten gegeben haben ..."

4. Die Linie zwei

Zwar boten Gerhardt die Stiefel und der schwere Regenmantel, die er einem britischen Offizier gestohlen hatte, einen gewissen Schutz gegen das Wetter, aber er verfluchte dennoch Kälte und Nässe, die ihn und seinen ungepflegten, betrunkenen Kumpan wie mit Messern zu durchdringen schienen.

„Noch 'n Schluck, Gerhardt", lallte der britische Deserteur, „oder du kanns' diese dreckije Arbeit allein mach'n. Glaube kaum, dass du die Drähte hier drauß'n allein zieh'n kanns'."

„Ich geb' dir was zu trinken, wenn wir fertig sind – und keinen Augenblick früher", brummte Gerhardt, der sich darüber ärgerte, dass der Mufti ihm diesen Tölpel zu einer so wichtigen Aufgabe mitgegeben hatte.

Der Deserteur murrte vernehmlich und ließ seine Schaufel fallen. „Dann bin ich fertig, Kamerad. Kanns' von ei'm Mann nich' verlang'n, dass er 'n Loch gräbt, wenn 'er Bod'n gefro'n is'. Noch dazu ohne 'n Tropfen, der 'n warm hält." Er drehte sich um und stolperte auf der Straße davon.

„Noch einen Schritt, und du bist 'ne Leiche", warnte ihn Gerhardt kalt. Das war genau, was er brauchen konnte – einen betrunkenen britischen Deserteur, der in der Jerusalemer Gegend frei herumlief. Dann würde die Kunde von dieser Mine, die er für die Linie zwei zum Zion-Tor gelegt hatte, auf der Titelseite der *Palestine Post* erscheinen, noch bevor der Bus überhaupt abfuhr. Gerhardt zog seine Luger hervor und richtete sie auf den Mann, der sich langsam entfernte.

„Ach, lass mich", erwiderte der Deserteur. „Mach deinen Krieg doch alleine, du Strohkopf!"

Ohne auch nur einen Augenblick zu zögern, drückte Gerhardt ab. Es zuckte verächtlich um seine Lippen, als die Kugel im Hinterkopf des Deserteurs einschlug und dieser auf dem Boden zusammensackte.

Gerhardt seufzte bei dem Gedanken, den kalten Abend ohne Unterhaltung verbringen zu müssen, während er darauf wartete, den Zünder in die Mine drücken zu können, die er dicht unter der Straßenoberfläche verlegt hatte. Er steckte die Luger wieder ins Pistolenhalfter und ging dann gemächlich dorthin, wo der Deserteur in seinem Blut lag. Mit einem kräftigen Fußtritt stieß er ihn von der Straße und ließ ihn in das Hinnomtal hinabstürzen.

* * *

Durch die Fensterschlitze des gepanzerten Busses drang nur trübes Licht, so dass die schwarze Tracht der chassidischen Fahrgäste mit dem Zwielicht des Businneren verschmolz. Alle gingen den Mittelgang entlang, suchten sich einen leeren Platz und verstauten ihre abgewetzten Taschen. Rachel schob sich vorsichtig an ihnen vorbei, und während sie instinktiv dem entferntesten Winkel des Busses zustrebte, ließ sie ihre Augen starr über die breitkrempigen schwarzen Hüte der anderen Fahrgäste hinweggleiten. Beinahe gespenstisch erschienen ihr die Gesichter der Männer rechts und links hinter den vereisten Masken ihrer Bärte. Weiße Haut schimmerte durch den kalten Dunst des Atems, und dunkle, grüblerische Augen waren darauf bedacht, ihrem Blick auszuweichen.

Augen besitzen die Fähigkeit, auch dann noch sprechen zu können, wenn Worte ihre Macht verloren haben, das wusste Rachel. So war es auch auf ihrer ersten, schier endlosen Reise ins Konzentrationslager gewesen. Oft waren Herzen, die sich danach sehnten, in den Augen eines geliebten Menschen Trost zu lesen, qualvoll gebrochen, wenn diese verraten hatten, dass die meisten von dieser Reise nicht mehr zurückkehren würden. Augen hatten wortlos Abschied genommen, hatten schweigend um Vergebung für Schwächen und Fehler gebeten, hatten liebkost – und all dies, während deutsche Soldaten den Mann von der Frau, die Kinder von der Mutter getrennt hatten. Und immer wenn sich Menschen zum letzten Mal gesehen hatten, war es gewesen, als sähen sie sich zum ersten Mal so, wie sie wirklich waren. Die Gewehrkolben und die Rufe *„Schnell!*

Schnell, Judenpack" hatten diese letzten beredten Augenblicke besonders hervorgehoben und schließlich beendet.

Rachel wählte einen Platz am Mittelgang. Sie warf ihre abgenutzte Tasche auf den leeren Fensterplatz und widerstand der Versuchung, durch den schmalen Schlitz zu Ellie zu sehen, die auf dem schneebedeckten Bürgersteig des Busbahnhofes von Egged stand. Rachel hielt ihren Blick starr geradeaus gerichtet, da sie genau wusste, dass Ellie mit ihren Augen die Stahlpanzerung, die sie umgab, absuchte. Aber sie würde nicht hinaussehen. Denn sie wollte nicht, dass ihre Augen dem letzten liebevollen Blick ihrer Freundin begegneten. Sie war entschlossen, diese Reise allein zu machen. Sie würde nie mehr einen Abschied mit auf die Reise nehmen. Es hatte schon zu viele Abschiede in ihrem Leben gegeben.

Dann wurde das rote Blinklicht auf dem gepanzerten britischen Geleitschutzwagen lebendig und tauchte die blassen Gesichter der Fahrgäste in eine unheimliche rote Glut. Der Busfahrer sprang leise vor sich hin brummend die Stufen herauf und zog die schweren Eisentüren krachend zu. Er schlug mit seiner behandschuhten Hand knallend den Riegel vor und nahm dann seinen Platz ein, ohne die Fahrgäste hinter sich eines Blickes zu würdigen. Als der Motor ächzend und unter Getöse in Schwung kam, erzitterte der gesamte Bus. Der Fahrer beugte sich weit über das Steuerrad und hielt blinzelnd nach dem Geleitschutz vor ihnen Ausschau.

„ Oj Gewalt!" rief er aus. „Worauf warten die noch? Auf den Erzengel Gabriel?" Das mahlende Geräusch des Getriebes erinnerte Rachel an das alte Pferd, das den Karren des Buchhändlers in Warschau gezogen hatte. Das Mahlen seiner Zähne war beinahe lauter gewesen als der Klang seiner Hufe auf den Pflastersteinen. „Na, bewegt euch mal!", rief der Fahrer durch den vorderen Fensterschlitz. „Wenn wir noch länger warten, können die Araber inzwischen ein Skigebiet auf dem Zion einrichten! Gewalt!"

Die Fahrgäste rutschten unruhig auf ihren Sitzen hin und her, als der Bus schließlich mit einem Ruck anfuhr. Seine abgefahrenen Reifen verursachten auf dem glitschigen Asphalt einen singenden Ton. Erst als der Bus sich langsam in den vorsichtig und beschwerlich dahinfließenden Verkehr einfädelte, gestattete Rachel es sich, einen Blick auf die Stadt zu werfen, über die sich allmählich die Dunkelheit legte. Sie erkannte das dreigeschossige rote Steingebäude der *Palestine Post,* wo sie und Ellie erst vor einer Woche bei einem harmlos aussehenden kleinen Mann Sprengkörper abgeholt hatten, während die Druckerpressen dröhnten und gleichzeitig von einem Grammofon die *Ouvertüre von 1812* erklang. Seitdem war Rachel und Ellie das Gebäude auf der Hasollel Street, nur wenige Schritte vom Zionsplatz entfernt, sehr vertraut. Denn Ellie hatte die Fotografien, die sie nicht dem Life-Magazin zugesandt hatte, jeweils der *Post* verkauft. Und die Redakteure hatten lauthals ihre Begeisterung über die Arbeit der jungen Amerikanerin geäußert, weil diese das Geschick hatte, zur richtigen Zeit am richtigen Ort zu sein. Rachel musste lächeln, als sie daran dachte, was für ein Protestgeschrei Ellie veranstaltet hatte, als beschlossen worden war, dass sie nicht mit ihr in die Altstadt gehen sollte.

Der Fahrer bog vorsichtig in Richtung Ben Yehuda Street ab, wo sich raureifüberzogene Barrikaden zu mehren begannen und Rollen von Stacheldraht den Eindruck erweckten, als ob Dornensträucher aus dem Boden wüchsen. Ein Motorrad mit Beiwagen, auf denen sich Fahrer und Beifahrer jämmerlich frierend zusammenkauerten, fuhr knatternd in Richtung des Hauptquartiers der palästinensischen Polizei an ihnen vorbei. Zwei Polizeiwagen folgten dicht dahinter und das Heulen einer Sirene schwoll an und verebbte schließlich in einer Seitenstraße. Hinter einer weiteren Barrikade erstreckte sich das stumme Ruinenfeld der Ben Yehuda Street. Der unter der Schneedecke erkennbare Schutt deutete unmissverständlich die Schwierigkeiten an, die auf Rachel und ihre Mitreisenden zukommen würden. Wenn so etwas in der Neustadt, im Herzen des jüdischen Jerusalem, geschehen konnte – welches Schicksal würde dann dem winzigen jüdischen Flecken in der Altstadt beschieden sein?

„Schnell, Judenpack!“Das Ruinenfeld vor ihnen schien ihrer Reise zu spotten. *Wieder einmal,* dachte Rachel, *eilen wir einem Ziel entgegen, an dem ganz sicher die Vernichtung auf uns wartet.* Mosche

hatte ihr ausführlich dargelegt, dass höhere Offiziere der Haganah das jüdische Viertel der Altstadt für nicht verteidigungsfähig erklärt hatten. Das britische und das arabische Oberkommando hatten sich beide dafür ausgesprochen, das Gebiet zu evakuieren. Es war David Ben-Gurion gewesen, der diesen Vorschlag abgelehnt hatte.

Während der Bus an dem hellen Gebäudekomplex der Jewish Agency vorbeirumpelte, stellte sich Rachel vor, dass Ben-Gurion am Fenster stände und sie vorbeifahren sähe.

„Nicht einen Zentimeter jüdischen Bodens werden wir aufgeben! Nicht ein einziges Sandkorn!", hatte der Alte gesagt, während Mosche in seinem Büro über den Karten der Altstadt brütete.

Und doch hatten bereits mehrere hundert Altstadtbewohner den Mut verloren und ihr Heim und die traditionellen Orte des Studiums verlassen.

Rachel spielte mit dem Brief in ihrer Manteltasche, den die geschwächte Hand ihres Großvaters geschrieben hatte. „Du musst ihn dem Rat der Rabbiner überbringen", hatte er ihr aufgetragen. „Mach ihnen klar, dass Akivas Rat nicht vernünftig ist. Bitte sie zu bleiben. Sprich du für mich."

Wieder einmal fuhr Rachel durch Felder von Stacheldraht unaufhaltsam auf Mauern und steinerne Wachttürme zu. Doch dieses Mal handelte es sich um ein geliebtes Gefängnis, auf dem heiligsten Boden der Welt. *„Schnell, Judenpack!"Und* dieses Mal betrat sie ihr Gefängnis aus freiem Willen und voller Hoffnung. Sie würden sich gegen die Menschen verbarrikadieren, die sie für immer vernichten wollten. Umringt von Tausenden von Jihad-Moqhaden, die in ihrem heiligen Krieg täglich nach dem Opfer jüdischen Blutes schrien, würde sie sich zusammen mit dieser Hand voll Menschen, die schweigend mit ihr fuhren, aller Wahrscheinlichkeit nach auf den Altar legen und opfern.

„Überbringe die Botschaft deines Großvaters und komm dann wieder heraus", hatte Mosche ihr aufgetragen. „Captain Thomas wird dir dabei helfen. Du sollst unter keinen Umständen in der Altstadt bleiben. Hast du verstanden, Rachel?"

Sie hatte seine Worte sehr wohl verstanden und zum Zeichen ihres Verständnisses genickt. Aber wie konnte sie anderen raten, in der Gefahr auszuharren, und sich dann selbst in Sicherheit bringen? War das nicht genau die Sünde gewesen, die ihre Seele zerstört hatte? Denn während ihr eigenes Volk gestorben war, hatte sie zum Nutzen und zum Vergnügen ihrer Feinde gelebt.

„Ja, Mosche", hatte sie geantwortet und doch die ganze Zeit über gewusst, dass sie freiwillig nicht wieder durch das Zion-Tor zurückkommen würde. Daraufhin hatte er genickt und ihr die Erlaubnis gegeben, zusammen mit der kleinen Gruppe von Haganah-Soldaten zu fahren. Wenn er schließlich merkte, dass sie gar nicht die Absicht hatte, die Altstadt wieder zu verlassen, würde es zu spät sein, sie davon abzuhalten. Sie hätte nur gerne gewusst, ob er Zorn gegen sie empfinden würde.

Rachel starrte auf die tanzenden Köpfe der Männer im Bus. Der schmächtige Chassid mit der Brille beugte sich über den Mittelgang und sagte leise einige Worte zu dem Ringer, der daraufhin die Achseln zuckte und nervös durch den Sehschlitz nach draußen schaute, wo das letzte Licht des Tages verschwand. Während der Bus durch das vertraute Gebiet von Rehavia fuhr und dann in das von Arabern und Juden bewohnte Viertel Talbieh einbog, fühlte sich Rachel seltsam furchtlos. Bald würden sie im Hinnomtal sein und den langsamen, gefährlichen Anstieg auf den Berg Zion zu ihrem letzten Reiseziel beginnen. Am Zion-Tor, das wusste Rachel, wartete im Schneegestöber der freundliche Captain. Dieses Mal bedurfte es keiner Gewehre und Knüppel, um sie gewaltsam in das heilige Gefängnis zu treiben. Rachel fragte sich sogar im Gegenteil, ob wohl irgendwo am dunklen Straßenrand Männer mit Gewehren darauf warteten, ihnen den Eintritt zu verwehren.

5. Ankunft und Abschied

Ellie sah gerade auf ihre Armbanduhr, als das geschwärzte und von Kugeln zersiebte Konvoifahrzeug aus Tel Aviv, gefolgt vom Geleitschutz der drei Panzerfahrzeuge, holpernd in den Busbahnhof von Egged einfuhr. Sie hob schnell ihre Kamera, als ein britischer Soldat müde aus dem Turm stieg und rief: „Wir brauchen einen Krankenwagen für die Verwundeten!"

Krankenträger rannten mit zusammengeklappten Tragen zu der Stelle, an der der Transport langsam zum Stehen kam. All die Männer und Frauen, die mit sorgenvollen Gesichtern stundenlang auf ihre Lieben gewartet hatten, drängten nun zu der noch immer geschlossenen Tür.

Einige Männer holten nervös ihre letzte Zigarette hervor und die Frauen weinten hemmungslos und händeringend oder drückten heftig ihre Kinder an sich, während sie zu sehen versuchten, wer als erster die Stufen herunterkommen würde.

Nachdem sich die Metalltüren qualvoll langsam geöffnet hatten, kamen die Reisenden mit unsicheren Schritten heraus. Da gellte der Aufschrei einer Frau aus der Menge: „Eli! Das ist mein Mann, mein Mann, lasst mich durch!" Die Menge teilte sich, um die Frau durchzulassen, die zum Bus stürzte und ihre Arme einem Geschäftsmann mittleren Alters entgegenstreckte, um ihm beim Aussteigen behilflich zu sein. Sein Kopf war mit den Resten eines blutgetränkten Hemdes verbunden und sein zweireihiger Anzug blutverschmiert. Aber er rief mit lauter Stimme: „Mir geht es gut! Aber wir haben Verwundete! Beeilt euch! Wir haben Verwundete!"

Das Gesicht, das unter dem Notverband zu erkennen war, sah verbittert aus. Er ging die Stufen hinunter und umarmte hastig seine schluchzende Frau. Dann rief er erneut: „Holt einen Arzt! Wir haben Verwundete." Einen Sanitäter, der sich um ihn kümmern wollte, wehrte er unwillig ab: „Ich habe doch gesagt, dass es mir gut geht!"

Unterdessen riefen die Wartenden, teils hoffend, teils bangend, die Namen der erwarteten Reisenden.

„Lasst sie durch!", rief jemand, als sich die Sanitäter an den Freunden und Verwandten vorbei in das Fahrzeug schoben. Ellie traten Schweißperlen auf die Stirn, als sie die Szene fotografierte. Ein Teil der verwundeten Fahrgäste stolperte der Reihe nach die Stufen hinunter, die restlichen wurden getragen und auf den Boden der Eingangshalle gelegt. Rote Rinnsale sickerten aus ihren Wunden über die Fliesen und ihr Stöhnen mischte sich mit den Schreien ihrer Lieben. Dies gab der Szene eine unheimliche, geradezu unwirkliche Atmosphäre. *Daran werde ich mich nie gewöhnen,* dachte Ellie, als ihr Magen bei dem Anblick, der sich ihr bot, rebellierte. *Nie.*

Nachdem die neun verwundeten Fahrgäste aus dem Fahrzeug gebracht worden waren, erschienen die anderen, unverletzten Überlebenden müde und verschwitzt in der Türöffnung des Busses und ihre Augen irrten suchend über die hysterische Menschenmenge. Nachdem sich die Wartenden durch einen kurzen Blick davon überzeugt hatten, dass niemand verletzt war, entrangen sich ihnen Freudenrufe.

„Ich bin unverletzt! Es war schrecklich, aber es geht mir gut." Mit diesen oder ähnlichen Worten gingen die Reisenden, die unversehrt davongekommen waren, auf die Menge zu, um ihre Lieben zu umarmen und Gott für ihre Rettung zu danken. Sie liefen dabei durch die Blutlachen und hinterließen auf dem Boden blutige Spuren. „Weine nicht mehr, mein Kleines", meinte ein junger Sabra mit bronzefarbener Haut und nahm sein weinendes Kind in die Arme. „Papa ist ja nicht verletzt."

Ellie machte einen Schnappschuss von diesem tränenreichen Wiedersehen. *Die haben Glück,* dachte sie, während sie ihre Aufmerksamkeit der leeren Türöffnung zuwandte. Lange Zeit erschienen dort keine neuen Gesichter, obwohl immer noch mehrere Familien warteten. „Die Toten werden sie zuletzt herausbringen", flüsterte jemand hinter ihr. Dann sah Ellie, wie sich ein vertrautes, aber gequält aussehendes Gesicht vor dem dunklen Hintergrund der Türöffnung abzeichnete.

„Das ist der Grund, warum ich zur See gegangen bin! Auf dem Wasser kann man wenigstens über Bord springen und schwimmen oder schnell ertrinken!“, ließ sich die entrüstete Stimme Ehud Schiffs vernehmen. „Nie wieder werde ich in so einer Blechbüchse fahren!“ Er stieg aus dem gepanzerten Transporter und bahnte sich einen Weg durch die Menge. Seine Stimme übertönte rau und zornig den Lärm: „Nie mehr wird Ehud Schiff eine Zielscheibe für diese arabischen Schweine abgeben.“

Ellie ließ ihre Kamera fallen, so dass diese heftig am Riemen auf und nieder hüpfte, und rief freudig: „Ehud! Ehud Schiff!“ Dabei schob sie sich mühsam zu dem rauen, aber sanftmütigen Kapitän durch, achtete jedoch sorgfältig darauf, die klebrige Masse auf dem Boden zu umgehen.

Er wandte sich um und versuchte blinzelnd durch das Gedränge zu sehen. Als seine Augen Ellie schließlich fanden, erschien trotz seines Zornes ein breites Lächeln auf seinem Gesicht, und er winkte ihr zu. In diesem Augenblick stieß eine junge Frau neben ihm einen schrillen Schrei aus, da sie sah, wie die Leiche ihres Mannes die Stufen hinuntergetragen wurde. Ehuds Lächeln erstarb. Schnell streckte er seine Arme aus, um sie aufzufangen, und rief: „Ein Arzt!“ Dann sank er, die Frau in den Armen haltend, auf die Knie. „So hilf doch jemand dieser Frau!“ Im Nu war die junge Frau von Menschen umringt. Und während eine andere junge Frau ihr den Kopf streichelte, hielt ihr ein magerer, besorgt aussehender Mann ein Riechfläschchen unter die Nase.

Ehud erhob sich langsam und sah sich um. Seine Lippen waren zusammengepresst und seine Augen vor Entsetzen über das Leid, das ihn umgab, weit geöffnet. Kopfschüttelnd fasste er Ellie am Ellbogen und führte sie hinaus auf den verschneiten Bürgersteig, weg von der Tragödie, die sich drinnen abspielte.

„Ehud ...“, begann Ellie, die sich wunderte, woher er kam und warum er überhaupt in Jerusalem war.

„Bring mich bitte in Mosches Wohnung, ja?“, meinte er hastig. „Du hast doch einen Wagen? Natürlich hast du einen Wagen, wenn Mosche dich hergeschickt hat, um mich abzuholen.“

„Aber, Ehud ..."

„Ah." Er zog die kalte Luft tief ein. „Es tut gut, dich unversehrt zu sehen. Ich habe nicht geglaubt, dass irgendjemand von uns die Reise lebend überstehen würde. Die Araber. Sie haben gleich hinter Latrun angegriffen – dort, wo sie immer angreifen, nu? Genauso, wie es Josua von den Gebirgskämmen aus getan hat. Ah, Josua hätten wir heute gebrauchen können! Aber diesmal waren es die Araber, die die Sonne zum Stillstand gebracht haben. Noch nie ist mir die Zeit so langsam vergangen wie heute bis zum Sonnenuntergang. Und die Briten. Die haben tapfer für uns gekämpft, sonst hätte es überhaupt keinen Überlebenden gegeben, glaube ich. Es ist auch nur recht und billig, dass sie für Ehuds Leben kämpfen, nu? Schließlich waren sie es, die meine liebe *Maria* zerstört haben."

Ellie nickte und musste unwillkürlich lächeln, als sie an den kleinen, undichten Frachter *Ave Maria* dachte, das kleine Schiff, um das Ehud noch immer trauerte. „Aber wir wussten doch gar nicht, dass du kommen würdest, Ehud." Schließlich hatte sie es geschafft, seinen Redefluss zu unterbrechen.

„Was?", rief er aus. „Es ist doch eine Nachricht in Mosches Wohnung geschickt worden."

„Mosche ist schon seit geraumer Zeit bei uns in Rehavia."

„Dann bist du also nicht gekommen, um mich abzuholen? Aber wie kommst du denn sonst hierher?"

„Ich habe Rachel zum Busbahnhof gebracht. Sie fährt in die Altstadt."

„Rachel? Dieselbe Elritze, die Mosche damals aus dem Meer gefischt hat? Rachel, die Schönheit?"

„Ja. Die, von der du mir damals erzählt hast, um mich abzulenken, als ich dich beim Schachspiel matt setzen wollte", schalt Ellie.

„Ah, ja. Hmmm. Ich erinnere mich. Und wie kommt es, dass sie dich kennt?"

„Durch Mosche."

„Und wie kommt es, dass sie jetzt in Jerusalem ist? Sie ist doch nicht etwa mit dem Bus aus dem Flüchtlingskibbuz hierher gekommen?" Er nahm sie wieder am Arm, als sie sich zwischen zwei Krankenwagen hindurchschlängelten und dann die Straße überquerten, um zum Auto zu gelangen.

„Vom Netanya-Kibbuz, ja. Aber nicht mit dem Bus. Ein Freund von mir hat sie hergeflogen. Mit einem Flugzeug."

„Eine viel sichere Art zu reisen als mit dem Bus, denke ich. Sozusagen ein Schiff in der Luft, wie? Nie wieder will ich durch den Bab el Wad nach Jerusalem kommen, zumindest nicht, solange der Mufti den Arabern, die dort an der Straße leben, seinen giftigen Atem einbläst."

„Wie viele Araber waren es denn?"

„Vielleicht hundert. Das ist schwer zu sagen. Sie hatten eine Landmine gelegt. Das Panzerfahrzeug ist in die Luft gesprengt worden. Zwei Briten tot, glaube ich. Die Araber riefen ‚Jehuda! Jehuda!', und dann schossen sie mit ihren Gewehren durch die Fensterschlitze herein. Wir saßen stundenlang in der Falle, bis die Briten mit Verstärkung und weiteren Panzerfahrzeugen kamen. Einige Haganah-Leute im Transporter machten von ihren Waffen Gebrauch. Die sind jetzt verhaftet. Einer, den ich nicht kenne, sprang schon vom Transporter, während wir noch durch die Vororte der Stadt fuhren, und rannte weg. Die Engländer haben ihn entweder nicht gesehen oder sich nicht die Mühe gemacht, ihn zu jagen – was für sie spricht."

„Ehud", – Ellie durchströmte eine Welle der Zuneigung, als sie den behaarten, gutherzigen Seemann ansah – „es ist schön, dass du wieder da bist."

„Heute Abend bin ich nur froh, überhaupt noch am Leben zu sein, Kleine."

* * *

Die Linie zwei arbeitete sich langsam die schmale, von Wagenspuren durchfurchte Straße zum Zion-Tor hinauf. Der Matsch, der von den Rädern des vorausfahrenden britischen Panzerfahrzeugs aufgewühlt wurde, spritzte gegen Kühlergrill und Scheinwerfer. Der Wind trieb die sanft fallenden Schneeflocken gegen die harten Metallplatten des Busses, wo sie sofort schmolzen. Dann begann ein heulender Sturm, der Hagelkörner in Böen umherwirbelte. Sie schlugen hart auf dem Dach über ihren Köpfen auf und verursachten dabei ein Geräusch, als ob Maschinengewehrsalven knatterten. Jedesmal, wenn sich die Räder durch eine tiefe Spurrille mahlten, drang Wasser durch die rostigen Schweißnähte des Bodenbleches. Mosche hatte Rachel erklärt, dass die Busse dieser Linie ähnlich geschützt seien wie prähistorische Tiere durch ihre harten Krustenpanzer. Nur ihre Unterseite war weich und verletzlich. Während die Feuchtigkeit durch die Sohlen ihrer Schuhe kroch und die Nachtluft kalt um ihre Knöchel pfiff, wurde ihr klar, warum die Tiere, von denen er gesprochen hatte, ausgestorben waren. „So ist das auch bei uns Juden, nicht wahr?", hatte er gesagt. „Der Welt sind wir immer hart und unbeugsam erschienen. Aber immer wieder haben sie uns gefangen, uns mit den Weichteilen nach oben gedreht und dann aufgespießt. Wir dürfen der Welt nie wieder unsere Achillesferse zeigen, Rachel, sonst wird das nächste Mal das letzte Mal sein."

Sie hatte schweigend genickt und war sich dabei vollkommen bewusst gewesen, dass ihrer äußeren Sicherheit die abgrundtiefe Verletzlichkeit ihrer Seele gegenüberstand. *Nie wieder,* dachte sie, *sonst ist es das Ende.* Sie dachte über Ellie und Mosche nach. Beide schienen sehr große Zuneigung für sie zu empfinden. *Ganz bestimmt käme es keinem von beiden je in den Sinn, mich absichtlich verletzen zu wollen.* Nein, sie fürchtete sich weder vor ihnen noch vor Jakov oder vor Großvater. *Warum möchte ich dann weglaufen,* fragte sie sich, *wo ich sie doch gerade erst wiedergefunden habe?* Sie wandte ihren Blick den Fremden zu, mit denen sie zusammen im Bus saß, und verschloss dann wieder einmal ihr Herz mit seinem eigenen Panzer. Vertrauen hatte sie in der Vergangenheit verletzlich gemacht, und Liebe hatte sie gequält. *Nie wieder!*

Der Fahrer brüllte und fluchte, während er mit dem Steuerrad herumfuhrwerkte wie ein kleiner wilder Junge, der so tut, als ob er mit Papas parkendem Auto führe. Der Schweiß strömte ihm übers Gesicht, trotz des kalten Windes, der durch seinen winzigen Sehschlitz pfiff. Er wechselte, wie es schien, zum tausendsten Mal krachend den Gang, während das Hinterteil des Busses immer wieder wie ein schlagender Fischschwanz hin und her schlingerte. Die Hinterräder im Radgehäuse genau vor Rachels Sitz drehten durch und heulten derartig, dass Rachel schließlich nicht einmal mehr die Flüche des Fahrers hören konnte. Nur einen Moment lang wagte sie es, ihren Blick auf den aufgeweichten Straßenrand zu richten. Obwohl dieser im schwachen Schein der Scheinwerfer kaum zu erkennen war, wusste sie, dass dort, wo die Straße endete, die Hänge des Zion steil in das zerklüftete Hinnomtal abfielen. Sie schloss ihre Augen, während sich ihr Magen vor Angst zusammenkrampfte. Dann hielt sie ihr Gesicht vor den Sehschlitz und ließ den feuchten, schneidenden Wind so lange ihre Wangen kühlen, bis sie wieder einen klaren Gedanken fassen konnte.

Sie musste an die Geschichten denken, die ihr Vater ihr über das Hinnomtal erzählt hatte. Die Alten hatten diesen Ort Gehinnom genannt, was Hölle bedeutet. Als Kind war sie bereits bei dem bloßen Gedanken an das Tal erschauert, in dem „die Könige Judas im Angesicht Gottes Böses taten". Rachel erinnerte sich noch genau an die Gesichter ihrer kleinen Brüder, wenn sie beim Schein der Lampe die Geschichten über den König Manasse hörten, „der seine Kinder gezwungen hatte, im Hinnomtal durchs Feuer zu gehen". Und ihre fröhlichen Augen hatten sich angstvoll geweitet, als Papa ihnen den schrecklichen Gott Moloch beschrieben hatte, der mit ausgestreckten Armen darauf gewartet hatte, dass ihm Kinder zum Opfer dargebracht wurden, mit denen er das brausende Feuer seines kupfernen Bauches nähren wollte. Während die Kinder von diesem stierköpfigen Gott verschlungen wurden, hatte man laut die Trommel dazu geschlagen, um ihre Todesschreie zu übertönen. Die Sünden von Gehinnom hatten zur Entstehung des hebräischen Wortes *gehenom* geführt. Dessen Bedeutung war für Rachel grausame Wirklichkeit geworden, als sie mit ansehen musste, wie die Schornsteine von Auschwitz den Rauch ihrer verkohlten Opfer ausstießen.

Der Appetit des alten Gottes schien allerdings im Vergleich zu dem des neuen in den Konzentrationslagern gering. Lange Zeit hatten Kanonen und selbstgerechtes Leugnen der Welt verhindert, dass die Schreie von sechs Millionen Unschuldigen gehört wurden. Aber im Heulen des Windes, der durch das Hinnomtal und um den Bus fegte, hörte Rachel ihre Schreie noch immer. Sie schloss schaudernd die Augen bei dem Versuch, die Erinnerung an den unersättlichen Nazi-Moloch zu verdrängen, der unter ihren hilflosen Blicken zuerst all die Menschen verschlungen hatte, die sie am meisten liebte, und dem schließlich auch noch ihr Herz zum Opfer gefallen war.

In diesem Augenblick schlingerte der Bus erneut und rutschte mit einem lauten schabenden Geräusch gegen die Böschung. Durch den Stoß fielen drei Fahrgäste der Länge nach auf den Boden.

„Vorsicht, Josi!", rief der Ringer einem jungen Chassid mit spärlichem Bartwuchs zu, der bei dem Versuch, wieder sicheren Stand zu finden, noch einmal hinfiel. „Willst du uns in die Luft jagen, Junge?"

Rachel beobachtete, fasziniert und abgestoßen zugleich, wie sich Josis schwerer Übermantel weit öffnete und drei Handgranaten sichtbar wurden, die, gefährlich an ihren Sicherungsbügeln aufgehängt, an einem ledernen Patronengurt baumelten. Der Ringer packte ihn zornig mit der Faust vorne am Hemd und zog ihn dicht zu sich heran.

„Idiot!", zischte er. „Wenn die losgegangen wären! Welcher Narr trägt denn Handgranaten an Sicherungsbügeln?"

„Ich – ich wollte bloß bereit sein. Du weißt schon, Heckenschützen", stammelte der junge Mann.

„Pah, Heckenschützen, bei diesem Wetter? Du willst wohl den Helden spielen, was? Eine Handgranate werfen, hm?" Der Ringer stieß Josi auf seinen Sitz zurück. „Eher jagst du uns auch in die Luft. Die sollen *heimlich* in die Altstadt gebracht werden, du Idiot!"

„Ich dachte, wenn vielleicht Heckenschützen kommen ...", machte Josi wieder einen hiflosen Versuch, sich zu rechtfertigen.

„Pah!", stieß der Ringer wieder hervor.

Josi presste die kostbare Fracht unter seinem Mantel fest an sich. Rachel starrte sein blasses, gequältes Gesicht seltsam unberührt an. Von zarter Statur und dem Aussehen eines Menschen, der sein Leben mit Büchern verbringt, und wahrscheinlich kaum achtzehn Jahre alt, machte er überhaupt nicht den Eindruck, als hätte er jemals etwas anderes als eine Ausgabe der Thora tragen sollen. *Vielleicht ist das der Grund, warum man ihn dazu ausgewählt hat, Waffen zu schmuggeln.* Er machte einen ausgesprochen verletzlichen Eindruck. Ganz bestimmt hatte dieser Jude der Juden keinen Panzer. Jeschiva-Schüler, Jude. *Ist er aus den Konzentrationslagern gekommen?, fragte* sich Rachel. *Wenn ja, wie hat er wohl überlebt?* Wie viele Jungen, die genauso aussahen wie dieser, waren bereits auf den Laderampen erschossen worden, noch bevor die Züge überhaupt beladen waren? Sensibel, idealistisch und jung genug, um noch Hoffnung zu haben, hatten sie es gewagt, ihren Peinigern mit einem Blick oder einem respektlos hingemurmelten Wort zu trotzen. Und deshalb waren sie gestorben; waren sie durch einen schnellen oder auch qualvollen Tod ausgemerzt worden. Rachel starrte auf seine Hände, die er so fest gegen seinen Leib presste, als ob ihm durch die Entdeckung seines größten Wunsches heftiger Schmerz zugefügt worden wäre. *Du kannst es ihnen nicht heimzahlen, Josi,* dachte sie. *Du wirst es ihnen nie heimzahlen können.*

Als der Bus eine scharfe Kurve fuhr, wurde das Getöse plötzlich durch den Schrei des Fahrers übertönt: „Alle nach hinten in den Bus! Über die Hinterachse. Wir brauchen hinten mehr Gewicht. Beeilung!“

Während der Bus sich, inzwischen nur noch im Kriechtempo und mehr rutschend als fahrend, weiter bergauf arbeitete, liefen elf Chassidim mit unsicheren Schritten zu Rachels Platz hin. An den Lehnen Halt suchend und sich gegenseitig festhaltend, stolperten die Männer in die letzte Sitzreihe über der Hinterachse. Nur Josi blieb auf seinem Platz und starrte schweigend auf die leeren Sitze vor ihm. Rachel presste ihre Mappe fest an sich und rutschte so weit wie möglich an die kalte Metallwand, als sich der Ringer neben sie zwängte. Für einen kurzen Augenblick erwachte in ihm Neugierde für den einzigen weiblichen Fahrgast des Busses, und er sah sie prüfend von der Seite an. Dann folgten seine Augen ihrem starren Blick zu Josi hin.

„Josi!“, rief er, nachdem sich die anderen niedergelassen hatten. „Du Idiot! Komm hier hinten hin!“

Da ihn der junge Mann zunächst nicht zu hören schien, rief der Ringer noch einmal, nachdrücklicher: „Josi! Bist du taub?“

Während Josi sich erhob, um vorsichtig durch den rutschigen Mittelgang zu gehen, rief ein anderer, sehr viel älterer Mann, aus: „Also, wenn wir am Zion-Tor angekommen sind, sollten wir einen Toast auf den Fahrer aussprechen, nu? Er soll leben und seine Frau und seine Kinder wiedersehen, Omaine!“ schloss er mit einem Lachen.

„Omaine!“, wiederholte die kleine Gruppe.

„ Omaine!“, wiederholte der Fahrer verbissen.

Josi drückte seine Handgranaten fest an sich, während der Bus schlingernd und nickend den Berg hinauffuhr. Er saß mit niedergeschlagenen Augen da und schloss sich auch nicht dem Wunsch der anderen an.

Rachel spürte, wie in ihr der Zorn gegen den großen Mann neben ihr aufstieg. *Er hat ihn erniedrigt,* dachte sie, *und es hat ihm sogar Freude bereitet.*

Plötzlich erstrahlten die Fensterschlitze in einem unheimlichen, phosphoreszierenden Blitz. Der Fahrer stieß einen erstickten Schrei aus. Er riss das Steuerrad verzweifelt herum, und dann vollführte der gesamte Bus in Zeitlupentempo eine gewaltige, trunkene Drehbewegung. Der Ringer prallte gegen Rachel, und Josi fiel mit einem Aufschrei vornüber. Durch die Gewalt seines Aufpralls löste sich eine der Handgranaten von ihrem Sicherungsbügel.

Für einen Augenblick sah Rachel, wie Josis Hand nach dem Ei mit dem Bleimantel tastete – sein Gesicht gezeichnet von qualvoller Verzweiflung. Und während es wieder und wieder blitzte, entglitt Josi die Granate und landete mit einem lauten, dumpfen Geräusch genau vor den Chassidim. „Achtung, Granate!“, schrie Josi und kroch hinterher.

„Mein Gott! Guter Gott!“, hallten die Schreie durch das taumelnde Fahrzeug.

Josi bekam die scharfgemachte Granate gerade wieder zu fassen, als der Bus erneut seitlich ausbrach und zu schlingern anfing, als ob er eines der von Mosche erwähnten prähistorischen Tiere sei und sich im Schmerz seiner Verwundung krümme. Dann hörte Rachel durch das Übelkeit erregende Kreischen von sich biegendem Metall plötzlich Josis Aufschrei, als er sich die Granate unter den Bauch schob. Gleich darauf zerbarst der Stahlrahmen des Busses unter ihm in einer ohrenbetäubenden Explosion.

6. Ge-hinnom

Als der Schnee in Regen überging, fischte Ellie Onkel Howards Regenmantel unter dem Sitz hervor und zog ihn an.

„Es wird eine Weile dauern, Ehud“, meinte sie warnend mit einem Blick auf das hell erleuchtete Gebäude, in dem sich die *Palestine Post* befand. „Ich muss dort zwei Filme entwickeln. Du kommst also wohl besser mit rein.“

Der Kapitän rümpfte die Nase und fragte mit finsterer Miene: „Kann ich denn da Kaffee kriegen?“

„Klar. Und du kannst Zeitung lesen, während du wartest.“

„Heute Abend kann ich die Artikel selber schreiben“, antwortete er mürrisch.

Ellie sprang aus dem Wagen und rannte die Stufen hinauf in die vertraute Eingangshalle der *Post.* Ehud folgte ihr schwerfällig und stapfte geräuschvoll über den gefliesten Boden der Eingangshalle.

„Ellie!“, rief die matronenhafte Dame am Empfangsschalter erstaunt. „Wir haben gerade versucht, Sie zu erreichen. Die Telefone funktionieren alle nicht. Morrie hat Dieter nicht erreichen können. Es hat sich nämlich etwas Furchtbares ereignet. Wir brauchen einen Fotografen.“

„Schon erledigt.“ Ellie hielt zwei Filme in die Höhe. „Muss nur noch in die Dunkelkammer. Ich hab’ fast mein ganzes Material verbraucht.“

„Schon *erledigt?*“, fragte die Frau ungläubig.

„Hier ist wirklich alles drauf. Jedenfalls alles, was sich im Busbahnhof abgespielt hat. Und wenn Sie jemanden brauchen, der die ganze Geschichte kennt ...“ Sie wandte sich zu Ehud. „Komm her, Ehud. Holen Sie doch eben Morrie her. Ehud war selbst im Konvoi.“

„Aha“, meinte Ehud und trat einen Schritt vor. „Aber können wir nicht vorher einen Kaffee bekommen? Und dann werde ich Ihnen jede schreckliche Einzelheit erzählen. Es gibt eben an Land keinen sicheren Ort, wissen Sie. Diese Araber sagen also, Sie werden uns ins Meer treiben, und ich sage, schön und gut! Sollen sie! Denn an Land gibt es sowieso keinen sicheren Ort."

Die Dame am Empfangsschalter eilte verwirrt davon, um Kaffee und Morrie Rudnick, den Redakteur, zu holen.

Morrie kam aus einem Büro hinter der Eingangshalle und streckte Ellie die Hand entgegen. „Sie haben die Geschichte schon? Was sind Sie für eine Journalistin, Ellie! Immer zur richtigen Zeit am falschen Ort", meinte er scherzhaft. „Passen Sie nur auf, dass Sie nicht eines Tages Ihren Kopf dabei verlieren, klar? Nur wegen eines Bildes, was?"

„Ich will ein paar für *Life* durchziehen, aber da es sich ja um den Lebensnerv von Jerusalem handelt, meine ich, dass Sie den ersten Zuschlag haben sollten."

„Und ich wollte Sie gerade anrufen, weil Sie für Dieter einspringen sollten. Wir haben eben erst über Kurzwelle davon gehört." Er hielt die Tür für Ellie und Ehud offen, die der immer noch verwirrten Empfangsdame den Kaffee abnahmen.

„Gerade erst?", fragte Ehud dröhnend in einem Gefühl der Wichtigkeit. „Es war ein ganzer Tag. Die Araber haben gleich hinter Latrun angegriffen. Wie Josua von den Gebirgskämmen. Nur diesmal waren es die Araber, die die Sonne stillstehen ließen ..."

Morrie blieb wie angewurzelt stehen und wandte sich um. Die Aufregung wich aus seinem Gesicht. „Latrun? Sie sagen Latrun?"

„Ja. Die haben angegriffen, bis die Briten ..."

„Ich habe Aufnahmen davon, wie der Konvoi am Busbahnhof ankommt, Morrie", ergänzte Ellie.

„Sie sprechen von dem Konvoi von Tel Aviv nach Jerusalem?", fragte Morrie.

„Sicher, wovon sonst?" Ellies Lächeln erstarb.

„Ich hatte mich auch schon gewundert." Morrie schürzte die Lippen. „Heute war kein guter Tag für das jüdische Verkehrswesen. Wir haben bereits vor Stunden von dem Angriff auf den Konvoi von Tel Aviv gehört, Ellie."

„Was ist denn dann ...?"

„Die Linie zwei. Die Linie zum Zion-Tor. Es ist etwas Furchtbares passiert. Die Briten haben über Kurzwelle durchgegeben, dass sie nicht mit Überlebenden rechnen."

* * *

Zwanzig Minuten bevor dieses Gespräch stattfand, machten Luke Thomas und seine Leute auf ihrem kalten Wachtposten am Zion-Tor gerade die winzigen Scheinwerfer der bergauf kriechenden Linie zwei und der begleitenden Panzerfahrzeuge aus. Als Gerhardts Landmine die Straße zwischen dem Vorausfahrzeug und dem schwerfälligen Bus aufriss, erhob sich in der Gruppe ein lautes Fluchen. Bereits während Luke gleich darauf mit vier seiner Soldaten zu seinem Panzerfahrzeug rannte, übertönte das leise Rattern von Maschinenpistolen das Geräusch des fallenden Hagels.

Am Unglücksort eingetroffen, fuhr sich Luke beim Anblick des zerstörten Busses bestürzt über die Stirn. Das Vorderteil des Busses befand sich gerade noch auf der Straße, aber bereits in leichter Schräglage, während das Hinterteil gefährlich weit über den Rand der Böschung hing. Im Bodenblech klaffte ein großes Loch. Als Luke mit der Taschenlampe den steilen Abhang hinunterleuchtete, sah er dort unten die verkrümmten Körper zweier Männer wie zerbrochene Puppen liegen. Bei jedem Windstoß ächzte der Bus, und sein Hinterteil schwankte über dem Talboden.

„Ich konnte nichts tun", rief der Busfahrer klagend und lief händeringend hinter Luke her, der seinen Männern Anweisungen gab. „Sehen Sie, ich habe versucht, die Mine zu umfahren."

Luke beobachtete stirnrunzelnd, wie von der Böschung kleine Klumpen Matsch abrutschten und zu Tal glitten. Der Bus gab ächzend ein wenig nach. „Zieht ihn weg, Jungs!", rief Luke. Die Soldaten wickelten die Stahlseile von den Winden ihrer Jeeps ab und fingen an, den Bus nach stabilen Stellen abzusuchen, an denen sie diese befestigen konnten.

„Captain, wenn er abrutscht, nimmt er unsere Fahrzeuge mit!“, rief Sergeant Ham, während er eilig um das tiefe Loch herumlief, das die Mine gerissen hatte.

„Worauf wartet ihr denn?“, meldete sich eine zornige Männerstimme aus dem hinteren Teil des Busses, der gleich darauf wieder wie eine überladene Wippe ächzte und schwankte. Luke beobachtete, wie sich das Vorderteil langsam hob und der Rahmen mit einem knirschenden Geräusch der Ewigkeit ein weiteres Stück näher kam.

„Er rutscht uns weg, Capt'n!“, schrie Ham.

Der Wind seufzte grausig, und Luke fröstelte, während er zusah, wie sich die Seile strafften und spannten.

„Er reißt die Wagen runter, Capt'n!“, schrie ein junger Soldat aus der Ablösemannschaft, während er schnell von der Furche, die der Erdrutsch hinterlassen hatte, wegrannte. Zwei andere Soldaten stiegen aus ihren Wagen und rannten ebenfalls in Sicherheit.

Guter Gott!, dachte Luke. *Da sind doch Menschen drin!* Ihre angstvollen Schreie klangen ihm in den Ohren. Ohne zu zögern lief er zu seinem Fahrzeug. Mit einem letzten Blick auf das sich langsam seiner Vernichtung zuneigende Tier glitt Luke in die Dunkelheit des Fahrzeugs und startete es röhrend. Während er die Kupplung kommen ließ und den Motor auf Touren brachte, spürte er, wie der Wagen nach hinten weggezogen wurde. Der Matsch, den die durchrutschenden Räder hochschleuderten, bespritzte die hilflos daneben stehenden Männer. Nach einem Augenblick des Zögerns rief Sergeant Ham: „Ich mach mit, Capt'n!“, und stolperte zum zweiten Wagen, um sich Lukes Manöver anzuschließen. Als beide Fahrzeuge gleichzeitig zogen, stabilisierte sich die Lage des Busses für kurze Zeit. „Los, Jungs!“, murmelte Luke, der seinen Posten nicht verlassen konnte. „Legt noch ein Seil an den Bus. Macht ihn am Fels fest.“

Noch regte sich keiner der Männer. Doch dann, als hätten sie die geflüsterte Anweisung ihres mutigen Captains gehört, verließen drei ihren matschigen Standort und befestigten mit steif gefrorenen Fingern zuerst ein Seil und dann ein zweites zwischen Bus und Fels.

Nur wenige Minuten waren vergangen, seit Luke zum Panzerfahrzeug gelaufen war, aber sie erschienen wie Stunden.

Als Luke schließlich aufsah, beugte sich das strahlende Gesicht Smiley Hitchcocks über ihn. „Se könn' jetz' aussteigen, Capt'n", sagte er. „Wir ham ihn gut am Fels festgebunden. Ich weiß zwar nich', wie lang' das hält, Sir. Und's würd' mich nich' überraschen, wenn das hintere Ende trotzdem abbrechen würde. Milde ausgedrückt, sieht der Bus'n bisschen wacklig aus, Sir, und die Jud'n quaken da drin ganz schön, weil se rausgelassen werden woll'n!"

* * *

Ein Mann lag in seiner Blutlache neben Rachel. Er stöhnte laut und anhaltend und die Lautstärke seiner Schreie schwoll an und ab wie die des Windes. Rachel war von dem massigen Körper des Ringers und dem eines anderen Mannes eingekeilt und befand sich in einer äußerst unbequemen Lage. Nachdem der schwere Mann versucht hatte, sein Gewicht etwas zu verlagern, hatte ihr zerstörtes Gefängnis derart geschwankt und geächzt, dass die anderen Insassen erschrocken aufschrien und das Innere des Busses von dem blechernen Echo ihrer Schreie widerhallte.

Rachel war zu ihrem eigenen Erstaunen nicht verletzt. Und außer dem unglücklichen Josi schienen alle, die den Bus bestiegen hatten, noch zu leben. Der Ringer, dessen Stirn eine blutig-klaffende Wunde aufwies, hatte keuchend alle Anwesenden namentlich aufgerufen und nach jedem Aufruf eine schwache Antwort erhalten. Entweder war ihm mit einem knappen Wort geantwortet worden oder manchmal auch mit einem Satz, wie „er lebt noch, Gott sei Dank" oder „ich habe gesehen, dass er sich etwas bewegt hat".

Vier Männer waren bewusstlos. Einer weinte leise, während er sich mit den Händen seine blutenden Ohren hielt. Zwei andere schrien bei der kleinsten Bewegung auf, und ein weiterer sagte, er glaube, sein Bein sei zerquetscht, er habe jedoch keine Schmerzen.

Außer Rachel schienen nur drei Insassen unverletzt und bei klarem Verstand. Für sie war wahrscheinlich das Bewusstsein, sich über einem Abgrund zu befinden, am schrecklichsten.

„Lass mich sterben!", schrie der Mann, der bei der Explosion direkt neben Josi gesessen hatte, und wiegte seinen Kopf in den Händen.

„Sei still, Amos!", explodierte der Ringer. „Das heißt Gott versuchen, wenn du so betest!"

„Lass mich sterben!", wiederholte Amos.

„Er kann dich nicht hören", rief eine Stimme. „Seine Trommelfelle sind zerfetzt."

„Achte nicht auf ihn, Gott", rief der Ringer laut. „Hier ist Chaim, Gott. Achte nicht auf Amos!"

Rachel verspürte den unvernünftigen Drang, über diesen Riesen von einem Mann zu kichern, der in die Dunkelheit hineinrief. Als das zusammengekrümmte Etwas neben ihr erneut aufstöhnte, versuchte sie, sich die Ohren zuzuhalten. *Achte nicht auf Amos, Gott,* dachte sie. *Er hat Schmerzen und der Tod erscheint den Leidenden als Gnade.* Wie viele Male hatte sie selbst darum gebetet, sterben zu dürfen, und wie oft war die Antwort des Himmels nur eisiges Schweigen gewesen? Aber sie hoffte, dass an diesem Abend ihr eigenes Schmerzensgebet endlich erhört würde. Bald schon würde vielleicht alles vorbei sein.

Der schmächtige Mann, dessen Brille in dem Loch unter ihnen verschwunden war, versuchte, den Kräftigen zu beruhigen. „Du machst dir Sorgen wegen Amos' Gebet?", fragte er mit humorvoller Stimme. „Amos betet um Reichtum, aber er ist arm. Er betet um eine Frau; aber keine will ihn haben. Er betet darum, nach Amerika gehen zu dürfen; aber er ist hier in Jerusalem. Lass Frieden in dein Herz einkehren, Chaim. Wenn Amos darum betet, sterben zu dürfen, dann bleibe in seiner Nähe. Denn er wird der Erste sein, den man rettet."

„Sie heißen Chaim?", wagte Rachel zu fragen.

Der Ringer antwortete nur mit einem Grunzen.

„Chaim. Leben. Das ist heute Abend ein guter Name ..."

„Und wenn wir befreit sind“, warf der schmächtige Mann ein, „werden wir Chaim trinken. Zum Leben!“

„Sei still! Oder willst du das Böse heraufbeschwören?“, rief Chaim.

„Gott hat mich nicht bis hierher kommen lassen, damit ich auf diese Weise den Tod finde“, meinte der Schmächtige.

„Dann solltest du vielleicht Gott bitten, dass er diesem Bus Flügel wachsen lässt“, entgegnete der Ringer.

„Chaim“, schalt der Schmächtige, „du solltest es eigentlich besser wissen, nu? Wenn Gott gewollt hätte, dass Busse fliegen ...“

Zu Rachels Erstaunen antwortete der Kräftige mit einem tiefen Glucksen. Er zog die Luft langsam ein und stieß sie dann mit einem Seufzer wieder aus. „Also worauf warten die da draußen denn noch? Auf Winston Churchill?“, meinte er ironisch.

Ein Licht durchzuckte die Dunkelheit, und eine seltsam fröhliche Stimme mit britischem Akzent rief ihnen zu: „Schön! Wir bringen euch gleich in Sicherheit. Bitte, die Unannehmlichkeiten zu entschuldigen, Leute. Versuchen nämlich nur, den Bus davon abzuhalten, den Hang runterzukullern.“

„Na, siehst du, Chaim. Immerhin beinahe Winston Churchill. Also hör schon auf mit deinem Gequatsche!“, meinte der Schmächtige.

Rachel fragte sich, welche Ängste sich wohl hinter der bemerkenswerten Selbstbeherrschung dieses Mannes verbargen. Ihr selbst war zumute, als ob sie gleichzeitig weinen und lachen müsse. Zusätzlich verspürte sie das Verlangen, sich einmal aus dem Gedränge der Verwundeten befreien zu können, egal, wie gefährlich das für den Bus sein mochte. *Platzangst. Die kenne ich noch von früher. Von den Viehwagen, wenn wir dicht an dicht zusammengepfercht wurden.* Die Alten und Schwachen waren bereits während des zweitägigen Transports zu den Lagern gestorben – genau dort, wo sie gestanden hatten. Und wenn Rachel das Gefühl gehabt hatte, in dem Gedränge verrückt zu werden, hatte ihre Mutter sie beruhigt: *„Es wird bald vorbei sein, Rachel, Liebes. Sie haben uns versprochen, uns bald ein Glas Wasser zu geben.“* Aber bis zum Ende der Reise hatten sie kein Wasser bekommen. Und dann hatte man ihnen versprochen, dass es nach dem Duschen Wasser und Brot mit Marmelade geben würde, und auf diese Weise Tausende von Menschen in die Gaskammern gelockt. Die Reise dieser Menschen hatte, kaum zwei Stunden nachdem sie aus dem Zug gestiegen waren, in den Krematorien geendet.

„Ich bin durstig", sagte Rachel plötzlich.

„Dann mach deinen Mund auf", brummte der Ringer. „Gott hat uns den Segen des Wassers nicht versagt."

Rachel kam sich wegen ihrer Worte ziemlich dumm vor, da das Wasser durch einen ausgefransten Riss in einer Schweißnaht ins Innere des Busses strömte. Sie hielt ihre hohle Hand unter das hereinströmende Wasser und dann an ihre Lippen und schlürfte gierig die eisige Flüssigkeit, als wollte sie mit dem Durst auch ihre Erinnerungen löschen.

„Aber, Mama", hatte sie weinend gerufen, *„ich möchte mit dir gehen."* Sie hatte sich an den Wächter gewandt und ihn gebeten: *„Bitte, kann ich nicht mit meiner Mutter gehen?"*

„Möchtest du einen Becher Wasser, Mädchen?", hatte dieser gebrummt. *„Hast du Durst? Dann komm her!"* Dann war er zurückgegangen und hatte einen Schöpflöffel aus einem großen Wasserbehälter gefüllt, der auf der Plattform stand. Ihre Zunge war so geschwollen gewesen, dass sie nicht einmal mehr hatte schlucken können.

„Ich möchte aber mit Mama gehen", hatte sie wieder unter Tränen gefleht und ihre Arme um die Taille ihrer Mutter geschlungen.

„Das sollst du auch", hatte der Wächter in einem freundlicheren Ton gesagt. „Frau, sagen Sie ihr, dass sie kommen soll," forderte er ihre Mutter auf.

Rachel hatte ihrer Mutter forschend in die gequälten Augen gesehen. *Es ist ja nur ein Becher Wasser,* hatte sie in ihnen zu lesen vermeint. Gesprochen hatte ihre Mutter allerdings nicht. Langsam hatte Rachel sie losgelassen und war dorthin gegangen, wo der Wächter lächelnd gestanden und den tropfenden Becher gehalten hatte.

„Siehst du, Mädchen", hatte er gesagt, während sie inmitten der aus den Zügen taumelnden tosenden Menge trank. *„Es ist ja nur*

Wasser." Noch zweimal hatte er den Becher für sie eingetaucht, und als sie ihn selbst noch einmal gefüllt und sich umgedreht hatte, um ihn mit Mama zu teilen, hatte sie feststellen müssen, dass ihre Mutter verschwunden war. Sie war allein unter diesen Angst einflößenden und brutalen Menschen gewesen, die an diesem Nachmittag auf der Plattform ihrer Rolle gerecht wurden. Sie hatte ihre Mutter niemals wiedergesehen.

Lass mich sterben, Gott, hatte sie damals gebetet. *Bitte, lass mich sterben.* Aber sie war nicht gestorben.

Rachel erkannte die ruhige Stimme Captain Luke Thomas'. „Sie sind jetzt einigermaßen sicher. Aber trotzdem ist es wichtig, dass Sie sich so wenig wie möglich bewegen. Wir werden eine Schlinge an einem Seil hinunterlassen." Rachel beobachtete, wie das Seil durch den zerstörten Mittelgang auf sie zukam. „Damen und Verwundete zuerst", ordnete Luke an.

„Ich kann nicht", rief ihm Rachel zu. „Ich sitze am äußersten Ende, und hier sind mehrere, die vor mir hinaus müssen." In ihrer Stimme klang ein Unterton von Panik, den sie nicht vermutet hätte.

„Nun gut", entgegnete er, und seine Stimme klang ruhig und beruhigend zugleich, „dann eben, sobald es möglich ist. Ihnen wird nichts passieren, Miss Lubetkin."

„Er kennt Ihren Namen?", fragte der schmächtige Mann.

„Er ist ein Freund von uns. Er hat meinem Großvater, einem Rabbi in der Altstadt, geholfen", entgegnete Rachel abwehrend.

„Und wie heißen Sie bitte noch?", fragte der schmächtige Mann, ohne aufdringlich sein zu wollen.

„Rachel", erwiderte sie und legte wieder den Panzer um ihr Herz.

„Ich heiße Dov", beantwortete er einfach eine Frage, die gar nicht gestellt worden war. „Wenn Menschen so eng beieinander sind und vielleicht zusammen sterben, dann ist es gut, wenn sie auch wissen, wie sie heißen, nu?"

Dov schien ein merkwürdiger Name für jemanden, der so schmächtig war – es ist hebräisch und bedeutet „Bär". Plötzlich jedoch erinnerte sich Rachel an den Mut, den er bewiesen hatte, als er in die Nähe der britischen Soldaten gegangen war, um Wasser zu trinken. *Vielleicht ist Dov ein guter Name für jemanden mit so viel Mut,* dachte sie. „Ich habe immer gedacht, dass Namen keine Rolle spielen, wenn man tot ist“, erwiderte sie.

„Nun ja, vielleicht sollen wir ja auch gar nicht sterben.“ Er ergriff das Seil und streifte es einem Bewusstlosen neben sich sorgfältig über Kopf und Schulter und zog es dann unter den Achseln fest. „Es sind noch elf Leute hier“, rief er dann. „Worauf warten Sie, Winston Churchill?“

Der Wind pfiff durch den offenen Rumpf des Busses, während Verwundete und Bewusstlose der Reihe nach aus dem Wrack herausgeholt wurden. Jedesmal, wenn gequälte Schreie in dem eisernen Gehäuse widerhallten, kniff Rachel ihre Augen fest zu. Je mehr Gewicht aus dem Bus entfernt wurde, desto heftiger ächzte und schwankte sein Hinterteil. Da die Schweißnähte der Eisenbleche teilweise aufgerissen waren, hingen die beiden Hälften des Busses nur noch lose zusammen. Der Hagel prasselte inzwischen noch heftiger auf sie nieder und Rachel war sich nicht sicher, ob Gott sie nicht doch hierher geführt hatte, um sie sterben zu lassen. Schließlich war ihr Leben sinnlos gewesen. Warum sollte dann nicht auch ihr Tod sinnlos sein?

Amos hielt mit der einen Hand das Seil und mit der anderen sein Ohr, während er in Sicherheit gebracht wurde. „Siehst du, Chaim“, sagte Dov. „Wenn du leben willst, dann lass Amos Gott darum bitten, uns zu töten, nu?“

Nur vier unverletzte Fahrgäste befanden sich noch im Bus. Als der Ringer von Rachel wegrutschte, hielt Dov ihr die Schlinge hin. „Ladies first, nicht wahr?“, meinte er.

„Sie kommen vor mir dran. Dann wäre es leichter ...“

Dov streifte ihr unbeholfen die Schlinge über. „Beantwortet Gott Ihre Gebete?“, fragte er mit einem schwachen Lächeln.

„Nein“, erwiderte Rachel.

„Dann beten Sie, dass wir sterben, ja? Dann wird Gott sagen: ‚Das ist Rachel da unten. Um die brauche ich mich nicht zu kümmern.‘“

Sie rang nach Luft, während sie gleichmäßig und kräftig über die zerstörten Sitze und das gähnende Loch im Boden des Busses gezogen wurde. Unter sich konnte sie das zerklüftete Gesicht Ge-Hinnoms sehen und sie spürte den rauen Wind, der sie in das Tal hinunterziehen wollte.

Als sie das letzte Stück mit eigener Kraft aus dem Fahrzeug kletterte, war sie fast geblendet von der Helligkeit der Scheinwerfer. Luke schaute sie kurz mit angespanntem Gesicht an, nickte und widmete sich dann wieder der Aufgabe, die drei Männer zu befreien, die noch immer in dem jetzt gefährlich schwankenden Fahrzeug gefangen waren.

„Ein Seil reißt bald, Capt'n", rief ein kleiner Sergeant.

„Dann sichern Sie eben mit einem anderen!", schnauzte Luke ungewöhnlich gereizt. „Einer von euch sucht für Miss Lubetkin einen Schutz! Und holt ihr eine Decke aus meinem Wagen!"

Die Beine versagten ihr beinahe, als sie von einem gesichtslosen Soldaten in den Schutz eines Panzerfahrzeugs geleitet wurde. Dort trank sie heißen Kaffee aus einer Thermoskanne und beobachtete, wie ein Krankenwagen und ein Truppentransporter den Berg hinunterfuhren und sich schließlich in Richtung Hadassah-Kliniken hielten. Als sich Chaim, Dov und ein älterer Mann, der aussah wie ein Gelehrter, endlich wieder auf festem Boden befanden, erhob sich Rachel und ging langsam auf den Lichtkegel zu, in dem sie zusammengedrängt standen und leise auf Luke einredeten.

„Ich schaffe es schon." Chaim tupfte sich die blutige Stirn. „Es ist nicht Gottes Wille, uns bis hierher kommen zu lassen und dann nicht das Ende ..."

„Was die Verwundeten anbetrifft", fügte Dov ernst hinzu, „so soll es eben nicht sein. Aber was mich angeht, ich kann nicht zurückkehren."

„Dies ist meine Heimat", meinte der ältere Mann. „Ich will nicht umkehren, nur weil wir das Pech mit der Landmine gehabt haben. Außerdem werde ich gebraucht."

Rachel trat ins Licht. „Ich möchte auch nicht umkehren, Captain Thomas. Ich weiß nicht, wie ich es sagen soll, aber ich bin schon zu weit gekommen, um es so enden zu lassen. Ich muss eine Botschaft überbringen. Für meinen Großvater."

* * *

Hoch oben auf der breiten Altstadtmauer stand Gerhardt unter einem britischen Regenschirm, der von einem zitternden Jihad-Moqhaden gehalten wurde, und war guter Dinge. Er setzte seinen Feldstecher an die Augen und stellte ihn auf die vier Engländer ein, die sich unterhalb des Wracks der Linie zwei befanden. Er musste fast über die Gesichter lachen, die sie machten, als sie die Leichen des Deserteurs und des verstümmelten Juden bargen. Dann reichte er Kadar den Feldstecher.

„Der war sowieso nur der letzte englische Dreck", sagte er, indem er Kadars Blick auf die Leiche lenkte. „Die Juden werden also sagen, dass es die Engländer waren, die die Landmine gelegt haben, und die Engländer werden behaupten, dass es die Juden waren, die den englischen Deserteur umgebracht haben."

„Da Haj Amin in Kairo ist, ist das eine so gut wie das andere. Auf jeden Fall wird morgen niemand sagen können, dass unsere Leute etwas damit zu tun haben. Du hast gute Arbeit geleistet, Gerhardt. Haj Amin, der Mufti, wird dich reichlich dafür belohnen." Kadar betrachtete das Wrack unter ihnen.

„Ich brauche Männer. Mutige Männer, die ich ausbilden kann."

„Männer kannst du hier überall finden. Das wird dir Haj Amin nicht abschlagen."

„Und Geld. Für die Souks in Damaskus, wo man alles finden kann, was man braucht, um Ungeziefer zu vernichten."

„Du weißt selbst ganz gut, dass ich mit deinen Methoden nicht ganz einverstanden bin. Aber wenn dies", – Kadar machte eine ausholende Handbewegung – „den Zulauf in die Altstadt unterbindet, dann will ich in deinem Namen mit Haj Amin sprechen. Du bist also in der Lage, Männer so weit auszubilden, dass sie mit Sprengkörpern umgehen können?"

„So gut wie jeder andere aus der SS."

Kadar lächelte dünn und gab Gerhardt den Feldstecher zurück. „Wenn die Leute des Führers den Krieg nicht verloren hätten, stünden wir nicht vor diesem Problem. Vielleicht solltest du deine Männer nicht mehr als Deutscher ausbilden, sondern als Moslem."

Gerhardt starrte Kadar an, dann spuckte er ärgerlich auf den rauen Steinboden, auf dem sie standen. „Mein Vater war zwar Deutscher, aber meine Mutter hat mich nach den Lehren des Propheten erzogen. Du hältst zwar aufgrund meiner Abstammung nicht viel von mir, aber ich sage dir, dass ich meinen ersten Juden schon getötet habe, bevor Hitler überhaupt zum Reichskanzler ernannt wurde. Hier, in den Straßen der Altstadt, im Dienste des Muftis und im Dienste Allahs, habe ich zuerst getötet."

Kadar warf einen kühlen, prüfenden Blick auf den zornigen jungen Mann neben ihm. Gerhardts eisige blaue Augen brannten in der Dunkelheit, und er schürzte hasserfüllt die Lippen. Kadar mochte den halbblütigen Liebling des Muftis nicht. Aber an dessen Erfolg gab es nichts zu deuteln. Die Ben Yehuda Street war dem Erdboden gleichgemacht und die Juden der gesamten Stadt lebten in Angst und Schrecken. „Ja, hier in der Altstadt hast du zuerst getötet. Aber du hast auch einen Mann, einen deutschen Offizier, wegen eines jüdischen Mädchens getötet, nicht wahr? Und dann hat man dich zur Strafe für fünf Monate in ein Konzentrationslager gesteckt. Wenn der Mufti nicht ein Bittgesuch an Hitler gerichtet hätte, wärst du in seinen Gaskammern genau mit den Menschen umgekommen, die du jetzt vernichtest. Eine interessante Verflechtung, Gerhardt. Das habe ich schon immer gedacht."

„Das Mädchen war eine Hure. Nichts als eine Hure!", schrie Gerhardt. „Und der Idiot, den ich getötet habe, wollte sie für sich allein. Sie waren für uns alle gedacht. Er war ein Egoist. Er verdiente den Tod. Für die Frau habe ich nichts empfunden. Ich kann eine Frau ebenso gut töten wie einen Mann. Und das habe ich auch schon bewiesen."

„Ja, das hast du schon bewiesen", seufzte Kadar. „Und du wirst es zweifellos wieder beweisen. Ich werde dich morgen dem Mufti empfehlen und ihm von deinen Wünschen berichten. Eben jetzt ist er damit beschäftigt, die finanziellen Mittel zu besorgen, die wir für solche *Aktivitäten* wie deine brauchen werden."

„Und Männer. Sage ihm, dass ich Männer brauche. Ein eigenes Kommando. Unter meinem Oberbefehl. Sage ihm das, wenn du ihn siehst."

Kadar verneigte sich leicht. „Salaam. Möge der Segen Allahs bei deinem Kampf mit dir sein."

„Salaam." Gerhardt verneigte sich kurz und wandte sich dann wieder der Szene am Hang unter ihm zu. Kadar stieg indessen die Stufen in die Dunkelheit des arabischen Viertels hinab.

Während Gerhardt den Feldstecher auf die verzweifelt arbeitenden englischen Soldaten richtete, war er sich darüber im Klaren, dass es ihm ein Leichtes wäre, einige von ihnen abzuknallen, wenn er ein Gewehr zur Hand hätte. Aber laut Befehl des Muftis durften seine Männer nicht gegen die Briten kämpfen. *Das sollen die jüdischen Terroristen tun.*

Die verwundeten Chassidim wurden inzwischen der Reihe nach auf die wartenden Lieferwagen geladen. Trotz der Tatsache, dass er die Mine den Bruchteil einer Sekunde zu früh gezündet hatte, um den Bus völlig zu vernichten, empfand Gerhardt ein Gefühl der Genugtuung, als er die Szene überblickte. Er stellte seinen Feldstecher auf die drei Chassidim ein, die sich mit dem hoch gewachsenen englischen Captain neben ihnen unterhielten, den er schon oft in den Straßen der Altstadt gesehen hatte. Während der schmächtige Jude sprach, tupfte sich der kräftige seine blutende Stirn. Der ältere sah aus wie ein Rabbi. *Heute Nacht,* dachte Gerhardt, *hat dieses Ungeziefer wirklich einen Rabbi nötig.*

Am Rande der Gruppe, mit dem Rücken zu ihm, stand eine Frau. Er konnte nur ihre Hände sehen, die in dem grellen Licht zart und weiß erschienen. Das Haar hing ihr in feuchten Strähnen herunter. Sie nickte zu den Worten der anderen. *Dreh dich um,* flüsterte Gerhardt. Er ließ den Blick an ihr hinabgleiten und beobachtete sie lange. Dann, gerade als er schon aufgeben wollte, bewegte sie sich, so dass er sie im Profil sehen konnte. Jung. *Diese Jüdin ist jung und schön,* dachte er. *Ihre Haut sieht weich aus wie die Brust einer Taube.* Als die Frau aus dem Lichtkegel trat, ließ Gerhardt das Glas sinken. Während er sich abwandte und die Tätowierung von Ravensbrück auf seinem Unterarm befühlte, sah er vor seinem geistigen Auge das Gesicht der jüdischen Hure, um deretwillen er getötet hatte.

7. Rachels Entscheidung

Ellie lenkte den Wagen dicht an den rechten Straßenrand, als ihnen zwei Krankenwagen und ein Militärtransporter in verhaltenem Tempo auf der abschüssigen, glitschigen Straße von oben entgegenkamen. Rote Lichter kreisten blinkend und erleuchteten die Felsen und den kargen Boden zu beiden Seiten der Straße. Als sich die Fahrzeuge zentimeternah an ihnen vorüberschoben, packte Ellie plötzlich die Angst. Sie kurbelte ihre Scheibe herunter und rief dem Fahrer des ersten Krankenwagens zu: „Haben Sie eine verletzte Frau in Ihrem Wagen?“ Doch der Mann nahm keine Notiz von ihr, geschweige denn, dass er anhielt. Während der Hagel durch das offene Fenster in den Wagen prasselte, schlug sie verzweifelt mit der Faust auf das Steuerrad und stöhnte auf: *„Rachel!“* In diesem einen Wort lag ihr ganzer Schmerz. *Lieber Gott ...* Vor Kummer konnte sie ihr Gebet nicht weiterbeten.

„Mit diesem Wagen schaffen wir's hier nicht rauf, Miss“, meinte Ehud verächtlich und öffnete seine Tür. „Komm. Wir müssen zu Fuß gehen. Oder hast du etwa Angst?“

Ellie holte ihre hohen Stiefel vom Rücksitz und zog sie an. Ohne sich von dem heftigen Hagel beeinträchtigen zu lassen, warf sie sich noch Onkel Howards Regenmantel über, setzte den Regenhut auf und machte einen Satz in den Morast. Die Kamera hatte sie sicher unter ihrem Mantel verstaut. Aber selbst als sie bereits mitten im Hagel stand, der ihr heftig gegen die Wangen schlug, wünschte Ellie insgeheim, dass sie nicht hierher gekommen wäre. „Ich hätte doch gleich nach Hadassah fahren sollen!“, rief sie Ehud zu, der ein paar Schritte vor ihr watete. Ehud blieb stehen und starrte auf den entstellten Bus und die umstehenden Rettungsfahrzeuge. Das Loch mit seinen zerfetzten Rändern war noch aus rund fünfzig Metern Entfernung auszumachen.

„Wozu soll ein Krankenhaus gut sein?“, entgegnete er bitter. „Du meinst doch wohl nicht, dass jemand so eine Explosion überleben könnte?“

Tief unter dem Bus waren Soldaten im Licht der Scheinwerfer dabei, in Tücher gehüllte Leichen auf Tragen zu legen, um sie dann zu einer tiefer gelegenen Kurve zu befördern, wo ein weiteres Rettungsfahrzeug wartete.

Am Rande der Scheinwerferkegel konnte Ellie durchnässte Soldaten mit schussbereiten Maschinenpistolen erkennen. Vor ihrem geistigen Auge liefen die Bilder des Todes ab, die sie seit ihrer Ankunft in Palästina gesehen hatte. „Rachel", flüsterte sie noch einmal, als sie stehen blieb und den Bus anstarrte. Ihre Arme hingen schlaff herunter und sie biss sich auf die Lippe – das Schicksal ihrer Freundin schien ihr gewiss.

„Hast du vor, diesen Quatsch hier weiterzumachen?", fragte Ehud. „Oder fahren wir jetzt nach Hause zu deinem Onkel und zu Mosche?"

„Ich muss es wissen." Ellie kämpfte gegen den Wind an und zwang sich, die Straße noch ein paar Meter weiter zu einem nassen, verdreckten jungen Soldaten zu gehen, der in das schwarze Nichts starrte.

„Halt!", rief er, als sie sich näherten.

„Ich ... heiße Ellie Warne", stotterte sie. „Ich bin Fotografin. *Life-Magazin* und *Palestine Post.*"

„Ihren Ausweis."

Ellie wühlte in ihrer Tasche nach ihrem Presseausweis. *„Life-Magazin,* hm?" Der junge Mann war mit einem Mal wie umgewandelt. „Woll'n Se 'n Bild von mir mach'n, Miss?"

„Wie viele haben den Tod gefunden?", fragte Ellie.

„Kann ich nich' genau sag'n. Die ham da unt'n 'n paar Leichen aufgesammelt. Ekelhafte Arbeit, wenn Se mich frag'n. Da steh' ich lieber Tag und Nacht im Hagel ..."

„War eine junge Frau darunter?"

„Kann ich nich' sagen. Se ham 'ne Ladung von hier runtergelassen. Mehr kann ich Ihn' nich' sag'n. Woll'n Se jetz'n Bild von mir mach'n, Miss? Wie ich hier Wache steh'?" Dann bemerkte er die massige Gestalt Ehuds, der den Briten mit finsterer Miene ansah. „Und wer is' das?"

„Er gehört zu mir." Ellie ergriff Ehud am Arm und schob sich an dem Soldaten vorbei.

„Woll'n Se's drauf ankomm' lass'n, Miss?", rief der Soldat hinter ihnen her. „Schwer zu sagen, wie viele da draußen sin'. Woll'n Se auch bestimmt kein Bild von mir mach'n?"

Von einer neuen Welle der Panik überwältigt, fühlte sich Ellie unweigerlich zu dem Wrack hingezogen. Seile, die so dünn wie Nähgarn wirkten, hielten den schräg hängenden Rumpf am Rande der Böschung. Außer sich vor Angst, hielt sie unter den Männern, die zielstrebig hin und her liefen, nach einem vertrauten Gesicht Ausschau. „Haben Sie Captain Thomas gesehen?", fragte sie einen Mann mittleren Alters, der sehr beschäftigt aussah.

„Ja. Auf der ander'n Seite vom Bus."

Sie zupfte Ehud am Ärmel, rannte durch den aufspritzenden Matsch zum Vorderteil des Busses, lief geduckt unter den Seilen durch und rief nach dem grimmig aussehenden Captain: „Luke! Luke Thomas!"

Er wandte sich von einer Gruppe von Männern ab, mit der er gerade sprach, und schirmte seine Augen gegen das grelle Scheinwerferlicht ab.

Zunächst runzelte er die Stirn, doch dann lächelte er höflich, als Ellie zu ihm hinrannte. „Ellie Warne!", rief er aus. „Weiß Ihr Onkel, dass Sie in einer solchen Nacht unterwegs sind?"

Da entdeckte Ellie ihre Freundin. „Rachel!", schrie sie auf und lief am Captain vorbei direkt in ihre Arme. „Oh, Rachel, bist du unverletzt? Ich war ganz krank vor Sorge. Wir haben in der Post gehört, dass ein Unfall passiert ist. Gerade als ich dort anhielt, um die Fotos vom Tel-Aviv-Konvoi abzugeben, da haben sie uns erzählt, dass ein Unfall passiert ist."

Die Regentropfen vermischten sich mit Ellies Freudentränen und ihre Sorge war verflogen.

Rachel klopfte ihr beruhigend auf den Rücken. „Du solltest nicht hier sein", sagte sie. „Das war kein Unfall. Es gibt viele Verletzte. Mosche wird sehr unglücklich sein, dass du allein hierher gekommen bist."

„Ich bin nicht allein gekommen. Ich habe Ehud mitgebracht. Erinnerst du dich an Ehud Schiff? Kapitän Schiff?“

Rachels Gesicht hellte sich auf, als sie Ehud wiedererkannte. „Er ist in Jerusalem?“

„Ich wusste gar nicht, dass er auf dem Weg zu uns war. Er stieg einfach aus dem Bus von Tel Aviv aus und das ist alles. Er sagt, er will zu Mosche.“

„Das ist also kein guter Tag für jüdische Transportunternehmen, nicht wahr?“, meinte Ehud mit einem Blick in die Runde. „Auf der Fahrt von Tel Aviv nach Jerusalem hat es drei Tote und neun Verwundete gegeben.“

„Hier hat es zwei Tote gegeben. Aber nur zwei von den dreizehn Fahrgästen sind in der Lage, ihre Reise fortzusetzen“, erklärte Luke. „Es sind sogar Schwerverletzte darunter, aber sie lebten noch, als sie abtransportiert wurden.“

„Du willst also weiter?“ Ellie ergriff Rachels Hand. „Du gehst also trotzdem in die Altstadt, nach all dem, was vorgefallen ist?“

„Haben wir denn eine andere Wahl, Ellie?“ Rachel vermied es, sie anzusehen. „Es ist doch niemand mehr da, der gehen könnte.“

Luke meinte leise: „Sagen Sie Mosche, dass beinahe alles konfisziert oder bei der Explosion vernichtet worden ist. Und diese vier Leute sind die Letzten, die noch Sachen für uns transportieren können. Denn es werden wahrscheinlich keine Busse mehr zum Zion-Tor fahren. All das hier“, – er machte eine ausholende Handbewegung – „ist höchstwahrscheinlich von einem einzigen Mann, höchstens von zweien, bewerkstelligt worden. Es war eine Mine. Wir haben die Drähte gefunden. Sie führten zu einem Zündgerät, das hinter diesen Felsen versteckt war. Wenn nur ein Mann so viel Schaden anrichten kann ...“

„Wie viel ist verloren gegangen?“, fragte Ellie.

„Alles, außer dem, was wir vier tragen können. Mehr können wir sowieso nicht mitnehmen“, erwiderte Rachel. „Die jungen Männer, die für die Verteidigung vorgesehen waren, sind alle verletzt.“

„So alt bin ich nun auch noch nicht“, meinte Ehud und trat in den Kreis. „Ich bin stark. So stark wie jeder Seemann an Land.

Habt ihr Waffen, die ich in die Altstadt bringen könnte? Könnte ich heute Nacht nicht mit euch kommen?"

Dov, der bisher geschwiegen hatte, schürzte die Lippen und runzelte nachdenklich die Stirn. „Sie sind Ehud Schiff? Ehemaliger Kapitän der *Ave Maria*?"

Ehud verneigte sich leicht.

Chaim klatschte in die Hände. „Jetzt erinnere ich mich!", rief er und umarmte Ehud tollpatschig. „Ein tapferer Bursche! Ein guter Kapitän, auch wenn ich seekrank war."

„Ehemalige Passagiere?", fragte Ehud mit einem breiten Grinsen. „Ich habe euch nicht gerade in einen sicheren Hafen gebracht, wie ich sehe."

Dov klopfte ihm auf den Rücken. „Es wäre uns eine Ehre, Sie zu uns zählen zu dürfen, Kapitän Schiff."

„Und was ist mit mir?", fragte Ellie, die noch immer Rachels Hand hielt, hoffnungsvoll.

Die Chassidim, Rachel und Luke richteten ihre Augen in ungläubigem Schweigen auf sie. „Ha!", rief Ehud dann aus. „Ich glaube, das geht nicht."

„Nur dieses eine Mal. Ich habe ..." Sie stockte und fuhr dann leise fort: „Ich habe schon einmal Waffen geschmuggelt."

„Mosche würde es nicht erlauben", meinte Rachel kühl und zog ihre Hand zurück.

„Und was ist mit dir?", fragte Ellie leicht verärgert. „Mosche ist nicht hier und ich mache das schließlich nicht das erste Mal."

„Aber ich bin hier", sagte Luke mit freundlichem Ernst. „Und ich werde es nicht erlauben. Es stimmt zwar, dass Sie schon einmal in der Altstadt waren, aber die Altstadt ist jetzt nicht der richtige Platz für Sie."

Rachel seufzte vor Erleichterung darüber, dass der gute Captain ihrer impulsiven Freundin gegenüber das Kommando übernommen hatte.

„Aber ich ...", begann Ellie.

„Nein, Miss Warne. Ich bin auch ein Freund Ihres Onkels und ich habe dafür zu sorgen, dass Sie sicher nach Hause gelangen."

Endgültig geschlagen, stand Ellie einen Augenblick lang enttäuscht und schweigend da, während es sintflutartig zu regnen begann. Dann zog sie ihren Regenmantel aus und gab ihn Rachel. „Den kannst du dann ja nehmen", meinte sie schmollend.

Mit dem Anflug eines Lächelns auf den Lippen nahm Rachel Ellie den Regenmantel ab und zog ihn über ihren eigenen durchnässten Mantel. „Danke."

„Möchtest du auch meine Stiefel?" Ellie nahm sie beim Arm und führte sie zu einem Panzerspähwagen, während Ehud zu einem Versteck gebracht wurde, in dem sich Waffen aus dem zerstörten Bus befanden.

In dem Wagen, in dem es im Vergleich zu draußen warm war, zog Ellie ihre schweren Stiefel von den Füßen und reichte sie Rachel, die sich schweigend neben sie setzte.

„Ich möchte nur, dass du eines weißt, Rachel", begann Ellie mit einer Stimme, der man die innere Bewegung anhörte.

„Ja?"

„Ich weiß, was du im Schilde führst. Du kommst nicht wieder zurück, wenn du die Botschaft und die Waffen überbracht hast. Du hast vor, in der Altstadt zu bleiben, nicht wahr?"

Rachel hielt ihre Augen gesenkt. „Ich muss tun, was ich kann, um zu helfen."

„Aber du hast vor, nicht zurückzukommen, nicht wahr?"

„Ja."

„Und darum willst du nicht, dass auch *ich* in die Altstadt gehe, nicht wahr?"

„Ja."

„Weil ich dich zwingen würde, wiederzukommen."

„Nein. Du kannst mich nicht zwingen. Das ist ganz allein meine Entscheidung, liebe Freundin."

„Nun gut, aber warum möchtest du dann nicht, dass auch ich gehe?

„Rachel suchte nach Worten, ärgerlich darüber, dass sie gezwungen war, ihre wahren Gefühle zu verraten. „Ich weiß nicht."

„Wovor hast du Angst, Rachel?", fragte Ellie fordernd. „Wir sollten doch eigentlich Freunde sein, und trotzdem lässt du weder mich noch sonst jemanden wissen, was in dir vorgeht. Deine Mauern sind dicker als die der Altstadt, das kann ich dir sagen."

Rachel schluckte schwer, da sie spürte, wie ihr die Trauer die Kehle zuschnürte. „Du bist böse auf mich." Ihre Stimme klang kindlich und verzagt. „Darum konnte ich es dir nicht sagen."

„Ich bin nicht böse. Aber warum möchtest du nicht, dass ich mit in die Altstadt gehe? Ich könnte doch genauso gut Waffen tragen wie alle anderen."

„Ich ... Ich habe Angst."

„Wovor?"

„Dass ich zusehen müsste, wie dir etwas ... geschieht. Ich kann kein einziges Mal mehr auf Wiedersehen sagen. Deshalb ist es besser, wenn ich mich um niemanden kümmere. Es ist besser, wenn ich allein lebe und allein sterbe."

„Dafür ist es jetzt ein bisschen spät, Rachel. Du hast Jakov und deinen Großvater und Mosche ..."

„Nein. Nicht Mosche. So etwas darfst du nicht sagen!", widersprach sie heftig.

„Doch, Mosche. Was glaubst du, wie ihn das treffen würde, wenn dir jetzt etwas zustieße?"

„Nicht Mosche", beharrte Rachel.

„Wie du willst. Aber ob du es glaubst oder nicht – der Bursche liebt dich, Rachel."

„Es ist nichts mehr von mir übrig, was man lieben könnte. Ich muss dort zu mir selbst finden, Ellie. Hinter diesen Mauern. Niemand kann das für mich tun oder mir dabei helfen."

Sie wurden unterbrochen, weil jemand laut gegen die Eisentür klopfte.

„Miss Lubetkin", erklang hohl die Stimme von Captain Thomas. „Miss Lubetkin."

Ellie sah Rachel tief in die Augen. „Ich glaube, es gibt für mich nichts mehr zu sagen."

Rachel zuckte die Achseln und versuchte beruhigend zu lächeln. „Nein."

„Nun gut", seufzte Ellie. Rachel öffnete die Tür und sofort trieb der heulende Sturm die Kälte in den Wagen. Rachel warf Ellie einen letzten Blick zu und machte dann Anstalten, auszusteigen.

„Warte!", rief Ellie. Sie zog Rachel an sich. „Pass auf, dass du am Leben bleibst, Rachel. Bitte, bleib am Leben."

Rachel legte ihren Kopf auf Ellies Schulter, klopfte ihr beruhigend auf den Rücken und nickte.

„Miss Lubetkin", wiederholte Luke, „Rachel, wir müssen gehen."

8. Treffpunkt Altstadt

Respektvoll betraten die neun Rabbiner der Reihe nach das Esszimmer Rabbi Akivas, des Bürgermeisters der Altstadt. Über dem langen Mahagonitisch hing nur eine einzige kleine Öllampe. Der reich verzierte elektrische Leuchter war vor einem Monat, drei Tage nachdem die Teilung rechtskräftig geworden war, von seiner Energiequelle abgeschnitten worden, so dass jetzt nur dünne Rauchschwaden um ihn schwebten. Der Haushalt Akivas war der einzige in der Altstadt, der unter dem Verlust der Elektrizität litt, da kein anderer über solchen Luxus verfügte. Der vornehme Bürgermeister nannte außerdem eines der beiden einzigen Telefone des Viertels sein eigen, ein Privileg, das er sowohl seinem Rang als Bürgermeister als auch seiner Eigenschaft als Hauptvermittler zwischen dem arabischen Hochkommando, der britischen Mandatsregierung und den Bürgern des alten jüdischen Viertels verdankte. Das Telefon, das eine direkte Verbindung zum Hauptquartier der britischen Regierung in Palästina hatte, funktionierte jedenfalls noch.

Rabbi Akiva saß in majestätischem Schweigen am Kopf des Tisches, während die Männer, die er zusammengerufen hatte, nach einer kurzen Verbeugung ihre Plätze nach ihrem Alter rechts und links von ihm am Tisch einnahmen. So saßen ihm schneeweiße Bärte und Seitenlocken am nächsten, dann folgten graue und graumelierte und schließlich pechschwarze.

Alle Männer sahen mit finsterer Miene starr geradeaus und ließen ihre Augen nicht wie sonst neidvoll in dem üppig eingerichteten, mahagonigetäfelten Zimmer umherschweifen.

Akivas siebzehnjährige Tochter, von dünnem und verhärmtem Äußeren, schenkte in die vor den Rabbinern stehenden hauchdünnen Porzellantassen Tee ein. Zwar zierte die Mitte der mit einem weißen Tischtuch gedeckten Tafel ein Teller mit armenischem Baklawah-Gebäck, aber niemand wagte, sich ein Stück davon zu nehmen. Mochte das jüdische Viertel belagert werden, das Haus Rabbi Akivas war es jedenfalls nicht. Trotz der Tatsache, dass die militanten Zionisten in sein kleines Königreich eingedrungen waren, besaß er noch immer Freunde in den benachbarten christlichen und muslimischen Vierteln.

Akiva zupfte an seinem Bart, nahm dann seine goldene Taschenuhr aus der Weste und legte sie offen auf den Tisch. „Nun, meine Herren, da zehn von uns hier versammelt sind, haben wir also eine Minjan und können beginnen, nu ?"

Man hörte das geräuschvolle Ticken der Bronzeuhr auf dem Sideboard, während die Rabbiner unruhig auf ihren Stühlen hin und her rutschten und Tee tranken. Jedes der dunklen Augenpaare ruhte grüblerisch auf dem Gesicht des Mannes, der verzweifelt darum kämpfte, die Kontrolle über seine Stadt zu behalten. „Tja." Akiva hob seinen breiten Schädel und schob sein Kinn vor, wie es Menschen tun, die sich ihrer Macht bewusst sind. „Ich habe Sie, die hervorragendsten Jeschiva-Gelehrten, hierher zusammengerufen, um mit Ihnen ein Problem zu diskutieren. Es handelt sich um eines der drängendsten Probleme seit Jahren ..."

Ein alter Rabbiner zu seiner Rechten räusperte sich und deutete auf den Leuchter: „Ich sehe, Sie haben seit der Tragödie noch immer keinen Strom."

„Nein, Rabbi Raumgarten. Seit der Abstimmung für die Teilung nicht."

„Was für eine Schande, nu? Eine solch teure Lampe zu besitzen, die kein Licht spendet."

Die anderen Rabbiner richteten ihren Blick ebenfalls auf den jetzt nutzlosen Einrichtungsgegenstand und pflichteten dem Alten bei: „So eine Verschwendung! Oj! Wie schade!"

Akiva räusperte sich wieder und meinte seufzend: „Das ist völlig unbedeutend im Vergleich zu den Schwierigkeiten, denen wir alle hier in der Altstadt ausgesetzt sind, seitdem die Jewish Agency diese Haganah-Zionisten in unsere Mitte schickt."

„Sind sie denn nicht zu unserer Verteidigung gedacht, Rabbi Akiva?", warf der schwarzbärtige Rabbiner am untersten Ende des Tisches ein. Alle Köpfe wandten sich ihm zu, und er selbst starrte vor Scham über seine Dreistigkeit sofort auf seine Hände.

Es zuckte um Akivas Mund, während er um seine Beherrschung rang. Dann entgegnete er dem unwissenden jungen Rabbiner ruhig: „Unser Problem liegt nicht darin, dass wir des Schutzes vor unseren Nachbarn bedürfen, sondern wir bedürfen des Schutzes vor denen, die unseren Frieden zerstören wollen. Ist es nicht so, Rabbi Grün?"

Der Rabbiner mit dem grauen Bart in der Mitte des Tisches nickte. „Bisher haben wir es noch immer selbst geschafft. Im Schatten der Tempelmauer. Im Schatten der Gefahr hat uns der Ewige immer vor Augen."

Die im Chor gesprochene Antwort: „Gut gesprochen! Omaine dazu!", erfüllte das Eßzimmer.

„Viele Jahre lang haben wir mit unseren Nachbarn in Frieden gelebt", begann Akiva.

„So viele Jahre nun auch wieder nicht", murmelte ein weißbärtiger Rabbiner zu seiner Rechten.

„Was heißt das?", fragte Akiva gereizt.

Der Alte antwortete mit einem zahnlosen Lächeln: „Ich dachte nur gerade daran, dass es noch gar nicht so lange her ist, dass viele von uns bei den Aufständen umgekommen sind."

„Aber immer ist die Gewalt von außen hereingetragen worden, nu? Sind wir nicht Männer, die Frieden suchen und anstreben?"

Die Köpfe nickten einmütig. „Gut gesprochen, Rabbi."

Der Alte hob ein wenig die Hand und meinte naserümpfend: „Das sind genau die Worte Ihres verstorbenen Herrn Vaters, er ruhe in Frieden. Omaine. Aber trotzdem mussten wir 1929 und noch einmal1931, '32 und schließlich '36 die Toten auf dem Zion begraben und die Bruchstücke der Thorarollen zusammensuchen. Oft ist es nicht damit getan, Frieden zu suchen. Es gibt schließlich noch andere Wege, nach Frieden zu streben, als bei dem Versuch zu sterben, nu?"

Wieder sprachen alle um den Tisch herum im Chor: „Gut gesprochen, Rabbi!"

„Das ist wahr, nur zu wahr", meinte Akiva mit grimmigem Lächeln. „Aber immer ist die Gewalt von außen zu uns hereingetragen worden. Und nun haben wir wieder Leute von draußen in unserer Mitte. Sie kommen mit Geld von der Jewish Agency und übernehmen die Kontrolle über unsere gesellschaftlichen Angelegenheiten. Sie sind es, die die Lebensmittel verteilen, die von den britischen Konvois in das Viertel gebracht werden. Sie pervertieren die Studien unserer jungen Männer, indem sie ihnen Besenstiele in die Hand geben, die sie wie Gewehre tragen. Außerdem vertreiben sie unsere christlichen und muslimischen Nachbarn, mit denen wir so viele Jahre in Frieden gelebt haben."

Der weißbärtige Rabbiner schob seine Unterlippe nachdenklich vor und zupfte an seinem Bart. „Das ist wahr. Mein Schabbes-Goj, der freundliche Christ, der immer zu mir kam, um mir am Schabbat die Lichter anzuzünden, hat sein Heim erst diese Woche verlassen. Allerdings sagte er mir, er tue es, weil er genauso viel Angst vor Haj Amin habe wie vor der Haganah."

„Der Mufti fürchtet, dass seine Leute in ein zionistisches Kreuzfeuer geraten könnten – so wie ich um meine Leute fürchte. Nicht Gewehre erhalten uns die Sicherheit, sondern Vernunft und gesunder Menschenverstand."

„Bisher hat es immer den Anschein gehabt, als ob der Verstand die Oberhand behielte."

„Wir sind Männer des Friedens, nu? Und doch haben wir Mitglieder der Haganah in unseren Reihen. Man sagt, dass einige Rabbiner ihnen sogar erlaubt haben, unsere Ritualbäder zu benutzen." Er funkelte den jungen Rabbiner am unteren Ende des Tisches an.

„Nun, nun", meinte der Weißbärtige mit verhaltenem Lachen, „ist das so schrecklich? Es ist doch besser, dass sie nicht stinken, solange sie hier sind, nu ?"

Akivas Stimme wurde noch drängender. „Aber sie setzen alles, was wir haben, aufs Spiel. Warten sie etwa auf unsere Befreiung durch den Messiah?"

„Ich habe noch nicht gehört, dass sie nicht auf Ihn warten", wagte eine Stimme hinter einem graumelierten Bart einzuwenden.

„Sie warten auf die Befreiung durch Gewehre, die anstelle unserer Lebensmittel eingeschmuggelt werden. Sie tragen die Mäntel von

Jeschiva-Schülern, aber sie kommen, um zu kämpfen und um Unschuldige zu töten."

„Vielleicht besteht auch die Möglichkeit, dass sie ein oder zwei Heckenschützen töten, Rabbi Akiva", meinte ein graubärtiger Rabbiner zu seiner Linken.

Akiva richtete sich auf und legte seine Hände flach vor sich auf den Tisch. Seine grüblerischen Augen sahen jedem Einzelnen forschend ins Gesicht. „Es sind einige unter uns, die daran glauben möchten, dass uns die Haganah Schutz bietet. Viele bieten ihren Leuten sogar Unterschlupf. Viele Schüler haben das Studium der Thora aufgegeben, um der Lebensweise dieser Fremden nachzueifern. Aber ich versichere Ihnen, dass sie Zerstörung über uns und unsere Häuser und Synagogen bringen werden, wenn wir sie nicht den britischen Autoritäten ausliefern. Meine Freunde, wir brauchen diese Eindringlinge nicht zu unserem Schutz. Schutz wovor? Sehnen sich unsere Nachbarn nicht genauso nach Frieden wie wir? Wir können nicht zulassen, dass die Zionisten uns Altstadtbewohner aufstacheln. Wir dürfen nicht vergessen, dass nur Einer Israel in die Freiheit führen kann, und das wird unser Messiah sein."

* * *

Als die zerbrechliche Jehudit den Rabbinern schließlich die Mäntel reichte, war man noch immer zu keiner Einigung gekommen. Einer nach dem anderen gingen sie durch die massive Tür hinaus in die kalte Nachtluft. Als Jehudit den Riegel hinter ihnen vorgeschoben hatte, wandte sie sich ihrem finsteren Vater zu und fragte: „Werden sie dir helfen, Vater?"

„Einige von ihnen, vielleicht. Nicht alle verstehen, dass es wichtiger ist, die Altstadt zu retten, als diesen zionistischen Narren, die zu uns gekommen sind, Schutz zu geben ..." Er trommelte mit seinen dicken Fingern auf die Tischplatte. „Aber du kannst mir helfen, Jehudit."

„Ja, Vater." Ihr melancholisches Gesicht heiterte sich bei seinen Worten auf. „Geh zu dieser Haganah – vielleicht zum Tipat Chalav, wenn sie das Essen austeilen, nu? Freunde dich mit ihnen an und finde heraus, was sie vorhaben, ja?"

* * *

Rachel lief dicht an den ausgestorbenen Ladenfassaden des jüdischen Viertels der Altstadt entlang und wich dabei geschickt dem von den Regenrinnen herunterströmenden Wasser aus. Der Schnee war unter den sintflutartigen Güssen, die von den Dächern herunter über die Pflastersteine rannen, auf denen Rachel und ihre vier Gefährten gingen, schnell weggeschmolzen. Nur aus einem Fenster im Obergeschoß eines großen Hauses auf der Chaim Street schimmerte noch etwas Licht.

„Das ist das Haus Rabbi Akivas", sagte der Rabbiner. „Bei ihm werden wir keine Hilfe finden."

„Dann werden wir auch nicht darum bitten", meinte Ehud mit dröhnender Stimme.

Rachels Hand tastete unwillkürlich nach ihrer Manteltasche, in der der Brief ihres Großvaters darauf wartete, in die rechten Hände zu gelangen. Sie sah an dem schweren Tor hinauf, das zum Hofeingang Akivas führte. Es war genau, wie Jakov es ihr beschrieben hatte. *Hohe Steinmauern, die einen Hof umgeben. Das Haus Akivas ist das schönste in der Stadt. Auf der Tür sind geschnitzte Rosen. Und erst innen drin! Oj! So ein Haus hast du noch nie gesehen. Aber es wohnen nur zwei Menschen darin. Rabbi Akiva und Jehudit. Sie wird viel umworben, weil ihr Vater wohlhabend ist. Aber ich würde sie nicht haben wollen. Sie ist nicht hübsch, wie du es bist, meine Schwester.* Sie lächelte bei der Erinnerung an Jakovs Worte. Dann streckte sie ihre Hand aus und berührte das Tor, wie Jakov und der Großvater dies viele Male getan haben mussten.

„Wie weit noch?", fragte Chaim, dem das Wasser von seinem durchgeweichten Hut ins Gesicht tropfte, bibbernd. „Ich werde wohl einen heißen Tee brauchen."

„Bah! Das ist doch gar kein heftiger Sturm." Ehud sprach wie jemand, der es gewohnt war, den Wind zu übertönen. „Der würde nicht mal ausreichen, den Mast meiner süßen Maria zum Schwanken zu bringen. Wir haben Schlimmeres erlebt, und das mit voll geladenem Lagerraum und ohne Wasser für Tee."

„Tipat Chalav ist gleich um die Ecke", warf der Rabbiner aufmunternd ein. „Dort werden sie uns für unsere Fracht, auch wenn sie klein ist, gerne eine Tasse Tee geben."

Rachel bedauerte den Verlust der Handgranaten und Kugeln, die zu Beginn der Fahrt in ihrer Mappe gewesen waren, nicht halb so sehr wie die Tatsache, dass sie keine sauberen, trockenen Socken und keine warme Kleidung mehr hatte. Ihr wurde dabei bewusst, dass sie nichts besaß außer dem, was sie auf dem Leibe trug. Sie war zwar dankbar für Ellies Stiefel, aber dennoch bedauerte sie, dass sie nicht daran gedacht hatte, ihre Wanderschuhe mitzunehmen. Sie schaute auf, als der Rabbiner freudig ausrief: „Seht mal! Da ist es! Tipat Chalav, der ‚Tropfen Milch'! Ich bin zum ersten Mal als Baby in den Armen meiner Mutter hierher gekommen. Und so war es auch bei den meisten anderen, die hier leben."

Ein warmer Lichtschein fiel aus den Fenstern des zweigeschossigen Gebäudes, das als Nahrungsausgabe für die hungrigen Kinder des Viertels diente. „Horcht!", rief der Rabbiner. „Hört ihr es?"

Als Rachel sich bemühte, irgendetwas durch das Heulen des Sturmes hindurch zu hören, erkannte sie ganz deutlich schwache Orchesterklänge, die vom Gebäude herüberklangen.

„Es ist Dienstagabend", erklärte er. „Leah Feldstein kommt jeden Dienstagabend mit ihrem Grammofon hierher. Rachmaninow, *Klavierkonzert Nummer eins in F-Dur,* glaube ich." Er strahlte über das ganze Gesicht, als die Musik deutlicher wurde. „Ah, ja, genau."

Rachel musste lächeln, als sie daran dachte, was Jakov ihr über Frau Leah und ihr Grammofon erzählt hatte. *Sie ist Lehrerin. Vor dem Krieg hat sie in einem großen Orchester in Wien Cello gespielt. Manchmal spielt sie uns darauf vor. Sie nennt es Vittorio. Einmal durfte ich auch den Bogen halten und einen Ton spielen. Und dienstagabends ...*

Als Rachel an dem beleuchteten Fenster vorüberging, konnte sie durch die regennassen Scheiben in den Raum sehen, der ihrem Bruder so vertraut war wie sein eigenes Zuhause. Auf einem hölzernen Ständer stand Leahs heruntergekommenes Grammofon mit Handkurbel. Kleine Kinder hatten sich auf dem Boden darum geschart, während junge und alte Frauen im ganzen Raum verteilt auf harten Holzstühlen saßen. Direkt neben dem Grammofon saß eine junge Frau, die mit erhobenem Kinn und geschlossenen Augen hingerissen der Musik lauschte. Sie saß kerzengerade da, und ihre gefalteten Hände lagen auf den Knien. Ihr hellbraunes Haar umrahmte ein rundes, hübsches Gesicht, das zu glühen schien. Die Frau trug einen zerschlissenen Kamelhaarmantel und einen schwarzen Schal darüber. *Dies ist also Leah,* dachte Rachel, die sich an Jakovs Beschreibung von der Frau erinnerte, die so gut zu ihm gewesen war. Mit einem Mal nahmen die Geschichten, die er ihr von der Altstadt und den Menschen des Viertels erzählt hatte, für sie Gestalt an. Dies war die Heimat ihrer Familie – ihrer Mutter und ihres Vaters, ihres Großvaters und Jakovs. Hier hatten sie gelebt und geliebt und sich auf ein Fleckchen Erde zurückgezogen, das sie als ihr eigenes betrachteten. Sie war zu Hause!

Sie stand draußen und ließ ihr Kinn auf dem Fenstersims ruhen, während ihr Herz das Bild vor ihr gierig in sich aufnahm. Bilder, die ihre Mutter ihr vor so langer Zeit beschrieben hatte, wurden plötzlich lebendig. *Dort drüben an der Küchentür hat Vater zum ersten Mal mit Mutter gesprochen. Und an diesen Tischen haben Jakov und Großvater oft gegessen, während Schaul hier draußen vor der Tür wartete ...*

Dovs Stimme riss sie in die Wirklichkeit zurück. „Rachel!" Er stand auf den Eingangsstufen von Tipat Chalav, während der Rabbiner bereits die Tür schwungvoll öffnete und eintrat. „Komm! Ins Warme! Wir sind da! Nu?"

Als die Tür aufsprang und sie mit unsicheren Schritten in die Wärme des großen Gemeinschaftsraumes traten, wandten sich die Köpfe neugierig den fünf tropfenden Vagabunden zu. Leah öffnete ihre Augen und legte einen Finger an die Lippen, um die Kinder, die mit gekreuzten Beinen vor ihr auf dem Boden saßen, wieder zur Ruhe zu bringen. Dann erhob sie sich und ging leise am Rande der

Zuhörerschaft entlang zu ihnen hin. Rachel merkte, dass Leahs Mantel in der Taillengegend offen stand und sie mit dem wiegenden Schritt eines Seemanns ging. *Nanu, sie ist ja schwanger,* dachte sie überrascht. Dies war das Einzige, was Jakov zu erwähnen vergessen hatte. Rachel bemühte sich, nicht auf die Wölbung von Leahs Bauch zu sehen. *Es wird nicht mehr lange dauern, bis das Kind da ist,* dachte sie.

Mit einem freundlichen Lächeln, das ihr rundes Gesicht erstrahlen ließ, und mit ausgebreiteten Armen ging Leah geradewegs auf Rachel zu. Rachel durchfuhr heiß eine Welle der Verwirrung, als sie merkte, dass Leahs Blick auf sie allein gerichtet war. Sie versuchte ihre Bestürzung zu verbergen und diese Frau, die so tat, als wäre Rachel eine alte Bekannte, ebenfalls anzulächeln. Leah ergriff Rachels kalte Hände und sagte voller Wärme: „Sie sind also die Enkelin von Rabbi Lebowitz."

„Ja, aber wie ..."

„Ich war dort, auf der Galerie in der Synagoge, als Sie ihn fanden. Geht es ihm gut? Wir haben nämlich noch nichts von ihm gehört. Aber wir haben täglich für ihn gebetet."

„Er ... wird durchkommen." Rachel war geradezu überwältigt von Leahs spontanem Willkommensgruß.

„Und Jakov? Wie geht es meinem Jakov?"

„Er erholt sich in der Neustadt. Er muss bei Professor Moniger und seiner Nichte bleiben ..."

„Der rothaarigen Frau, die an jenem Abend bei Ihnen war?"

„Ja. Ellie."

„Ich habe kurz mit ihr gesprochen, als Ihr Großvater in der Synagoge lag. Eine nette Frau. Sie schien sehr besorgt um Schimon, meinen Mann, als er auf dem Gerüst in der Kuppel der Synagoge lag und nach Heckenschützen Ausschau hielt." Sie hielt immer noch Rachels Hand fest umschlossen. „Und jetzt seid ihr sicher alle durchgefroren, nicht wahr?" Sie hatte schließlich ihren Blick auf die vier tropfnassen Männer gerichtet, die, über diesen Empfang erstaunt, in den Hintergrund getreten waren. „Eine Tasse Tee gefällig?", fragte Leah.

„Habe ich es dir nicht gesagt?", strahlte der Rabbiner. „Es ist gut, dich zu sehen, Leah. Manches bleibt eben doch beim Alten, nu?"

„Nur einiges, Rabbi Vultch." Sie gab jedem die Hand. „Bitte entschuldigen Sie mein Benehmen. Es ist nur, weil ich die Enkelin von Rabbi Lebowitz kennen lernen durfte ... Gott ist gnädig."

„Du hast uns gar nicht gesagt, wer du bist, Rachel!", rief Rabbi Vultch aus. „Rabbi Lebowitz war früher mein Lehrer an der Jeschiva-Schule. Deine liebe Mutter ...", er betrachtete Rachel liebevoll, „ich kannte sie gut. Und auch deinen Vater. Wenn ich dich jetzt so ansehe, merke ich, dass du ihr ähnlich siehst. So eine Schönheit. Ich hoffe, dass du ihr auch im Wesen ähnlich bist."

Rachel sah hastig auf die Wasserlache, die sich um ihre Stiefel gebildet hatte. „Ich habe mir immer gewünscht, eines Tages wie sie zu sein", erwiderte sie. Dann lächelte sie Leah an, die sie noch immer freudig ansah. „Jakov hat mir alles von Ihnen erzählt. Von Vittorio, Ihrem Cello, und den Konzerten am Dienstagabend."

„Ich habe eine Tante in New York. Sie schickt mir diese RCA-Victor-Platten mit Symphonien", erklärte sie. „Die Kinder mögen sie offensichtlich sehr."

„Genau wie die Erwachsenen." Rabbi Vultch warf einen Blick auf die Altstadtbewohner, die gebannt der Musik lauschten.

Leah runzelte die Stirn, als sie die Wunde auf Chaims Stirn entdeckte. „Sie sind ja verletzt! Hat es Schwierigkeiten gegeben?"

„Einen Unfall. Mehrere Leute sind verletzt", gab Dov schnell zur Antwort.

„Wo sind die anderen?", fragte Leah.

„Inzwischen im Hadassah-Krankenhaus." Chaim berührte vorsichtig seine Stirn.

„Geht in den Keller", wies ihn Leah an. „Dort warten die Männer auf eure Ankunft. Habt ihr auch eure Kleider verloren? Seid ihr ganz nass geworden?"

„Was wir an Gepäck hatten, befindet sich am Grunde des Hinnom", erwiderte Rabbi Vultch. „Und auch Josi, der Junge." Er warf einen schnellen Blick auf Chaim. „Moloch hat ein weiteres Leben gefordert", murmelte er.

„Wie furchtbar." Leah nahm wieder Rachels Hand, aber ihre Augen wanderten von Gesicht zu Gesicht. „Es ist die Gnade Gottes, die euch hierher geführt hat."

„Ja. Die Gnade des Ewigen", erwiderte Dov mit düsterer Miene.

„Nun müssen wir dafür sorgen, dass ihr warme Sachen anbekommt. Sonst steht ihr morgen vielleicht nicht mehr auf. Rachel, Sie können mit mir kommen, während ich den Tee mache. Bei der Gelegenheit können wir auch sehen, was wir für Sie zum Anziehen finden."

9. Heimkehr

Erst gegen ein Uhr nachts schaltete Mosche den BBC-Sender für Palästina ab. Die verspätete Übertragung der Neujahrsfeier in den Vereinigten Staaten, die David eingeschaltet hatte, war schon vor Stunden wegen der wiederholten Nachrichtensendungen über die zwei Angriffe auf die jüdischen Transporte abgesetzt worden. Vor einer Stunde war Howard, den schlafenden Jakov in den Armen, ins Bett gegangen. Dann hatte David gähnend gute Nacht gesagt. Nun saß nur noch Ellie in der Küche und sah zu, wie Mosche den kleinen Raum immer wieder der Länge nach durchmaß, kehrtmachte und, nervös mit den Fingern auf seinen harten Gipsverband trommelnd, denselben Weg über die Fliesen wieder zurückging.

„Mosche", meinte Ellie, die ihre letzte Tasse Kaffee trank. „Findest du nicht, du solltest allmählich damit aufhören und ins Bett gehen?"

„Ich könnte sowieso nicht schlafen", gab er zur Antwort. „Ich könnte es einfach nicht."

„Zuviel Kaffee." Sie stellte ihre Tasse hin und betrachtete den Rest des Aufgusses, der sich darin befand. „Dieser Kaffee ist so stark, dass der Löffel darin stehen bleibt." Mosche nahm seine Wanderung wieder auf. „Nun komm, Junge. Lass' es gut sein."

„Erst, wenn ich Nachricht von Luke habe. Er hat dir doch gesagt, er würde vorbeikommen und berichten, wie sie angekommen sind. Geh du nur ins Bett, Ellie. Ich bleibe auf."

„Nein." Sie trank wieder einen Schluck und zog die Nase kraus. „Ich könnte ebenfalls nicht schlafen."

Es verstrich einige Zeit des Schweigens. Dann ergriff Mosche erneut das Wort. Sein Gesicht war völlig starr vor Sorge. „Hat sie sonst nichts gesagt?"

„Was denn zum Beispiel, Mosche?"

„Vielleicht etwas über mich?"

Ellie verkniff sich ein Lächeln und trommelte mit ihren Fingern auf die Tischplatte. „Sie hat gesagt ...", begann sie, besann sich dann jedoch, dass es wohl besser sei, nicht zu wiederholen, was Rachel über Mosche und ihren Wunsch, keinen Mann lieben zu wollen, gesagt hatte. Es war ganz offensichtlich, dass Mosche litt. Deshalb war es bestimmt nicht günstig, ihm auch noch Rachels Hoffnungslosigkeit aufzubürden.

„Nun? Was? Was hat sie gesagt?"

„Nur das, was ich dir bereits erzählt habe. Sie kommt nicht zurück. Sie hat das Gefühl, dass ihr Platz in der Altstadt ist."

„Konntest du sie nicht daran hindern?"

„Du meinst, ich hätte mich vielleicht auf sie draufsetzen sollen oder so was Ähnliches? Sie ist ein erwachsener Mensch, Mosche ..."

Er zog sich einen Stuhl heran, setzte sich Ellie gegenüber und sah sie Verständnis heischend an. „Bitte ..."

„Sie hat gesagt, du hättest momentan Besseres zu tun, als dich um sie zu kümmern."

„Das hat sie gesagt? Aber das ist das Einzige, was ich tun möchte." Er starrte vor sich hin.

„Ich habe das Gefühl, dass sie das im Augenblick aber gar nicht will."

Er hob den Kopf und sah Ellie an. „Aber *warum*?"

„Sie geht in die Altstadt, um sich selbst etwas zu beweisen. Sie sucht dort irgendetwas. Vergebung, glaube ich."

„Aber es gibt nichts zu vergeben – sie war ein Kind, nur ein Kind. Man kann ihr doch nicht anlasten, was andere Menschen ihr angetan haben."

„Das ist zwar richtig, aber das ist nun einmal Teil ihrer Erinnerungen. Sie hat mir neulich erzählt, dass sie nicht verstehen kann, warum so viele umgekommen sind und sie selbst überlebt hat. Obwohl sie so große Sehnsucht nach dem Tod hatte."

„So etwas kenne ich", nickte Mosche kläglich.

„Sie sagte, sie komme sich wie eine Verräterin vor, weil sie noch lebt. Ich glaube, sie sucht nach einer Möglichkeit, das wieder gutzumachen."

„Selbst, wenn es sie das Leben kostet? Wenn es für sie den Tod bedeutet?"

„In gewisser Weise bedeutet es tatsächlich den Tod", erläuterte Ellie, – „den Tod dessen, was sie erlebt hat. Sie sucht nach einer viel größeren Liebe, als du oder ich ihr geben können. So einen Zustand habe ich auch durchgemacht. Ich bin dort gewesen. Oh, Mosche, sie braucht die Liebe, die ihr hilft, sich selbst zu vergeben. Niemand kann sie dazu zwingen, diese Liebe anzunehmen oder auch nur zu glauben, dass sie überhaupt existiert. Sie muss selbst dazu bereit sein. Sie glaubt noch immer, dass sie das alles irgendwie gutmachen kann, dass sie Buße tun kann für die Schuld, die sie empfindet, weil sie noch lebt, während ihre Eltern und Brüder umgekommen sind. Mir selbst ist es ähnlich ergangen. Ich wollte meine Fehler wieder gutmachen. Und lange Zeit glaubte ich tatsächlich, dass das möglich sei. Aber nun ist mir klar, dass nur die Liebe Gottes meine Wunden zu heilen vermochte, Mosche. Und nur die Liebe Gottes kann auch Rachels Herz heilen. Sie muss es allein schaffen. Du kannst ihr das nicht abnehmen. Und wenn sie bereit ist, die Antwort zu hören, dann kannst du für sie da sein und ihr deine Liebe schenken."

Mosche rieb sich den Nacken, um den dumpf pochenden Schmerz zu vertreiben. „Ich glaube, es ist wohl inzwischen kein Geheimnis mehr, was ich für sie empfinde."

„Für niemanden von uns, nur für sie." Ellie lächelte, dankbar, dass ihre Liebe zu Mosche so problemlos zu einer Freundschaft geworden war.

„Was meinst du damit?"

„Hast du es ihr jemals gesagt?"

„Wie sollte ich?"

Ellie verdrehte verzweifelt die Augen. „Jetzt sieh mich mal an." Jedes Wort deutlich betonend, sagte sie: „Du machst einfach deinen Mund auf und sagst: *‚Ich liebe dich, Rachel.'*"

Mosche musste gegen seinen Willen lächeln. „Du bist wundervoll, weißt du das? Als ich dich kennen lernte, fand ich es wunderbar, dass du offensichtlich nicht so tief über alles nachdachtest. Denn du warst immer so heiter. Aber jetzt merke ich, dass du wirkliches ... Einfühlungsvermögen hast."

„Du machst mir wohl Komplimente."
„Du bist wirklich eine wundervolle Frau. Dein David kann sich glücklich schätzen."
„Nun, das hat noch Zeit. Es gibt noch vieles zu klären ..."
„Du hast Rachel durch deine Freundschaft in einer Weise angerührt, wie ich es nicht konnte. Und dafür liebe ich dich."
„Da! Siehst du, wie leicht es ist, das zu sagen?"
„Einer Schwester kann man solche Dinge sagen. Aber Rachel ..."
„Es ist schwierig, weil sie es im Augenblick tatsächlich nicht glauben würde. Sie liebt sich selbst nicht und kann sich daher nicht vorstellen, dass ein anderer sie lieben könnte."
Er nickte und strich sich über die Stirn. „Ich habe das Gefühl, dass ich zu ihr muss, Ellie. Ich kann nicht hier bleiben, wenn so vieles ungesagt geblieben ist. Ich hatte gedacht, sie würde zurückkommen und es wäre dann genug Zeit dazu." In seiner Stimme klang Bedauern. „Wenn ich ihr gesagt hätte, was ich empfinde, dann hätte sie etwas gehabt, zu dem sie zurückkehren könnte."
„Oder noch etwas, vor dem sie davonlaufen würde. Vergiss nicht, Mosche, dass deine Liebe zwar imstande sein mag, sie zu Gottes Liebe hinzuführen, aber dass nur der Herr selbst ihr Herz gesund machen kann. Du kannst für sie nicht alles gutmachen. Der Herr und sie müssen das gemeinsam tun."
Mosche nickte wieder. Doch dann verdüsterte sich seine Miene, weil er die Ohnmacht und Hilflosigkeit, die ihn plötzlich überfielen, verabscheute. Schließlich hob er die Augen. „Du hast natürlich Recht. Diese Reise muss sie allein tun, ich kann sie ihr nicht abnehmen. Trotzdem möchte ich bei ihr sein – den Weg mit ihr gehen und da sein, wenn sie am Ziel ankommt. Ich werde mit Luke sprechen. Vielleicht kann er mir helfen, in die Altstadt zu kommen."
„Sein Befehl lautete, dass niemand mehr in die Altstadt gehen darf. Ich habe es über Kurzwelle gehört. Er selbst hat sich bereits darüber hinweggesetzt, um Rachel und die anderen durch das Zion-Tor zu bringen. Aber das kann ihn den Kopf kosten. Du suchst dir besser eine andere Möglichkeit."
„Vielleicht mit dem Lebensmittelkonvoi."

Ellie klopfte gegen seinen Gipsverband. „Genau. Du kannst dich als gekochtes Ei verkleiden. Mosche, das Beste, was du im Augenblick für sie tun kannst, ist beten. Und dann werde erst einmal gesund, ja? Du kannst momentan nichts für sie tun. Zu dieser Überzeugung bin ich schon vorher gekommen. Sonst hätte ich mich wirklich auf sie draufgesetzt."

Ellie empfand schmerzliches Mitgefühl mit ihrem niedergeschlagenen Freund. Während sie ihn lange und voller Zärtlichkeit betrachtete, merkte sie, wie sich sein hübsches Gesicht durch die hilflose Sorge für die Frau, die er liebte, immer mehr verdüsterte. „Ich wünschte nur, sie hätte mir gesagt, dass sie nicht zurückkommt", sinnierte er.

„Hättest du sie gehen lassen, wenn sie es getan hätte?"

Er wiegte den Kopf und erwiderte dann rundheraus: „Nein. Nein, niemals."

* * *

Rachels unruhiger Schlaf teilte sich wie ein Vorhang. Es war dunkel, als sie die Augen aufschlug und auf das Zischen und Fauchen des Ölofens horchte. Es dauerte lange, bevor sie wieder wusste, wo sie war. Dann ergriff sie das hohe Wasserglas auf dem Nachttisch und trank in langen Zügen. Während sie wieder aufs Kopfkissen zurücksank, sog sie den würzigen Duft von Großvaters Tabak und den modrigen Geruch der feuchten Steinwände um sie herum tief ein. Die Sprungfedern von Großvaters altem Bett ächzten und stöhnten, als sie sich auf die Seite drehte und in das fahle Licht starrte, das durch die Fensterläden drang.

„Du musst unbedingt in Großvaters Bett schlafen", hatte Jakov ihr gesagt, als er ihr den rostigen Eisenschlüssel zu der Kellerwohnung aushändigte. „Und wenn du möchtest, dann liegt unter dem Bett eine Schachtel, in der er ein paar Sachen von Mama aufgehoben hat. An besonderen Tagen sehen wir sie uns manchmal zusammen an. Du kommst jetzt nach Hause, nu? Das ist doch ein besonderer Tag."

Vor einigen Stunden hatte Rachel, die Arme voller Kleider von Leah, die leere Wohnung aufgeschlossen. Ehud hatte den Ölofen für sie angezündet und war gleich wieder davongeeilt. Rachel hatte lange neben dem Ofen gesessen und auf die Ecke der Schachtel gestarrt, die unter dem Bett hervorlugte. So hatte sie sich ihre Heimkehr nicht vorgestellt. Sie hatte immer gedacht, Großvater würde ihr gegenübersitzen und ein Glas Cognac mit den Segensworten erheben: „Zum Leben! L'Chaim, mein Liebes". Stattdessen starrte sie nur auf die Schachtel mit den unberührten Erinnerungen, zog sich dann aus und legte sich zwischen die kühlen Laken.

Rachel streckte die Hand aus, um Jakovs leeres Bett zu berühren. Sie versuchte sich vorzustellen, was es für den Jungen bedeutet haben musste, bei Großvater aufzuwachsen. Sie schloss wieder die Augen und stellte sich vor, dass sie immer bei ihnen gewesen sei, dass sie sogar die gleichmäßigen Atemzüge ihres kleinen Bruders und die tieferen des Großvaters hören konnte, während er von Propheten, der Thora und der Macht träumte, die Jerusalem in den Tagen seines Ruhms besessen haben musste.

Sie seufzte, als der altvertraute Schmerz der Einsamkeit wieder von ihrem Herzen Besitz ergriff. Nach den Jahren ihrer eigenen Träume hatte sie nun endlich Großvaters Gesicht berührt und ihren Bruder wieder in die Arme geschlossen. Doch sie war noch immer allein.

Sie dürfen nie erfahren, was ich getan habe, dachte sie. *Sonst wünschen sie, ich wäre tot wie die anderen.*

Sie dachte an die Worte und die feindlichen Blicke der Menschen, die zusammen mit ihr aus den Lagern für „Displaced Persons" an Bord der *Ave Maria* gewesen waren. Für sie war sie eine Nazifrau gewesen, eine Hure, die das Leben über die Ehre gesetzt hatte.

Auf der *Ave Maria* hatte sie auch zum ersten Mal mit Mosche gesprochen. „Ich bin anders als die anderen", hatte sie gesagt. „Ich habe eine Familie." Er hatte gelächelt und erwidert, dass sie sich glücklich schätzen könne. Er war von Anfang an freundlich zu ihr gewesen, und doch, als sie gemerkt hatte, dass ihr Herz anfing, ihm zu vertrauen, hatte sie sich zurückgezogen und war vor ihm davongelaufen – vor ihnen allen. Sie wusste, was sie sagen würden, wenn sie erführen, wie tief sie gesunken war. In der Schwärze von Großvaters Kellerraum wurde ihr bewusst, dass es niemanden gab, der das Ausmaß ihres Verbrechens wirklich begriff. Selbst hier war sie immer noch auf der Suche nach einem Zuhause.

Heiße Tränen brannten ihr in den Augen und rollten ihr über die Wangen. „Mama", flüsterte sie in die Dunkelheit hinein. „Mama, kannst du mich hören? Ich habe immer noch solchen Durst, Mama." Sie streckte ihre Arme aus und griff in die Leere, die sie umgab. „Halt mich. Bitte, halt mich, Mama."

Doch nur das Zischen des Ölofens antwortete ihr. Schließlich vergrub sie ihr Gesicht im Kissen und war verzweifelt über den Durst, den man nicht löschen konnte.

Mama. Das war ein Wort, das nie ein Kind zu ihr sagen würde. Während sie sich mit der Hand über ihren flachen Leib und die Rundungen ihrer Brüste strich, dachte sie: *Ich war so voller Milch, als sie mir das Kind genommen haben. Wenn ich es nur einmal hätte im Arm halten können. Wenn auch nur für einen Augenblick.* Damals hatte sie auch geweint.

„Verstehst du denn nicht, Mädchen?", hatte der junge Major gesagt. „Du kannst das Kind nicht austragen, sonst musst du sterben, und das Kind wird ins Feuer geworfen. So lauten nun einmal die Vorschriften. Ihr würdet beide einen schrecklichen Tod erleiden."

Das war ihr bekannt gewesen. Hunderte von Malen hatte sie die Frauen, die die Tätowierung *Nur für Offiziere* trugen, sterben sehen, wenn sie versucht hatten, ihre Schwangerschaft zu verheimlichen. Und doch hatte sie selbst beinahe fünf Monate lang ihr Geheimnis getragen, bis sie die sanfte Wölbung ihres Leibes und die zarten Bewegungen darin mit Freude und Qual zugleich erfüllt hatten. Dann hatte sie sich dem Major anvertraut. Er war freundlich zu ihr gewesen, hatte ihr Schokolade und Extrarationen gebracht, und sie hatte gehofft, dass er ihr helfen würde. Doch im Fegefeuer der Nacht hatte er sie zu einem Arzt in der kleinen Stadt gebracht. „Er wird gut bezahlt. Niemand wird es je erfahren." Dann hatten die sanften Bewegungen aufgehört, und nach schmerzvollen

Stunden hatte man die vollständig ausgebildete Gestalt eines kleinen Mädchens aufgenommen und schnell in die Arme des Molochs fortgetragen.

Rachel war an ihren Platz und der freundliche Major wieder an die Front zurückgekehrt. Hunderte waren an seine Stelle gerückt, aber nie wieder hatte sie diese zarten Bewegungen in ihrem Leib gespürt. Sie hatte das Einzige, was unschuldig genug war, in ihr zu leben, geopfert.

Sie wischte sich die nassen Wangen und entzündete die Lampe neben dem Bett. Nur flackernde Schatten erfüllten den Raum, und Rachel war allein mit ihren Erinnerungen. Wie oft hatte sie von ihrem kleinen Mädchen geträumt! Sie hatte ihr den Namen Tikvah gegeben: Kleine Perle. Wie sich ihre Arme danach sehnten, ihre Träume festzuhalten! Sie schlang die Bettdecke um sich, kroch zwischen den Laken hervor und kniete sich neben das Bett. Vorsichtig zog sie die ausgefranste Schachtel unter den Sprungfedern hervor. Beinahe zu ängstlich, sie hochzuheben, starrte sie zunächst lange zu ihr hin, bevor sie ihren Mut zusammennahm, um der Vergangenheit ins Auge zu sehen.

Auf den sauber zusammengebundenen Bündeln von Briefen lag eine vergilbte Fotografie, auf der lauter glückliche Gesichter zu sehen waren. Mama saß kerzengerade auf einem Stuhl und hielt den kleinen Jakov in den Armen. Papa saß neben ihr. Aus seinen Augen strahlte der Stolz über seine junge Familie. Und dort hinter Papa standen ihre zwei anderen Brüder. Rachel hielt die Fotografie ganz dicht an ihre Augen, um das junge Mädchen zu betrachten, das zwischen ihnen stand. „War ich das wirklich?“, fragte sie sich laut, voller Staunen über die glücklich strahlenden Augen, die keinen Kummer zu kennen schienen. „Oh, Gott!“, stöhnte sie und presste die Fotografie an ihre Brust. Sie kniff die Augen fest zusammen, um die Flut der Tränen zurückzuhalten, die in ihr aufstieg und sich über die Bündel in der Schachtel ergoss. Sie versuchte ihre Fassung wiederzuerlangen, legte die Fotografie mit dem Bild nach unten auf das Bett und ergriff ein Briefbündel, auf dessen Umschlägen Mamas filigrane Handschrift zu sehen war. Sie hielt es dicht vor ihr Gesicht und versuchte Mamas süßen Duft einzuatmen, aber er hatte sich über die Jahre verflüchtigt. Dann löste sie den Knoten der Kordel und öffnete den ersten der Briefe, der vom 15. April 1936 datiert war. Sie versuchte sich zu erinnern, wie ihr Leben an jenem Tag ausgesehen hatte, aber es war, als ob eine lang vergessene Weise irgendwo in ihrem Kopf klang, die nur undeutlich zu hören und daher nicht genau zu erkennen war.

„Mein liebster Papa!“, begann der Brief. Rachel fuhr jeden Bogen und jeden Schnörkel der Buchstaben mit ihrem Finger nach. Dann las sie Mamas Worte laut.

„Wieder ist ein Seder gekommen und zu Ende gegangen und noch immer sehnen wir uns nach dir und danach, sagen zu können: ‚Nächstes Jahr in Jerusalem.‘ Vielleicht kommen die Einwanderungspapiere bald, und wir können dich wirklich noch vor Ende des Jahres sehen.

Unser Seder war wunderschön. Die Jungen haben ihre Sache sehr gut gemacht, und du würdest stolz auf Rachel sein. Was für eine gute Köchin sie später einmal werden wird! Sie hat dieses Jahr in der Küche geholfen. Ihr Vater sagt, wenn sie einmal heiratet, wird sich der junge Reuven glücklich schätzen, wenn er den Schleier lüftet und erfährt, dass seine Braut nicht nur hübsch ist, sondern auch kochen kann. Beim Servieren verschüttete sie zwar ein bisschen Gefilte, und ich dachte schon, sie würde anfangen zu weinen, aber als Rabbi Voher sagte, der Fisch sei vom Teller gesprungen, lachte sie ...“

Rachel lehnte sich gegen das Bettgestell und versuchte sich zu erinnern. „Sie trug ein weißes Kleid mit Spitzen und Stulpen ...“

Mein Haar war zu Zöpfen geflochten und mit einem hellblauen Band nach oben gebunden.

„Unsere junge Tochter Zions würde Salomo persönlich den Kopf verdreht haben. Der Rabbiner sagte ...“

Und der Rabbiner sagte zu mir, wie sehr sich der junge Reuven freuen würde, wenn er mich das erste Mal sähe ...

„... wie Jakob sich zur Zeit der Väter freute, als er Rachel erblickte. Da wurde Rachel rot und vergoss beinahe die Suppe ...“

Unfähig weiterzulesen, ließ Rachel den Brief in den Schoß sinken. Der Junge, dem sie versprochen worden war, hatte sie nie zu Gesicht bekommen. Aus der Stadt Lod war auch er ins Ghetto gebracht worden und dort umgekommen.

Wenn wir das nur gewusst hätten, dachte Rachel, während sie ihr Gesicht in den Händen vergrub. *Wenn wir das nur gewusst hätten.* Plötzlich wurde alles, was ihr damals so normal erschienen war, zu einem heiligen Ritus, einem heiligen Akt der Sterbenden am Vorabend ihres Todes.

Teil 2

Die Ankunft

Januar 1948

„Wer Kinder in der Wiege hat,
sollte am besten mit der Welt in Frieden leben."

Altes jiddisches Sprichwort

10. Von der Vergangenheit eingeholt

Eine einzige Birne hing an einem langen Kabel mitten in Gerhardts unfreundlichem Zimmer. In einer Ecke hingen ordentlich in Reih und Glied an einer Metallstange aufgehängt seine Verkleidungen. Zwar hatte ihm Haj Amin Quartiere angeboten, die seiner Stellung angemessener waren, aber Entsagung und Einfachheit waren seiner Meinung nach besser dazu angetan, eine soldatische Haltung bei Männern zu fördern, die dazu neigten, sich zu Bequemlichkeit und Behagen verleiten zu lassen. Gerhardt jedenfalls war stolz auf die selbstlose Einfachheit seines Lebens. Seitdem er in der Verkleidung eines jüdischen Flüchtlings nach Palästina zurückgekehrt war, hatte er sich geschworen, für ein Ziel zu leben: die Feinde Allahs und seines Dieners Haj Amin auszulöschen.

Während er auf die von Wasserflecken übersäte Decke starrte, dachte er an die Frau, die er am Bus gesehen hatte. *Das Gesicht kann nur eine Täuschung, ein Dämon sein, der mich von meinem Ziel abbringen soll,* dachte er. Er richtete sich mit einem Ruck auf und zog eine Holzkiste zu sich ans Bett heran. Darin befanden sich, zwischen Stößen von Blättern mit Plänen für neue Schreckenswaffen, Skizzen von Gesichtern aus den Lagern, von Opfern, die er mit eigenen Händen umgebracht hatte. Diese von Todesqualen verzerrten Gesichter, aus deren weit geöffneten Mündern und Augen das Entsetzen sprach, waren in den langen schlaflosen Nächten, die er während der Internierung im Lager hatte erdulden müssen, zu seinen Gefährten geworden. Er suchte hektisch nach dem Gesicht des Obersten, den er wegen dieser dämonischen Frau getötet hatte, die es vermocht hatte, ihn vom Zentrum seines Lebens abzulenken.

Fast zuunterst fand er schließlich die vergilbte Darstellung der Szene, die den Beginn seiner Qualen markiert hatte. Die dunklen Federstriche ließen das Gesicht des Nazi-Offiziers erkennen. Seine Augen traten aus dem Kopf und sein Mund war in stummem Schrei geöffnet, weil sich Gerhardts Hände im Würgegriff um seinen Hals gelegt hatten. Ja, Gerhardt war wieder so rasend, als ob dies erst gestern geschehen sei. Dann fiel sein Blick auf die rechte obere Ecke des Blattes. Dort befand sich, wenn auch durch die Unbeholfenheit seiner Zeichentechnik verzerrt, dasselbe Gesicht, das er am Bus gesehen hatte, die Jüdin, um deretwillen er getötet und so lange gelitten hatte. Sie war vielleicht schön genug, um weniger pflichtbewusste Männer von ihrem Ziel abzubringen, aber – Gerhardt schwor es sich zum tausendsten Mal – ihn würde sie nicht von seinem Entschluss abbringen.

Er blätterte die Zeichnungen weiter durch, unter denen sich fünfzig Karikaturen ihres Porträts befanden. Ihr Gesicht war es, das ihn jede Nacht in seinen Träumen heimsuchte, das ihn anflehte und bat, ihn anklagte und gegen ihn aussagte und ihn schließlich zum lebenden Tod von Ravensbrück verurteilte.

„Mich wirst du nicht aufhalten!", sagte er laut. „Du bist nur ein Dämon, ein böser Traum, der mir aus der Dunkelheit der Hölle geschickt worden ist. Aber ich werde dich vernichten! Ich werde dich völlig auslöschen!"

Er legte die Skizzen wieder zusammen und verstaute sie in einem Metallbehälter am Kopfende seines Bettes. Dann hielt er ein Bild von Rachel, das er nicht weggelegt hatte, in die Höhe und entzündete ein Streichholz. Ganz bewusst führte er die Flamme so nahe an das Bild heran, dass dieses langsam Feuer fing. Die blasse weiße Haut wurde welk und braun, bis zuletzt auch die Augen in Flammen standen. Dann warf er das brennende Porträt auf die anderen, so dass die Flammen hoch aufloderten und an den Bildern leckten, bis sie schließlich verkohlt waren.

„Ich werde dich völlig auslöschen", sagte Gerhardt ruhig, während er sich an sein Bett lehnte und die Augen schloss, um sich ihr Bild noch einmal zu vergegenwärtigen.

* * *

Rachel fuhr sich gerade mit einer Bürste durch die Haare, als es heftig an der Tür klopfte.

„Rachel! Ich bin's, Leah", rief eine fröhliche Stimme. „Mach auf!"

Rachel warf sich ihren Schal um und öffnete die Tür gerade so weit, um Leah herein-, aber die kalte Morgenluft draußen zu lassen.

„Schön, dich zu sehen." Als Rachel Leah betrachtete, hatte sie das Gefühl, als sei deren Leib noch runder als am Abend zuvor.

„Hast du gut geschlafen? Ich dachte, dass du vielleicht nicht genug zu essen hast, da Jakov und dein Großvater nicht mehr hier sind."

„Ich habe etwas Käse gefunden." Rachel deutete auf das dicke Stück alten Käse, das ausgepackt auf dem Tisch lag. „Ich glaube, er hat sich in der Kälte ganz gut gehalten."

Leah verzog das Gesicht und sah sich in der kahlen kleinen Wohnung um. „Ehud hat erzählt, gestern Abend habe hier eine Grabeskälte geherrscht. Aber es scheint inzwischen schön warm geworden zu sein. Bist du soweit?", fragte sie dann unvermittelt.

„Wozu?"

„Zum Frühstück, wenn wir uns beeilen. Es gibt zwar nur warmen Maisbrei, aber die Kinder essen ihn ratzeputz weg. Das Tipat Chalav versorgt die meisten Kinder des Viertels. Allerdings gibt es nur Milch aus Milchpulver, seit die Tore von den Leuten des Muftis bewacht werden. Und wir müssen sie mit ziemlich viel Wasser anrühren. Wasser ist immerhin etwas, das wir im Überfluss haben. Die Zisternen sind recht gut gefüllt. Verdursten werden wir zumindest nicht."

„Ich möchte den Kindern nicht ihr Essen wegnehmen", erwiderte Rachel, die der Gedanke erschreckte, einem Kind etwas wegzunehmen, das es vielleicht brauchte.

„Unsinn", erwiderte Leah heftig. „Sie tun ohnehin so, als ob sie den Brei verabscheuten. Aber wenn der Hunger groß genug ist ..."

Da Leah sie ermutigte, zog sich Rachel fertig an. Und während sie noch ihren langen Mantel über das Kleid zog, das Leah ihr geliehen hatte, folgte sie ihr bereits die Treppe hinauf auf die Straße.

Spielende Kinder rannten lachend zwischen den Massen von Jeschiva-Schülern und den gebückt gehenden Rabbinern her, die durch das Gewühl zu den zahllosen Jeschiva-Schulen und Synagogen der Altstadt gingen. Gehetzte Frauen mit Körben am Arm schimpften hinter ungezogenen Jungen her, die sich eilig aus dem Staube machten.

„Man merkt kaum, dass nicht alles wie immer ist, nicht wahr", meinte Leah, die hinter Rachel ging.

„Nein, wirklich nicht", pflichtete Rachel ihr bei. Dann folgte ihr Blick Leahs Hand, die auf einen britischen Soldaten deutete, der hoch oben auf einem Dach in einer Mulde von Sandsäcken lag. „Er beobachtet sie." Sie zeigte auf eine Gruppe von Haganah-Mitgliedern, die auf einem niedrigeren Dach Wache hielten. „Und sie beobachten wiederum die Araber."

Rachel nickte und bemerkte die Maschinenpistole, die der britische Soldat unter seinem Arm trug. „Und wer beobachtet ihn?"

„Wir. Und die Kinder", fügte Leah etwas leiser hinzu. „Die Kinder stehlen seine Kugeln, wenn er nicht aufpasst. Einer lenkt ihn ab, während ihm ein anderer die Kugeln wegnimmt. Wir haben zwar nur zwei Maschinenpistolen in unserem Viertel, aber Kugeln sind trotzdem wichtig, nu?"

Rachel erkannte die breiten Schultern des Ringers und neben ihm die schmächtige Gestalt Dovs. „Und wo hat die Haganah ihre Gewehre?" Sie betrachtete verstohlen die vier Männer, die unter den wachsamen Augen des Soldaten Karten spielten.

„Sch." Leah legte einen Finger auf ihre Lippen. „Unter den Dachziegeln. Dov und Chaim sind bereits seit halb sechs heute Morgen hier. Und dein Freund Ehud hat vorher die ganze Nacht Wache gestanden", erklärte Leah lächelnd. „Er sagte, es sei da oben fast wie auf See. Erst als der Wind aufhörte zu heulen, war er bereit, wieder herunterzukommen. Er schläft jetzt in einem Zimmer in der Warschauer Siedlung."

Rachel sah zum Himmel hinauf, als sie die Stufen zum Tipat Chalav hinuntergingen. Hohe Wolken, in denen Licht und Schatten spielten, trieben auf die azurblauen Berge von Moab zu. Die Stellen, an denen die Wolken aufgerissen waren und etwas Blau durchscheinen ließen, sahen aus wie sauber geputzte kleine Himmelsfenster. „Ehud wird enttäuscht sein, wenn der Sturm vor Beginn seiner nächsten Wache zu Ende ist."

„Ein schöner Tag. Ich rieche so gerne die Luft nach solch einem Sturm“, meinte Leah und tat einen tiefen Atemzug.

Leah war ziemlich außer Atem, als sie die Stufen vom Tipat Chalav erreichten. „Nur noch drei Wochen, bis das Kleine hier ankommt.“

Rachel lächelte nur dünn und sah fort. Ihre eigenen Erinnerungen waren noch zu frisch, als dass sie es ertragen konnte, von Leahs Kind zu hören.

„Sie kommen einfach, ganz egal, wie es in der Welt aussieht, nicht wahr? Mein Mann sagt, das sei Gottes Art, optimistisch zu sein.“ Sie legte eine Hand auf ihren Leib, als sie an der obersten Stufe angekommen waren. „Oh, wie er treten kann! Er wird ein guter Offizier für die Haganah werden!“

Als sie das Haus betraten, schlug ihnen Wärme entgegen. Im Raum wimmelte es von Kindern und Müttern. Die einen klapperten geräuschvoll mit den Löffeln in ihren Blechschüsseln, während die Kleineren ihre Tassen mit beiden Händen hielten und ihre verwässerte Milch tranken. Kaum jemand schaute von seinem kärglichen Frühstück auf, nur hier und da schallten Leah fröhliche Zurufe von den Tischen entgegen.

Rachel und Leah stellten sich am äußersten Ende der langen Schlange an, die sich vor der Tür der Gemeinschaftsküche gebildet hatte. Leah stellte Rachel allen, die vorbeikamen, mit der Erklärung vor: „Dies ist Rachel Lubetkin, die Enkelin von Rabbi Lebowitz. Sie kommt geradewegs aus Europa.“

Man sah den Gesichtern der Frauen an, dass sich ihnen Fragen aufdrängten, die zu stellen das gute Benehmen verbot. Und so erkundigten sie sich stattdessen nach Jakovs und Großvaters Gesundheit.

Ganz anders als bei den Überlebenden, denen Rachel bisher begegnet war, hatte sie hier das Gefühl, dass ihr von den Frauen, die sie begrüßten, keine Verachtung, sondern sogar eine gewisse Ehrfurcht entgegengebracht wurde. Es war ihr fast, als könne sie deren Gedanken lesen: *Das also ist die Enkelin von Rabbi Lebowitz. Ich dachte, Jakov sei der einzige Überlebende. Vielleicht konnte sie fliehen und hat in der Widerstandsbewegung gekämpft. Sie macht nicht den*

Eindruck, als ob sie eine der „Verschleppten" sei. Vielleicht hat sie im Warschauer Ghetto gegen die Nazis gekämpft.

So sagte jede Frau zwangsläufig: „Es ist schön, dich bei uns zu haben. Gottes Güte hat dich nach Jerusalem gebracht." Die älteren Frauen nahmen ihre Hand und sagten voller Wärme: „Ich habe deine selige Mutter gekannt. Wie gut, dass es mir vergönnt ist, ihre Tochter mit eigenen Augen hier zu sehen!"

Als die Nachricht, dass Rachel am Ende der Warteschlange stand, bis vorne durchgedrungen war, steckte die kleine Gruppe von Frauen, die direkt vor der Essensausgabe stand, flüsternd die Köpfe zusammen. Dann verließ eine junge Frau mit einem Säugling auf dem Arm die Gruppe und ging schüchtern zu Rachel.

„Dies ist Rachel Lubetkin", begann Leah.

„Ja, das wissen wir", nickte die junge Frau errötend. „Wir dachten, dass sie vielleicht gerne ..." Ihre Stimme bebte, und Rachel hatte das Gefühl, dass sie höchstens achtzehn Jahre alt war. Das Mädchen begann von neuem, ihren Blick fest auf Rachel gerichtet: „Wollen Sie nicht nach vorne kommen? Wir dachten, Sie haben sicher Hunger."

Rachel sah Leah erstaunt an. „Oh, nein, vielen Dank, das kann ich nicht annehmen."

„Geh nur." Leah versetzte ihr einen leichten Stoß.

„Oh! Du auch, Leah!", meinte das Mädchen.

„Es sind doch so viele vor mir dran", protestierte Rachel, die nicht wusste, wie sie auf solch eine Freundlichkeit reagieren sollte.

Das Mädchen meinte leise: „Sie gehören doch zu den Verteidigern, nu? Sie sind doch gestern Abend mit der Haganah gekommen? Wir lassen die Kämpfenden immer zuerst essen."

Rachel ging hinter Leah und der jungen Mutter her nach vorne – vorbei an den respektvollen Gesichtern, denen sie lächelnd zunickte.

„Wenn wir gegessen haben", erklärte Leah den anderen flüsternd, als ob sie ein Geheimnis verriete, „geht Rachel zum Rat der Rabbiner in die Synagoge."

Die Augen weiteten sich vor Erstaunen, dass eine Frau vor dem

Rat der Rabbiner stehen würde. Und bald starrten sogar die kleinen Kinder, die mit Brei gefüttert wurden, staunend auf Rachel, die Enkelin von Rabbi Lebowitz.

„Und was wird sie dem Rat sagen?“, war die stets wiederkehrende Frage.

„Sie überbringt eine Botschaft und einen Brief von Rabbi Lebowitz.“

Rachel nickte bestätigend, während fragende Augen sie prüfend ansahen. „Ich überbringe nur eine Botschaft, da mein Großvater nicht am Rat teilnehmen kann, solange er krank ist“, fügte sie erklärend hinzu, um den Menschen etwas von der Ehrfurcht vor ihrer Mission zu nehmen.

„Sie haben den Angriff gestern Abend überlebt?“, fragte ein kleiner Junge. „Und Warschau haben Sie auch überlebt?“

„Sch!“, wies ihn seine Mutter zurecht und versetzte ihm eine Ohrfeige. „Sei nicht so vorlaut!“

„Aber du hast doch gesagt ...“

„Ich habe gesagt, du sollst nicht so vorlaut sein!“, zischte die Frau. „Ich habe gesagt, die Enkelin von Rabbi Lebowitz ist eine sehr tapfere Frau, der der Ewige ohne Zweifel wegen ihres tapferen Einsatzes für ihr Volk wohlgesonnen ist.“

Rachel antwortete nicht, sondern nahm dankbar einen Teller von der Frau hinter der Theke an. Dann merkte sie, dass sich darauf nicht nur eine zusätzliche Scheibe Toast befand, auf der ein Stück Butter zerlief, sondern dass daneben auch noch Rührei lag. Auf keinem der anderen Teller hatte sie bisher ein Ei gesehen. „Ein Ei!“, rief sie erschrocken aus und wollte den Teller schon wieder zurückgeben. „Nein. Vielen Dank, vielleicht braucht das jemand anders.“

„Nun nehmen Sie schon!“, meinte die Frau an der Essensausgabe nachdrücklich und weigerte sich, den Teller zurückzunehmen. „ Sie sollten etwas Gutes essen, nu? So dünn wie Sie sind! Was ist denn schon ein Ei?“

Rachel wäre vor so viel Freundlichkeit am liebsten in Großvaters Wohnung geflohen. Es war ihr, als ob sie jedes freundliche Wort und jedes Lächeln unter falschen Voraussetzungen annähme. *Wenn sie wüssten,* dachte sie. *Wenn sie wüssten, wer ich wirklich bin, würden sie mich davonjagen.*

Während sie neben Leah auf einer harten Holzbank saß, bemühte sie sich krampfhaft, ihre Scham nicht zu zeigen. Sie hob ihren Blick nicht vom Teller, während Leah munter erzählte.

„... Rabbi Vultch hat ihnen erzählt, dass du gestern Abend ein sehr schweres Busunglück erlebt hast und dass du nicht vor den Verwundeten gerettet werden wolltest. Es hat sie sehr beeindruckt, dass du lebend aus dem Wrack herausgekommen bist, und noch mehr, dass du als Frau den Mut aufbringst, nach solch einem Erlebnis wie gestern Abend noch in die Altstadt zu kommen. Der Ewige hat Seine Hand über dich gehalten, nu?"

Rachel nickte und versuchte, das Thema zu wechseln. „Leah, wo ist eigentlich dein Mann?"

„Er ist Lehrer. Er unterrichtet die kleinen Jungen an der Jeschiva-Schule. Du wirst ihn bald kennen lernen. Nach dem Treffen mit den Rabbinern." Da öffnete sich die Tür. Leah schaute auf, und ihr Blick verdüsterte sich beim Anblick des Mädchens, das hereinkam.

Rachels Augen folgten ihrem Blick. „Wer ist das?", fragte sie, während sie die zerbrechliche, farblose Gestalt des jungen Mädchens musterte, deren Augen mit unruhigem Blick den Raum absuchten.

„Sch. Das ist Jehudit Akiva. Sie ist die Tochter des Rabbiners, der sich am stärksten gegen die Präsenz der Haganah hier im Viertel ausspricht. Sie ist wahrscheinlich hier, um für ihren Vater etwas auszuspionieren."

Rachel beobachtete, wie die Frauen, an denen Jehudit vorbeiging, ihr den Rücken zuwandten oder sie hastig und befangen grüßten. Aber es war etwas im Gesicht des jungen Mädchens, das in Rachel Mitleid erweckte – vielleicht auch nur, weil sie selbst oft von Menschen gemieden worden war. Als sich ihre Augen einen Moment lang trafen, sah das Mädchen schnell zu Boden und ging dann auf Rachel und Leah zu.

„O nein! Sie kommt hierher!", sagte Leah leise. „Sprich nicht mit ihr. Ich werde die Unterhaltung übernehmen."

Jehudits schmale Lippen verzogen sich zwar an den Mundwinkeln leicht nach oben, aber ihre Augen lächelten nicht. „Guten Morgen, Leah“, sagte sie leise.

„Hallo, Jehudit“, erwiderte Leah gleichgültig.

Jehudit sah zuerst Rachel, dann Leah an. „Ich dachte, ich komme mal vorbei und begrüße die Enkelin von Rabbi Lebowitz.“

Leah antwortete nicht, und es entstand ein peinliches Schweigen. „Hallo“, platzte Rachel heraus. „Ich bin Rachel Lubetkin. Du kennst meinen Großvater?“

„Ja, sehr gut sogar!“, antwortete Jehudit eifrig. „Er ist oft im Hause meines Vaters zu Gast gewesen. Ich bin Jehudit Akiva.“ Sie hob stolz ihr Kinn und schaute Leah an, die unbeirrt weiteraß.

Dann legte Leah ihren Löffel hin und stieß Rachel an: „Bist du fertig? Du darfst nämlich nicht zu spät zum Treffen kommen.“ Sie schob sich zwischen Jehudit und Rachel. „Nett, dich zu sehen, Jehudit“, sagte sie teilnahmslos. „Wir müssen jetzt gehen.“

Ohne Rachels Antwort abzuwarten, stellte Leah die Teller zusammen und machte sich auf den Weg zur Küche.

„Es war schön, dich kennen zu lernen, Jehudit“, sagte Rachel voller Mitgefühl für das blasse Gesicht, dessen traurige Augen Leah folgten.

„Danke“, murmelte Jehudit, wandte sich ab und ging zur Tür hinaus.

11. Der Rat der Rabbiner

Der Komplex der sephardischen Synagogen, den der Rat für die Zusammenkunft mit Rachel gewählt hatte, sah den schlichten Häusern am Platz Tiferet Jeruschalajim sehr ähnlich.

„Tiferet bedeutet *Ruhm*", erklärte Leah, während sie Rachel die hölzerne Treppe hinunter bis unter das Straßenniveau zum Eingang der Synagoge führte. „Von außen ist diesen Orten nicht viel Ruhmvolles anzusehen, da die Gebäude nicht höher als eine Moschee gebaut werden durften. Die ottomanischen Behörden hatten es Juden und Christen untersagt, neue Gebetshäuser zu erbauen oder Gott öffentlich nach unserer ‚unsinnigen Tradition' anzubeten. Deshalb ist das Äußere also sehr schlicht gehalten. Wir wollen ja nicht den Zorn der Moslems erregen!", meinte sie augenzwinkernd und öffnete die schwere Holztür auf der linken Seite der Treppe.

Über der langen Halle wölbten sich drei Bogen, und lange Sitzreihen erstreckten sich zu beiden Seiten der Bimah, der Kanzel, von wo aus die Thora vorgelesen wurde. An der Ostmauer waren die mit einem Doppelbogen versehenen Türen einer reich verzierten Arche zu sehen und rechts davon, hoch oben, befand sich ein quadratisches Fenster.

„Dort ist unser Ruhm", sagte Leah, indem sie darauf zeigte. „Siehst du den Krug mit Olivenöl und das Schofar? Sie sind uns aus den Tagen des Tempels geblieben. Dieses Schofar wird einmal bei der Ankunft des Messiah geblasen werden. Es wäre schön, wenn er jetzt schon zu uns käme, nu?"

Rachel konnte nur stumm nicken, da sich ihr aus Angst wegen der bevorstehenden Zusammenkunft mit dem Rat der Rabbiner der Magen zusammenkrampfte.

„Wo sind die Rabbiner?", fragte sie, und das Echo ihrer Stimme wurde von den Wänden des leeren Raumes zurückgeworfen.

„Hier entlang." Leah ging zu der Tür, die sich in der Wand gegenüber der Nische mit dem Schofar befand. „Sie warten mitten in der Synagoge auf dich. Dieser Ort wird Kehal Zion genannt, weil man sagt, dass von dort aus ein Tunnel zum Grab König Davids führt, das außerhalb der Stadtmauern an den Hängen des Zion liegt."

Rachel hob erstaunt ihre Brauen: „ Stimmt das?"

„Es ist nur eine Legende", flüsterte Leah. „Diese Hallen sind voller Legenden. Aber den alten Männern darfst du das nicht sagen."

Als Rachel und Leah die lange, schmale Kammer Kehal Zion betraten, war die Luft erfüllt vom monotonen Gemurmel männlicher Stimmen. Doch sowie sich die Tür hinter den beiden schloss, verstummten die Gespräche und die Augen der führenden Rabbiner der sephardischen, aschkenasischen und chassidischen Gemeinden wandten sich mit gespannter Neugier Rachel zu, die nervös mit Großvaters Brief spielte und ihre Augen unruhig über die Gesichter der dreißig Versammelten schweifen ließ.

„Nicht nervös sein", flüsterte Leah ihr zu.

„Ich kann es nicht ändern", entgegnete Rachel leise. Dann stand sie lange regungslos da, bis schließlich ein grobschlächtiger, düster blickender chassidischer Rabbiner mit einer schweren Goldkette über seiner Weste in die Bimah trat.

„Nun, Mädchen", sprach er Rachel ungeduldig an, „begreifst du nicht, dass wir wenig Zeit haben?"

„Hab keine Angst", flüstere Leah erneut, als Rachel vortrat. „Sprich Polnisch und ich übersetze dann."

Rachels Schritte hallten laut auf dem marmornen Boden wider. Sie war Leah dankbar, dass sie ihr Schuhe beschafft hatte und sie nicht Ellies Stiefel zu tragen brauchte.

Mit bebenden Händen entfaltete Rachel Großvaters Brief. „Ich bin Rachel Lubetkin, die Enkelin ..."

„Ja, ja, wir wissen, wer du bist. Wir haben dich schließlich kommen lassen, nu?", sagte Akiva. „Ich bin Rabbi Akiva, der Bürgermeister der Altstadt."

Da stand ein alter, zerbrechlicher, weißbärtiger Rabbiner auf und sprach mit zittriger Stimme: „Müssen Sie so streng mit dem Mädchen sein, Rabbi Akiva? Sie hat viel durchgemacht, nur um hierher zu kommen und vor uns zu treten."

Zustimmendes Gemurmel ging durch die Reihen der sephardischen und aschkenasischen Rabbiner. Die Chassidim blieben größtenteils stumm und mieden es, Akiva anzusehen.

„Ich bitte um etwas Freundlichkeit, um etwas Milde! Denn es ist schließlich nicht Sitte, dass Frauen das Wort ergreifen. Und sind wir nicht unglaublich gespannt auf das, was sie uns zu sagen hat?"

Leah flüsterte: „Dies ist der Oberrabbiner der Aschkenasim. Auf ihn hören sie."

„Ganz gewiss ist es wichtig, dass wir die Worte der Enkelin von Rabbi Lebowitz hören", räumte Akiva ein, und um seine vollen Lippen spielte beinahe so etwas wie ein Lächeln, „da er selbst, ein geachtetes Mitglied unseres Rates, nicht unter uns sein kann, aus Gründen, die der Ewige allein kennt. Wir wollen hoffen, dass seine Krankheit nicht die Folge einer Übertretung ist. Das wolle Gott verhüten! Da wir Gottes Gedanken nicht zu durchschauen vermögen, bleibt uns nur zu hoffen, dass er in seiner Gnade verstanden hat, warum unser Bruder den Schabbat gebrochen hat." Wieder erhob sich ein allgemeines Gemurmel, als sich die Mitglieder des Rates darüber unterhielten, wie der Großvater genau eine Woche vor Ausbruch seiner Krankheit den Schabbat gebrochen hatte, um in die Neustadt zu reisen.

Eine Welle der Entrüstung durchflutete Rachel, als sie darüber nachdachte, welch eine Anklage Akiva mit seinen Bemerkungen gegen ihren Großvater erhoben hatte. „Ehrenwerte Rabbiner", entfuhr es ihr, und sie war erstaunt über die Kraft ihrer Stimme, „wie Sie alle sehr wohl wissen, ist mein Großvater am Schabbat in die Neustadt gereist, weil der Mufti das Verbot, die Altstadt zu verlassen, nur am Sonntag aufgehoben hatte. Das Verhalten des Muftis war eine Beleidigung der Gebote Gottes. Und so ist mein Großvater, weil er wusste, dass das Gesetz des Leviticus die Gebote der Liebe über alle anderen Gebote stellt, in die Neustadt gereist, um einem sehr kleinen, kranken Jungen Trost zu spenden. Dafür hat Gott Rabbi Lebowitz nicht bestraft, sondern im Gegenteil sogar noch belohnt."

Der alte Rabbiner der Aschkenasim erhob sich: „Gut gesprochen, Tochter Zions. Gut gesprochen! Der Ewige hat unseren lieben Freund

Rabbi Lebowitz tatsächlich belohnt, indem er ihn wieder mit Ihnen vereint hat. Denn all die Jahre hindurch hat sein Herz schmerzlich darunter gelitten, dass ihm von seinen Lieben einzig und allein Jakov geblieben war. Nun stehen Sie als Wunder vor uns! Und wir sollten die Worte hören, die Rabbi Lebowitz uns durch Sie gesandt hat."

Die Mitglieder des Rates applaudierten leise. „Gut gesprochen, Rabbi." Einzig Akiva saß in schweigender Missbilligung da, während seine Augen Rachel verächtlich musterten.

Rachel hob den Brief und begann mit lauter, klarer Stimme vorzulesen:

„Meine Freunde und verehrten Ratsmitglieder! Wie sehr sehnt sich mein Herz danach, bei Ihnen zu sein! Und doch hat es der Ewige in Seiner Weisheit für gut befunden, dass diese alten Augen hier einen Menschen sehen konnten, der aus dem Grabe erstanden ist, um zu mir zurückzukommen und für mich zu sprechen. Hören Sie auf ihre Stimme, denn ihre Augen haben viel gesehen ..."

Rachel stockte, weil ihre Stimme bebte. Sie hatte nicht erwartet, dass Großvater solche Dinge in seinem Brief erwähnen würde.

„Ihre Mutter betete um Frieden. Ihr Vater betete um Frieden und sprach in ehrlicher Hoffnung zu den Menschen, die am Ende die Mörder seiner Familie wurden. Sie haben ihre Hand nicht zur Verteidigung erhoben, sondern", –

Rachel spürte, wie das Stocken zu einem Kloß in ihrem Hals anwuchs, –

„sondern schenkten den harmlosen Worten ihrer Peiniger Glauben. Ihre Stimmen flehen uns inbrünstig an, diese heiligen Mauern nicht wieder um falscher Versprechen willen zu verlassen. Denn diejenigen, die danach trachten, nicht nur unsere Ehre, sondern auch unsere Verehrung für den Ewigen zu beflecken, speien auch auf den Na-

men des Allmächtigen. Glauben Sie an keine falschen Versprechungen, sondern helfen Sie den Menschen, die Ihnen dabei helfen wollen, Ihre Gebetshäuser, Ihre Frauen und Ihre Kinder davor zu bewahren, geschändet zu werden. Dies schreibe ich mit all der Wahrheit, die der Ewige mir zu sehen erlaubt hat. Nun hören Sie bitte auf die Worte Rachel Lubetkins, deren junge Stimme Ihnen noch mehr berichten kann"

– sie stockte –

„als dieser alte Rabbiner."

Langsam ließ Rachel das Blatt sinken. Sie spürte, dass aller Augen auf sie gerichtet waren, und sah nicht auf, bis sie wieder so weit Mut gefasst und Kraft gesammelt hatte, dass sie sprechen konnte.

„Nun, Rachel?", fragte der gütige aschkenasische Rabbiner. „Was haben Ihre Augen gesehen, das uns bei unserer Entscheidung helfen könnte?"

Sie hob das Kinn und sah nur ihn, nicht die neunundzwanzig anderen an, die ihre Blicke fragend auf sie gerichtet hatten. „Ich habe die Dritte Zerstörung gesehen", sagte sie ruhig. „Kein Einziger der eine Million Juden, die in Warschau gebetet haben, hat überlebt, obwohl man uns versprochen hatte, dass all das, was wir verehrten, unangetastet bleiben sollte, damit wir die Worte unseres Gottes studieren könnten. Unser Leben war gezeichnet von falschen Hoffnungen und wir glaubten an Versprechungen, die nicht gehalten wurden. Man hat uns in einem abgesperrten Bezirk ohne Nahrung und ohne Brennholz gehalten. Aus dem ganzen Land hat man Tausende von Menschen dorthin gebracht und gehofft, dass uns alle der Hungertod dahinraffen würde."

Rachel blinzelte, um die Tränen zurückzuhalten. „Aber unser Leben ging dennoch weiter. Es gab Schulen und Theater. Und unsere Musiker haben für uns Konzerte gegeben – nur jüdische Musik, weil es uns nicht erlaubt war, die Musik deutscher Komponisten zu spielen. Zwar waren im Winter die Straßen übersät von erfrorenen

Menschen, aber wir glaubten die ganze Zeit, sie würden vielleicht uns in Ruhe lassen, wenn wir nur einfach unser Leben weiterführten."

Sie hielt inne und stieß einen tiefen Seufzer aus. „Es sollte nicht sein. Es fing damit an, dass wir zur Arbeit registriert wurden. Die Menschen, die brauchbare Fähigkeiten aufweisen konnten, bekamen eine gelbe Karte. Diese Karte bedeutete, dass der Jude, der sie besaß, dem Deutschen Reich von Nutzen war. Sie bedeutete Leben. Wegen dieser Karte sind Morde begangen worden. Denn wer im Besitz einer solchen Karte war, durfte zwei Mitglieder seiner Familie bei sich behalten, und diese waren dann vor Deportationen sicher. Aber was sollte jemand tun, der fünf Kinder und nicht nur zwei hatte? Die Menschen mussten die Wahl treffen, wer gehen und wer bleiben sollte. Dann ordneten die Nazis an: ‚Fünftausend haben sich bis morgen auf dem Platz zu versammeln und zur Deportation bereitzuhalten. Die Alten und die ganz Jungen.' Danach, so versprachen sie uns, würden sie uns in Ruhe lassen. Niemand würde mehr deportiert werden. Unsere Führer wollten diesen Worten Glauben schenken. Und so wurden fünftausend ausgewählt. Aber einige Tage später hieß es wieder: ‚Zehntausend auf dem Platz, mehr nicht. Danach finden keine weiteren Deportationen mehr statt.'"

Rachel holte tief Luft und ließ ihren Blick über die Männer schweifen, die über das Schicksal des jüdischen Viertels entscheiden würden. „Nachdem dies lange Zeit so gegangen war und es niemanden mehr gab, den man hätte deportieren können, kamen die Menschen aus den Kellern und Abwasserkanälen hervor, in denen sie sich versteckt gehalten hatten, und kämpften. Man hat mir erzählt, dass sie die bewaffneten Truppen wochenlang in Schach hielten – länger als die polnische Armee den ersten Angriffen im Blitzkrieg standgehalten hatte. Die Deutschen kamen mit ihren Panzern und nahmen die Stadt so lange und so heftig unter Beschuß, dass nur noch Schutt und Tote übrig blieben.

Sie haben uns Versprechungen gemacht. Ja, sie haben uns Versprechungen gemacht, und dennoch ist einer nach dem anderen umgekommen, nur weil wir glauben wollten, dass die Vernunft die Oberhand behalten würde. Aber das ist nicht der Fall gewesen. Hier stehe ich vor Ihnen und sage: Es regierten der Wahnsinn und die Unvernunft."

Über dem Raum lastete ein schweres, nachdenkliches Schweigen. „Und nun hat man mir berichtet, dass Sie mit einem Mann verhandeln, der mit Hitler an einem Tisch gesessen hat, mit Haj Amin Husseini, dem Mufti von Jerusalem. Auch er verspricht Ihnen, dass Sie Ihre Häuser behalten können, wenn Sie darauf verzichten, sich verteidigen zu lassen. Das verspricht er Ihnen und spricht doch gleichzeitig vom Ende aller Juden. In Europa gibt es keinen Ort mehr, an dem wir leben können. Hitler und seine Versprechungen haben alles zerstört. Inzwischen gibt es keine Gebetshäuser und auch keine kleinen Jungen in den Jeschiva-Schulen mehr. Dies hier ist der letzte Ort – der einzige Ort auf Erden, der uns noch bleibt." Ihre Stimme bebte vor Bewegung. „Schenken Sie den falschen Versprechungen keinen Glauben! Nähren Sie keine falschen Hoffnungen! Helfen Sie den Männern, die hierher kommen, um die Reste dessen zu erhalten, was wir einst waren. Verhandeln Sie nicht mit dem Teufel, denn sonst verlieren Sie am Ende Ihre Seele."

Völlig ausgelaugt von der Übermacht ihrer Gefühle senkte Rachel den Kopf und stieß einen tiefen Seufzer aus, als ob sich eine schwere Last auf sie herabgesenkt hätte. Akiva schaute, von ihren Worten angewidert, in die Runde. Die übrigen Ratsmitglieder starrten sie an, betäubt von der Wahrheit und unfähig, ein Wort über ihre Lippen zu bringen. Schließlich ergriff der alte Aschkenas das Wort.

„Gut gesprochen, Tochter." Er ging mit schlurfenden Schritten auf sie zu, ohne seinen Blick von ihrem gesenkten Kopf zu wenden. Dann legte er ihr seine knorrige Hand auf die Schulter und machte Leah ein Zeichen, sie aus Kehal Zion hinauszugeleiten. „Möge der Segen des Ewigen mit euch sein", rief der alte Mann ihnen nach. „Und mit uns allen."

12. Der Ruf zum Gebet

Mit dem Feldstecher um den Hals sprang Gerhardt die Stufen zu dem hohen Minarett hinauf, das am Rande des jüdischen Viertels lag und die große Churva-Synagoge weit überragte.

Während er die Wendeltreppe hinaufging, hörte er den klaren Ruf des Muezzins, der die Moslems schon seit mehr als dreißig Jahren täglich zum Gebet rief. Gerhardt kannte den Alten gut, der nach Beendigung der Gebete bereitwillig die jungen Jihad-Moqhaden mit ihren Gewehren und Granaten an seine Stelle treten ließ. Es gab nur wenige Orte in der Altstadt, von denen aus man einen so guten Einblick in die Straßen des jüdischen Viertels hatte.

Vielleicht sehe ich bei helllichtem Tage das Gesicht, das mich verfolgt, dachte Gerhardt. *Vielleicht sehe ich aber auch nur eins, das ihm ähnlich sieht.*

Atemlos erreichte er die Plattform unter der zwiebelförmigen Kuppel des Minaretts. Der alte Muezzin sah ihn mit einem breiten, zahnlosen Lächeln an. Dann verneigte er sich und berührte zum Gruß seine Stirn.

„Salaam! Welch ein ehrenvoller Besuch!", rief er ihm entgegen. „Während sich unser Volk im Gebet verneigt, sind Sie stets wachsam."

„Salaam", erwiderte Gerhardt den Gruß. „Ich suche die Gassen des jüdischen Viertels nach jemandem ab, der möglicherweise die Pläne unseres gütigen Führers Haj Amin Husseini vereitelt."

„Das möge Allah verhüten!", meinte der Muezzin stirnrunzelnd und schüttelte den Kopf. „Seit Jahren beobachte ich diese Hunde da unten und wünsche mir sehnlichst, dass es in dieser Stadt möglich wäre, die Bräuche des Propheten rein und ohne Entweihung auszuüben. Einige von uns haben sogar viel Kontakt mit denen. Aber ich höre ihre ungläubigen Gebete von ihren Tempeln aufsteigen und bete darum, dass Allah und die Söhne des Propheten sie niederstrecken. Sehen Sie hier." Er deutete zur Kuppel der Nissan-Bek-Synagoge im jüdischen Viertel hinüber. „Die glauben vielleicht, dass diese alten Augen nicht mehr richtig sehen können. Aber wenn ich nachts hier oben bin, kann ich da drüben den Schatten eines Juden erkennen, der auf Holzbrettern liegt und durch das Lattenwerk zu uns herüber starrt. Er ist fast auf der gleichen Höhe wie ich auf diesem Minarett und kann vermutlich genauso gut unsere Straßen einsehen wie wir die Straßen des jüdischen Viertels."

Gerhardt hatte bereits den Feldstecher an die Augen gesetzt und stellte ihn auf die Gestalten und Gesichter der jüdischen Frauen unterhalb seines Aussichtspunktes ein. Dann suchte er systematisch, Block um Block, die Straßen ab.

„Vielleicht ist das Gesicht, das ich suche, nur ein Geist, ein Dämon", murmelte er.

„Wie bei allen Ungläubigen, Herr", schwatzte der Alte. „Wie bei allen, die es wagen, die Pläne unseres Erhabenen, des Großmuftis, zu durchkreuzen, nicht wahr?"

„Natürlich", erwiderte Gerhardt abwesend.

Nach einiger Zeit ließ er den Feldstecher voller Abscheu langsam sinken.

Das Gesicht des Alten zuckte vor Neugier. „Haben Sie das Gesicht des Mannes gefunden, den Sie so angestrengt zwischen den jüdischen Hunden suchen?"

Gerhardts Kiefer schien noch mehr vorzuspringen als sonst, als er fortfuhr, das Treiben im Stadtviertel unter ihm zu erforschen. „Nein", erwiderte er einsilbig und holte aus seiner Tasche eine Münze, die er dem Muezzin hinwarf.

„Der Segen Allahs sei mit Ihnen!", rief der Alte entzückt. Er starrte einen Augenblick lang auf die Münze, während Gerhardt sich schon wortlos zur Treppe wandte. Dann leuchteten die Augen des Alten auf, denn er hatte eine Idee, die ihm vielleicht noch größeren Lohn einbringen würde. „Ehrenwertester Herr", rief er, „wäre es nicht möglich, dass ich Ihnen meine Augen zur Verfügung stelle? Wenn Sie diesem alten Mann nur sagen würden, wie Ihr Feind aussieht, vielleicht könnte ich ..."

Gerhardt blieb unvermittelt stehen und wandte sein Gesicht dem Muezzin zu. Seine Lippen verzogen sich zu einem Lächeln. „Natürlich! Eine ganz ausgezeichnete Idee." Er nahm den Feldstecher ab und ging gemächlich zu der kleinen Plattform zurück. „Der Feind, den ich suche, hat die Gestalt einer Frau mit den Augen eines Engels ..."

* * *

Das Geschirr vom Mittagessen war abgetrocknet und weggeräumt.

Das Gesicht Rabbi Vultchs glühte vor Begeisterung, als er Rachel über den schäbigen Tisch hinweg anlächelte. „Nur fünf Rabbiner waren auf der Seite Akivas", erklärte er der Gruppe, die sich im Keller des Tipat Chalav versammelt hatte, um zu hören, zu welchen Beschlüssen der Rat der Rabbiner gekommen war. „Und ich persönlich bin der Meinung, dass es Rachel Lubetkins Worte waren, die sie von der Notwendigkeit der Verteidigung überzeugt haben."

Ehud, Chaim und Schimon, Leahs kräftiger junger Ehemann, schlugen sich gegenseitig auf den Rücken.

„Gut gemacht, Rachel!", rief Leah und ergriff Rachels Hand. „Gut gemacht!"

„Sie haben über zwei Stunden diskutiert", fuhr Rabbi Vultch fort. „Man hat sich natürlich auf einen Kompromiss geeinigt. Von den Ratsmitgliedern, die nicht mit Akivas Ansicht übereinstimmten, waren zwölf unbedingt für eine Bewaffnung des Viertels, während die übrigen zwölf für den Mittelweg eines Kompromisses sind."

„Was für ein Kompromiss?", fragte Dov.

„Die Konvois werden weiterhin sowohl von den Briten als auch von den arabischen Freischärlern durchsucht werden."

„Das lässt sich nicht vermeiden", meinte Dov.

„Das heißt, dass wir so schlau wie Füchse sein müssen", erklärte Chaim.

„Auf diesem Gebiet haben wir nichts zu befürchten", meinte Ehud mit dröhnender Stimme. „Mosche Sachar ist der König der Schmuggler in der Haganah. Er bringt es fertig, unseren Nachschub so gut zu verstecken, dass wir sogar noch unsere Mehlfässer suchen müssen, um ihn zu finden, stimmt's?" Er stieß Rachel an, die nur kurz nickte und wegschaute, sobald Mosches Name erwähnt wurde. „Erzähl ihnen doch, Rachel! Erzähl es ihnen doch, wie er die britische Patrouille an der Nase herumgeführt hat, an dem Morgen, als ihr an den Strand geschwemmt worden seid!“

„Ja“, meinte Leah leise und mit düsterer Miene, als sie sah, dass Rachels Hände leicht zitterten, „Mosche Sachars Ruf ist legendär.“

Rachel gab keine Antwort, sondern schaute weiterhin angestrengt in ihre halb volle Kaffeetasse.

„Es hat viel Ärger im Rat gegeben, weil arabische Freischärler unsere Lebensmittel stehlen. Wenn die Lebensmittel aus den Konvois gestohlen werden, ist das jüdische Viertel nicht einmal mit Schläue zu retten. Akiva hat uns versprochen, mit dem arabischen Hochkommando zu sprechen und es darauf hinzuweisen, dass die Diebstähle ein Ende haben müssen. Er behauptet, diese Angelegenheit sei eine Sache auf Treu und Glauben und auch wir müssten etwas dafür aufgeben.

„Aber warum sollen wir überhaupt etwas aufgeben“, brummte Chaim, „wenn es sich um unsere Lebensmittel handelt, die sie stehlen?“

„Gut gesprochen“, meinte Schimon zustimmend. „Warum eigentlich?“

„Als Gegenleistung dafür, dass die Diebstähle unterbleiben“, erklärte Rabbi Vu!tch, „dürfen wir unsere Männer nicht mehr in den Synagogen ausbilden. Denn die Rabbiner fürchten, dass wir die Heiligkeit der Gebetshäuser entweihen.“

„Das ist ein Sieg für den Mufti“, meinte Schimon erbittert.

Leah legte ihre Hand auf seinen Arm. „Das stimmt. Aber es gibt doch auch noch andere Orte, nu?“

„Aber es hatte den Anschein, als ob die Rabbiner die Ausbildung billigten, als sie noch in den Synagogen und Jeschiva-Schulen stattfand“, erklärte Schimon. „Und die Briten waren nicht versessen darauf, die Gebetshäuser nach Waffen zu durchsuchen oder jemanden festzunehmen, dessen Kopf im Gebet verhüllt war.“

„Selbst wenn er eine Pistole unter dem Tallit trug, was?“, warf Ehud lachend ein.

„Letztlich spielt es doch keine Rolle, wo die Ausbildung stattfindet", meinte Rabbi Vultch nachdrücklich. „Es gibt schließlich viele Orte, an denen wir die jungen Männer des Viertels heimlich ausbilden können. Sie werden trotzdem kommen, um zu lernen."

„Selbst wenn sie mit Besen als Gewehren vorlieb nehmen müssen, was?", warf Chaim bitter ein.

„Mein Freund Mosche wird schon einen Weg finden, wie er uns Gewehre beschaffen kann, wenn wir sie brauchen", meinte Ehud voller Begeisterung.

„Im Augenblick ist es jedenfalls so, dass Rachel den Rat überzeugt hat", sagte Dov und lächelte ihr zu. „Obwohl die meisten den goldenen Mittelweg zwischen Zugeständnissen und Verteidigung gehen wollen, sind sie doch bereit, die Gegenwart der Haganah in ihrer Mitte zu dulden."

„Wir sind das biblische Volk." Der Rabbiner trank einen Schluck Kaffee und rieb sich dann nachdenklich über die Stirn. „Und irgendwo zwischen Beschwichtigungspolitik und Gewalt liegt das Gesetz Gottes, nu? Ein Mensch hat ein Recht darauf, nach Frieden zu streben. Aber wenn wir auf Kosten unseres Lebens und des Lebens unserer Familienangehörigen Frieden wollen, dann streben wir nach dem Frieden eines Mannes, der zuerst seine Kinder tötet und sich dann selbst das Leben nimmt. Die meisten Rabbiner erkennen die Notwendigkeit der Selbstverteidigung an und doch beten alle weiter für einen Frieden, bei dem das, was der Ewige in unsere Obhut gegeben hat, nicht beschmutzt wird. Dies ist ein schwieriger Weg für Gelehrte."

„Und deshalb müssen auch wir diesen Weg gehen", meinte Leah. Sie klopfte Rachel auf die Schulter. „Uns gegenüber hast du zwar noch kein Wort davon erwähnt, aber du hast gut daran getan, über das zu sprechen, was du gesehen hast. So viele von uns möchten gerne daran glauben, dass alles gut wird und dass wir uns nicht gegen den Mufti zu verteidigen brauchen. Denn die Menschen, die hier leben, sind hierher gekommen, um zu beten, nicht um zu kämpfen. Du hast ihr Innerstes angerührt. Dies ist für uns wirklich der letzte Ort auf Erden."

„Wie merkwürdig das ist“, meinte Dov leise, „dass unsere Vorväter vor zweitausend Jahren von hier vertrieben und in alle Welt verstreut worden sind und es nun keinen anderen Ort für uns mehr gibt, an den wir zurückkehren können, als den, von dem wir kamen.“

„Gott hat von dieser Zeit gesprochen“, sagte Schimon. „Die Haftara-Lesung für den Tag der Teilung kam aus dem Psalm 137: ‚*Wie könnten wir des Herrn Lied singen auf fremder Erde? Vergesse ich deiner, Jerusalem, so müsse meine Rechte verdorren! Die Zunge müsse mir am Gaumen kleben, wenn ich dein nicht gedenke, wenn ich nicht Jerusalem setze über meine höchste Freude.*‘ Und deshalb habe ich diese Passage den kleinen Jungen in der Jeschiva vorgelesen und mir dabei gedacht, dass Menschen, die keine Juden sind, in den Vereinten Nationen über das Schicksal Jerusalems entschieden haben. Und ich habe zu mir gesagt: ‚Schimon, die meisten haben Zion nie gesehen, haben noch nie diesen heiligen Berg betreten oder an der Mauer gebetet. Und doch entscheiden sie in einer Abstimmung darüber, dass Jerusalem nicht Teil des jüdischen Staates sein wird, den sie mit einem Federstrich geschaffen haben.‘ Und dann höre ich die lauthals geäußerten Drohungen der Araber, dass sie die Juden auslöschen werden. Es wäre mir lieber, wenn ich nicht kämpfen müsste. Aber ich möchte, dass es für meine Kinder einen Ort gibt, den sie Heimat nennen können.“ Er nahm Leahs Hand. „Und ich möchte zu den Menschen gehören, die über das Schicksal der Stadt meiner Väter entscheiden. Ich möchte fest auf diesem Boden stehen und ihn für all die Kinder sicher machen, die den Wunsch haben, Gott kennen zu lernen. Wenn ich jetzt nicht kämpfe, wird es diese Sicherheit niemals geben.“

„Wir müssen eine klare Grenze ziehen und den Feinden des Friedens sagen: ‚*bis hierher und nicht weiter*‘. Sonst wird eines Tages dieses Kind, das ich in mir trage, gegen einen Feind kämpfen müssen, der tausendmal stärker ist als der, dem ich nun gegenüberstehe“, pflichtete ihm Leah bei. Lächelnd fügte sie hinzu: „Wir hätten auch nach Amerika gehen können. Vielleicht hätte ich dann auch nicht solche Schwierigkeiten gehabt, Saiten für mein Cello zu bekommen. Aber wenn *ich* nicht hergekommen wäre, wer hätte es sonst tun sollen? Und wenn wir jetzt nicht standhalten, wann soll dann dem Bösen Einhalt geboten werden? Darum sind wir hierher gekommen."

„Was uns andere angeht", erklärte Dov, „hatten wir gar keine andere Wahl. Wir sind gekommen, weil die übrigen Länder der Welt ihre Einwanderungsquoten nicht um einen einzigen Juden erweitern wollen. Und nun, da ich nun einmal hier bin, will ich auch bleiben."

„Ich bin zwar zu einem Schuster in die Lehre geschickt worden", fügte Chaim hinzu, „aber vor dem Krieg habe ich die polnischen Bauern immer beneidet, wenn ich ihnen dabei zusah, wie sie ihre Felder bestellten. Ihr wisst ja, dass es uns schon früher nicht erlaubt war, unser eigenes Land zu bebauen. Jedenfalls ist es immer schon mein Wunsch gewesen, zu pflanzen und den Boden bebauen zu können. In den Lagern habe ich unsere Toten in den Boden des Deutschen Reiches gelegt. Ich bin dazu bestimmt worden, weil ich stark war und die Arbeit einem kleinen Mann die Knochen gebrochen hätte. Mir ist dabei nur mein Herz gebrochen." Die Gruppe schwieg lange. „Eines Tages möchte ich Bauer sein. Ich möchte mithelfen, die Wüste wieder zum Blühen zu bringen, um die Kinder zu ernähren. Aber ich glaube, zunächst muss noch der Krieg gegen das Deutsche Reich weitergehen. Ein kleiner Hitler geht durch die Straßen von Gottes Heiliger Stadt, und es ist unsere Aufgabe, seine Pläne für immer zu vereiteln."

Rachel betrachtete eingehend das zerfurchte Gesicht des Ringers. In seinen Augen lag so viel Schmerz und doch sprach er von Hoffnung und von Träumen. Alle, die um den Tisch saßen, hatten in ihrem Herzen ein Ziel, das über den bloßen Wunsch zu überleben hinausging; alle, außer ihr selbst. *Welche Hoffnung habe ich?*, fragte sie sich. *Welche Hoffnung habe ich in meinem Leben außer der, einfach weiter zu atmen? Chaims Herz ist gebrochen, aber es wird im Laufe der Zeit heilen. Doch mein Herz ist tot. Wie kann ich da die Hoffnung haben, dass es einmal wieder leben wird?*

„Erzähle uns doch, Rachel", wandte der Rabbiner sich an sie,

„warum du dich dafür entschieden hast, hier mit uns zu kämpfen, da es doch so viele Orte auf der Welt gibt, die sicherer sind."

Es dauerte lange, bevor sie antwortete. Fast hatte sie Angst vor ihren eigenen Worten. „Ich habe alles verloren – alles, was ich von mir wusste und von mir dachte. Ich ... ich habe nach irgendetwas gesucht. Zuerst dachte ich, ich suchte vielleicht nach der Erinnerung an meine Mutter oder an meinen Vater. Aber nun, da ich hier bin, merke ich, dass alles, was ich hier von ihnen antreffe, nur ein Schatten von dem ist, was einst hier gelebt und geatmet hat. Irgendwie dachte ich auch, dass ich mein eigenes Leben suchte, mein Leben, wie es hätte sein sollen. Stattdessen habe ich nur das nackte Leben. Ich weiß selbst nicht mehr, was ich suche oder warum ich hierher gekommen bin. Aber ich werde es Ihnen sagen, Rabbi, falls ich eine Antwort auf meine Fragen finde." Ein trauriges Lächeln zuckte um ihre Lippen, und sie schaute achselzuckend zur Seite, da ihr bei seinem Blick unbehaglich zumute war.

Schließlich ergriff Leah das Wort: „Nun, ich kann dir sagen, Rachel, dass es gut ist, dich hier zu haben. Niemand hätte besser vor dem Rat sprechen können. Vielleicht wecken deine Worte bei den Rabbinern Verständnis."

Rabbi Vultch stützte sich auf die Ellbogen und beugte sich zu ihr vor: „Dein Großvater, Rabbi Lebowitz, wäre sehr stolz auf dich."

„Danke", sagte Rachel höflich, obwohl sie seine Worte insgeheim bezweifelte. „Ich habe nur gesagt, was wahr ist."

Leah schob nachdenklich die Unterlippe vor, als sie die Trauer in Rachels Augen bemerkte. Dann räusperte sie sich und wechselte das Thema, um die allgemeine Aufmerksamkeit von Rachel abzuwenden. „Und wie hat Rabbi Akiva auf die Entscheidung des Rates reagiert?"

„Er hat geraucht wie ein Weihrauchbehälter in einer griechisch-orthodoxen Kirche!", lachte der Rabbiner. „Für ihn ist die Angelegenheit noch nicht erledigt, da könnt ihr sicher sein. Seitdem die Verteilung der Güter nicht mehr seiner Kontrolle, sondern der der Haganah untersteht, ist er sehr verärgert. Er ist ein Mann, der weniger die Wahrheit als die Macht liebt. Und das Einzige, was ihm noch von seiner Macht geblieben ist, ist das Privileg, durch das arabische Viertel zu gehen, um an der Klagemauer zu beten. Dies ist natürlich ein Vorrecht, das ihm der Mufti und das arabische Hochkommando zugestanden haben. Die Unentschlossenen in unserem Rat haben gezögert, sich völlig zur Unterstützung der Haganah zu bekennen, weil sie fürchten, sie könnten dieses Privileg verlieren. Denn an der Westmauer zu beten heißt, dem Altar Gottes am nächsten zu sein. Es scheint, dass es für Akiva große Macht bedeutet, wenn er über das Recht verfügt, an solch einem heiligen Ort zu beten. Kein Wunder, dass einige zögern, seine Warnungen in den Wind zu schlagen."

„Man kann sich nur fragen, welche Gegenleistung er dem Mufti für einen gesicherten Zugang zur Mauer bietet", sinnierte Schimon. „Ganz bestimmt hat ihm der Mufti dieses Recht nicht aus Freundlichkeit oder Großzügigkeit gegenüber den Rabbinern der Altstadt zugestanden."

„Am Freitag wird eine Minjan von Rabbinern durch das benachbarte arabische Viertel gehen, um an der Mauer zu beten. Akiva sagt, sie wollen nur um Frieden beten."

13. Entdeckt

Akiva lutschte ein Pfefferminzbonbon und starrte auf das weiße Blatt Papier, das auf der grünen Schreibtischunterlage vor ihm lag. Er stellte seine Lampe dichter an das Blatt heran, tauchte seine Feder in das Tintenfass vor ihm ein und kritzelte die Botschaft aufs Papier.

Da klopfte es leise an die Tür seines Arbeitszimmers. Jehudit öffnete sie einen Spalt und schaute schüchtern herein.

„Ja, Jehudit." Akiva sah nicht von seiner Arbeit auf.

„Die Rabbiner. Sie sind angekommen. Sie warten im Salon auf dich, Vater."

„Nun gut." Er ließ sich nicht bei seiner Arbeit stören. „Sage ihnen, dass ich gleich komme."

Jehudit schloss die Tür wieder, und Akiva beendete den Brief mit seiner schwungvollen Unterschrift. Er schürzte seine vollen Lippen, rückte seine Brille zurecht und las noch einmal durch, was er auf das Blatt geschrieben hatte.

„Sehr gut!", rief er dann auf Deutsch aus, während er etwas Sand über die Tinte streute, um die Feuchtigkeit aufzusaugen. Anschließend faltete er das Papier mehrfach, bis es nur noch ein winziges Papierschnipsel zu sein schien. Er ließ es zusammen mit seinem in Silber gebundenen Gebetbuch in seine Tasche gleiten und erhob sich, um die neun Rabbiner zu begrüßen, die mit ihm zusammen die Minjan bildeten, die sich auf den Weg zur Klagemauer begeben würde.

* * *

Gerhardts Feldstecher war für den Muezzin zum Symbol seiner Bedeutung geworden. Jeden Tag ging er nun eine Stunde vor seiner üblichen Zeit zum Minarett und die Menschen nickten ihm respektvoll zu, wenn er vorbeiging. Mit dem Feldstecher vor den Augen verweilte er lange auf dem kalten Turm, um die unter ihm liegenden Straßen abzusuchen. Gewissenhaft hielt er nach dem Gesicht der Frau Ausschau, das er von der Zeichnung her kannte, die Gerhardt ihm gebracht hatte. „Ich werde diese Ungläubige schon finden", sagte er jeden Morgen. „Wenn es Allah gefällt."

Gleich nachdem er die Gläubigen zum Vier-Uhr-Gebet am Freitagnachmittag gerufen hatte, hob er den Feldstecher erneut an die Augen, um seine Suche wieder aufzunehmen. Unter ihm liefen Männer und Frauen geschäftig hin und her, um Vorbereitungen für den jüdischen Schabbat zu treffen. Er konnte ihre Gesichter ganz deutlich erkennen. Und wenn die Frauen zusammen einen Schwatz hielten, versuchte er sogar die Worte von ihren Lippen abzulesen.

Plötzlich jedoch tat der Alte vor Erregung einen heftigen Atemzug. Dort drüben, wo eine Gruppe von Rabbinern stand, tauchte die schlanke Gestalt einer Frau aus einem Treppenaufgang auf. Er wagte nicht, die Augen von ihr abzuwenden, als sie zwei Jungen zuwinkte, die ihr etwas zuriefen. *Haare so schwarz wie die Flügel eines Raben. Volle Lippen. Weiße Zähne. Leuchtend blaue Augen.*

Jung und schön war sie, so wie Allah die Frauen am Anfang der Schöpfung vorgesehen hatte. *Die Gestalt einer Frau und die Augen eines Engels. Aber sie ist ein Dämon.* Während sich der Alte Gerhardts Worte ins Gedächtnis rief, folgte er ihr mit den Augen, bis sie um eine Ecke bog und seinem Blick entschwand. Dann richtete er den Feldstecher wieder auf die Treppe, auf der sie heraufgekommen war. Diese Entdeckung würde ihm eine große Belohnung einbringen. Er wühlte in seiner Tasche nach einem Notizblock und einem Bleistiftstummel und schrieb mit dem Eifer eines Menschen, der gerade einen großen Schatz entdeckt hat, die Orientierungspunkte auf, die zu Rachels Kellerwohnung führten. Es gab keinen Zweifel, dass dies tatsächlich die gesuchte Frau war.

Nachdem er noch einmal einen kurzen Blick auf die Straße geworfen hatte, wandte sich der Alte um und rannte die Treppe hinunter, so schnell ihn seine alten Beine zu tragen vermochten. Er wühlte sich durch das Gewimmel der Souks und hatte nicht einmal

Zeit, die bewundernden Blicke der Händler zur Kenntnis zu nehmen, mit denen er das Geheimnis seines großen Auftrages teilte.

Als er schließlich zu dem heruntergekommenen Wohnblock gelangte, wo lange Reihen von Wäsche über seinem Kopf flatterten und die gellenden Stimmen arabischer Mütter zu hören waren, die ihren Kindern etwas zuriefen, war er völlig außer Atem und nicht in der Lage, ein Wort hervorzubringen. Er rannte in den dunklen, stinkenden Hausflur und blieb dort stehen, um sich an das lädierte Treppengeländer zu lehnen. Als ein alter Mann in fleckigen Hosen an ihm vorbeischlurfte, sagte der Muezzin: „Ich möchte zu Gerhardt, dem Diener des Muftis."

Der alte Araber deutete nach oben und murmelte: „Erste Tür."

Der Muezzin griff sich an sein heftig klopfendes Herz und schleppte sich dann zu der verblichenen grünen Tür von Gerhardts Zimmer. Er klopfte laut gegen die abblätternde Farbe. Keine Antwort. Er klopfte noch einmal nachdrücklich und wartete. Wieder keine Antwort. Als er sich in dem überfüllten, stinkenden Flur umsah, erhielt seine Begeisterung einen Dämpfer. *Da ist meine eigene Hütte ja noch feudaler als dies hier. Was für eine Belohnung kann ich hier schon erwarten?,* fragte er sich.

Aber da fiel ihm die blitzende Münze ein, die Gerhardt ihm zugeworfen hatte, und er griff nach dem Feldstecher, der um seinen Hals hing. Dann ließ er sich auf den Boden gleiten und wartete darauf, dass der Diener des Muftis nach Hause kam, um seine gute Nachricht in Empfang zu nehmen.

14. Schabbatsegen

Die winzige Wohnung von Leah und Schimon lag über einem Lebensmittelgeschäft, das den Frauen des Viertels als Treffpunkt für einen kleinen Schwatz und zum Austausch von Neuigkeiten diente. Ihre Stimmen und ihr Gelächter waren durch den Holzfußboden der Einzimmerwohnung hindurch zu hören.

Rachel stand am Fenster und betrachtete das geschäftige Treiben der Kunden, die mit leeren Taschen kamen und mit beinahe ebenso leeren Taschen wieder gingen.

„Sie machen noch schnell die letzten Einkäufe", meinte sie, während Leah die elegante spitzenbesetzte Tischdecke über die rauen Holzbretter breitete, die ihnen als Tisch dienten.

„Gott allein weiß, was es noch zu kaufen gibt", erwiderte Leah leise. „Eine Schande, dass ich dich bitte, mit uns den Schabbat zu verbringen und es im Viertel nicht einen einzigen Apfel gibt, mit dem ich einen Strudel machen könnte!" Sie legte beide Hände auf ihren vorgewölbten Leib und betrachtete seufzend die Tischdecke.

„Komm, setz dich, Leah", entgegnete Rachel, ging vom Fenster weg und nahm das Silberbesteck, das auf einer schmalen Ablage in der Nähe des Ofens lag.

„Was? Ich soll mich vor einer Schabbatmahlzeit hinsetzen? Du bist doch mein *Gyrech auf Schabbes* und nicht ich deiner!"

„Und du willst deinem Schabbatgast einen Segen verweigern?", fragte Rachel augenzwinkernd.

„Gott behüte!", entsetzte sich Leah. „Was denn für einen Segen?"

„Den, dass ich dir helfen darf. Du siehst so müde aus. Setz dich ein paar Minuten hin. Ich kann doch den Tisch decken."

Rachel war schon dabei, Porzellan und Silberbesteck sorgfältig aufzulegen. „Na gut …", meinte Leah und setzte sich widerstrebend.

„Du tust immer *irgendetwas* für irgendjemanden. Ihr beide, du und Schimon. Nächsten Schabbat müsst ihr meine Gäste sein, ja? Obgleich ich nicht weiß, was Großvater an schönem Schabbatgeschirr besitzt." Sie hielt ein dünnes kristallenes Weinglas gegen das Licht und betrachtete es. „Wunderschön!", sagte sie. „Einfach wunderschön."

„Alles Hochzeitsgeschenke. Bis auf vier Stück sind die Teller alle auf der Flucht aus Österreich zerbrochen. Aber meine Silbersachen haben natürlich alles überstanden. Alles in allem haben wir sehr gut mit diesem Silber gegessen. Einige Stücke mussten wir allerdings verkaufen, bevor Schimon seine Stelle hier an der Jeschiva-Schule bekam, und so kann ich inzwischen nur noch vier Leute zum Essen einladen."

Rachel sah sich in dem schlichten kleinen Raum um. In der Ecke stand Leahs Cello und daneben eine Fotografie von ihr. An der gegenüberliegenden Wand befand sich hinter einem blauen, geblümten Vorhang ein Bett, neben dem schon ein kleines Kinderbett bereitstand.

„Ich glaube, du bist vom Glück besonders begünstigt, Leah", sagte sie leise. „Du hast ein schönes Heim –", sie warf einen Blick auf den Schabbattisch, „einen guten Mann und bald ein Kind. Gott war dir wirklich wohlgesonnen."

„Ich hoffe nur noch, dass ich eines Tages wieder im Symphonieorchester spielen kann. Dann wäre das Leben vollkommen, nu?"

Rachel polierte ein Messer mit einer Leinenserviette. „Würdest du mir irgendwann einmal etwas vorspielen? Jakov hat mir erzählt, dass du wie ein Engel spielst."

Leahs Gesicht hellte sich auf. „Jetzt?"

„Du solltest dich doch ausruhen!"

„Wir haben noch genügend Zeit, bis der Schabbat beginnt!" Leah öffnete bereits den Reißverschluss der Instrumentenhülle. „Jetzt setzt du dich hin!"

Rachel zog sich einen Stuhl heran und faltete die Hände im Schoß, während Leah das Cello stimmte, das sie wegen ihres Bauches in einer etwas unbequemen Sitzhaltung auf Abstand hielt. „Der Kleine hat das gern", meinte sie lächelnd. „Wenn ich spiele, tanzt er."

„Und was ist, wenn es ein Mädchen ist?"

„Dann tanzt *sie* eben. Dann bekomme ich eben eine kleine Ballerina." Während sie mit dem Bogen langsam über die Saiten strich, erfüllten so süße, zarte Klänge den Raum, dass Rachel dessen Kahlheit völlig vergaß. Leahs Musik war stilvoll und so prächtig wie die festlichste Schabbattafel. Rachel betrachtete Leah, während diese mit geschlossenen Augen die Musik aus ihren Fingern zauberte. Das Gelächter im Laden unter ihnen war verstummt – die Kunden hörten zu, wie Leah mit ihrer Musik den Schabbat begrüßte.

Die Melodie, die voll süßer Trauer war, rief in Rachel Erinnerungen wach. Damals im Warschauer Ghetto war Musik das einzige Ventil für ihr wundes Herz gewesen. Und nun fiel ihr, während sie mit geschlossenen Augen Leahs Tönen lauschte, wieder die Zeit der kalten Winternächte in Warschau ein, als die Lebensmittel knapp und die Hoffnung beinahe zerronnen war.

„Aber wir hoffen trotzdem, nicht wahr?", hatte Mama zu Frau Rabinski gesagt. „Vielleicht kommen unsere Papiere ja bald, und wir können Jerusalem doch noch sehen."

Voller Bitterkeit hatte Frau Rabinski erwidert: „Wenn es nichts mehr gibt, womit wir unsere Kinder füttern können, füttern wir sie eben mit Hoffnung, bis sie davon krank werden und an dem Wahnsinn sterben. Mit Hoffnung können wir sie nicht ernähren."

Mama, erinnerte sich Rachel, *drückte den kleinen Jakov fest an sich, presste die Lippen zusammen und antwortete nicht. Nachdem wir an diesem Abend die restliche Suppe aufgegessen hatten, packten uns Mama und Papa irgendwann ein und gingen mit uns durch den Schnee zum Gemeinschaftszentrum. Während des Konzertes hielt Mama Jakov im Arm und hörte mit glühendem Gesicht der Musik zu. Und ich sagte: „Oh, Mama, gibt es etwas Schöneres als das?" Und sie berührte meine Hand und erwiderte: „Ja, meine süße Rachel. Du bist schöner. Meine Kinder sind noch schöner."*

Während die ganze Familie der Musik lauschte, die von den besten Konzertmusikern Europas gespielt wurde, um ihren Seelen Nahrung zu geben, fielen Rachel die dünnen, zerbrechlichen Arme der Cellospielerin auf. Trotz ihres Talentes musste auch sie hungern, weil sie Jüdin war. Und am Ende hatte nicht einmal ihre Musik ihr das Leben gerettet.

Als wir an diesem Abend aus dem Konzert kamen, erinnerte sich Rachel, *hatte ich zwar immer noch Hunger, aber mein Herz war erfüllt von dem Schönen, das es in sich aufgenommen hatte. Und Mama sagte: „Eines Tages, wenn wir alle bei Gott sind, wird überall Musik sein.“* Nachdem Leah zum letzten Mal den Bogen über die Saiten geführt hatte, erfüllte der Klang noch lange den Raum. Rachel sprach erst, als es ganz still geworden war.

„Jakov hatte recht. Du spielst wie ein Engel. Wenn ich solche Musik höre, fühle ich mich fast wie im Himmel.“

Leah sah scheu zu Boden. „Sie gefällt dir also?“

„Sie ist schöner als die festlichste Schabbattafel. Wie zufrieden wäre die Welt, wenn sie von Musik leben könnte!“

Leah nickte und machte sich daran, das Instrument wegzupacken. „Weißt du, was ich dachte, als ich nach unserer Flucht aus Österreich vom Schicksal meiner Freunde erfuhr, die dort geblieben waren? Ich fragte mich, wie es möglich war, dass Juden und Nichtjuden zur selben Zeit dieselbe Musik hören und beide sagen konnten ‚wie wunderschön‘ und wie sich dann der eine gegen den anderen wenden konnte, um ihn zu töten – ja, sogar imstande war, den zu töten, der die Musik für ihn gespielt hatte. Das ist ein Rätsel, Rachel. Gott hat uns doch alle erschaffen, nicht wahr? Und hat er uns nicht alle zu Seiner Freude verschieden erschaffen? Dennoch versuchen die Menschen immer wieder, die anderen so zu machen wie sich selbst, nicht wahr? Wenn ich aber versuchen würde, wie jemand anders zu sein, wer würde dann versuchen, wie ich zu sein?“

„Nur weil Gott uns alle als Individuen geschaffen hat, muss das noch lange nicht heißen, dass auch die Menschen diesen Gedanken mögen. Mein Vater sagte immer: ‚*Wenn Gott auf der Erde lebte, würden die Menschen ihm die Scheiben einschlagen.*‘ Wenn du lange genug lebst, wird es dich auch nicht mehr überraschen, was Menschen sich gegenseitig antun können.“

„Lebst du denn schon so lange, Rachel?“

„Vielleicht nicht.“ Rachel wandte sich ab und sah zum Kinderbett. „Freundlichkeit überrascht mich zum Beispiel noch immer, Leah. Und Musik.“

Leah setzte sich neben Rachel und sah ihr prüfend in die Augen. „So tief sind deine Wunden also?“

Rachel nickte und schaute in die Ferne. „Ja. So tief sind sie. Und doch gibt es noch etwas Drittes, das mich überrascht, Leah.“ Sie zupfte an ihrer Schürze. „Manchmal staune ich über mich selbst, weil ich hoffen möchte. Ich möchte immer noch unglaublich gerne Hoffnung haben.“

„Dann wirst du auch Hoffnung finden, Rachel. So, wie ich sie gefunden habe; und Schimon. Es gab eine Zeit in meinem Leben, in der ich nichts hatte. Ich hatte mich mit Lügen aus Europa davongestohlen. Ich hatte meinen Glauben und mein Volk verleugnet und meine Freunde dem Tod überlassen. Und danach hatte ich das Gefühl, dass mein Leben völlig sinnlos sei. Nun habe ich Schimon ... und das Kind.“

„Solche Dinge hast du getan?“, fragte Rachel erstaunt. „Und du kannst damit leben? Ich kann das nicht. Jeden Tag sehe ich in den Spiegel und frage mich, warum ich noch lebe. Falls ich überhaupt noch lebe.“ Rachel senkte ihren Blick.

„Das kann ich gut verstehen“, pflichtete Leah ihr bei und berührte ihre Hand. „Das sind genau meine Worte. Weißt du, ich war für kurze Zeit bei einer nichtjüdischen Familie untergetaucht, von der ich sehr viel über Vergebung und Liebe gelernt habe – über Gottes Liebe zu mir und meine eigene Liebe zu mir selbst. Keine Sünde ist so groß ...“

„Doch, Leah. O doch. Wenn du das Leben des Kindes, das du jetzt trägst, preisgeben würdest, dann würdest du anders denken.“

Leah biss sich nachdenklich auf die Lippe. „Möchtest du dich gerne aussprechen, Rachel? Kann dein Herz der Freundlichkeit tief genug vertrauen, um sich auszusprechen?“

Rachel sah in Leahs leuchtendes Gesicht. Ihre Augen strahlten Güte und Hoffnung aus. „Du erinnerst mich sehr an meine Freundin Ellie. Sie ist eine gute Nichtjüdin. Aber ich konnte es doch nicht über mich bringen, ihr alles zu erzählen, was mein Herz bedrückt, obwohl sie voller Liebe ist.“

„Das verstehe ich.“

„Ja. Du warst ja auch dort. Du weißt, wie es war."

„Auch ich hatte einmal Angst davor, sterben zu müssen, und dann Angst davor, zu leben."

Einen Augenblick lang schwankte Rachel, dann ergriff sie heftig Leahs Hand – die Hand, die so wunderschöne Musik gemacht hatte, die so schwer für die Kinder des Viertels arbeitete. Und dann erzählte sie ihr weinend beinahe eine Stunde lang von ihrer Mutter und von der kleinen Tikvah. Als sie schließlich geendet hatte, war die Sonne schon tief gesunken und der Schabbat angebrochen.

Leah hielt Rachel wie ein Kind in den Armen und trocknete sich die Augen. „Bleib heute Abend bei uns. Nach dem Schabbatmahl werden Schimon und ich dir unsere Geschichte erzählen. Gott kennt uns alle, und seine Liebe zu uns ist immer noch groß. Ich möchte dir aus tiefem Herzen sagen, dass ich deine Tapferkeit wie eine Symphonie empfinde. Vielleicht ist sie noch nicht vollendet, aber die Musik, die aus deinem Herzen kommt, wird eines Tages viele Menschen anrühren, meine Freundin."

„So, wie du meines."

* * *

Wie Gulliver-Zwillinge unter Liliputanern waren Ehud und Schimon, mit zwei Dutzend Kindern aus dem Viertel im Schlepptau, auf dem Heimweg. Ehud wurde umringt von kleinen Jungen, die an seinen dicken, schwieligen Fingern, am ausgefransten Saum seines Seemannsmantels, ja sogar an den Fransen seines Tallits zerrten.

„Erzähl uns noch eine Geschichte, Rebbe Ehud!", riefen sie. Dann wandten sie sich an Schimon: „Sagen Sie ihm doch, dass er uns noch eine Geschichte erzählen soll!"

„Geht jetzt nach Hause, Kinder!", erwiderte Schimon. „Der Schabbat beginnt gleich und eure Mütter werden euch schon suchen! Habt ihr euch schon gewaschen?"

Er zauste einem kleinen Jungen das Haar und rückte ihm dann die Jarmulke zurecht. „Seht euch an! Der Schabbat fängt gleich an und ihr seid noch nicht gewaschen. Eure Mütter werden sagen, dass wir aus euch einen Haufen von Paskudnyaks gemacht haben!"

Zwei Dutzend schmutzige Gesichter sahen sich voller Entsetzen an. Könnte man sie wohl für Paskudnyaks halten, die Soldaten, die sich nicht einmal am Schabbat wuschen und zu spät zum heiligsten Mahl der Woche kamen?

„Gott behüte!", dröhnte Ehud. „Gott behüte, dass diese kleinen Soldaten vergessen, sich zu waschen, oder gar zu spät zum Schabbat kommen!"

„Dann geht also nach Hause, ihr Männer", meinte Schimon, indem er ein paar der hartnäckigeren Anhänger Ehuds von dessen Rockschößen zog. „Schabbat Schalom!"

„Schabbat Schalom! Schabbat Schalom! Schabbat Schalom!", echote es durch die engen Gassen, als die Kinder widerstrebend dem Heim und der Waschschüssel entgegenstrebten.

„Na, ich schätze, die werden ein paar Ohren weniger haben, wenn ihre Mütter sie zu fassen bekommen."

Schimon lachte laut und anhaltend. „Darauf kannst du Gift nehmen. Ich kenne ihre Mütter! Zu spät zum Schabbat zu kommen ist eine sichere Art, nicht alt zu werden, stimmt's? Diese Jungen haben mehr Angst vor ihren Mamas als vor Gott selber! O je! Du bist aber auch wirklich ein zu guter Geschichtenerzähler, Ehud! Sogar ich selbst habe über deinen Geschichten die Zeit vergessen, und Leah ist, was den Schabbat betrifft, so streng mit mir wie meine eigene Mutter, sie ruhe in Frieden!"

„Na! Leah ist ja gerade auf dem Wege, selbst eine jüdische Mutter zu werden, und das ist ganz allein dein Werk, nicht wahr?"

Ehuds breites Lächeln erlosch jedoch, als er die Straße hinaufblickte und die grimmigen Gesichter der zehn Rabbiner entdeckte, die langsam auf sie zukamen. Akiva, der die Gruppe anführte, hob das Kinn und sah Schimon und Ehud über seine Nasenspitze hinweg durchdringend an.

„Sie sind auf dem Weg zur Mauer, um zu beten", flüsterte Schimon. „Wie jeden Freitagnachmittag."

„Wenn Gott den Untröstlichen und Niedergeschlagenen Gehör

schenkt, dann wird er das ganz sicher auch bei diesen hier tun, nicht wahr? Bei denen hat man ja Angst zu lächeln!"

„Schabbat Schalom, Rabbis!", rief Schimon fröhlich, als sie an dem schwarz bekleideten Gefolge vorbeikamen.

Sein Gruß blieb unerwidert, obwohl die beiden Gruppen einen Augenblick lang ganz dicht beieinander waren, bevor sie sich wieder voneinander entfernten.

„Vielleicht kommen sie genauso wie wir zu spät zum Schabbat", meinte Ehud grinsend.

„Wenn sie nicht ihre Denkweise ändern, gibt es hier für uns vielleicht überhaupt keinen Schabbat mehr", erwiderte Schimon leise. „Der alte Akiva hält es mit dem Sprichwort, dass es besser ist, einen schlechten Frieden zu haben als einen guten Krieg."

„Ha! Als ich ihn sah, hätte ich gedacht, dass seine Lieblingsredensart ist: *‚Besser ein lebender Hund als ein toter Löwe!'*"

„Er glaubt sich im Recht." Schimon zupfte an seinen Schläfenlocken und blieb stehen, um sich nach den Rabbinern umzusehen, die langsam in der Ferne verschwanden. „Von weitem hält er jeden zum Narren, aber aus der Nähe nur sich selbst."

„Nun ja, Gott", rief Ehud, „dann achte nicht auf den alten Narren. Mach, was du für richtig hältst, Gott!"

„Wir sind doch das auserwählte Volk, nicht wahr? Ich frage mich nur immer wieder, warum Gott uns den Segen des Schabbat und nur den Arabern den Schlüssel zum Lebensmittelgeschäft geschenkt hat! Es ist jeden Schabbat dasselbe – wir haben kaum genug für einen kleinen Imbiss im Schrank."

„So? Soll das heißen, dass du mich nur am Schabbat zum Essen einladen kannst? Den Rest der Woche esse ich nämlich auch!"

Als sie um die Ecke gebogen waren, führte Schimon Ehud die steilen Stufen zu seiner und Leahs Wohnung hinauf.

15. Die Botschaft

Die Mauer lag ungefähr 100 Meter außerhalb des jüdischen Viertels und ein Zugang wäre unmöglich gewesen, wenn Akiva nicht mit dem Mufti und dem arabischen Hochkommissariat verhandelt hätte. Schon die Tatsache, dass einzig und allein Akivas Stimme Gehör gefunden hatte, reichte aus, die Meinungen im jüdischen Viertel zu seinen Gunsten zu beeinflussen. Vielleicht hatte er ja wirklich recht, wenn er auf dem Standpunkt beharrte, dass es gar keine Bedrohung durch die Araber gäbe, wenn nicht die Haganah ihre Hände im Spiel hätte. Doch zweifelten selbst die guten arabischen Nachbarn der Juden zunehmend an Haj Amins Absichten. So hatten christliche Araber zu Hunderten Tarbusche als Erkennungszeichen gekauft, um nicht von den gewalttätigen Fremden, die die Straßen nach Juden absuchten, angegriffen zu werden.

Akiva hatte jedoch das Gefühl, dass er und seine Minjan im Augenblick nichts zu befürchten hatten. Denn sie befanden sich unter dem persönlichen Schutz des Muftis, wenn sie durch die Gassen jenseits der Barrikaden zu den Quadern der Westmauer des Tempels gingen. Jeder Riss und jede Spalte der hoch über ihnen aufragenden Mauer war mit kleinen Zettelchen vollgestopft: den Gebeten der Menschen, die an die heiligste Stätte des Judentums gekommen waren, um zu beten.

Akiva legte sich sein Gebetstuch über den Kopf und streckte seine Hände aus, um die Steine zu berühren. Er stand zwischen den anderen Rabbinern, die ihn begleitet hatten, und betete mit an- und abschwellender Stimme. Dann öffnete er sein Gebetbuch und las aus dem Hallel. Gemeinsam beteten sie dafür, dass Frieden in Zion einkehren und der Messiah kommen und Jerusalem vom Bösen befreien möge.

Als sich schließlich die Dämmerung auf die Stadt herabgesenkt hatte, nahm Akiva seinen winzigen Zettel aus der Manteltasche und legte ihn mit großer Ehrfurcht zwischen die Steine, die sich ganz am Ende der Mauer befanden.

* * *

Ram Kadar stand auf den Stufen des Durchganges Rehov Hakotel und beobachtete aus den dunkler werdenden Schatten heraus, wie die Juden ihr Gebet beendeten und beinahe gleichzeitig ihre Gebetstücher herunternahmen. Neben den gewaltigen, massiven Steinquadern wirkten die Rabbiner zwergenhaft und zerbrechlich. „Die Hilfe Allahs ist ihnen ferner als die höchsten Steine dieser Mauer", meinte einer der drei arabischen Freischärler, die ihn begleiteten.

Statt einer Antwort zündete sich Kadar nun eine Zigarette an und verfolgte voller Interesse Rabbi Akivas Handlungen. Er beobachtete, wie der Rabbiner den Zettel mit einer langsamen, sicheren Bewegung zwischen die Steine legte, genau unter eine bemooste Stelle, die sich an der heiligen Mauer gebildet hatte, und lächelte, als sich Akiva umdrehte und sich in der Dunkelheit prüfend nach einem Anzeichen für die Anwesenheit Kadars umsah. Kadar tat einen kräftigen Lungenzug und war sicher, dass der Rabbiner das kurze orange farbene Glimmen seiner Zigarette bemerkt hatte, bevor er sich umwandte und durch die gewundenen Gässchen des jüdischen Viertels zurückging.

„Sie sind fort", sagte einer seiner Männer und machte bereits Anstalten, die Stufen zur Mauer hinabzusteigen.

„Noch nicht", schnauzte Kadar, warf seine Zigarette fort und trat sie mit dem Fuß aus. „Es steht zu viel auf dem Spiel, um übereilt vorzugehen."

Kadar ließ das Dämmerlicht erst in tiefe Dunkelheit übergehen, bevor er die Stufen hinabstieg. Als sie durch den Gang vor der Mauer liefen, hallte der Tritt ihrer Schritte von der steinernen Wand wider. Kadar streckte seine linke Hand aus und ließ seine Fingerspitzen über die raue Oberfläche der heiligen jüdischen Stätte gleiten, während seine Augen die Steine über ihm nach der bemoosten Stelle absuchten, die wie ein Schatten an der Mauer hing. Dann griff er hinauf und fuhr mit den Fingern über die Ansammlung von Zetteln, die in den Vertiefungen lagen, bis er schließlich den Zettel fand, den Akiva dort hinterlassen hatte. Er überprüfte kurz das verabredete Zeichen, machte sich jedoch nicht die Mühe, den Zettel auseinanderzufalten, sondern steckte ihn gleich in die Tasche seines weiten, fließenden Gewandes und ging davon. Allah war den Plänen des Muftis Haj Amin Husseini tatsächlich wohlgesonnen.

Es war nicht weit zum Bab el Silsileh, der Straße der Ketten, die zum Bab-Daud-Tor führte, dem Eingang zum Tempelberg, der genau neben der Residenz Haj Amins lag.

Über der Straße wölbte sich ein Dach, unter dem sich die Luft, angefüllt mit den Gerüchen der Gewürzläden, staute. Die Gewürzhändler, die neben den in Blechtonnen eingerichteten Öfen kauerten, erhoben sich respektvoll, als Kadar, der Mann, der ein so guter Diener des Muftis war, an ihren Ständen vorbeiging, und riefen ihm Grüße zu. Kadar erwiderte diese Zurufe nickend, während sich seine Hand fest um den Zettel in der Tiefe seiner Tasche schloss. Viele Gesichter waren von Furcht überschattet, viele Verkaufsstände geschlossen und vergittert. *Alles wird wieder gut werden,* dachte er, *wenn Jerusalem und Palästina erst fest in Haj Amins Händen sind. Und das wird sehr bald sein.*

„Ein Geschenk! Ein Geschenk für Haj Amin!“, rief ein alter Mann in seinem Gewürzstand. Kadar blieb sofort stehen und nahm den Duft von Pfefferkörnern und Zimt in sich auf, während der Händler mit einem Glas kostbaren gelben Safranpulvers auf ihn zueilte.

Kadar verneigte sich leicht und berührte dabei seine Stirn. „Allah wird dich für deine Liebenswürdigkeit belohnen“, meinte er gelassen, während der Mann ihm einen Zettel überreichte.

„Denken Sie an den Laden von Ischmael Ibn Doud, Herr. Bitte richten Sie Ihrem Herrn, Haj Amin Husseini, Grüße von seinem untertänigen Diener aus.“

Solche Szenen wiederholten sich noch dreimal und jedesmal wurde das Geschenk von einem Zettel begleitet, den Kadar dem Mufti von dem Bittsteller überbringen sollte. Denn Haj Amin besaß große Macht. Ebenso leicht, wie er den Menschen, die ihm gewogen waren, schon seit Jahren Ländereien und Ämter mit einer Handbewegung gewährte, sprach er auch gegenüber seinen Feinden Todesurteile aus. Nur die arabische Intelligenzija begegnete der Herrschaft Haj Amins mit Verachtung – aber sie würden für ihre verweichlichten Vorstellungen von der Herrschaft des Volkes büßen.

Kadar schaute zu den dunklen Fenstern des Hauses der Khalidi hinauf. Seit der Zeit Saladins, als die ersten moslemischen Herrscher nach Jerusalem gekommen waren, hatten die Khalidis hohe Ehrenämter bekleidet und bei den verschiedenen Herrschern hohes Ansehen genossen. Dennoch hatten sie ihr Haus verlassen, um sich in einer anderen Stadt in Sicherheit zu bringen. Zu viele Jahre schon hatten sie die Methoden Haj Amins ebenso entschieden abgelehnt wie das zionistische Dogma. Nun waren sie verschwunden – verschwunden wie die meisten Intellektuellen, die sich gegen den heiligen Krieg ausgesprochen hatten. Haj Amin hätte gern tausend Bauern für sie in Zahlung gegeben, um ihnen für ihr Bleiben einen finanziellen Anreiz zu bieten, aber weder Gunst noch Ehre vermochten sie ihm gewogen zu machen. Nun waren es nur noch die Händler, Kaufleute und ungebildeten Dorfbewohner, die ihm folgten. So stand das Reich Haj Amins auf einem Fundament von Safran, Bittgesuchen und kleinen Bestechungen.

Nachdem Kadar und seine Männer einen weiteren Bogengang passiert hatten, gelangten sie zu einem kleinen Platz am Ende der Straße, die zum Tor des Tempelberges führte.

Kadar übergab den Männern die kleinen Bestechungsgeschenke und wusch sich dann die Hände in dem Brunnen gegenüber dem Tor. Er lächelte, als er die Inschrift las, die verkündete, dass der Brunnen von Suleiman dem Prächtigen erbaut worden war: *Unser Herr, der erhabene Herrscher, König der Nationen, die Stärke des Islam, der Verteidiger der heiligen Stätten ...* Wie oft hatte er zugesehen, wenn Haj Amin sich hier die Hände wusch, bevor er den Tempelberg betrat, um in seinem Volk die Leidenschaft für den Jihad, den heiligen Krieg, zu entfachen! Und immer hatten die Augen seines Führers auf der Inschrift von Suleiman, der *Stärke des Islam,* geruht. Der Koran forderte zwar die Ausmerzung der Juden, aber war Allah nicht ein Gott des Friedens? Eben dieses Tor wurde „Tor des Friedens" genannt, aber wenn Haj Amin hindurchging, war es mit dem Frieden vorbei. Doch Kadar schob die Zweifel, die seine

Gedanken durchkreuzt hatten, energisch beiseite. Er trocknete sich die Hände an seinem Gewand und nahm Akivas Zettel aus der Tasche, bevor er die Residenz Haj Amins betrat. Seine Begleiter blieben draußen und ließen sich auf den langen Steinbänken zu beiden Seiten des Eingangs nieder. Kadar betrat mit einer höflichen Verbeugung die mit Mosaiken verzierte Eingangshalle des Hauses.

Dieses Haus war eng mit der Geschichte der Stadt verbunden. Haj Amin hielt es für angemessen, in einem Haus zu wohnen, das auf den Fundamenten des *Chamber of the Hewn Stone* erbaut war, wo das *Synhedrion,* der Hohe Rat der Juden, einst zu Gericht gesessen hatte und dessen Ostmauer an die Steine der Westmauer ihres ehemaligen Tempels grenzte, wo die Juden ihren Gott um Gnade und Befreiung anflehten. Oft hatte Kadar Haj Amin sagen hören, dass sie es nötiger hätten, zu ihm zu beten, da er es sei, der ihr Schicksal in den Händen hielt. „Wenn es Allah gefällt", fügte Kadar leise hinzu, während er sich im Raum umsah.

Gerhardt fläzte sich mürrisch in einem Polstersessel gegenüber einer Doppeltür, an der zwei hoch gewachsene sudanesische Leibwächter standen und sich flüsternd unterhielten. Sie warteten darauf, dass ihr Herr hinter den verschlossenen Türen irgendeine Tätigkeit beendete. Als Kadar eintrat, sahen sie nur kurz auf und setzten ihre Unterhaltung gleich wieder fort.

Kadar massierte sich seufzend den Nacken, während er in das Dunkel der Deckenwölbung schaute, und meinte dann zu einem der Leibwächter: „Würdest du ihm bitte sagen, dass ich zurück bin? Ich bin von weither gekommen, wie er befohlen hat."

„Der Mufti darf nicht gestört werden", erwiderte der Leibwächter mit schwerem Akzent.

„Sag es ihm trotzdem."

Als der Leibwächter ihm keine Beachtung schenkte, stieß Gerhardt ein bitteres Lachen aus.

„Er will dich jetzt nicht sehen", meinte er drohend. „Es heißt, er ist erschöpft von seiner Reise nach Kairo und hat noch viel zu tun. Er will dich nicht sehen."

Kadar sah Gerhardt an und schnaubte verächtlich: „Du meinst

wohl, er will *dich* nicht sehen, wie?" Er klopfte leise an die Tür. Nach einer Weile öffnete ein zierlicher Diener mit einem Turban auf dem Kopf die Tür einen Spaltbreit und sah Kadar prüfend an. Dann schloss er die Tür wieder. Gerhardt kommentierte dies mit schallendem Gelächter, bis sich die Tür von neuem öffnete und der Diener beiseite trat, um Kadar in den prunkvoll eingerichteten Raum eintreten zu lassen.

Haj Amin saß hinter einem ausladenden Schreibtisch und befasste sich mit einem Stoß Papieren, der vor ihm lag. Er erhob sich zwar nicht, als Kadar vor ihn trat, forderte ihn jedoch mit einer Handbewegung auf, sich auf einen der beiden vor ihm stehenden Lederstühle zu setzen. Nachdem Haj Amin sich noch eine Zeit lang den Papieren gewidmet hatte, seufzte er tief auf, schob sie zur Seite und sah Ram Kadar mit seinen kalten blauen Augen an, die das uralte Vermächtnis eines Vorfahren aus der Zeit der Kreuzzüge waren. An diesem Abend jedoch zeugten die dunklen Ränder um die Augen zusätzlich davon, dass er müde war.

„Du hast deine Sache während unserer Abwesenheit gut gemacht, Ram", meinte Haj Amin ruhig. „Nicht nur du, sondern auch Gerhardt – allerdings ist es unserer Aufmerksamkeit nicht entgangen, dass euch beiden eine Leidenschaft gemeinsam ist."

„Welche denn, Haj?", fragte Kadar.

„Euer Hass aufeinander. Und auf die Juden natürlich."

Kadar senkte den Blick und betrachtete Akivas Zettel. „Ja."

„Gerhardt wartet in der Eingangshalle, nicht wahr?"

Kadar nickte. „Er scheint nicht sehr erfreut darüber, dass er warten muss."

„Ein ungeduldiger Mensch, dieser Gerhardt. Du dagegen bist aus ganz anderem Holz geschnitzt – Geduld ist deine beste Eigenschaft. Obwohl ihr beide, du und Hassan, uns einmal enttäuscht habt, sind wir doch immerhin so vernünftig, Männer mit Verstand – und Geduld – zu schätzen zu wissen. Auch wir besitzen die Eigenschaft, geduldig zu sein. Allah ist denen wohlgesonnen, die warten können, nicht wahr? Wir haben lange auf das gewartet, was bald in unsere Hände fallen wird. Es ist immerhin keine leichte Aufgabe, sich mit unseren arabischen Brüdern in Ägypten, Jordanien und Syrien auseinander zu setzen. Doch allmählich haben auch sie begonnen, auf die Stimme der Vernunft zu hören." Haj Amin lehnte sich zurück und klatschte zweimal in die Hände. Der Diener an der Tür eilte dienstbeflissen herbei. „Lass unseren Freund Gerhardt herein", wies ihn der Mufti an. „Und dann bring uns Kaffee."

Der Diener verneigte sich und ging rückwärts zur Tür. Kadar sah nicht einmal auf, als Gerhardt den Raum betrat.

„Lieber Freund", sagte Haj Amin mit einem übertriebenen Lächeln und deutete mit der Hand auf den Sessel neben Kadar. „Nimm doch Platz."

„Warum lassen Sie ihm den Vortritt und bieten zuerst ihm und nicht mir einen Platz an?", fragte Gerhardt mit beleidigtem Unterton. „Schließlich habe ich Erfolg gehabt, während er versagt hat! Und trotzdem lassen Sie mich warten, um sich mit ihm zu unterhalten."

Haj Amin lächelte weiter. „Salaam. Frieden, bitte. Du bist ein ungeduldiger Mensch, Gerhardt. Das hat dich schon öfter beinahe das Leben gekostet ..."

„Die Juden hat es das Leben gekostet", unterbrach ihn Gerhardt.

Haj Amin entgegnete heftig, mit vor Zorn sprühenden Augen: „Du wagst es, mich zu unterbrechen!" Dann verharrte er in Schweigen, während Gerhardt unter seinem Blick erbebte. „Wir sagten es bereits, Gerhardt, du bist ein Mensch, der noch lernen muss zu warten. Du wirst lernen zu kommen, wenn man dich ruft, und nicht eher. Du wirst lernen zu gehen, wenn man es dir sagt, und nicht eher. Und du wirst nur auf unser und keines anderen Geheiß hin handeln. Ist das klar?"

Gerhardt nickte wortlos, obwohl seine Mundwinkel vor Zorn zitterten.

Haj Amin lächelte wieder herablassend. „Gut. Dann verstehen wir uns also?" Er hielt inne. „Ihr seid beide treue Diener. Und wir sind mit eurer Arbeit zufrieden – abgesehen von ein paar Kleinigkeiten."

Er legte eine Pause ein, die lang genug war, dass Kadar bei der

Erinnerung daran, dass ihm Mosche Sachar vor zwei Wochen mit den antiken Schriftrollen entkommen war, unruhig im Sessel hin und her rutschte. „Danke, Haj."

Während er die Fingerspitzen seiner wohlgeformten Hände bedächtig aneinander legte, fuhr Haj Amin fort: „Wir haben inzwischen Geld von unseren arabischen Brüdern erhalten und können dich nun vollständig mit den Waffen ausrüsten, Gerhardt, die du in dem Krieg brauchst, den du am besten zu kämpfen verstehst."

Gerhardt lächelte selbstgefällig und warf einen Blick auf Kadar. „Und Männer. Ich brauche meine eigene Kommandotruppe."

„Eine vernünftige Forderung. Aber zunächst haben wir für dich noch eine kleine Liste mit Aufgaben, die zuerst erledigt werden müssen." Haj händigte Gerhardt ein Blatt Papier aus. „Sie sollten dir keine allzu großen Schwierigkeiten bereiten, oder?"

„Die Wasserversorgung?"

„Es ist uns klar, dass es deinen Neigungen eher entgegenkommt, Juden zu töten, aber du musst an den Langzeiteffekt denken, Gerhardt. Den jüdischen Stadtteilen das Wasser zu entziehen ist ein wahrhafter Sieg."

„Brillant!", warf Kadar begeistert ein, erleichtert, dass die terroristischen Aktivitäten vorerst ausgesetzt werden sollten.

„Wir müssen jedoch sicherstellen, dass unsere eigene Wasserversorgung unangetastet bleibt. Das wird deine Aufgabe sein, Kadar."

„Wie Allah es wünscht, Haj."

Haj Amin richtete seinen Blick wieder auf Gerhardt. „Die übrigen in der Liste aufgeführten Aufgaben entsprechen allerdings eher deiner Ausbildung. Was das jüdische Viertel der Altstadt anbetrifft, so versichert uns Rabbi Akiva, dass es die Haganah dort nicht mehr lange geben wird."

Kadar räusperte sich und schob den Zettel über den Schreibtisch. „Noch eine Botschaft von Akiva. Er hat sie heute Abend in der üblichen Weise hinterlassen."

Haj Amin starrte auf das zusammengefaltete Papier vor ihm. „Bitte lies sie uns vor, Kadar. Wir wollen sehen, welche Friedenszusicherungen uns der Narr heute macht."

Kadar öffnete den Zettel Knick um Knick, bis die eng gekritzelte Botschaft zum Vorschein kam.

„Ehrenwerter Mufti, Haj Amin Husseini!

Wir beide teilen eine große Verantwortung – nämlich die, die heiligen Steine vor weiterem Blutvergießen zu bewahren. In letzter Zeit ist es zu einigen tragischen Zwischenfällen gekommen, die unsere Situation noch schwieriger machen. Ihrem Wunsch entsprechend, habe ich Ihren Leuten gestattet, die Lebensmittelkonvois nach Mitgliedern der Haganah und Waffen zu durchsuchen. Doch stattdessen stehlen Ihre Leute Lebensmittel. Dies ruft bei meinem Volk große Unruhe hervor und bei vielen wächst allmählich die Überzeugung, dass unser Viertel tatsächlich in Gefahr ist. Erst diese Woche ist eine junge Frau in unser Viertel gekommen, die den Angriff auf den Bus am Zion überlebt hat. Sie wird allgemein bewundert und ist eine regelrechte Schönheit." Kadar hielt inne, da Gerhardt sich erregt vorgebeugt hatte. Er schaute zunächst Gerhardt und dann den Mufti an, der Gerhardt neugierig und amüsiert betrachtete.

„Weiter", wies ihn Haj Amin an.

Kadar räusperte sich und fuhr fort: „Sie heißt Rachel, ist die Enkelin eines der hiesigen Rabbiner und hat die Konzentrationslager überlebt. Die Leute haben deshalb ihren Worten Gehör geschenkt, als sie sich für die Notwendigkeit einer Verteidigung ausgesprochen hat. Und ich sage Ihnen, wenn diese Diebstähle nicht aufhören, wird vielleicht bald das ganze Viertel auf sie hören. Hochachtungsvoll ..."

Haj Amin unterbrach Kadar: „Was ist los, Gerhardt? Du bist blass geworden. Du hast tausend Menschen umgebracht, und doch versetzt dich diese Nachricht über ein paar läppische Diebstähle, noch dazu von einem Narren, der sich der Illusion hingibt, er könne sein Volk retten ..."

Gerhardt umklammerte die Sessellehne. „Ich habe sie gesehen", stieß er bebend hervor. „Diese Frau, von der er gesprochen hat. Ich habe sie in der Nacht gesehen, in der ich den Bus in die Luft gejagt habe."

„Ist es möglich, dass sie so schön ist?", fragte Haj Amin amüsiert.

„Das ist sie. Sie ist tatsächlich so schön. Aber sie ist eine Hure. Die jüdische Hure aus der Kommandoschule."

Haj Amin verbarg seine Überraschung. „Die Frau, um deretwillen du im Konzentrationslager gelitten hast?"

Gerhardts Augen verengten sich. Er nickte kurz. „Genau diese Hure ist es, von der er schreibt. Ich habe sie gesehen. Ich war mir zuerst nicht sicher. Aber dann erinnerte ich mich doch wieder an ihr Gesicht."

Kadar legte den Brief auf Haj Amins Schreibtisch. Haj nahm ihn und überflog lächelnd die Worte. „Du bist unschätzbar für uns, Gerhardt. Allah ist uns wohlgesonnen. Wir werden diesem närrischen Rabbiner geben, was er braucht, um noch eine Weile zu überleben. Und als Gegenleistung dafür wird er uns das liefern, was wir brauchen – die Haganah."

„Wie sollen wir das anstellen?", fragte Kadar, der über diesen Handel erstaunt und verwirrt war.

„Man kann doch dieses Mädchen, durch das Akiva offensichtlich bedroht wird, ganz einfach in Misskredit bringen, nicht wahr? Gerhardt, gibt es eine Möglichkeit zu beweisen, dass sie die Frau ist, für die du sie hältst?"

Gerhardt deutete auf seinen Unterarm. „Ihr Arm. Auf der Innenseite trägt sie das SS-Zeichen und die Worte *Nur für Offiziere.*"

Haj Amin klatschte erfreut in die Hände. „Großartig! Wie einfach das ist! Man wird dir dafür eine Belohnung geben, Gerhardt. Wenn Akiva uns aus diesem Grunde tatsächlich behilflich ist, wirst du eine Belohnung erhalten."

Gerhardt rieb sich vor Freude die Hände. Durch das Glück, das ihm in den Schoß gefallen war, schmolz seine schlechte Stimmung dahin. „Ich will nur das Mädchen", sagte er einsilbig. „Geben Sie mir nur das Mädchen."

16. Großvaters Schabbat

Rabbi Schlomo Lebowitz saß kerzengerade in seinem Bett im Hadassah-Krankenhaus. Sein Schabbatmantel war ordentlich über dem Nachthemd zugeknöpft und ein großer schwarzer Hut schirmte seine Augen gegen das grelle Licht der Tischlampe ab, während er seine Schabbatgebete rezitierte.

Jakov saß auf dem Bett und die anderen, David, Howard, Ellie und Captain Thomas, hatten sich feierlich um den Großvater geschart. Mosche, die Jarmulke schief auf seinem Kopf, trat unruhig von einem Bein aufs andere.

Jakov stellte zufrieden fest, dass Großvaters Stimme seit dem vorigen Schabbat schon viel kräftiger geworden war.

Der alte Mann betete: „Mit ewiger Liebe liebst du dein Volk, das Haus Israel; Lehre, Gebote, Satzungen und Rechte hast du uns gelehrt, darum wollen wir, Ewiger, unser Gott, bei unserem Niederlegen und unserem Aufstehen von deinen Satzungen sprechen. Wir wollen uns mit den Worten deiner Lehre freuen und mit deinen Geboten immer und ewig, denn sie sind unser Leben, und die Länge unserer Tage ..."

Großvaters Augen waren wieder voller Leben, und um die Lippen unter seinem weißen Bart spielte wieder ein Lächeln. Er würde wieder gesund werden. Der Junge seufzte vor Erleichterung.

„Höre Israel, der Ewige ist unser Gott: Der Ewige ist einer!", betete der alte Mann mit kraftvoller Stimme.

Während Mosche und Jakov seine Worte wiederholten, waren die übrigen nichtjüdischen Mitglieder der winzigen Gemeinde unsicher, was sie an dieser Stelle sagen sollten.

„Und du sollst den Ewigen, deinen Gott, lieben, mit deinem ganzen Herzen und deiner ganzen Seele und deinem ganzen Vermögen ..."

Ich danke dir dafür, Gott, betete Jakov leise, *dass du Großvater wieder gesund gemacht hast. Hilf uns, dass wir bald nach Hause können, und segne meine Schwester Rachel an diesem Schabbat. Ich bitte auch um einen besonderen Segen für diese Gojim, die meine Freunde sind. Sie sind gute Menschen, auch wenn sie keine Juden sind.*

„Omaine!“, schloss der Großvater mit lauter Stimme. Er zupfte an seinen Schläfenlocken und schaute Ellie mit ernsten Augen an. „Haben Sie an die Kerzen gedacht, junge Frau?“

Ellie zog eifrig eine braune Papiertüte aus ihrer Tasche und legte die Kerzen aufs Bett. „Aber sicher! Genau wie Sie gesagt haben.“

„Mit anderen Worten haben Sie also vor, die Kerzen auf meinem Bett anzuzünden? Auf diese Weise werden Sie aber einen schönen Schabbat veranstalten, nicht wahr? Sie werden das Krankenhaus niederbrennen und diesen alten Rabbiner mit dazu? Oj!“, neckte er sie.

Da zog Howard schnell den Nachttisch ans Fußende des Bettes und Ellie stellte die silbernen Kerzenhalter darauf und steckte die langen weißen Kerzen hinein. „Wie finden Sie das?“

„Okay!“, sagte der Großvater. „So sagt ihr doch, Jakov? Okay!“ Die Augen des Alten schweiften in die Runde und blieben schließlich an Captain Thomas hängen. „Sie hatten uns ja versprochen, einmal mit uns Schabbat zu feiern, nicht wahr? Ich erinnere mich. – Haben Sie die Challah mitgebracht?“

Luke hielt ihm eine Tüte hin, aus der zwei lange Weißbrotzöpfe hervorschauten. „Ich habe mein Versprechen nicht vergessen, Rabbi Lebowitz, aber ein, zwei Tage lang hatte ich Angst, dass Sie sich davonmachen und Ihres vergessen würden!“

„Wer? Ich? Was sollte Gott mit solch einem alten Mann anfangen wollen? Ich habe noch zu viel zu tun.“ Er atmete geräuschvoll durch die Nase ein und klopfte sich an die Brust. „Meine Gläubiger würden mich bis zu den Himmelstoren jagen. Ich muss doch noch Gott meine Seele und dem Metzger das Fleisch bezahlen, nicht wahr? Sonst würden sie Jakovs Hund wieder zurückfordern!“

Luke legte die Challah neben die Kerzen, als Mosche noch ein Bündel unter seinem Mantel hervorzog. „Wir dürfen dies hier nicht vergessen!“ Mit diesen Worten händigte er dem Großvater eine kleine Tüte aus. Als dieser hineinschaute, stieß er einen Freudenschrei aus.

„Oj Gewalt! Solch einen Wein bringen Sie am Schabbat, Mosche!

Mogen David! So etwas habe ich nicht mehr getrunken, seitdem ich in diesem Heilgefängnis bin! – Und wer hat die Gläser mitgebracht?"

Howard zuckte die Achseln und hob fragend eine Braue. Doch dann bückte er sich und hob eine weitere Tüte hoch, die zu seinen Füßen gestanden hatte. „Ich hatte das unbestimmte Gefühl, dass wir ein paar Trinkgefäße brauchen würden."

„Du, Onkel Howard?", fragte Ellie erstaunt.

„Damit du dich nicht zu sehr aufregen musst ...", beschwichtigte Howard sie und zog eine kleine Flasche Coca-Cola hervor. „Die können Jakov und ich uns ja teilen!"

„Das ist zwar nicht der würdigste Schabbat", lachte der Großvater, „aber es wird wohl gehen." Er sah Ellie an. „Da Sie ja sozusagen die Frau des Hauses sind, müssen Sie die Kerzen anzünden, nu?"

„Einen Augenblick!" Ellie kramte in ihrer Tasche. „Ich habe die Streichhölzer vergessen!"

Selbstsicher langte David in seine Fliegerjacke, holte eine Streichholzschachtel hervor und meinte grinsend: „Das habe ich mir gedacht."

Ellie ergriff ärgerlich die angebotenen Streichhölzer, während er ihr schmunzelnd zublinzelte.

„Noch nicht anzünden!", hielt sie der Großvater zurück. „Ich möchte Ihnen nämlich vorher noch eine Kleinigkeit erzählen, ja?" Er sah die Gruppe an. „Diejenigen von uns, die mit dem Schabbat aufgewachsen sind, wissen natürlich, was dies für ein Tag ist! Aber wenn wir den Schabbat mit euch Übrigen begehen, die ihr diesen Brauch nicht kennt, dann ist es doch sicher gut, dass ihr auch erfahrt, was es mit diesem Tag auf sich hat." Der Alte schürzte gedankenverloren die Lippen und zupfte wieder an seinen Schläfenlocken. „Der Schabbat ist ein Tag, an dem selbst ein armer Mann ein König und seine Frau eine Königin ist. Dies ist der Tag, an dem uns Gottes besondere Aufmerksamkeit zuteil wird. Den Schabbat zu heiligen ist Gottes viertes Gebot, ein Gebot, das er uns nicht um seinet- sondern um unseretwillen gegeben hat. Sechs Tage lang arbeiten wir, doch am siebten ruhen wir, wie Gott es einst getan hat, und dann erinnern wir uns an den, der uns erschaffen hat, nu? Hat noch jemand Fragen?“ Er hielt inne und wartete, aber alle verneinten mit entschiedenem Kopfschütteln. „Solch eine Gruppe von strahlenden Menschen, nicht wahr, Jakov? So, nun kannst du die Rollos hochziehen, Jakov.“

Jakov kletterte vom Bett herunter und befolgte die Anweisung des Großvaters. Ein sanftes Dämmerlicht fiel ins Zimmer und man sah die leuchtende Kuppel auf dem Tempelberg. Unter ihnen lag still und heiter die Altstadt.

„Wunderschön“, flüsterte Howard, überwältigt von den Rot- und Goldtönen, in die die Stadt getaucht war.

„Jeden Freitagabend bei Sonnenuntergang kommt die Schekinah, die göttliche Gegenwart, in unsere Häuser und über diese Heilige Stadt, wie es in früheren Zeiten vor der Zerstörung des Tempels war“, fuhr der Großvater fort. „Und die Engel kommen zur Erde nieder und wandeln unter uns.“ Als die Sonne hinter dem Horizont versank, verstummte er. „Nun, junge Dame?“

„Soll ich jetzt?“, fragte Ellie nickend.

„Nur keine Ungeduld. Gleich sind Sie dran. Aber bedecken Sie erst Ihren Kopf mit einem Kopftuch.“

„Es ist Rachels Kopftuch“, erklärte Ellie. „Ich fand das ganz passend.“

„Sehr passend.“ Der Alte lächelte sie an, während sie sich das glänzende Satintuch über den Kopf legte. „Der Talmud sagt, dass die Seele die Kerze Gottes ist. Wenn Sie nun die Kerzen anzünden, bewegen Sie bitte ihre Handflächen über die Kerzen und dann immer wieder auf sich zu. Dabei sprechen Sie die Worte: *Gelobt seist du, Ewiger, unser Gott, König der Welt, der uns geheiligt durch deine Gebote und uns befohlen, das Schabbatlicht anzuzünden.* Das ist doch nicht schwer, oder? Und dann erbitten Sie Gottes Gnade für Ihre Lieben.“

Er sah Ellie über den Rand seiner Brille an. „Trauen Sie sich das zu? Dann fangen Sie bitte an.“

Ellie sah aus dem Fenster in die zunehmende Dämmerung und dachte daran, dass Rachel den Schabbat irgendwo hinter der Mauer beging. Sie zündete seufzend ein Streichholz an. In dem Augenblick, in dem sie die kleine Flamme in die Höhe hielt, schien es auf Erden nichts Helleres mehr zu geben, und sie dachte daran, dass auch ihre Seele eine Kerze des Herrn war. Sie hielt die Flamme erst an den einen, dann an den anderen Docht.

„Gelobt seist du, Ewiger, unser Gott, König der Welt", – sie bewegte die Hände über die Flammen – „der uns geheiligt durch deine Gebote und uns befohlen, das Schabbatlicht anzuzünden." Sie neigte den Kopf und überlegte, während sie tief Atem holte, welchen Segen sie für die Menschen erbitten sollte, die um das Bett des Rabbiners versammelt waren. Dann räusperte sie sich und begann: „Herr, du siehst hier unten unsere kleinen Flammen in der Dunkelheit flackern. Darüber bin ich froh, froh darüber, dass du in mein Herz sehen kannst. Du hast uns in deinem Wort versprochen, dass du weder ein schwaches Licht löschen noch einen angebrochenen Zweig abbrechen willst. Hab Dank für deine zärtliche Liebe. – Nun möchte ich noch für die Menschen bitten, die ich so lieb gewonnen habe", – sie öffnete wieder die Augen und dachte, während sie zur Altstadt hinsah, an Rachel –, „für die Menschen, die du in mein Leben geführt hast. Ich bitte darum, dass du mit ihnen gehst und über sie wachst, wie ich selbst es nicht vermag. Kümmere dich um die kleinen Kerzen, die sich so sehr danach sehnen, für dich und dein Reich zu strahlen. Erfülle uns mit deiner Liebe füreinander. Um all dies bitte ich dich im Namen deines Sohnes Jesus, der für meine Sünden und die Sünden der Welt gestorben ist. Amen."

Als Ellie aufsah, blickten sie der alte Rabbiner und Jakov erstaunt an.

Luke und Mosche lächelten hinter vorgehaltener Hand und David lachte sogar unverhohlen: „Das kann man nicht gerade ein ökumenisches Gebet nennen, Ellie."

„Ein gutes Schabbatgebet, junge Dame!", rief der Großvater aus und brachte David damit zum Schweigen. „Meinen Sie vielleicht, dass Jesu Mutter keine Schabbatkerzen angezündet hat, David? Für einen nichtjüdischen Christen ist dies die beste Art des Schabbatgebetes. Das ist jedenfalls meine Meinung! *Omaine!*"

Damit war den anderen der Grund zum Lachen genommen, und das Wort *Omaine* ging von Mund zu Mund.

„Und nun ist es an Mosche, Kaddisch zu sagen, bevor wir den Wein trinken und das Brot brechen. Diese alte Stimme ist nicht mehr so kräftig und lässt lieber einen jungen Mann sprechen, nicht wahr?"

Er gab Mosche sein in Silber gebundenes Gebetbuch, das dieser dicht an die Kerzen hielt. Auch Mosche konnte nur an Rachel denken und seine Stimme war belegt vor innerer Bewegung.

„Gelobt seist du, Ewiger, unser Gott ..." Er schluckte schwer und hob seinen Blick zu den Umrissen der Synagogen des winzigen jüdischen Viertels, das ganz unten am Fuße des Scopusberges lag. *Sorge für ihre Sicherheit, Herr,* betete er im Inneren. *Halte ihr Herz in deinen sanften Händen.* „... uns erwählt hast und deinen heiligen Schabbat in Liebe und Wohlgefallen uns zum Anteil gegeben hast als Gedenken des Schöpfungswerkes. Er ist der erste Tag der heiligen Feste ..." *Heile ihre Seele, Herr. Du hast alles erschaffen, du vermagst alles. Ich bitte dich, bewirke ein Wunder bei Rachel, meiner Rachel.* „... Uns hast du ausgewählt, uns geheiligt von allen Nationen ..." *Ich bete in Jesu, des Messiahs, Namen.* „Gelobt seist du, Ewiger, der du den Schabbat geheiligt!"

„Omaine!", schloss die kleine Gruppe überschwänglich.

„Rabbiner hätten Sie werden sollen!", meinte der Großvater zu Mosche, nachdem sie den Wein getrunken und das Schabbatbrot gegessen hatten. Mosche nickte und blieb zurück, als die anderen der Reihe nach hinaus auf den Flur gingen und Jakov den alten Mann zum letzten Mal umarmte.

„Ich möchte gern noch mit Ihnen sprechen, Rebbe Lebowitz", sagte Mosche.

Der Großvater wartete, bis Jakov die Tür hinter sich geschlossen hatte und sie allein im Zimmer waren. „Über meine Enkelin, Mosche? Über Rachel?"

„Ja."

Der Großvater nahm seufzend seine Brille ab. „Dann ist es wohl besser, Sie setzen sich, nicht wahr?"

Mosche ließ sich unbeholfen auf der Stuhlkante nieder und überlegte, mit welchen Worten er beginnen sollte.

„Möchten Sie lieber erst ein wenig plaudern?“, fragte der Großvater, indem er schließlich die Stille brach. „Was macht Ihr Arm?“

„Auf dem Wege der Besserung. Was macht Ihr Herz?“

„Es ginge mir viel besser, wenn ich wüsste, dass meine Enkelin einen guten jüdischen Mann hätte, der sich um sie kümmern kann.“

„Sie haben so eine Art zu plaudern, Rebbe Lebowitz.“

„In meinem Alter hat man nicht mehr so viel Zeit, um den heißen Brei zu reden, nu? Also. Haben Sie etwas zu sagen?“

„Ich würde sehr gern ... Ich meine, ich empfinde inzwischen eine tiefe Zuneigung zu Ihrer Enkelin. Es wäre eine große Ehre für mich, wenn ich um ihre Hand anhalten dürfte.“ Mosche wischte sich die Stirn.

„Was?“, rief der Alte aus. „Sie halten um die Hand meiner Enkelin an, ohne vorher einen Heiratsvermittler zu bemühen?“ Dann lächelte er. „Zunächst wäre da einiges, was Sie vielleicht wissen sollten, nicht wahr?“

„Natürlich.“

„Sie hat kein Vermögen. Sie hat keine Mitgift.“

„Ich verdiene recht gut.“

„Hmmm. Ja. Ich erinnere mich. Sie befassen sich mit alten Schriftrollen, nicht wahr?“

Mosche meinte achselzuckend: „Sie doch auch.“

„Gut gesprochen.“ Der Alte zupfte an seinem Bart. „Nun möchte ich Ihnen aber etwas Ernstes sagen: Mein Sohn“, – er sah stirnrunzelnd zum Horizont –, „ihre Seele hat Schaden genommen. Sehr großen sogar. Ich weiß nicht, woher ich diese Dinge weiß, da wir uns in der kurzen Zeit, die sie mit mir zusammen war, nicht darüber unterhalten haben. Aber mein Herz weiß, dass sie zu viel gesehen hat. Vielleicht liegt ein großes Risiko in Ihrer Bitte, sowohl für Sie als auch für Rachel. Ich kenne Rachel nur als junges Mädchen aus den Briefen, die ich bekommen habe. Die junge Frau, die nun heimgekehrt ist, ist nicht mehr derselbe Mensch. Die Deutschen haben meine einzige Tochter, Rachels Mutter, umgebracht. Sie haben auch zwei ihrer Brüder und ihren Vater umgebracht. Ich glaubte, dass Jakov der einzige Überlebende sei, und nun ist Rachel zurückgekehrt – von einem Weg, der sie durch die Hölle geführt hat. Und ihr Herz ist immer noch versengt von dem Rauch dieses Ortes. Ich weiß nicht, was man ihr alles angetan hat."

Mosche starrte auf seine Fußspitzen. „Das weiß Gott allein, Rebbe Lebowitz. Was ich weiß, genügt mir. Es hat keinen Einfluß auf meine Gefühle für sie. Ich liebe sie, wie Gott seine Braut Israel liebt."

„Nun gut", meinte der Alte seufzend. „Auch Israel hat viel gesehen und ist weit umhergeirrt. Doch Gott liebt es noch immer, nu?" Er strich mit seinen knorrigen Fingern über sein Gebetbuch. „Wenn es Ihr Herzenswunsch ist ... und *Rachels,* dann haben Sie meine Zustimmung."

17. Rachels Zuhause

Gerhardt fiel in der Dunkelheit beinahe über den Körper des schlafenden Muezzins. Er warf nur einen kurzen Blick auf ihn, bevor er den Alten heftig am Hemdkragen packte und schrie: „Wach auf, Alter!" Er zerrte ihn auf die Füße. „Was hast du für Neuigkeiten? Hast du sie gesehen?"

Der alte Muezzin blinzelte ihn erschrocken an und brachte unter dem Zwang des brutalen Griffs, mit dem Gerhardt ihn festhielt, nur stotternd hervor: „Mein e-e-rha-a-benster ..."

„Lass das und sag mir, was du weißt!", stieß Gerhardt hervor, wobei er ihn heftig schüttelte. „Hast du sie gefunden? Hast du sie gesehen?"

„Ja, höchster ..."

„Wo? Wo ist sie?", unterbrach ihn Gerhardt heftig.

Der alte Muezzin kramte in seiner Manteltasche nach dem Zettel und hielt ihn dann Gerhardt hin. Dieser ergriff ihn mit einer raschen Bewegung und ließ dabei den Alten los. Dann eilte er in sein Zimmer und zog die Glühbirne an ihrer Kette zu sich hin. Besessen von dem Gedanken, dass die gesuchte Frau lebte, ja sogar ganz in der Nähe war, studierte er mit glühendem Eifer das unleserliche Gekritzel, während der Alte bebend vor der geöffneten Tür wartete.

„Was soll denn das sein?", brüllte Gerhardt ungeduldig. „Krähenfüße?"

„I-ich kann Ihnen ja zeigen, wo Sie die Frau bestimmt finden werden. Diese Feindin Allahs und des Muftis. Diese ungläubige Hündin."

„Das ist wohl das Mindeste!" Gerhardt ergriff ihn am Mantelkragen und zerrte ihn ungeduldig die Treppe hinunter auf die Straße. Immer noch boten Kaufleute ihre Waren an, und das Treiben der Souks bei Nacht war noch fast genauso lebhaft wie bei helllichtem Tage.

Dann ist sie also doch kein Geist, dachte Gerhardt, *sondern aus Fleisch und Blut. Und Allah selbst wird sie mir ausliefern, damit ich*

Gerechtigkeit an ihr walten lassen kann. Dann wird sie mich nie wieder heimsuchen, quälen und anklagen.

Der alte Muezzin war völlig erschöpft, als sie endlich das hohe Minarett erreichten. „Ich schaffe es nicht mehr die Stufen hinauf", keuchte er, „das überlebe ich nicht."

„Wenn du nicht gehst, überlebst du es erst recht nicht." Gerhardt schob ihn zur langen Wendeltreppe und stieß ihn brutal gegen die Stufen.

Der Alte schrie auf, und als er seinen Wohltäter ansah, überkam ihn Angst. *Er hat Augen eines Dämons,* dachte er und schleppte sich, dem Diener des Muftis vorausgehend, die Treppe hinauf.

Oben angekommen, setzte er den Feldstecher an die Augen und suchte das dunkle Haus, an dem er die Frau nur wenige Stunden zuvor gesehen hatte. „Dort ist es, Erhabener", sagte der Alte. „Die Frau ist die Treppe heraufgekommen, die aus dem Keller dort heraufführt.

Gerhardt lächelte, die Anspannung war von ihm abgefallen. „Das hast du gut gemacht, Alter. Du hast mir und dem Mufti einen guten Dienst erwiesen. Du sollst eine große Belohnung bekommen. „ Er drückte dem Alten eine Goldmünze in die welke Hand.

„Erhabendster! Gnädigster!", rief der Alte begeistert aus, während er ein Streichholz anzündete, um seinen Schatz zu begutachten. „Möge Allah Ihnen für Ihre Großzügigkeit jeden Wunsch gewähren."

„Ich habe nur einen Wunsch, Alter, und der wird bald in Erfüllung gehen."

* * *

Ein weißes, blau eingefasstes Seidentuch über dem Kopf, stand Leah vor den Schabbatkerzen. Das sanfte Licht erleuchtete ihr Gesicht, als sie für einen Augenblick ihre Arme um die Kerzen legte und ihren warmen Schein regelrecht in ihr Herz zu ziehen schien.

Rachel wandte ihre Augen keinen Augenblick von Leah ab, während diese leise sprach:

„O Gott deines Volkes Israel,
du bist heilig,
und du hast den Schabbat erschaffen
und das Volk Israel geheiligt.
Du hast uns verpflichtet, den Schabbat
mit Licht,
mit Freude
und mit Frieden zu ehren,
wie König und Königin einander lieben,
wie der Bräutigam die Braut ...“

Leah warf Schimon einen liebevollen Blick zu, den dieser lächelnd erwiderte.

„Deshalb haben wir,
aus Liebe zu deiner Tochter,
dem Schabbattag,
diese beiden Kerzen angezündet.
Allmächtiger Gott,
gewähre mir und allen meinen Lieben
wahre Ruhe an diesem Schabbattage.
Möge das Licht der Kerzen
unter uns den Geist des Zorns
und den Geist des Leides
vertreiben.
Gib deinen Kindern deinen Segen ...“

Leah fasste sich lächelnd auf den Leib und sagte überrascht: „Oh, er hat mich getreten!“ Dann fuhr sie fort. „Verzeih, Herr ... wo war ich stehen geblieben? Ach, ja ...“ Rachel merkte, dass Leahs Wangen vor Verwirrung gerötet waren.

„Gib deinen Kindern deinen Segen,
damit sie auf den Wegen
deiner Thora, deines Lichtes,
wandeln.
Mögest du immer ihr Gott sein
und auch meiner, o Herr,
mein Schöpfer und mein Erlöser.
Omaine.“

„Omaine!“, dröhnte Ehud, und auch die beiden anderen stimmten in diese Schlussformel ein, während Leah ihren Platz am Tisch einnahm.

„Eine wunderschöne *Tehinna,* Leah“, sagte Rachel.

„Ein gutes Omen, nicht wahr?“, strahlte Schimon. „Mein Sohn hat getreten, als du um Gottes Segen gebeten hast.“

„Oder deine Tochter ...“, wies ihn Leah zurecht.

„Was auch immer!“ Ehud erhob sein Weinglas. „Einen Toast auf das Kleine, was immer es auch sein mag. Möge es Glück und Frieden und die Liebe glücklicher Eltern erleben. L'Chaim! Zum Leben!“

Die Gläser klirrten und Schimon trank glückstrahlend seinen Wein. „Ein guter Toast. Der Toast eines aufrichtigen Menschen!“ Er erhob sein Glas noch einmal. „Und nun möchte ich meinem Freund einen oyrech Schabbat wünschen. Möge der Segen des Ewigen auf Ehud ruhen. Möge er in Frieden leben und es für ihn eines Tages wieder eine ruhige See unter festen Schiffsplanken geben! Omaine!“

Rachel trank einen Schluck von ihrem Wein und überlegte dabei einen Segen für Leah und Schimon. „Einen Toast auf meine Schabbatgastgeber!“ Sie erhob ihr Weinglas über der Mitte des Tisches. „Mögen in diesem Hause immer Glück und Freude wohnen und möge es vom Lärm vieler Kinder widerhallen. L'Chaim. Zum Leben!“

„Nun bin ich dran!“, rief Leah und erhob ihr Glas. „Ich habe es leicht, nicht wahr? Ich erhebe mein Glas und bitte um einen Segen für Rachel Lubetkin. Möge ihr Herz hier bei unserem Volk Frieden und Glück finden. Und möge Gott ihr einen guten, starken Ehemann und viele kleine Segen schicken, die an ihren Röcken zerren und sie gesegnet nennen!"

„Omaine!", rief Ehud. „Und genau diesen Mann kenne ich!"

Rachels Hand zitterte leicht, als sie ihren Wein trank.

„Genau diesen Mann?", fragte Leah. „Davon hast du mir aber nichts erzählt, Rachel."

„Vielleicht weiß Ehud mehr als ich selbst", entgegnete Rachel und versuchte zu lächeln, während sie mit dem Nehmelöffel die Knödel verteilte.

„Wieso, ich spreche doch von Mosche, Mädchen!", tönte Ehud laut und nahm seinen Teller entgegen.

„Jedenfalls nicht von dem Mosche, den ich kenne", erwiderte Rachel.

„Er ist völlig vernarrt. Krank vor Liebe. Wie Salomo im Hohenlied. Wenn ich je einen verliebten Mann gesehen habe ..."

Rachel wurde bei Ehuds Worten von panischer Angst ergriffen. Sie spielte nervös mit ihrer Gabel und wäre am liebsten aus dem Hause gelaufen, um sich irgendwo zu verstecken.

Leah zog besorgt die Stirn kraus, fiel Ehud ins Wort und lenkte ab: „Nun, Ehud, wenn morgen der Konvoi kommt, können wir dir etwas mehr zu essen geben."

„O ja! Der Konvoi! Das ist *genau der Mosche,* den ich meinte, als ich sagte, dass er eine Möglichkeit finden wird, für uns Waffen zu schmuggeln! *Derselbe Mosche,* der Rachel liebt."

Schimon sah, dass Rachel sich auf die Lippe biss und unruhig auf ihrem Stuhl hin und her rutschte. „Am Schabbat lassen die Araber den Konvoi immer durch, nu? Und dann müssen wir die Sachen schleppen, obwohl wir es nicht dürfen", meinte Schimon, um Ehud auf ein anderes Thema zu bringen.

„Das ist *derselbe Mosche,* der Waffen so gut verstecken kann, dass wir eine regelrechte Jagd darauf veranstalten müssen, damit wir sie überhaupt finden", fuhr Ehud unbeirrt fort, ohne von Rachels Unbehagen Notiz zu nehmen. „Immerhin hat er Rachel auf der letzten Fahrt der *Ave Maria* aus dem Meer gefischt. Erzähl ihnen doch davon, Rachel! Das ist doch so eine interessante Geschichte!"

„Wie viele Immigranten hast du eigentlich auf der *Ave Maria* nach Palästina geschmuggelt?", fragte Leah.

„Mosche und ich haben schon so manchen Flüchtling ins Land geschmuggelt, das kann ich euch sagen! Aber ich hab' noch nie erlebt, dass er wegen eines Mädchens über Bord gesprungen ist!" Er lachte schallend über seinen eigenen Witz. „Hat sich gleich im ersten Augenblick in sie verliebt, was, Rachel? Nun erzähl mir nicht, dass er dir das noch nicht gesagt hat! Oj! Er war schon immer ein bisschen zurückgeblieben, was Frauen anbetraf. Du wirst ihn an die Hand nehmen müssen, Mädchen. Du wirst ihm schon noch so einiges beibringen müssen, Rachel!"

„Leah hat mich gut erzogen." Schimon, überzeugt, dass Rachel den Tränen nahe war, versuchte erneut, Ehud von seinem Thema abzubringen.

„Tja, Mosche ist also über Bord. Zuerst dachte ich, es wär' das amerikanische Mädchen, in das er sich verliebt hatte; aber dann kam *diese* Kleine daher!" Ehud stürzte sich heißhungrig auf sein Essen. „Es würde mich nicht überraschen, wenn Mosche morgen auf der Suche nach seiner Braut aus einem Mehlfass steigen würde!"

„Ehud", stammelte Rachel. „Bitte ..." Sie legte ihre Gabel hin.

„Was ...!" Er hielt mitten im Kauen inne. „Du musst einfach den Tatsachen ins Gesicht sehen, Mädchen. Sobald er sich entschlossen hat ..."

Schimon versetzte ihm unter dem Tisch einen Tritt.

„Was ist denn?", fragte Ehud. „Ich sage doch nur ..."

„Halt den Mund, Ehud", fuhr ihm Schimon ins Wort.

„Was denn?", Ehud wurde immer verwirrter.

Rachel starrte unverwandt auf ihren Teller und brachte kein Wort heraus.

„Nun, es kann doch sein, dass *Rachel* sich noch nicht entschlossen hat", meinte Leah nachdrücklich.

„Sich noch nicht entschlossen?", rief Ehud aus. „Keine Frau kann einen besseren Mann finden als *Mosche.* Und ihr kennt doch das alte Sprichwort: ‚Das beste Pferd braucht eine Peitsche, der weiseste Mann einen Ratschlag und die keuscheste Frau – einen Mann!' Ist doch gut gesprochen, nu?"

Rachel stand hastig auf – sie hielt es nicht länger im Zimmer aus. „Entschuldigt mich. Ich muss gehen. Ich fühle mich nicht wohl. Nein! Bleibt sitzen. Ich habe mich schon den ganzen Tag nicht wohl gefühlt."

Schimon erhob sich und stieß dabei so heftig gegen den Tisch, dass ein Knödel herunter und in Ehuds Schoß fiel.

„Ach, Rachel!", rief Leah aus. „Kann ich etwas für dich tun? Schimon! Du musst sie nach Hause bringen."

„Nein! Bitte nicht!", rief Rachel und war schon an der Tür. „Ich muss jetzt einfach nach Hause. Vielen Dank. Es tut mir Leid."

Sie eilte aus der Tür, die Treppe hinunter und überließ es Schimon und Leah, dem unbeirrt weiter essenden Ehud verächtliche Blicke zuzuwerfen.

„Ein gutes Essen", meinte er, als er aufsah und bemerkte, dass sie ihn mit starrer Miene ansahen. „Was ist denn los?", brauste er schließlich nach einer langen Zeit des Schweigens auf.

„Du hattest natürlich keine Ahnung, dass sie nicht über diesen Mosche reden wollte, nicht wahr?", schalt Leah.

„Nicht über ihn reden?"

„Absolut nicht!", rief Schimon ärgerlich.

„So wahr Gott mein Zeuge ist!", verteidigte sich Ehud. „So wahr er meine Zunge leitet ..."

„Gott hat noch niemandem befohlen, dass er sich dumm verhalten soll!", meinte Schimon kopfschüttelnd, während Leah aufstand und eilig zum Fenster ging, um zu sehen, wie Rachel allmählich in der Dunkelheit verschwand.

* * *

Gerhardt näherte sich, im Schutze der Dunkelheit von Dach zu Dach schleichend, stetig dem jüdischen Viertel. Zu seiner Rechten konnte er schemenhaft britische Soldaten erkennen. Diese standen für die Juden Wache, die in aller Ruhe ihr Schabbatmahl einnahmen und in ihrer friedlichen Stimmung nicht wahrnahmen, in welcher Gefahr sie sich befanden. *Diese Narren,* dachte Gerhardt verächtlich, während er sich hinter die Kuppel eines Daches duckte. *Glauben die denn, dass die Welt wegen ihres Schabbats stillsteht?* Die verlassenen Posten an den jüdischen Kontrollpunkten waren ein noch deutlicheres Zeichen für ihre Unvernunft. Selbst wenn die britischen Soldaten seine schemenhafte Gestalt ausmachten, konnte er mit ziemlicher Sicherheit davon ausgehen, dass sie nichts unternehmen würden, solange er sie nicht bedrohte. Aber sie würden ihn ohnehin nicht entdecken. Denn sie spielten im Schutze ihrer winzigen Sandsacknester Bridge und warfen nur hin und wieder einen Blick in seine Richtung.

Gerhardt durchtrennte den Stacheldraht, der auf dem Dach die Grenze zwischen den Vierteln markierte. Er kletterte so geschickt durch den Stacheldraht, wie er es erst vor wenigen Jahren in der Agentenschule Adolf Hitlers gelernt hatte, und blieb mit seinem schwarzen Pullover nur einmal am Draht hängen. Im Nu war er auf der jüdischen Seite und robbte zum Rand des Daches.

Während er zu den britischen Wachen hinübersah, nahm er aus dem Augenwinkel eine Bewegung wahr: Ein Wächter stand auf, streckte sich und kletterte dann zu einem Patrouillengang auf das schwarze Asphaltdach hinunter, auf dem Gerhardt lag.

„Das reicht!", rief einer der Wächter seinem patrouillierenden Kameraden zu, der Gerhardt bedrohlich näher kam. „Beeil dich, Smiley, ja? Wir haben nicht die ganze Nacht Zeit."

Der Wachtposten winkte zurück, lachte und blieb am Dachrand stehen – nur wenige Meter von Gerhardt entfernt. Er murmelte so deutlich, dass Gerhardt es verstehen konnte: „Zeit is' alles, was wa ham ... Zeit, die ganze Nacht hier zu frier'n." Er spie über den Dachrand, sah hinunter und kletterte dann, immer noch vor sich hin murmelnd, in den Schlupfwinkel aus Sandsäcken zurück.

Gerhardt wartete kurz und kroch dann langsam weiter, dorthin, wo eine Leiter an einer Hausfassade lehnte. Den Blick immer noch auf die Wächter gerichtet, schwang er sich über die Regenrinne und kletterte schnell und geräuschlos hinunter. Doch da, kurz bevor er die Straße erreichte, hörte er ein Geräusch, das seine Haare zu Berge stehen ließ. Das leise, drohende Knurren eines Hundes machte ihm klar, dass der nächste Schritt gefährlich werden konnte. Kurz entschlossen kletterte er rasch wieder einige Sprossen hinauf und sah sich forschend um. Gelbe Augen leuchteten ihm in der Dunkelheit entgegen. „Hau ab!", zischte Gerhardt. Die hochgezogenen Lefzen des grollenden Hundes zeigten zwei Reihen glänzend weißer Zähne. Da sprang der Hund auch schon laut bellend an der Leiter hoch. Als Gerhardt nach ihm trat, schlug er seine Fänge in Gerhardts Hose.

„Was is 'n da hint'n los?", hörte er einen der Wachtposten rufen.

Gerhardt zog seine Pistole aus seiner Jackentasche und entsicherte sie. Leise fluchend kletterte er wieder ganz hinauf und rollte sich aufs Dach in die Sicherheit des mit Stacheldraht abgetrennten arabischen Gebietes.

Von dem unaufhörlichen Bellen des Hundes begleitet, rannten die Soldaten umher und suchten mit ihren Taschenlampen die Dächer ab. Gerhardt duckte sich hinter eine Dachkuppel und wartete atemlos die Suche der Soldaten ab.

„Smiley!", rief eine Stimme, während der Strahl einer Taschenlampe die durchschnittenen Drahtenden beleuchtete. „Sergeant Ham! Hier ist was nich' ganz koscher. Der Draht is' durchgeschnitten!"

Enttäuschung und Wut erfüllten Gerhardt. Er hätte leicht eine Handgranate werfen können, um die Idioten, die zwischen ihm und seinem Ziel standen, auszumerzen. Aber er konnte warten. *Geduld* war die Eigenschaft, die Haj Amin ihm abgesprochen hatte. Nun würde er dem Mufti beweisen, wie geduldig er sein konnte, wenn es darauf ankam. Er hatte Zeit. Viel Zeit. Er würde auf die Gelegenheit warten, sein sehnlichstes Verlangen zu befriedigen. Er würde sich selbst beweisen, dass er ein geduldiger Mensch war.

18. Schaul

Aus jedem Fenster des jüdischen Viertels winkten Rachel winzige Schabbatkerzen zu und über ihr funkelten die Sterne der Milchstraße. Auf den Straßen vermischten sich die Bruchstücke von Schabbatliedern und -sprechgesängen, wehten wie eine Windböe um sie herum und stiegen dann in kleinen Wirbeln gen Himmel. „Willkommen, o ihr barmherzigen Engel! Oh, dass ihr doch mit eurem Segen den Frieden brächtet ... Ah, Vater – Vater – Vater im Himmel, sieh auf uns herab ..."

Es ist Schabbat, dachte Rachel, *genau wie immer, wie im Städtl, als ich noch ein Kind war. Kann der Schabbat so unverändert sein, wenn sich die Welt so sehr verändert? Wenn ich so sehr verändert bin?*

„Seine Liebe währet ewig ... Danket dem Herrn, denn seine Liebe bleibet bestehen ... Und versinke ich auch im tiefsten Meer, siehe, du bleibst doch bei mir."

Als sie an den niedrigen Gebäuden der sephardischen Synagoge vorbeiging, war es, als ob ihr der gedämpfte Sprechgesang des Vorbeters und das Gemurmel der betenden Gemeinde folgten.

„Seine Liebe währet ewig ..."

Plötzlich stolperte sie über eine Stufe und fiel hin. Ein Schrei entrang sich ihr, als sie mit den Händen auf dem kalten Stein aufschlug. Ein heftiger Schmerz durchdrang ihre Brust, und Tränen, ihre lang unterdrückten Tränen, schossen ihr in die Augen.

„Seine Liebe währet ewig ..."

„Das glaube ich dir nicht!", schrie sie mit vor Zorn erstickter Stimme. „Wenn du mich so sehr liebst, warum lebe ich dann noch? Warum hast du mich dann in der Hölle gelassen?"

„Siehe, und ob ich schon ins *Scheol* hinab muss, du bist doch da."

Rachel ließ den Kopf auf ihre Arme sinken und weinte inmitten der süßen Schabbattöne, die ihres bitteren Seelenschmerzes spotteten. Nie mehr würde der Schabbat ein Tag der Ruhe für sie sein. Sie dachte daran, wie innig sich Schimon und Leah angesehen hatten und wie zärtlich Mosches Blick gewesen war. Dadurch hatte sie ihre

Einsamkeit nur umso schmerzlicher empfunden. Auch Mama und Papa hatten sich früher so angesehen, aber sie selbst würde das nie erleben. „Oh, Mosche", schluchzte sie. „Oh, Gott!" Die Liebe Gottes wie auch die der Menschen schien ihr so fern wie die Sterne über ihr. So wunderschön und doch so unerreichbar.

„Seine Liebe währet ewig."

Rachel hob den Kopf und wischte sich die Augen. Die Mauern um sie herum hallten noch immer wider von den Liedern des Friedens. Doch für sie gab es keinen Frieden. Sie stützte sich gegen die Mauer und richtete sich langsam auf. Dann zog sie ihren dünnen Mantel enger um sich und setzte den Weg zu ihrer Wohnung fort, dicht an den Hausfassaden entlang. An der Wohnung angekommen, ging sie mit dem eisernen Schlüssel in der Hand nach kurzem Zögern die dunklen Stufen hinunter.

Plötzlich hörte sie, wie sich im Schatten der Tür etwas bewegte. Von panischer Angst ergriffen, nestelte sie so hastig und ungeschickt am Schlüsselloch, dass ihr der Schlüssel hinfiel.

„Wer ist da?", rief sie mit wild klopfendem Herzen.

Einen Augenblick lang antwortete ihr nur der Kantor: „... denn seine Liebe ..." Dann hörte sie leises Kratzen und Winseln.

„Wer ist da?", fragte sie noch einmal.

Da löste sich die dunkle Gestalt von Jakovs Hund Schaul aus dem Schatten. Er streckte sich gähnend, schlich dann zu Rachel hin und stupste sie am Bein an.

„Ach, du bist es!" Sie kniete nieder und vergrub ihr Gesicht in seinem zottigen Fell. „Was machst du denn hier?" Dann tastete sie nach dem Schlüssel, fand das Schlüsselloch und öffnete knarrend die Tür.

Schaul lief hinter ihr her und sprang freudig auf Großvaters Eisenbett, das unter seinem stürmischen Sprung ächzte. Dann drehte er sich zweimal im Kreise, besann sich jedoch sogleich eines Besseren und sprang wieder herunter.

„Danke, dass du gekommen bist." Rachel wischte sich die Tränen der Erleichterung aus den Augen. „Ich habe mich nämlich gerade so einsam gefühlt. Danke, dass du gekommen bist."

Sie kniete abermals nieder und umarmte den Hund noch einmal. Dann weinte sie in sein Fell, während er ganz still dasaß und sich verlegen im Zimmer umsah.

* * *

Am Schabbatmorgen herrschte eine solch tiefe Stille in den Straßen des jüdischen Viertels, dass dieses geradezu verlassen wirkte. Auf der anderen Seite der Sandsack- und Stacheldraht-Barrikaden hingegen, im muslimischen Viertel, weckte das Geklapper der mit Feldfrüchten beladenen Holzkarren Christen und Moslems zum Markttag.

Rachel stand auf der obersten Stufe des Eingangs zu ihrer Wohnung und sah zu, wie Schaul über die leere Straße sauste und in einem Satz über eine Sandsackbarrikade sprang. Dann nahm wieder das Gefühl abgrundtiefer Einsamkeit von ihr Besitz. Sie blieb noch lange in der kalten Morgenluft stehen und horchte auf die gedämpften Stimmen der moslemischen Händler, die zwar nur hundert Meter von ihr entfernt, aber doch in einer anderen Welt lebten.

Ihr fiel ein, was Großvater über die Araber erzählt hatte, die jeden Schabbat zu ihm gekommen waren, um ihm das Feuer anzuzünden und Gemüse aus den Souks zu bringen. Heute würden keine arabischen Freunde oder Nachbarn zu Besuch kommen, keine Schabbes-Goj, die die Tätigkeiten verrichteten, die den gläubigen Juden an diesem Tag verboten waren. An diesem Schabbat würden alte wie junge orthodoxe Juden frierend und hungrig über diesen Tag der Ruhe und über *den* nachdenken, der ihn geschaffen hatte.

Rachel ließ ihre Augen über die Dächer schweifen, bis hin zu den einsamen Vorposten, wo Dov, Cham und Schimon auf den Flachdächern ihre Schabbatwache hielten. Und als das erste Morgenlicht glitzernd auf die Kuppel des Felsendomes fiel, meinte Rachel sogar sehen zu können, wie sich die Lippen der Männer bewegten, während sie den Morgen in stillem Gebet begrüßten: „Dem Schöpfer großer Lichter, ewig währet seine Gnade! Ein neues Licht lass über

Zion aufleuchten, dass wir uns alle bald seines Lichtes freuen! Gelobt seist du, Ewiger, der die Lichter erschafft! ..."

Ganz deutlich waren auch die Konturen von vier jungen britischen Soldaten zu erkennen. Die leichten Maschinengewehre auf den Hüften aufgestützt, beobachteten sie das Geschehen von einem höher gelegenen Aussichtspunkt. Es war schwer zu glauben, dass dies dieselben Männer waren, die sie erst wenige Tage zuvor aus dem Bus gerettet hatten.

„Du darfst dich nicht darüber wundern", hatte Dov ihr beim Essen im Tipat Chalav gesagt, „nicht viele denken so wie Captain Thomas. Er ist ein rechtschaffener Nichtjude, nu? Aber er und seine Leute können nicht jeden Augenblick bei uns sein. O ja, Rachel. Diese Männer, die uns bewachen, würden uns tatsächlich töten, wenn wir uns vor die Notwendigkeit gestellt sähen, selbst Waffen zu gebrauchen."

„Aber warum steht ihr dann überhaupt Wache?", hatte sie ihn gefragt. „Ihr habt Waffen versteckt, die ihr im Notfall doch nicht gebrauchen könnt. Warum dann überhaupt Wache stehen?"

„Die arabischen Heckenschützen wissen nicht, dass wir mit unseren Waffen nicht schießen können. Und es wäre unklug, wenn sie dächten, dass unser Schutz nur vom Schutz der Engländer abhängt. Die Engländer ziehen jetzt bald ab. Und wenn die Jihads wüssten, über wie wenig wir verfügen, um uns zu verteidigen, würden sie mit Brettern und Besenstielen ankommen und unser Viertel in Besitz nehmen. Wir werden sie aber zum Narren halten, nicht wahr? Wie es Gideon schon mit den Midianitern getan hat."

„Die Engländer schützen uns vor den Heckenschützen, und doch würden sie dieselben Heckenschützen vor euch schützen, wenn ihr eure Gewehre zur Verteidigung gebrauchtet?", fragte sie, da sie immer noch nicht sicher war, ob sie die Situation richtig erfasst hatte.

Dov lachte über ihren Gesichtsausdruck. „Wirklich eine verwirrende Lage! Natürlich wissen die Engländer nicht, dass ich auf sie genauso ungerührt schießen würde wie auf einen Jihad-Moqhaden, wenn mir mein Recht auf Selbstverteidigung verweigert würde. Ich habe so viel erlebt, dass mir *keine* Kugel, die mir entgegenkommt, recht ist. Engländer oder Araber – das ist für mich kein Unterschied. Ich bin es leid, irgendjemandem als Zielscheibe zu dienen!"

Eine geschlagene Viertelstunde stand Rachel reglos auf der Treppe und beobachtete, wie aus dem sanften Pastellblau des Himmels ein leuchtendes Blau wurde. Als Schaul nicht zurückkehrte, ging sie schließlich seufzend in die kalte Kellerwohnung zurück. In der Hoffnung auf ein bisschen Restwärme schob sie ihren Stuhl näher an den Ofen, in dem das Feuer erloschen war.

Was würde es schon ausmachen, wenn ich den Ofen anmachte? Warum sollte ich nicht am Schabbat arbeiten, da ich doch gegen sämtliche Gesetze verstoßen habe? Ich könnte tausend Öfen am Schabbat anmachen, deshalb würde mein Platz in der Hölle auch nicht heißer. Im Vergleich zu dem, was ich getan habe, ist das doch alles völlig nebensächlich. Gott muss sicher über die Menschen lachen, wenn er sieht, wie sehr sie sich bemühen, nicht zu arbeiten. Und doch weint er vielleicht, wenn er mich ansieht. Mit oder ohne Schabbatlichter, meine Seele bleibt schwarz vor Schuld.

Da sie jedoch wusste, dass alle Menschen um sie herum an diesem Tag ohne Wärme auskommen mussten, blieb Rachel still sitzen und starrte den Ofen an. „Was meine Seele anbetrifft, so spielt es keine Rolle, was ich tue, aber um ihretwillen werde ich heute auch frieren. Und falls du mich hören kannst, Gott", fügte sie leise hinzu, „dann möchte ich dich darum bitten, dass Großvater, Jakov und Mosche den Schabbat in Frieden und Wärme verleben. Denn Mosche ..." An dieser Stelle verstummte ihr Gebet, nur ihr Atem stieg als kalter Dunst empor.

* * *

Ein strahlender, aber kalter Morgen brach über der vom Regen sauber gewaschenen Stadt an. Jakov vertrat sich auf den Eingangsstufen des Hauses Moniger die Beine, um sich warm zu halten, und schlang fröstelnd seinen Bademantel eng um sich. Obwohl seine nackten Zehen vor Kälte schmerzten, ging er nicht zurück ins Haus, sondern ließ seine Augen unablässig bis zum äußersten Punkt der Straße schweifen. Und mit seiner schrillen Stimme, die sicher alle Nachbarn aus dem Schlaf riss, rief er wieder und wieder, teils befehlend, teils flehend, den Namen seines Hundes. „Schaul!“, rief er noch einmal und fügte dann leise hinzu: „Blöder Hund! Großvater hatte doch Recht. Er ist nichts weiter als ein Schakal. Die ganze Nacht über wegzubleiben!“ Er wollte sich gerade umdrehen und schließlich doch ins Haus gehen, als ein zottiger schwarzer Fleck um die Kurve bog, an einem Laternenpfahl stehen blieb und sein Bein hob. „Schaul!“, rief Jakov und sprang die Stufen zum Bürgersteig hinunter. „Na, komm schon, Junge!“ Er stieß einen gellenden Pfiff aus. Gleich darauf wurden in einem gegenüberliegenden Haus die Jalousien hochgezogen, und ein verschlafenes Gesicht warf Jakov ärgerliche Blicke zu.

Schaul schien den Jungen nicht zu bemerken. Er ging schnüffelnd am Geländer des Bürgersteigs entlang und bummelte von Laternenpfahl zu Laternenpfahl.

„Schaaa-uul!“, rief Jakov wieder und stampfte ärgerlich mit dem Fuß auf. *„Komm jetzt her!“*

Schaul hob zunächst völlig unbeteiligt den Kopf, wackelte dann mit dem Hinterteil und jagte schließlich in langen Sätzen auf Jakov zu. Springend, leckend und sich windend begrüßte er den Jungen, der ihn kniend mit weit ausgebreiteten Armen empfing.

„Du! Du bist ein böser Hund, Schaul! Die halbe Nacht über habe ich mir Sorgen gemacht! Wo hast du bloß gesteckt? Hast du wieder eine Freundin? Großvater sagt, du hast eine Freundin, wenn du über Nacht wegbleibst. Du, das finde ich aber nicht schön! Du darfst nicht mehr weglaufen. Es ist nämlich jetzt alles so schlecht und gefährlich. Wenn dich irgendein hungriger Araber sieht, dann“, – Jakov machte mit der Hand die Geste des Halsabschneidens – „dann wird er dich zum Frühstück verspeisen, nu?“

Schaul saß still da und ließ Jakovs Schelte japsend und mit weit aus dem Halse hängender Zunge geduldig über sich ergehen. Dann nieste er dreimal, erhob sich und lief eilig zur Eingangstür, um ins Haus gelassen zu werden. Jakov rannte hinter ihm her, ohne sich von seinen gefühllosen Füßen beeinträchtigen zu lassen, und jubelte: „Ich habe ihn gefunden!“ Er öffnete schwungvoll die Tür und fügte in der gleichen Lautstärke hinzu: „Heh, alle mal herhören! Ich habe Schaul gefunden!“

Knarrend und quietschend öffnete sich Davids Zimmertür, und David steckte verschlafen den Kopf heraus. Als er den Jungen mit dem Hund im Flur sah, krächzte er: „Na, nun mal halblang, ja?“

„Aber, Rebbe David, ich habe doch Schaul gefunden.“

„Is' ja toll. Toll, Kleiner“, erwiderte dieser gähnend. „Möchtest du 'n Kaffee? Ich könnte jedenfalls einen brauchen.“ Er schaute auf sein uhrenloses Handgelenk. „Wie spät ist es eigentlich? Hast du 'ne Ahnung, wie spät es ist?“

„Nach sechs.“

David schob verärgert die Unterlippe vor und kniff die Augen zusammen. „Wir waren letzte Nacht bis drei Uhr auf, bis drei Uhr morgens, und haben über diese Konvois geredet. Und jetzt machst du zu dieser nachtschlafenen Zeit das ganze Haus wach. Willst du mir dann nicht wenigstens 'n Kaffee machen?“

Jakov zuckte seufzend die Achseln. „Tut mir Leid, Rebbe David. Sie sind kein Jude. Heute können Sie Ihren Kaffee selbst machen. Es ist doch Schabbat. Da darf ich nicht arbeiten.“

„Du nennst Kaffeemachen arbeiten?“, fragte David ungläubig.

„Ich darf ihn wohl trinken, wenn ihn ein Goj macht.“

„Wenn ich dich so höre, muss ich an die Geschichte mit der kleinen roten Henne denken, Kleiner. Trinken willst du ihn, aber nicht machen, was?“

„Das habe ich sehr gut von Ihnen gelernt, Rebbe David“, meinte Jakov schnippisch, machte Schaul mit dem Daumen ein Zeichen zu folgen und trottete zur Küche.

Er öffnete die Küchentür einen Spaltbreit und lugte hinein. Mosche saß auf demselben Stuhl, auf dem er am Abend zuvor gesessen hatte. Sein Kopf lag auf dem Tisch, der übersät war von Listen und Papierstapeln. Jakov schnaufte geräuschvoll und betrachtete stirnrunzelnd Mosches schlafende Gestalt.

Dann fragte er leise: „Sind Sie wach, Rebbe Mosche?“ Als keine

Antwort kam, ging er, gefolgt von Schaul, auf Zehenspitzen in die Küche hinein. „Rebbe Mosche?" Er tippte Mosche auf die Schulter. „Sind Sie wach, Rebbe Mosche?"

Mosche schlug die Augen auf und rieb sich verschlafen mit einer Hand übers Gesicht, während er sich aufsetzte. „Muss wohl eingeschlafen sein. Wie spät ist es denn?"

„Morgen. Schabbatmorgen. Ich habe Schaul gefunden."

Mosche räusperte sich und rieb sich den Nacken. „Das ist aber schön. Gut. Ja. Du hast ihn also gefunden."

„Haben Sie Hunger?", fragte der Junge.

„Es geht."

„Ich habe Rebbe David geweckt. Er kann uns das Frühstück machen, bevor Ellie aufwacht, ja?"

„Glaube nur ja nicht, dass ich Zeit dazu habe, Jakov. Ich habe noch zu arbeiten."

„Zu arbeiten, Rebbe Mosche? Am Schabbat?"

„Wegen des Konvois, Jakov. Wenn er heute nicht zur Abfahrt fertig wird, müssen alle Menschen in der Altstadt nicht nur heute, sondern auch den ganzen Rest der Woche hungern."

„Aha." Jakov bemerkte die Tasse mit dem kalten Kaffee, die neben einem Stoß von Papier stand. „Rebbe Mosche? Sind Sie noch so spät oder schon so früh auf?"

„Ich bin leider mitten in der Arbeit eingeschlafen." Seine Augen wanderten zu Schaul. „Aber dieser Wanderer hier ist früh und spät zugleich heimgekehrt, wie ich sehe." Er ließ den Hund zunächst an seiner Hand schnuppern und kraulte ihn dann hinter dem Ohr. „Hast du eine Freundin gefunden, alter Junge? Die Zeiten sind eigentlich zu gefährlich für einen Bummel durch die Stadt." Dann zwinkerte er Jakov zu. „Er hat sich wohl richtig verliebt, was? Denn wenn er nicht bis über beide Ohren verliebt wäre, würde er bestimmt nicht sein Leben riskieren, nicht wahr? Es sei denn, er wäre meschugge, verrückt."

„Ich glaube eher, Sie sind meschugge, Rebbe Mosche. Es ist nach sechs und Sie sind noch nicht im Bett gewesen. Außerdem ist heute Schabbat und deshalb sollten Sie ausruhen."

„Hast du denn ausgeruht?"

„Nein."

„Und warum nicht?"

„Ich habe mir Sorgen wegen Schaul gemacht", verteidigte sich Jakov. „Ich bin aufgestanden, um ihn zu suchen."

„Siehst du, ich mache mir doch auch Sorgen. Um deine Schwester. Und um die Menschen, bei denen sie jetzt ist. Gott würde es als größere Sünde ansehen, wenn wir für die Menschen, die wir lieben, nicht alles täten, was wir können – selbst am Schabbat."

Jakov nickte und seine Miene verdüsterte sich. „Ich habe meine Schwester in den letzten Tagen vermisst."

„Ich auch."

„Es ist schon komisch. Früher, als ich sie noch nicht kannte, habe ich sie nicht vermisst. Ich dachte ja, dass sie tot war. Das Einzige, was ich von ihr kannte, war das Bild von ihr. Und jetzt gehört sie zu meinem Leben. Ich habe sie gesehen und angefasst. Und jetzt vermisse ich sie. Aber auch Mama und Papa und meine Brüder. Vorher war das nicht so. Verstehen Sie das?"

Mosche spielte mit seinem Stift. „Das ist eine merkwürdige Sache, Jakov." Er angelte mit dem Fuß nach einem Stuhl und forderte Jakov mit einer Handbewegung auf, sich zu setzen. „Obwohl ich sie nie gesehen hatte, bevor ich sie auf der *Ave Maria* kennen lernte, habe ich sie dennoch vermisst. Irgendwie hat Gott mir gesagt, dass sie auf der Welt ist. Jeden Tag habe ich nach ihr gesucht und für sie gebetet, und nun, da ich sie gefunden habe, ist es sehr schwer für mich, dass ich nicht bei ihr sein kann, obwohl sie nur ein paar Kilometer von mir entfernt ist. Es ist ..." Er schloss kurz die Augen. „Es ist wirklich sehr schwer."

„Ich dachte, Sie werden sie vielleicht heiraten."

„Vielleicht. Eines Tages."

„Großvater hat Ihnen doch schon seine Zustimmung gegeben ..."

Mosche machte große Augen. „Du wärst ein guter Spion. Du hast mein Gespräch mit Rebbe Lebowitz mit angehört!"

„Nun regen Sie sich nicht auf! Meinen Sie vielleicht, ich hätte das nicht von selbst gemerkt? Meine Schwester wird doch schon rot, wenn Sie sie nur angucken ..."

„Tatsächlich?"

„Oj! Das haben Sie nicht gemerkt?" Jakov schlug sich mit der Hand gegen die Stirn.

„Nein. Nein, ich dachte, sie ..."

„Oj! Wenn Sie reden, ist es egal, worüber Sie reden. Schon wenn Sie nur den Mund aufmachen, macht sie so mit den Augen." Jakov klapperte mit dem Lid seines gesunden Auges. „Und Sie fragen noch, ob sie rot wird! Wie eine Tomate. Und ihre Ohren werden so rot wie kleine Blumen!" Jakov wandte sich erstaunt an Schaul. „Hältst du für möglich, was dieser Meschuggener sagt, Schaul? Er merkt nicht mal, wenn sich ein Mädchen in ihn verknallt hat. Kein Wunder, dass er schon so alt ist und trotzdem noch keine Kinder hat, nicht wahr?"

„Für jemanden, der noch so jung ist ...", stotterte Mosche.

„Das haben doch alle gemerkt. Nicht nur ich und Schaul. „Jakov kreuzte schnaufend die Arme. „Aber wie kommt es dann, dass Sie ihr erlaubt haben, in die Altstadt zu gehen?"

„Das klingt ja so, als ob du verärgert wärst, Jakov."

„Fast mein ganzes Leben lang habe ich keine Schwester gehabt, und kaum habe ich eine, ist sie schon wieder weg, nur weil Sie ihr gesagt haben, dass sie gehen soll."

„Es war ihre eigene Entscheidung."

„Sie wäre hier geblieben, wenn Sie sie gebeten hätten."

Mosche biss sich stirnrunzelnd auf die Unterlippe und überlegte, ob etwas Wahres an Jakovs Worten sei. „Ich dachte, dass es zum Wohl ... zum Wohl der Altstadt sei."

„Und was habe ich davon, wenn die Altstadt überlebt und meine Schwester stirbt, Rebbe Mosche? Und Sie selbst? Dann sind Sie wieder so allein wie früher."

„Du hast Recht. Natürlich hast du Recht. Aber ich ... ich habe nicht damit gerechnet, dass sie dort bleiben würde."

„Aber Sie haben sie gehen lassen! Und wie wollen Sie sie jetzt wieder zurückbekommen?"

Mosche zuckte die Achseln und tippte auf die Papiere, die vor ihm lagen. „Ich bin noch dabei, den Weg zu suchen, Jakov. Ich will dir und Schaul etwas erzählen, weil ich glaube, dass ihr das verstehen werdet. Wenn man jemanden liebt, dann ist man auch bereit, alles für diesen Menschen aufs Spiel zu setzen, nicht wahr? Wenn man das nicht tut, dann ist das wie der Tod. Aber ich muss meine Entscheidungen jetzt sorgfältig überlegen, damit mein Verstand den Ausschlag gibt und nicht meine Gefühle. Wenn ich das nicht tue, bringe ich dadurch möglicherweise viele Menschen in Gefahr. Vielleicht sogar deine Schwester."

„Es ist eine Schande, dass Sie sich nicht in einen Floh verwandeln und auf Schauls Rücken in die Altstadt reiten können, Rebbe Mosche", meinte Jakov seufzend mit einem nachdenklichen Blick auf Schaul. „Er würde ganz genau wissen, wo er Sie hinbringen müsste, nu?"

Mosche stand auf und goss den kalten Kaffee ins Spülbecken. „Das wäre ein cleverer Plan, Jakov. Ich habe die ganze Nacht hier gesessen und versucht, eine Möglichkeit zu finden, wie ich ein Floh in den Souks der Altstadt werden könnte." Mosche schürzte die Lippen und starrte dann lange auf Schaul, der schlafend zu seinen Füßen lag.

19. Wachablösung

Luke verschränkte die Hände hinter dem Rücken und durchschritt das überfüllte Vorzimmer Colonel Blacks. Viele Offiziere und Unteroffiziere warteten darauf, auf die andere Seite der massiven Walnusstür in das Büro des Colonels vorgelassen zu werden. Sie verkürzten sich die Wartezeit, indem sie die Morgenzeitung lasen oder rauchten und mit abwesendem Blick aus dem Fenster sahen, während aus dem Büro des Colonels die Klänge einer Mozart-Symphonie herüberschallten. Als die Symphonie fünfmal hintereinander gespielt worden war, sahen sich die Männer im Vorzimmer schließlich vielsagend an, als wollten sie fragen, ob sich denn der berüchtigte Colonel Black keine anderen Platten leisten könne.

Rechts neben der Doppeltür saß ein dienstbeflissen aussehender Lieutenant an einem kleinen Schreibtisch und durchwühlte einen Stapel von Papieren. Von Zeit zu Zeit sah einer der Offiziere auf seine Armbanduhr, ging dann an den Schreibtisch des schmächtigen Lieutenants und flüsterte mit ihm. Nach einem Blick auf seine eigene Uhr vertiefte sich dieser in seinen Terminkalender und meinte: „Sobald wie möglich, Sir, das versichere ich Ihnen."

Als die Symphonie das sechste Mal verklungen war, hoben alle Anwesenden den Kopf, in der stillen Hoffnung, dass Colonel Black vielleicht doch noch eine Glenn-Miller-Platte in seinem Plattenvorrat hätte. Doch die Musik setzte ein weiteres Mal ein, worauf der Lieutenant mit süffisantem Lächeln bemerkte: „Ah, Mozart! *Symphonie in e-Moll, Köchel-Verzeichnis Nr. 39.*"

Ein korpulenter Feldwebel atmete schwer durch die Nase und veränderte seine Sitzhaltung. „Der Colonel scheint wohl noch nie etwas von Guy Lombardo gehört zu haben."

„Sie meinen den amerikanischen Jazzmusiker? Oh, ihr Heiligen, bewahrt uns vor dem!", rief der Lieutenant.

„Na ja, immerhin war'n wa doch im letzt'n Krieg Verbündete, oder etwa nich'?", meinte der Sergeant erregt. „Soll'n wa uns jetz' etwa deutsche Musik anhör'n?"

Der Lieutenant sah ihn mit zusammengekniffenen Augen an und war gerade im Begriff, etwas auf diese Bemerkung zu erwidern, als die schwarze Sprechanlage auf seinem Schreibtisch knackend zum Leben erwachte.

Plärrende Mozartklänge untermalten die akzentuierte Sprache Colonel Blacks: „Captain Luke Thomas, bitte."

Der Lieutenant schaltete die Sprechanlage um und erwiderte: „Jawohl, Sir", und erhob sich, um Luke die Tür zu öffnen.

„Seh'n Se mal nach, ob der Colonel so halbwegs in 'ner Stimmung is', Bitten anzuhörn 'n ...", rief der Sergeant hinter ihm her, worauf eine Lachsalve den Raum erfüllte.

Als Luke eintrat, lehnte sich der hoch gewachsene, hagere Colonel auf seinem Stuhl zurück und erwiderte Lukes zackigen Gruß mit scheinbarer Lässigkeit.

Den ebenfalls anwesenden Captain Michael Stewart begrüßte Luke mit Handschlag. Der Captain war das gerade abkommandierte jüngste Mitglied der Kommandantur.

„Ich nehme an, Sie beide kennen sich", bemerkte der Colonel kurz.

„Selbstverständlich", entgegnete Luke lächelnd. „Captain Stewart war uns in der Nacht, als der Bus zum Zion-Tor in die Luft gesprengt und völlig zerstört wurde, als Beobachter zugeteilt." Er nickte Stewart zu, der sein Nicken mit einem nachsichtigen Lächeln quittierte.

„Ich wage zu behaupten, dass es 'ne ganze Menge zionistischer Sympathisanten unter unseren Leuten gibt", meinte Captain Stewart trocken.

„Ganz recht", entgegnete Luke. „Die gibt es hier nämlich schon seit geraumer Zeit und ..."

„Womit wir bereits beim Thema wären", unterbrach der Colonel. „Erst heute Morgen hat uns dies hier erreicht." Er tippte auf einen Stoß von Papieren, die mit dem Vermerk *dringend* versehen waren. „Sie haben während Ihrer Dienstzeit in Palästina zusammen mit den Männern, die Ihrem Kommando unterstanden, wertvolle Dienste, ja sogar Heroisches geleistet. Und bei dem Zwischenfall mit dem

Bus haben Sie sicher auch einer Reihe von Zivilisten das Leben gerettet."

„Wir haben nur unsere Pflicht getan", erwiderte Luke, der das Gefühl hatte, dass der Captain ihn während seiner Antwort scharf musterte.

„Ja, nun, sicher", meinte der Colonel, stopfte sorgfältig seine Pfeife und zündete sie paffend an, bis ihn schließlich eine blaugraue Rauchwolke umgab. „Nun, ich möchte Sie davon in Kenntnis setzen, dass sich unser Vorgehen in Bezug auf das jüdische Problem geändert hat. Unsere vordringlichste Aufgabe ist jetzt natürlich, unsere Leute sicher nach England zurückzubringen."

„Natürlich."

„Das bedeutet, Captain Thomas, dass Sie sich in Zukunft nirgendwo mehr einmischen werden."

Luke sah zunächst in das grimmige Gesicht des Colonels und dann in das des grinsenden Captain Stewart und meinte dann ruhig: „Ich bin nicht ganz sicher, ob ich Sie verstanden habe, Sir."

„Das Leben der Briten hat Priorität. Sie haben weder Ihr Leben noch das Ihrer Leute aufs Spiel zu setzen, aus welchem Grunde auch immer. Das britische Mandat geht unbestreitbar seinem Ende entgegen. Und wir wollen kein englisches Blut mehr auf diesem gottverlassenen Boden vergießen."

„Aber, Sir – wenn ich einmal so frei sein darf –, wenn das Leben Unschuldiger ..."

„Sie sagen es", erwiderte der Colonel und deutete mit dem Pfeifenstiel auf Luke. „Die Unschuldigen sind nun die Männer, die darauf warten, nach England zurückzukehren."

„Aber, Sir, die Bewohner der Altstadt leben wie auf dem Präsentierteller. Die Leute des Muftis werden ..."

„Man hat ihnen freies Geleit aus der Altstadt angeboten. Wenn sie sich dafür entschieden haben zu bleiben, ist das nicht mehr unsere Angelegenheit. Dann bleiben sie eben auf eigene Gefahr. Der Tagesbefehl lautet, dass wir britisches Leben zu schützen haben."

„Ein kurzsichtiger Befehl, Sir."

Der Colonel, dem bei Lukes Bemerkung die Zornesröte ins Gesicht schoss, nahm erregt die Pfeife aus dem Mund. „Das ist nicht Ihre Angelegenheit. Nicht mehr, Captain Thomas – da Sie und Ihre Leute von diesem Augenblick an Ihrer Pflichten in der Altstadt enthoben sind. Captain Stewart wird Ihren Platz einnehmen und sein vorrangiges Ziel wird es sein, die letzten Befehle der britischen Mandatsregierung auszuführen ..."

„Ist das alles?", fragte Luke, der das Gefühl hatte, ihm würde der Boden unter den Füßen weggezogen. *„Mein Gott, wie kann ich den Menschen in der Altstadt jetzt noch helfen?"*, betete er im Stillen.

„Sie werden einem anderen Posten zugeteilt, Captain Thomas, einem Posten, bei dem wir sicher sein können, dass Sie und Ihre Leute auch wirklich unversehrt nach England zurückkehren."

„Wir sind recht gut mit den Rabbinern der Altstadt zurechtgekommen. Möglicherweise werden sich die Dinge dort nun schwieriger gestalten."

„Es ist gebührend bemerkt worden, wie sich Ihre Männer mit der jüdischen Bevölkerung verbrüdert haben. Dies kann sich aber nur schädlich auf unsere Absichten auswirken."

„Und was sind das für Absichten, Colonel Black?", fragte Luke, ohne dem triumphierenden Blick Captain Stewarts Beachtung zu schenken.

„Unsere Männer unversehrt nach Hause zu bringen. Dies ist *mein* Ziel – und das Seiner Majestät. Alles Übrige müssen wir dem Allmächtigen überlassen." Der Colonel schwang sich auf seinem Drehstuhl herum und starrte auf die Landkarte, die hinter ihm hing. Palästina war ein winziger roter Fleck inmitten des mittelöstlichen Fleckenteppichs von Gewalt und Aufruhr. „Meiner Meinung nach sind alle Anstrengungen für dieses Gebiet vergebliche Liebesmüh", meinte er nach einem unbehaglichen Schweigen. „Ist Ihnen bekannt, wie viele Engländer bei der Verteidigung dieses Gebietes gegen Rommel gefallen sind?" Er sah von einem zum andern. „Natürlich hat Captain Stewart 1942 in der Schlacht von El Alamein noch nicht mitgekämpft. Dafür ist er noch zu jung."

Stewart betrachtete seine Hände. „Mein Bruder war dabei."

„Ja, natürlich. Der Tod Ihres Bruders ist sehr bedauerlich. Durch die Hände jüdischer Terroristen zu sterben, nachdem er so tapfer gegen die Nazis gekämpft hatte." Der Colonel schüttelte den Kopf. „Sie waren mittendrin, nicht wahr, Captain Thomas?"

Luke nickte und strich seine Bartenden glatt. „Unter Feldmarschall Montgomery. Wir verloren 13.500 Mann, Rommel dagegen 55.000. Churchill nannte dies den Anfang vom Ende. Aber wir schlugen die Nazis zurück. Zum Schluss waren die Ölfelder gerettet und Palästina ist nie besetzt worden. Wahrscheinlich ist dadurch verhindert worden, dass auch noch der Mufti ein Todeslager bauen konnte, um die Juden Palästinas auszurotten." Er räusperte sich. „Dies war nämlich seine Absicht – und ist es immer noch."

Der Colonel war so erregt, dass er nicht einmal aufstand, um die Platte umzudrehen, nachdem die Musik verklungen war. Seine Stimme war deutlich bis ins Vorzimmer zu vernehmen: „Vor kaum mehr als drei Jahren haben wir dieses Gebiet vor dem Feuer gerettet. England hat wegen dieser undankbaren Juden zahlreiche gute Leute verloren. Was zu viel ist, ist zu viel. Und nun sollen wir schon wieder gegen alle kämpfen! Gegen die Juden! Gegen die Araber!"

„Auch wir haben Lager für die Juden errichtet", warf Luke ein und erlaubte seiner Stimme, ebenfalls lauter zu werden.

„Zum Nutzen Palästinas! Und zum Nutzen der Juden. Was glauben Sie, wie lange wir hier Frieden halten könnten, wenn eine halbe Million Überlebender nach Palästina käme!"

„Es hätten noch viele Millionen mehr überlebt, wenn wir, die Mächtigen, ihnen vor dem Krieg erlaubt hätten, nach Palästina auszuwandem. Wir haben uns bei unserer Aufgabe, den Frieden zu bewahren, nicht gerade mit Ruhm bekleckert, nicht wahr? Der Krieg ist nun seit drei Jahren vorbei, und diese Menschen haben *immer noch* keine Heimat. Es muss doch einen Ort geben, an dem sie bleiben können."

„Zum Teufel!", schnauzte der Colonel. „Sollen sie doch dorthin zurückkehren, wo sie herkommen!"

„Das wäre in der Tat die Hölle." Luke wusste genau, dass er mit jedem Wort, das er sprach, das Ende seiner Laufbahn untermauerte, aber irgendwie spielte das jetzt keine Rolle mehr.

„Ich bedaure die Juden so sehr wie alle anderen. Und die Kriegsverbrecherprozesse, die jetzt in Nürnberg stattfinden, beweisen, dass die Welt ein Gewissen hat. Aber wir treten hier in Palästina auf der Stelle, ebenso wie die Juden auf der Stelle treten bei dem Versuch, ihr eigenes Überleben zu regeln. Für uns gibt es nichts mehr zu tun, als unsere eigenen Leute nach Hause zu bringen!" Der Colonel hatte seine Ausführungen beendet. Luke hatte das Gefühl, dass dies auch auf seine berufliche Laufbahn zutraf. Für den Colonel gab es jetzt nichts mehr zu sagen. Die Heimat, England und das Überleben seiner Leute waren alles, was für ihn noch eine Rolle spielte.

„Jawohl, Sir", erwiderte Luke.

„Nun, ich bin froh, dass wir einer Meinung sind." Der Colonel atmete tief durch. „Sie werden Captain Stewart dabei behilflich sein, das Kommando in der Altstadt zu übernehmen."

„Jawohl, Sir. Aber ..."

„Noch eine Frage", unterbrach ihn der Colonel und klopfte mit dem Pfeifenstiel gegen seine Zähne. „Dieser Bursche, Mosche Sachar, dieser Bursche, der für die Lebensmittelversorgung des jüdischen Viertels zuständig ist –, was für ein Mensch ist das eigentlich?"

„Ein guter Mensch. Ein Archäologe."

„Ein Archäologe?", rief Stewart verächtlich.

„Ja", erwiderte Luke mühsam. „Er hat in Oxford studiert. Ein guter Mensch."

„In Oxford?" Der Colonel schien beeindruckt. „Nun gut."

„Man kann keinem Juden trauen, egal, wo er studiert hat", wandte Stewart ein und rutschte unruhig auf seinem Stuhl hin und her.

Luke atmete hörbar aus und ließ den Colonel nicht aus den Augen. „Mosche Sachar hat während des Krieges in der Schlacht von El Alamein eine bedeutende Rolle gespielt, Colonel Black!", sagte er mit vor Zorn bebender Stimme. „Professor Sachar ist damals viel hinter den deutschen Linien herumgefahren. Er hat vorgeblich die Wasserleitungen kartografiert und dabei für die britische Armee einen möglichen Fluchtweg gesucht – für den Fall, dass wir doch von Rommel geschlagen werden sollten. All dies hat er unter Lebensgefahr für England getan."

„Nun ja, wir sind aber nicht geschlagen worden, oder?", meinte Stewart bissig.

„In Oxford studiert, wie?", wiederholte der Colonel. „Klingt so, als ob er ein ganz vernünftiger Mann wäre."

„Das ist er, Sir. – Ist das alles?"

„Im Moment ja, Captain. Ich nehme an, Ihr Versetzungsbefehl wird in Kürze durchgegeben werden. Sie können abtreten."

Luke salutierte und ging zur Tür. Als er den Türgriff bereits in der Hand hatte, wandte er sich jedoch noch einmal zu Colonel Black um. Dabei sah er, dass Stewart ihn triumphierend angrinste.

„Colonel, Sir?", bat Luke noch einmal ums Wort.

„Gibt's noch etwas, Thomas?"

„Ich möchte nur einen Punkt richtig stellen, Sir. Wir sind nicht einer Meinung." Luke salutierte noch einmal und schloss dann die Tür hinter sich.

* * *

Jehudit Akiva lächelte den britischen Offizier kurz an, der ihrem Vater einen Besuch abstatten wollte.

„Angenehm, Sie ebenfalls kennen zu lernen, Rabbi Akiva", grüßte Captain Stewart und ergriff die ausgestreckte Hand des Rabbiners. „Es tut immer wieder gut, einen vernünftigen Menschen kennen zu lernen – ungeachtet seines persönlichen Glaubens."

Akivas Lächeln erstarrte einen Augenblick. Doch gleich darauf hatte er seine Fassung wiedererlangt. „Eine Zeit lang habe ich gedacht, die britische Regierung habe den Verstand verloren, weil sie diese Unruhestifter unterstützte. Ich bin nur Rabbiner, kein Zionist. Ich würde vorschlagen, diese Haganah beim ersten Anzeichen von Unruhe des Viertels zu verweisen."

„Ganz meine Meinung. Mit Ihrer Unterstützung werden wir diesen Leuten gern eine Lektion erteilen. Und was ist mit dieser Frau?"

Akiva schob nachdenklich die Unterlippe vor und wiegte den Kopf. „Das wäre unklug. Sie ist mit einem alten Rabbiner verwandt und recht beliebt. Sie ist, im Gegensatz zu diesen hergelaufenen Immigranten, in der Altstadt verwurzelt. Wir wollen keine Märtyrer. Da gibt es andere Methoden. Meine Tochter Jehudit kann Ihnen dabei behilflich sein, die alte Ordnung wieder herzustellen. Sie weiß, wo sie suchen muss, und wird Ihnen gerne Informationen liefern. Wenn Sie irgendwie Hilfe brauchen ..."

„Ich danke Ihnen beiden. Ich bleibe ganz bestimmt in Kontakt mit Ihnen." Captain Stewart verneigte sich leicht zu Jehudit hin und ging.

Akivas Lächeln erlosch augenblicklich. „Jehudit!", schnauzte er. „Komm mit in mein Arbeitszimmer!"

Gehorsam folgte Jehudit ihrem Vater in das dunkle Zimmer. „Was gibt es, Vater? Du hast dem Engländer gesagt, ich könne helfen. Was kann ich denn tun?"

Akiva zündete die Lampe an und sank schwerfällig auf den Stuhl hinter seinem Schreibtisch. Er spielte mit dem Rand eines winzigen Papierstückchens, bevor er es entfaltete und einen Augenblick lang eingehend betrachtete. Das Licht spiegelte sich dabei in seinen Brillengläsern, so dass Jehudit, die unruhig vor ihm stand, seine Augen nicht sehen konnte. Schließlich begann er: „Diese Rachel ist vielleicht nicht das, was sie zu sein scheint. Oder vielleicht ist sie sogar viel mehr, als sie zu sein scheint." Sein Mund verzog sich zu einer Art Lächeln.

„Was meinst du damit, Vater?"

„Wir müssen uns darüber Gewissheit verschaffen." Er warf wieder einen kurzen Blick auf das Papier. „Auf ihrem linken Unterarm hat sie ein Zeichen. Es sieht so aus wie dies hier." Er reichte Jehudit das Papier.

„Was bedeutet das?" Sie betrachtete das fremde schwarze Zeichen mit den unverständlichen Worten.

„Es bedeutet das Ende des Widerstandes gegen mich." Akiva nahm das Papier wieder an sich und lächelte die verwirrte Jehudit breit an: *„Nur für Offiziere."*

20. Der Konvoi

„Ich kann aber auch gar nichts tun, um dir zu helfen, Mosche", meinte Luke bitter, während er seinen Tee umrührte. „Ich habe den Versetzungsbefehl vom Colonel persönlich bekommen. Und alle werden heute Nachmittag peinlich genau darauf achten, wie du dich bei der Verladung der Fracht benimmst; denn es gibt keinen mehr in der Armee, der nicht von der neuen Politik gehört hätte. Bis zum letzten Rekruten sind sie alle darüber informiert. Wenn auch nur der geringste Verdacht besteht, dass ich meine Hände im Spiel habe, ist alles vorbei, Mosche."

„Natürlich. Das verstehe ich, Luke", erwiderte Mosche doch etwas enttäuscht. „Du hast für einen Einzelnen mehr als genug getan. Ich erwarte nicht, dass du ..."

„Wenn du für ein oder zwei Wochen untertauchen könntest, vielleicht ... vielleicht könntest du dann hier und da ein paar Gegenstände in die Altstadt schmuggeln. Aber du musst begreifen, dass nach der neuen Order alle Brote aufgebrochen und alle Bohnen nach Kugeln durchsucht werden sollen. Auch eure Kerosinlieferungen werden einer persönlichen Kontrolle unterzogen, und zwar nicht mehr von mir. Nicht von mir. Der Mann, der die Kontrolle vornimmt, steht genauso überzeugt hinter der Mandatspolitik wie du hinter dem Zionismus. Sein Bruder ist bei dem Anschlag der Irgun auf das King David Hotel ums Leben gekommen. An ihm werden wir also nichts vorbeischleusen können." Er rieb sich gedankenverloren das Kinn, während Mosche mit bedenklicher Miene einen leisen Pfiff ausstieß. „Insbesondere keinen Mann in einem Mehlfass", fuhr Luke fort. „Und schon gar keinen, der sich in einem Mehlfass *versteckt* und noch dazu einen Gipsverband um den Arm hat. Das ist viel zu gefährlich, Mosche. Siehst du das ein?"

Mosche nickte. „Du hast natürlich Recht. Ich habe diesen hier" – er tippte sich mit dem Finger an die Stirn – „nicht gebraucht. Eine verrückte Idee."

„Ich weiß nicht genau, warum du unbedingt in die Altstadt möchtest, aber ich bin sicher, dass du einen guten Geschmack hast, was Frauen anbelangt."

Mosche lächelte. „Ja, das habe ich."

„Sie ist wirklich ausnehmend hübsch, sogar wenn sie pudelnass ist."

„Ja, das ist sie."

„Es gibt mehrere Arten, eine Katze zu häuten, wie die Amerikaner sagen. Möchtest du, dass ich sie verhaften lasse? Das wäre eine sichere Methode, sie aus der Altstadt herauszuholen."

Mosche schüttelte lächelnd den Kopf. „Aber nicht die beste. Ich danke dir jedenfalls. Ich bin sicher, sie hat ihre Gründe dafür, dass sie dort bleiben will. Genauso wie ich meine persönlichen Gründe dafür habe, dass ich bei ihr sein möchte."

„Du bist völlig besessen von diesem Mädchen."

„Verhext wäre ein treffenderer Ausdruck. Ich habe das Gefühl, als müsste ich verrückt werden, wenn ich sie nicht sehe. Wenn ich ihr nicht sagen kann ..." Mosche fuhr sich frustriert durchs Haar.

„Auch in der Verkleidung eines Arabers wirst du nicht durch das Jaffa-Tor kommen. Du würdest sofort durchsucht werden."

„Das genau ist der Punkt. Ich habe auch nicht vor, irgendetwas anderes als mich selbst hineinzuschmuggeln. Ich werde keine Waffen tragen. Und was mein Arabisch anbetrifft, so kann ich mich mit den Besten messen ..."

„Aber du hast Brust und Arm in Gips, Mosche. Man wird dir Fragen stellen."

„Ich werde mir schon etwas ausdenken."

„Die Hälfte der britischen Soldaten wird dich wiedererkennen und wissen, dass du immer beim Beladen des Konvois dabei warst."

„Ich werde mir den Bart abrasieren", meinte Mosche und strich sich über seinen kurzen Kinnbart.

„Ein guter Anfang." Dann beugte Luke sich lebhaft vor. „Du bist doch in Oxford gewesen. Wie gut ist dein britischer Akzent?"

Mosche holte tief Atem und sprach dann in klarem Oxfordenglisch:

„Eigentlich recht gut. Man merkt kaum, dass ich kein waschechter Brite bin."

„Nicht schlecht. Aber ich bezweifle, dass wir einen Mantel finden würden, der groß genug wäre, dieses Monstrum von einem Gipsverband zu kaschieren." Luke runzelte nachdenklich die Stirn. „Sprichst du Armenisch? Oder Syrisch?"

„Fließend."

„Ausgezeichnet!", rief Luke und schlug sich vor Begeisterung aufs Knie. Der Plan nahm allmählich Formen an. „Ja", – er musterte Mosche mit zusammengekniffenen Augen –, „du siehst wirklich wie ein grundanständiger Mensch aus. Mit der passenden Kutte und etwas Weihrauch kannst du dich wohl durch das Jaffa-Tor mogeln, wenn sich alle Wachtposten am Zion-Tor befinden, um die Fracht des Konvois zu kontrollieren."

Mosche versuchte seine Erregung zu verbergen. „Wird es schwierig sein, mir die passende Kleidung zu besorgen?"

„Ziemlich schwierig, aber ich komme nach dem Mittagessen wieder. Lass den Bart dran! Deine Sprachkenntnisse werden dein Visum sein, alter Junge."

* * *

In seinem britischen Tweedanzug sah Gerhardt vom Scheitel bis zur Sohle aus wie ein kleiner englischer Beamter bei einem Bummel durch die überdachten Basare des arabischen Viertels der Altstadt. Durch die kleinen quadratischen Fenster in der Mitte der Überdachung fiel das Sonnenlicht auf den Gemüsemarkt und die feilschende Menge, die einen geradezu ohrenbetäubenden Lärm machte. Gerhardt lächelte zufrieden über die Fülle des Obst- und Gemüseangebotes der arabischen Stände. Eine alte Araberin rief ihm etwas zu und hielt eine dicke, reife Orange in die Höhe, als er an ihrem Stand vorbeiging. Ein dürrer Lastenträger, der einen mit frischem Gemüse randvoll gefüllten Korb schleppte, der doppelt so groß war wie er selbst, folgte einem dicken, wohlhabend aussehenden Restauranteinkäufer, der von einem Stand zum nächsten ging. Überall lag der Lärm der Feilschenden in der Luft, und überall erzielte man schließlich einen Preis, der sowohl den Verkäufer als auch den Käufer zufrieden stellte.

Das Einzige, was bei diesem bunten Markttreiben anders war als sonst, war das Fehlen der Juden. Es war eine bedauerliche Tatsache, dass den jüdischen Mittagstischen der Überfluss der arabischen abging. Gerhardt erfüllte der Gedanke mit Zufriedenheit, dass es die geschickte Kriegsführung eines einzelnen Mannes gewesen war, die auch den letzten Juden von der Straße vertrieben hatte. Er war Allah dankbar dafür, dass sich dieses Gewürm in seinen Hütten verbarg, während er bereits eine neue Überraschung für sie plante.

* * *

Howards schwarzer Plymouth fuhr auf der Straße vor dem Komplex der Jewish Agency, wo er geparkt worden war, davon. Und Mosche winkte Jakov, der ihn aus dem Rückfenster anlächelte, noch zum Abschied zu.

Ich werde Rachel sagen, dass es dir gut geht, Jakov, dachte er, während der alte Wagen an drei britischen Lastwagen vorbeifuhr und den Weg zum Hadassah-Krankenhaus einschlug. Während David bei einem Fliegertreffen in der Jewish Agency war, ging Ellie inmitten der Stapel von Fässern und Kisten auf dem Parkplatz mit schussbereiter Kamera auf und ab, um dokumentarisch festzuhalten, dass es in der Jewish Agency keinen Tag der Ruhe gab. Als Mosche sich umsah, bemerkte er, dass sie ihre Linse auf das verschwitzte Gesicht eines jungen Mannes fixierte, der eine Tonne mit ca. zwanzig Litern Kerosin auf einen Transportwagen lud. Zum ersten Mal seit Wochen entsprach die Fracht, die nun kontrolliert wurde, dem, was sie zu sein vorgab. Im Schutz des Dachüberstandes des Gebäudes lagerten Bohnensäcke, und die Holzkisten mit den Anchovis verschwanden beinahe unter einem Berg von frischem Brot. Wie Luke angekündigt hatte, ging eine Gruppe von britischen Kontrolleuren von einem Stapel zum nächsten, öffnete die

Kistendeckel und durchsuchte das Innere der Kisten auf Kugeln und Granaten.

„Lächeln, Freunde!“, hörte Mosche Ellie sagen, als sie die missmutigen Gesichter zweier Kontrolleure fotografierte, die einen Sack mit Milchpulver durchwühlten. Dann ging sie weiter zu einem Offizier, der damit beschäftigt war, alle Brotlaibe aufzubrechen, bevor er sie in große Sackleinentaschen packte und dann auf den wartenden Lastwagen warf.

Mosche, seine Schreibunterlage in der einen Hand und das in Fleischerpapier eingewickelte Päckchen, das Luke ihm gebracht hatte, unter dem Verband verborgen, wanderte in dem Gefühl völliger Nutzlosigkeit über den Parkplatz. Erst nachdem die Kontrolleure jeden einzelnen Posten der Fracht einer Prüfung unterzogen hatten, durfte er ihre Verladung auf die Lastwagen anordnen. Wenn er daran dachte, wie verzweifelt das jüdische Viertel Munition brauchte, wurde er von dem Gefühl der Ohnmacht beinahe überwältigt. Wenn er jedoch sah, wie das Brot aufgebrochen wurde, war er für Lukes Hinweis auf die heutige Kontrolle dankbar. Falls auch nur eine einzige Waffe gefunden würde, wäre es mit dem Privileg des Konvois vorbei. Er war dankbar dafür, dass die Agency auf eine Situation wie diese vorbereitet war. Dann berührte Mosche versonnen das Päckchen unter seinem Arm und musste unwillkürlich lächeln. Er war sicher, dass es ihm durch das geplante Ablenkungsmanöver gelingen würde, der Aufmerksamkeit der Wachtposten zu entgehen und unbemerkt durch das Jaffa-Tor in die Altstadt zu gelangen.

Plötzlich hörte er, wie Ellie ihm mit gereizter Stimme etwas zurief: „Mosche! Sieh dir das nur an!“

Die Hände in die Hüften gestemmt, stand sie entrüstet neben dem Brotkontrolleur. „Sie brauchen das Brot doch nicht in kleine Fetzen zu reißen!“, schrie sie den Mann an. „Es hat nämlich niemand vor, es für Hostien zu verwenden. Wahrscheinlich möchten es die Leute für praktischere Zwecke benutzen, z. B. für so etwas wie Butterbrote – falls sie überhaupt noch Stücke finden, die dafür geeignet sind.“

„In welcher Eigenschaft sind Sie hier, Miss?", fragte der Kontrolleur ungerührt, ohne sich bei seiner Tätigkeit stören zu lassen.

„Ich bin Fotografin, Mann. Und wenn Sie nicht wollen, dass Ihr Gesicht in der ganzen ..."

Mosche unterbrach sie und fragte in ruhigem Ton: „Ist irgendetwas nicht in Ordnung, Ellie?"

„Na, sieh dir das doch mal an!", meinte sie vorwurfsvoll. „Wer soll das denn noch essen? Er hat Hackfleisch aus einem schönen Stapel von Brotlaiben gemacht."

„Zündkapselkontrolle", sagte der Kontrolleur ungerührt, ohne seine Tätigkeit zu unterbrechen.

„Mach dir nichts draus, Ellie", meinte Mosche lächelnd. „Wenn der Bursche dabei auf eine Zündkapsel stößt, werden wir ebenfalls entsprechende Schwierigkeiten haben, ihn hinterher aus den Brotstückchen herauszusuchen, meinst du nicht auch?"

Der Kontrolleur erbleichte und starrte mit schreckgeweiteten Augen auf die Berge von Brot, die durchsucht werden mussten. Mosche hörte noch, wie er schluckte, als er Ellies Arm nahm, um sie zu einem Stapel Anchoviskisten zu führen. Dort ließ er sie sich setzen.

„Warte hier, meine kleine Schickse. Wir können ja doch nichts ändern. Was diese Männer hier nicht zerstören, werden die arabischen Wachen am Zion-Tor versuchen zu stehlen. Es bleibt uns nichts anderes übrig, als diese Situation noch eine Weile zu ertragen. Nur noch kurze Zeit, ja?"

„Aber es macht mich einfach böse, Mosche", meinte Ellie zornig. „Wenn ich außerdem daran denke, dass Rachel in der Altstadt ist, macht mich das rasend, weißt du?"

„Das verstehe ich", erwiderte Mosche leise. „Aber vielleicht kann auch dem abgeholfen werden. Mach dir keine Sorgen, Ellie."

„Was soll denn das heißen? Was führst du im Schilde, Mosche?", fragte sie mit vor Erregung gefährlich lauter Stimme.

„Nichts", erwiderte er schnell und legte einen Finger an seine Lippen. „Nichts, was dich beunruhigen sollte."

„Ich weiß sehr wohl, wer Sie sind ...", meinte einer der Kontrolleure, der an ihnen vorbeiging.

„Bitte ...“ Mosche zog besorgt die Stirn kraus und berührte sanft Ellies Wange. „Warte hier einfach auf David, ja?“

Ellie schnaubte beleidigt und starrte hinter Mosche her, während dieser durch die lärmende und drängende Menge ging, die die Kisten wie eine Packerbrigade auf die Lastwagen lud.

Plötzlich hörte man einen Schrei von der anderen Straßenseite. Eine Gewehrsalve krachte trocken und dann raste ein blauer Polizeilieferwagen davon. Die Kontrolleure ließen alles fallen, was sie gerade in den Händen hielten und rannten zur Straße.

„Die haben den Wagen geklaut!“, rief ein junger Offizier mit rosigem Gesicht und gestikulierte wild mit den Armen. „Hinterher! Zwei Juden! Hinterher. Die haben den Wagen geklaut!“

Ein Motorrad raste röhrend los, um die Verfolgung des Lieferwagens aufzunehmen. Ein anderer Kontrolleur hatte es gerade noch geschafft, in den Beiwagen zu springen. Zwei Wagen der Militärpolizei schlossen sich ihnen an und Ellie war gut damit beschäftigt, verärgerte britische Soldaten aufzunehmen, die schimpfend und fluchend wieder an ihre Arbeit gingen.

Mosche wippte auf seinen Fersen, während er den Sack Bohnen in Augenschein nahm, der soeben in den ersten Lastwagen gestellt worden war. Dann tippte er kurz an seinen Hut und bedankte sich damit bei dem muskulösen jungen Träger, der, unbeobachtet von den Kontrolleuren, die Fracht gerade in den Wagen gehoben hatte. Durch das Ablenkungsmanöver hatten noch viele kleine Gegenstände in den zuvor inspizierten Lebensmitteln versteckt werden können. Und Mosche wusste, dass am Nachmittag ein ähnliches Manöver am Zion-Tor dazu benutzt werden würde, um die arabischen Wachtposten von der Erfüllung ihrer Pflicht abzulenken.

* * *

Mosche schaute auf seine Armbanduhr. Seit dem Diebstahl des blauen Lieferwagens waren eine Stunde und vierzig Minuten vergangen. David kam durch die gläserne Doppeltür der Agency auf den inzwischen freigeräumten Parkplatz, auf dem nur noch die beladenen Lastwagen warteten.

„Heh, David!", rief Ellie. „Du hast etwas sehr Aufregendes verpasst! Diese Kontrolleure sind die reinsten Tiere; haben einfach alles auseinander gerissen. Und zwei Kerle haben ihnen einen Lieferwagen gestohlen. Das war vielleicht ein Nachmittag! Ich habe alles auf die Platte gebannt." Sie klopfte auf ihre Kamera.

„Können wir gehen?", wandte sich David an Mosche.

„Gleich. Warum nimmst du dir nicht schon ein Taxi und bringst Ellie nach Hause? Ich brauche noch ein Weilchen."

„Ich möchte aber bleiben", protestierte Ellie.

„Ich glaube nicht." Mosche sah starr auf seine Schreibunterlage und gab vor, den beleidigten Gesichtsausdruck, der bei seinen Worten auf Ellies Gesicht trat, nicht zu bemerken. „Ich habe noch eine Menge zu tun, David. Ich glaube, es ist das Beste, du bringst Ellie jetzt nach Hause."

„Natürlich. Natürlich, Mosche. Komm, Ellie", pflichtete David bei und nahm sie am Arm.

„Wartet!", rief Ellie entrüstet und entwand sich ihm. „Ihr wisst etwas, was ihr nicht sagen wollt. Und ihr sagt etwas, was ich nicht verstehe."

„Meinst du denn, wir lassen die Presse alles wissen, Ellie?", neckte David sie und ergriff wieder ihren Arm.

„Ach, hör auf mit dem Quatsch, David. Los. Was geht hier vor?", fragte sie leise. „Hast du vor, mit diesem Zeug da mitzufahren, Mosche?"

„Nein", entgegnete er wahrheitsgemäß. „Ich habe wirklich noch eine Menge zu tun. Ich seh' euch beide dann zu Hause, ja? Macht's gut." Er klopfte Ellie aufmunternd auf die Schulter und warf David einen vielsagenden Blick zu, den dieser verstehend erwiderte. Ohne ein weiteres Wort machte Mosche auf dem Absatz kehrt und sprang auf die Ladefläche des letzten Lastwagens.

David schob die noch immer lauthals protestierende Ellie auf den Rücksitz eines Taxis und verschloss ihr den Mund mit einem Kuss.

Mosche lächelte still in sich hinein, während die beiden in Richtung Rehavia davonfuhren – Ellie nun still in Davids Armen ruhend.

Heute Abend, wenn Gott will, dachte Mosche, *werde ich meine Rachel in den Armen halten. Lieber Gott, bitte lass es geschehen!*

Er trat in das Dunkel des Laderaumes und zog die schwere Plane hinter sich herunter. Kurz darauf sprangen die Motoren an, und der Konvoi von fünf Lastwagen setzte sich mit einem Ruck in Bewegung.

Mosche öffnete rasch das Päckchen, das Luke ihm gegeben hatte, und zog sich, breitbeinig wie ein Seemann die Balance haltend, die langen Gewänder eines ägyptischen Mönches über den Kopf. Sein schwerer Gipsverband verschwand völlig darunter. Da nur noch der Handverband sichtbar war, steckte er die verräterische Hand in eine der geräumigen Taschen der Sutane. Dann zog er eine Mütze über den Kopf und schlug noch eine Kapuze darüber.

Da er sich auf dem letzten Lastwagen des Konvois befand, konnte er ungehindert in den spätnachmittäglichen Himmel sehen. Dabei stellte er fest, dass sie fast schon am Mamilla-Friedhof angekommen waren.

Er horchte auf das heulende Geräusch, das die Motoren der vorausfahrenden Lastwagen machten, als die Fahrer vor der langen Kurve herunterschalteten, die sie zum Berg Zion und schließlich zum Zion-Tor führen würde. Die Gedenksteine von Mamilla, dem moslemischen Friedhof, der an der Grenze zwischen den jüdischen und den arabischen Teilen der Neustadt lag, waren schon deutlich zu erkennen. Mosche legte sich noch ein großes, verziertes Kreuz um, öffnete dann die Leinenplane ein kleines Stück und schaute wieder hinaus. Zu seinem Ärger bemerkte er, dass ein kleines grünes Taxi dicht hinter ihnen herfuhr. Mosche sah das ärgerliche Gesicht des Fahrers, der immer wieder hupte und die langsam fahrenden Lastwagen verfluchte. Als Mosches Lastwagen dann heulend heruntergeschaltet wurde, hupte der Taxifahrer erneut, scherte rasant aus und überholte den Lastwagen. Dieser geriet heftig ins Schwanken, als das Taxi nur mit knapper Not einem entgegenkommenden Fahrzeug ausweichen konnte. Während der Lastwagen mit einem Rad geräuschvoll über den Randstreifen rumpelte, entdeckte Mosche ein großes Mausoleum, das ihm als Unterschlupf dienen konnte. In diesem Augenblick bremste der Fahrer heftig. Mosche duckte sich und sprang gerade noch rechtzeitig ab, bevor eine Kiste mit Anchovis herunterfiel.

Er setzte mit katzenhafter Leichtigkeit auf dem Boden auf und rang nur ganz leicht um sein Gleichgewicht, da ihn das schwere Gewicht des Verbandes um Brust und Arm behinderte. Dann rannte er schnell die wenigen Meter bis zum Friedhof und kauerte sich hinter einen großen Gedenkstein ganz in der Nähe der Straße. Der Konvoi rumpelte weiter, ohne dass auch nur jemand geahnt hätte, dass er als blinder Passagier bis tief in arabisches Territorium eingedrungen war.

Er ordnete seine Gewänder und zog seine Kapuze tief in die Stirn. Dann ging er gemessenen Schrittes zwischen den Gedenksteinen umher, als ob er sich auf einer Pilgerreise befände. Der hoch vor ihm aufragende Davidsturm mit der Zitadelle wies auf die Stelle, an der das Jaffa-Tor lag. Dicht vor der Altstadtmauer befand sich das völlig ausgebrannte jüdische Geschäftsviertel, das vom arabischen Mob am Tage nach der Teilung niedergebrannt worden war. Mosche hob seinen Blick zum Jaffa-Tor und betete schweigend: *Bitte mach, dass mich niemand beachtet, Herr. Führe mich unversehrt durch das Tor zu Rachel.*

Eine alte Frau, die Blumen neben einen verwitterten Grabstein stellte, warf nur einen flüchtigen Blick auf Mosche und wandte sich dann wieder ihrer Tätigkeit zu. Auf der Straße neben der Altstadtmauer sah Mosche eine Gruppe von arabischen Freischärlern, die gerade ihren Standort vom Jaffa-Tor zum Zion-Tor verlegten. *Schütze deine Diener, die deine heiligen Stätten verteidigen. Behüte ihr Leben und schütze ihre Fracht. Lass es gelingen, Herr. O Gott, lass es gelingen!*

Er erreichte den Rand des Friedhofs und passierte eine weitere Gruppe von Jihad-Moqhaden, die ebenfalls vom Jaffa-Tor abgezogen wurden. Obwohl er ihnen so nahe kam, dass sie ihn hätten berühren können, schenkten sie dem Mönch, der so schnell an ihnen vorbei zu dem großen Platz vor dem Tor ging, keinerlei Beachtung.

In fünf Minuten würde die Linie eins ankommen und das Ablenkungsmanöver würde ausreichen, ihn unbeachtet in die Altstadt schlüpfen zu lassen.

21. Am Jaffa-Tor

Gerhardt blickte auf seine Armbanduhr. Gleich halb fünf. Er hatte nur noch ein paar Minuten Zeit, um die Linie eins am Jaffa-Tor zu erreichen. Er arbeitete sich hastig durch die wogende Menschenmenge. Vor ihm ging ein Mönch in einer schwarzen Kutte und besah sich in aller Ruhe die Verkaufsstände. Gerhardt schob sich ungeduldig an ihm vorbei und strebte dann im Laufschritt durch die engen, verschachtelten Gassen dem Omar-Platz zu, der sich gleich an die massiven Quader der Zitadelle anschloss. Er hatte das Jaffa-Tor vor sich.

Als er am Petra-Hotel vorüberging, kam gerade ein Händchen haltendes Paar heraus und ging vor ihm her. Die beiden machten auf ihn den Eindruck, als ob sie Briten wären, und er fragte sich, warum jemand aus freien Stücken in dieser bitteren Zeit nach Jerusalem kam. *Missionare,* dachte er, *oder kleine Regierungsangestellte.* Da das Paar mitten in der Menge ging, die sich zum Jaffa-Tor wälzte, war es ihm nicht möglich, sie zu überholen. Er fluchte leise auf Arabisch vor sich hin und sah verzweifelt über den Kopf der jungen Frau hinweg auf die Menschenmenge, die gleich hinter dem Tor stand. Es war so gut wie aussichtslos, dass er es schaffte, in den Bus zu steigen, und es würde eine geschlagene halbe Stunde dauern, bevor der nächste zum Jaffa-Tor kam.

„Wir sollten uns besser beeilen!“, trieb der junge Mann die Frau an, zog sie an der Hand und versuchte sich durch das Gewühl zu schieben.

Also doch, dachte Gerhardt, *tatsächlich ein Engländer.*

„Wenn wir den Bus verpassen, kommen wir zu spät zum Abendessen zu Trudy, nicht wahr?“, fragte die junge Frau.

„Entschuldigung“, sagte Gerhardt und versuchte noch einmal, sich an den beiden vorbeizudrängen. Was war schon eine x-beliebige Abendgesellschaft im Vergleich zu seinem Auftrag! Da sie jedoch unbedingt den Bus erreichen wollte, gab die Frau vor, ihn nicht zu bemerken.

Er kochte vor Wut. Einen Augenblick lang erwog er sogar, sie niederzuschlagen, während sie sich unter einer Fußgängerüberführung hindurch- und an drei missmutig aussehenden arabischen Wachen vorbeischoben.

„Ist der Bus schon da, Tom?“, fragte die Begleiterin des jungen Mannes, während sie auf Zehenspitzen versuchte, über die wogenden Köpfe hinwegzusehen.

„Nein, noch nicht, Liebling.“

Da entdeckte Gerhardt in weiter Entfernung den Bus. Während sich dieser langsam der Bushaltestelle näherte, fuhr ein blauer palästinensischer Polizeilieferwagen rücksichtslos an ihm vorbei. Instinktiv blieb Gerhardt stehen. Der Wagen fuhr zu schnell für eine routinemäßige Streifenfahrt. Die Polizisten waren zweifellos hinter etwas oder jemandem her. Gerhardt griff unwillkürlich nach der Pistole in der Seitentasche seines Mantels und verlangsamte seine Schritte, während das junge Paar weiterdrängte.

* * *

Mosche hatte gerade den Aufstieg zum Jaffa-Tor begonnen, als er auf der Hauptstraße zu seiner Linken das Stottern des Busmotors vernahm. Da ihm die Menschenmenge, die an diesem Nachmittag auf den Bus wartete, besonders groß erschien, war er sich ziemlich sicher, dass er das Jaffa-Tor ohne Schwierigkeiten passieren würde.

Die drei moslemischen Wachtposten, die noch am Tor zurückbehalten worden waren, starrten Zigaretten rauchend und mit enttäuschten Gesichtern in Richtung ihrer Kameraden am Zion-Tor. Keiner von ihnen schenkte dem Bus, der sich ächzend den wartenden, drängelnden Fahrgästen näherte, Beachtung.

Mosche sah sich nach den Jihad-Moqhaden um, die in der Ferne verschwanden. Außer ihm befand sich kein weiterer Fußgänger auf der Straße, die die beiden Tore verband. Er verharrte einen Augenblick, um nach dem gestohlenen blauen Polizeiwagen Ausschau zu halten, der planmäßig an der Mauer entlang von Süden kommen sollte. Als er sich noch einmal unschlüssig nach dem Bus umsah, blieb er wie angewurzelt stehen und hielt den Atem an: Auf der Jaffa-Road im Nordwesten konnte er nicht nur deutlich den blauen Polizeiwagen erkennen, sondern auch, dass dieser dem ächzenden Bus gefährlich nahe kam.

Was machen die denn? Warum kommen die denn aus dieser Richtung?

Da scherte der Polizeiwagen mitten auf der Steigung aus und überholte den Bus. Bei diesem Manöver riss er ihm beinahe die vordere Stoßstange ab und brachte ihn heftig ins Schwanken. Mosche beschleunigte seine Schritte. Noch immer ganze fünfzig Meter vom Platz am Jaffa-Tor entfernt, wusste er, dass er es nicht schaffen würde, das Tor zu passieren, bevor der Wagen an ihm vorbeigeschossen und zu seinem Ziel, einer fast menschenleeren Stelle an der Mauer, gelangt war. Aus dem fahrenden Wagen würde genau hinter die Jihad-Moqhaden eine Bombe auf die Straße geworfen werden. Dieser Vorfall würde hoffentlich die Aufmerksamkeit der Wachtposten an beiden Toren so sehr in Anspruch nehmen, dass sowohl die Schmuggler mit ihrer Fracht als auch Mosche unbeachtet durch das Jaffa-Tor gelangen konnten. Dieser Plan war wirklich narrensicher, wenn nur die Tatsache nicht gewesen wäre, dass der Polizeiwagen volle fünf Minuten zu früh kam. Der Konvoi hatte wahrscheinlich noch nicht einmal das Zion-Tor erreicht.

„Was soll das denn?“, entfuhr es Mosche, als der blaue Wagen mit quietschenden Bremsen mitten auf dem Platz vor der wartenden Menschenmenge zum Stehen kam. Zu seinem Entsetzen kam sofort die tödliche Antwort: Die hinteren Türen flogen mit einem Schlag auf und im Wageninnern sah Mosche eine große Tonne und einen völlig verängstigten jungen Mann, der verzweifelt ein Streichholz anzuzünden versuchte. Einen Augenblick lang starrte die Menge den Juden im hinteren Teil des Wagens gebannt an. Dann stieß jemand, der direkt neben dem Wagen stand, einen Schrei aus: „Eine Bombe!“ Gleich darauf entstand ein allgemeiner Tumult.

„Was macht ihr da!“, schrie Mosche so laut er konnte. Instinktiv rannte er auf den Polizeiwagen zu, als ob er die Tragödie, die vor ihm ihren Lauf nahm, aufhalten könne. In diesem Augenblick fing die Zündschnur Feuer. Die Tonne wurde aus dem davonbrausenden Wagen mitten unter die Menschen gestoßen, die verzweifelt zu entkommen versuchten.

Zu spät! Zu spät! Zu spät!, durchfuhr es Mosche noch, während er sich auf den harten Asphalt warf.

Gerhardt hatte die drohende Gefahr sofort erkannt und sich bereits flach auf den Boden geworfen, noch bevor Knall und Blitz ihre tödliche Wirkung auf dem Platz taten. Das junge Paar vor ihm wurde in tausend Stücke zerrissen. Ihn selbst schleuderte die Druckwelle der Explosion gegen die gemauerte Fußgängerüberführung. Dort blieb er regungslos liegen und rang nach Luft. Eine unnatürliche Stille legte sich über den von Leichen übersäten Platz.

Als Gerhardt mühsam den Kopf hob, sah er in die leeren Augen einer toten Araberin. „Die Juden!", keuchte er zu der Toten gewandt. „Das waren die Juden!"

Im selben Augenblick rollte Mosche sich unbeholfen auf den Rücken. Zunächst verschloss er noch die Augen vor dem Grauen um ihn herum. Dann nahm er den Rauch wahr, der den blauen Himmel verdüsterte. Stöhnen und Weinen erfüllte die Luft. Als er zum Platz sah, schluchzte er entsetzt auf: „Lieber Gott!" In einiger Entfernung wiegte eine Frau die Leiche ihres kleinen Sohnes in den Armen.

„Helfen Sie mir!", schluchzte die Frau. „Bitte helfen Sie mir!"

Mosche erhob sich mühsam und ging stolpernd auf sie zu. In großen Stücken fiel sein Gipsverband unter seiner schützenden Sutane zu Boden. *Lauf Mosche,* sagte er zu sich selbst. *Jetzt schaffst du es mit Leichtigkeit in die Altstadt. Lauf, du Idiot!* Doch stattdessen kniete er sich neben die Frau. Ihr linker Arm hing schlaff herunter, während sie mit dem anderen unter Tränen das Kind wiegte. Die Augen des Kindes waren vor Entsetzen weit aufgerissen, und aus einem Mundwinkel seines offen stehenden Mundes floss ein blutiges Rinnsal.

„Helfen Sie mir, Vater!", stöhnte die Frau. „Lassen Sie ihn nicht sterben! Lieber Gott!"

Mosche beugte sich zu ihr hinunter, tief ergriffen vom Leid einer

Mutter, das ihm bisher noch unbekannt gewesen war. Er drückte dem Kind die Augen zu.

„Bald wird jemand kommen", sagte er leise auf Arabisch. Er legte ihr tröstend den Arm um die Schulter und horchte auf das Heulen der Sirenen der nahenden Krankenwagen. „Bald wird jemand hier sein, Schwester", sagte er. Dann ging er zu einem bewusstlosen Mann, dessen Beine fast vollständig vom Rumpf abgetrennt waren und dem das Blut aus der offenen Wunde pulsierte. Mosche zog einen Schnürsenkel aus seinem Schuh und band die Arterie des Mannes behelfsmäßig ab. Wie ein Schatten ging er von einem zum anderen und tat das Wenige, was er für die Verwundeten tun konnte, bis endlich die Krankenwagen und Sanitäter am Ort des Schreckens ankamen. Bis dahin hatte allerdings ein Dutzend feindlicher Freischärler den Durchgang durch das Jaffa-Tor hermetisch abgeriegelt.

Mosche stand am Rande des Platzes und starrte zur Altstadt hinüber. „Rachel", flüsterte er. „Meine Rachel." Dann wandte er sich um und ging langsam in Richtung Mamilla-Friedhof davon.

22. Leben nach dem Tode

Was als ruhiger Schabbat begonnen hatte, endete am Samstag bei Sonnenuntergang in einem dichten Hagel von Gewehrkugeln, der von den Dächern und Minaretten des moslemischen Viertels auf das jüdische Viertel niederprasselte. Hin und wieder wurde aus einem britischen Maschinengewehr ein Warnschuss in die Luft abgegeben. Sonst gab es jedoch keine weiteren Reaktionen auf den Zorn, der in den arabischen Stadtteilen brodelte.

Zwei der fünf Lastwagen des Konvois wurden im Schutze der Dunkelheit entladen. Die übrigen drei waren bereits am Zion-Tor von einem rasenden Mob zurückgewiesen worden, noch bevor sich der Rauch auf dem Platz vor dem Jaffa-Tor verzogen hatte.

Während Rachel eiligen Schrittes zum Tipat Chalav ging, hielt sie sich mit beiden Händen die Ohren zu, um nicht das hohe, an- und abschwellende Klagegeschrei der arabischen Frauen hören zu müssen. Die arabischen Männer hatten sich direkt hinter den Barrikaden aus Sandsäcken und Stacheldraht versammelt und stießen in ihrem rasenden Zorn wilde Flüche gegen „Jehuda" aus, von denen die Straßen widerhallten. Als Rachel zu den britischen Wachtposten hinaufsah, konnte sie die zornigen Blicke erkennen, mit denen sie ihre jüdischen Gegenüber betrachteten. Diese verharrten in gespannter Wachsamkeit und rechneten jeden Moment mit dem Schlimmsten.

Zwar war die Zahl der Todesopfer am Jaffa-Tor noch immer nicht bekannt gegeben worden, doch da hinter vorgehaltener Hand die Vermutung geäußert wurde, dass auch britische Staatsbürger umgekommen seien, hätte sich niemand gewundert, wenn auch die Engländer ihre Maschinengewehre auf die Juden gerichtet hätten.

Als Rachel den Speisesaal vom Tipat Chalav betrat, überlief sie ein kalter Schauer. Obwohl der Raum völlig überfüllt war, lastete auf den Menschen, selbst auf den kleinen Kindern, eine bedrückende Stille. In einer Ecke bemerkte Rachel das düstere, grüblerische Gesicht Jehudit Akivas, die sie durchdringend anstarrte.

Rachel eilte die enge Treppe in den Keller hinunter, wo Leah gerade dabei war, den Lebensmittelnachschub gewissenhaft zu überprüfen und in einem kleinen Notizbuch zu vermerken. Sie verrichtete diese Tätigkeit mit sorgenvollem Gesicht.

„Nur zwei Lastwagen, Rachel", meinte sie düster. „Diese Idioten! Warum mussten sie sich gerade diesen Tag aussuchen, um die arabische Bushaltestelle in die Luft zu jagen?" Ihre Stimme klang niedergeschlagen. „Einer der englischen Wächter hat die Beherrschung verloren. Er konnte gerade noch von drei Kameraden davon abgehalten werden, einen alten Rabbiner zusammenzuschlagen."

„Dies ist ein schwarzer Tag", pflichtete ihr Rachel bei. „Für alle. Für Juden. Für Araber. Für Engländer. Einfach für alle."

Eine alte Frau schlurfte mit einer Holzschale voller Gewehrpatronen herbei. „Das habe ich noch in den Bohnen gefunden, liebe Leah. Ein Wunder, nu?"

Leah versuchte zu lächeln. „Ja, Schoschanna. Ich glaube, heute abend haben wir aber auch ein Wunder nötig. Bring sie bitte zu Schimon. Er ist im Hinterzimmer."

„Ja, das glaube ich auch", stimmte Schoschanna zu. „Dann will ich noch nach weiteren kleinen Wundern suchen."

Schweigend ging Leah zu ihren Anchoviskisten zurück. „Sechzehn. Nicht annähernd genug. Kein Milchpulver. Nichts Frisches. Weder Gemüse noch Brot. Man sagt, die Araber hätten die anderen Lastwagen geplündert. Glücklicherweise waren die Fahrer Briten, sonst lebten sie wohl jetzt nicht mehr."

„Weiß man schon, wer die Bombe am Jaffa-Tor geworfen hat?", fragte Rachel.

„Ich habe Jehudit Akiva gefragt. Sie weiß alles. Auf diese Weise ist sie zumindest zu etwas gut. Ihr Vater hat, kurz nachdem es passiert war, mit einem britischen Offizier gesprochen. Zwei Männer, Juden, sind gefasst und erschossen worden. Die Engländer meinen, es hätte sich um Mitglieder der Haganah gehandelt. Stell dir das bloß vor! Das Ganze macht mich so böse. Es war so unnötig."

Schimon kam in den Kellerraum und seine Miene verfinsterte sich, als er Leahs müdes Gesicht sah. Zwei Männer bedrängten ihn mit Neuigkeiten oder Fragen, aber er ging einfach an ihnen vorbei und fasste Leah am Arm.

„Du musst nach Hause gehen, Leah. Dich ausruhen. Du hast heute Abend viel zu viel gearbeitet. Das kann doch nicht gut sein. Jetzt, da das Kleine so bald kommt."

„Unsinn", protestierte sie. „Wenn ich das nicht tue ..."

„Dann wird es Rachel tun."

„Natürlich", beeilte sich Rachel zu sagen. „Ich kann die Bestände auch aufschreiben. Schimon hat Recht. Geh nur nach Hause und ruh dich aus."

„Ich habe mich doch den ganzen Tag ausgeruht", protestierte Leah wieder, als ihr Rachel das Notizbuch abnahm. „Aber meine Füße tun mir weh."

„Das ist brav." Schimon umarmte sie kurz. „Setz dich so lange hin, bis ich meinen Mantel geholt habe. Ich bringe dich dann nach Hause."

„Mach dir keine Sorgen, Leah", meinte Rachel beruhigend. „Im Augenblick gibt es doch nichts Wichtigeres als dich und das Kind, nicht wahr? Ich helfe gern." Als sie sich im Raum umsah, fiel ihr auf, dass Ehud, Chaim und Dov und ein halbes Dutzend anderer Männer, die sie nicht kannte, fieberhaft beschäftigt waren.

„Pass nur auf, dass du über jede Patrone Buch führst, Rachel", meinte Leah, während sie ihre Hände auf ihren Leib legte. „Ich danke dir. Ich bin wirklich müde und außerdem sehr traurig wegen der arabischen Familien, denen heute am Abendbrottisch ihre Lieben fehlen. Es ist so viel und sinnlos getötet worden. Ich frage mich, wann das ..." Leahs Stimme erstarb und sie erbleichte. Denn in diesem Augenblick hörte man auf der Treppe das Poltern von schweren Schritten und Rufe. Gleich darauf stürmten sechs britische Soldaten in den von hektischer Geschäftigkeit erfüllten Raum. Ihre Mienen waren starr vor Zorn und sie hielten ihre Maschinenpistolen im Anschlag, für den Fall, dass sich auch nur die kleinste Schwierigkeit ergab. Ein mürrischer junger Captain befehligte die Soldaten, die dienstbeflissen auf Anweisungen warteten. Die Aktivitäten im Kellerraum erstarben.

„Auf Befehl Seiner Majestät ...“, begann der Captain.

„Mit welchem Recht kommen Sie hier herein?“, unterbrach ihn Dov verärgert, während Rachel geschickt das Notizbuch verbarg und sich langsam neben Leah setzte.

„Mit dem Recht der britischen Mandatsregierung in Palästina, Freundchen“, erwiderte Captain Stewart. „Da uns eure Fracht heute Nachmittag am Jaffa-Tor durch die Lappen gegangen ist, sind wir hierher gekommen, um unsere unterbrochene Arbeit zu Ende zu führen.“

„Die Fracht ist bereits an der Jewish Agency kontrolliert worden. Sie werden nichts finden“, entgegnete Schimon, der mit seinem Mantel in der Hand aus dem Hinterzimmer kam.

„Es ist bereits genug gefunden worden“, erwiderte der Captain ungerührt. „Die drei Lastwagen, die es nicht bis zu eurem Viertel geschafft haben, sind von den Leuten des Muftis gründlich inspiziert worden. Und nun hören Sie mir gut zu!“ Er hob herrisch das Kinn und neigte den Kopf leicht zur Seite. „Heute Abend werden die Araber mit euren eigenen Kugeln auf euch schießen. Zu schade, dass sie es nicht tun konnten, bevor eure mörderische Haganah das Jaffa-Tor und fünf britische Bürger in die Luft gejagt hat.“

Seine Augen glühten vor Zorn, ein Zorn, den Rachel schon von früher her kannte, von den Gesichtern ihrer Peiniger. Irgendwie war die tiefe Abneigung, die diese Menschen in ihren Herzen nährten, eine alles umfassende Anklage gegen alle Juden und alles Jüdische.

„Nicht wir waren es, die sie ermordet haben, Freund“, erwiderte Schimon.

Ein dürrer Rekrut trat vor und fragte mit lauter Stimme: „Wo sollen wir beginnen, Captain Stewart?“

Das angedeutete Lächeln auf Stewarts Lippen verwandelte sich in ein grausames Grinsen. „Bei ihm hier“, er deutete auf Schimon, „unserem großen *Freund* dort.“

Voller Diensteifer stürzten sich drei Soldaten auf Schimon. Einer schlug ihm mit dem Kolben seiner Maschinenpistole in den Magen, ein anderer packte seinen Kopf und knallte ihn gegen die Wand.

Leah schrie auf und wollte ihm zu Hilfe eilen. Aber Rachel hielt sie zurück.

„Moment mal!", unterbrach Ehud drohend mit donnernder Stimme und trat vor.

Sofort entsicherten drei weitere Soldaten ihre Maschinenpistolen und richteten sie auf den Seemann.

„Wie meinten Sie doch gleich?", fragte Captain Stewart und wandte sich abrupt Ehud zu. Die drei Soldaten, die Schimon zugesetzt hatten, ließen von ihm ab, und er glitt neben einem Kerosinfass zu Boden. Dann ließen sie ihren Zorn an Ehud aus. Sie bearbeiteten ihn fluchend und schimpfend mit Gewehrkolben und Fäusten, bis er bewusstlos zu Boden sank. Unterdessen hatte sich Leah Rachels festem Griff entwunden und war mit dem gequälten Aufschrei „Schimon!" zu ihrem Mann hingestürzt.

„Alle an die Wand!", rief der Captain. Dann brüllte er Schimon an: „Aufstehen!", und versetzte ihm einen heftigen Tritt in die Seite. Schimon bäumte sich vor Schmerz auf. Leah schrie erneut auf und rief weinend: „Lassen Sie ihn doch in Ruhe!" Sie stürzte sich auf den Captain. Dieser packte sie jedoch am Hals und warf sie rückwärts gegen die Wand.

„Um Gottes willen!", schrie nun Rachel. „Lassen Sie sie in Ruhe!" Sie warf sich zwischen Leah und den Captain. Sie starrte ihn ebenso sprühend vor Zorn an wie er sie und ballte ihre Fäuste. Man sah ihm an, dass es ihm nichts ausmachen würde, sie niederzuschießen, und ihre Miene forderte ihn regelrecht dazu heraus, den Abzug zu drücken. Ein eisiges Schweigen lastete zwischen ihnen. Dann sagte sie schließlich: „Sie ist schwanger, Engländer. Sind Sie denn auch so ein Tier wie Ihre Leute?"

„Halten Sie den Mund, sonst verlässt einer diesen Raum nicht mehr lebend!"

„Dann fangen Sie doch bei mir an. Denn an Leah oder ihrem Mann werden Sie sich nicht mehr vergreifen."

Er bohrte Rachel die Mündung seiner Maschinenpistole in den Magen, und seine Hände bebten vor bodenlosem Hass. „Stell dich an die Wand, Frau", zischte er mit hasserfüllter Miene.

Während Rachel zurückwich, durchwühlten die Soldaten die Kisten und kippten die Säcke mit Bohnen und Mehl auf dem Boden aus. Schimon hatte es irgendwie geschafft, die Waffen, die man zuvor aus den Kisten und Säcken geholt hatte, zu verstecken. So fanden die Soldaten nur eine einzige Zündkapsel in einem kleinen Beutel mit Kaffeebohnen, obwohl sie lange Zeit angestrengt suchten.

„Das ist alles, was wir gefunden haben", sagte ein junger Soldat und reichte sie dem Captain entschuldigend.

„Das reicht schon", erwiderte dieser triumphierend. Dann sah er sich hasserfüllt im Raum um und wurde laut: „Ihr glaubt wohl, ihr könnt die Gesetze der Regierung umgehen, was?"

Rachel suchte den Blick der Juden, die neben ihr standen. Alle hatten den Blick gesenkt und wagten es nicht, der Brutalität, die gegen sie wütete, ins Auge zu sehen. *Beherrscht euch,* dachte sie beschwörend. *Er bringt euch um, wenn ihr ihm Widerstand leistet. Seht ihm nicht in die Augen!,* warnte ihr Blick.

Offensichtlich verstand dies jeder im Keller. Einzig und allein Schimon wagte es, den Blick des Mannes, der Leah gegen die Wand geschleudert hatte, zu erwidern. Rachel sah, dass er den Captain mit verächtlich geschürzten Lippen und geballten Fäusten anstarrte. *Sag nichts,* dachte sie. *Bitte schweig, Schimon. Dieses Tier wartet ja nur auf einen Vorwand.*

Leah dagegen blieb still liegen, wo sie hingefallen war, und hielt sich mit den Händen den Bauch. „Ihr seid keinen Deut besser als die Nazis", sagte Schimon ruhig.

Der Captain fuhr auf dem Absatz herum und starrte den großen Juden an. Sein Lächeln entblößte zwar seine Zähne, doch sonst verriet sein Gesicht keine Regung. „Dafür könnte ich euch verhaften und euch alle ins Gefängnis schaffen lassen. Aber das werde ich nicht tun. Ich werde euch zeigen, dass ich mich von der Vernunft leiten lasse. Ihr glaubt wohl, ihr könnt einfach unschuldige Engländer und Engländerinnen ermorden, was? Glaubt ihr das?" Seine Stimme wurde noch lauter. „Aber da habt ihr euch getäuscht! Wir haben nämlich Gesetze. Und ihr habt euch danach zu richten."

Dann warf er einen Blick auf Chaim und schrie: „Du da!“ Chaim sah nicht auf. „Du da! Der große Bursche da.“

Chaim hob seufzend den Kopf.

Der Captain ging mit langen Schritten auf ihn zu. „Du bist groß genug, um auf dich selbst aufzupassen. Und du“ – er wandte sich an Schimon –, „Sergeant Miller, diese beiden Männer sind verhaftet.“

„Nein!“, schluchzte Leah auf.

„Wegen Unterschlagung einer Waffe.“ Er hielt die Zündkapsel in die Höhe. „Wegen Verletzung der Mandatsgesetze Seiner Majestät.“

Schimon und Chaim wurden unsanft von den Soldaten ergriffen und in Handschellen gelegt.

„Bitte lassen Sie meinen Mann hier! Ich bitte Sie! Nicht Schimon!“, flehte Leah noch, als die Soldaten mit immer noch entsicherten Maschinenpistolen die beiden Männer bereits die Treppe hinaufführten.

Oben angekommen, blieb der Captain noch einmal stehen und wandte sich nach den Männern und Frauen um, die schweigend unten verharrten. Er machte mit der Gewehrmündung eine ausholende Bewegung und meinte hämisch: „Was euch anbetrifft, würde ich es an eurer Stelle nicht wagen, uns nachzugehen.“ Dann wandte er sich um und schlug die Tür hinter sich zu.

Lange war nur Leahs Schluchzen im Raum zu hören. Dann eilte Rachel zu ihr hin und nahm sie in den Arm. „Komm, Leah“, sagte sie leise. „Setz dich erst einmal.“

Die alte Schoschanna kam dazu. „Sie müsste sich eigentlich hinlegen. Ich werde mich darum kümmern.“

„Ach, Rachel“, weinte Leah. „Sie haben meinen Schimon mitgenommen. Was werden sie mit ihm machen?“

„Sie bringen ihn wahrscheinlich zur Polizeiwache“, vermutete Ehud. „Dort ist er in Sicherheit. Sie haben keine Beweise, mit denen sie ihn überführen könnten.“ Sein besorgter Blick traf sich mit dem Rachels. Diese wiegte bedenklich den Kopf, und ihr Kinn zitterte, während sie versuchte, die Tränen zurückzuhalten.

„Ich muss es wissen“, meinte Leah flehend. „Bitte, ich muss wissen, was sie mit ihm machen." Dann bäumte sie sich unter dem Schmerz einer Wehe auf. „Oh, das Kind! Das Kind kommt!"

„Ich seh' mal nach, wo sie ihn hinbringen", meinte Ehud.

„Ich komme mit", erbot sich Dov.

„Bitte, Leah. Du musst dich jetzt hinlegen. Schoschanna wird dich nach Hause bringen", meinte Rachel zu Leah und umarmte sie.

„Rachel, bitte geh nicht weg", keuchte Leah.

„Ich bleibe nicht lange", erwiderte Rachel beruhigend. „Ich bin gleich wieder zurück."

Dann drängte sie Ehud: „Wir müssen uns beeilen. Mein Bruder hat mir einen Weg gezeigt, bei dem man nicht über die Straßen zu gehen braucht." Sie stieg, dicht gefolgt von Dov und Ehud, die Treppe hinauf. Als sie in die Dunkelheit hinausrannte, war sie einen Moment lang erstaunt über das Leuchten, das über dem arabischen Viertel lag. Wie eine tosende Brandung erschallte der Sprechchor *„Jihad! Jihad! Jihad!"*, ‚heiliger Krieg' durch die schmalen Gassen der Altstadt.

Zwei Häuserblocks weiter bogen die schemenhaften Gestalten der Soldaten mit ihren beiden Gefangenen Schimon und Chaim um die Ecke und entschwanden den Blicken der drei.

„Guter Gott!", rief Dov über den Lärm hinweg. „Da kriegen sie die nie durch!"

Unterdessen verließ Leah das Tipat Chalav und blieb für einen Moment mit vor Angst und Sorge gepeinigtem Gesicht stehen. Doch die Alte drängte sie sanft weiter.

„So kommt doch!", rief Rachel. „Wir haben nicht viel Zeit." Sie rannte hastig über die Straße und lief geduckt durch eine Gasse zu der Stelle, an der eine wackelige Leiter an einer Hauswand lehnte. Rachel schürzte ihren Rock und kletterte hinauf, während Ehud die Leiter hielt. Als Dov sie für Chaim hielt, lief Rachel bereits in gebückter Haltung am Rand des Flachdaches entlang. Und dann sah sie jenseits der Grenze des Viertels ein Meer von tausend hell leuchtenden Fackeln, die die verbitterten Gesichter derjenigen beleuchteten, die sie hielten. *„Jihad! Jihad! Jihad!"* Sie sah auch, wie nur einen Häuserblock von ihr entfernt die Wachen gerade Schimon zu Boden stießen und ihm kräftige Fußtritte versetzten. Chaim versuchte sich von seinen Handschellen zu befreien. Doch eine Maschinenpistole, die ihm in die Magengrube gestoßen wurde, verhinderte dies. *„Tod den Juden! Jihad! Jihad! Jihad!"*

Ehud und Dov rannten zu Rachel. „Da kriegen sie die nie durch!", rief Ehud. „Der Mob wird denken, dass die beiden die Bombe auf dem Platz geworfen haben. Die kommen da nicht lebend durch!"

„Die wissen genau, was sie tun", erwiderte Dov mit verzweifeltem Gesicht. „Das ist ein Opfer."

Vom Dach aus sahen sie, wie die Soldaten die Straßen des moslemischen Viertels betraten. Rachel bemerkte die Furcht auf Schimons Gesicht, als die von Fackeln beleuchtete Menge verstummte und sich teilte, um die Männer durchzulassen.

„Was können wir nur tun?", rief Rachel verzweifelt. „Können wir denn gar nichts tun, um das zu verhindern?"

Tausend feindliche Augen starrten Schimon und Chaim an, während sie von den Soldaten durch die Menge geführt wurden. Die Stille war noch beredter als die Sprechchöre wenige Minuten zuvor. Plötzlich beugte sich ein alter Araber vor, spie Schimon ins Gesicht und rief klagend: *„Nieder mit den Juden!"* Der Schrei hallte aus jedem Winkel des Viertels wider. *„Tod den Juden!"*

Einen Augenblick lang, während Chaim und Schimon Rücken an Rücken inmitten des Ringes der britischen Wachen standen, dachte Rachel, dass die Wachen sie vielleicht schützen würden. Doch dann verließ ein Soldat nach dem anderen den schützenden Kreis und verschwand in der Menge. Schimon und Chaim standen ihren Scharfrichtern Auge in Auge gegenüber. – Totenstille breitete sich aus.

Tränenüberströmt sah Rachel, wie sich Schimons Schultern strafften und er den Kopf hob. Dann ließ er seine Stimme so machtvoll wie eine Glocke ertönen: *„Höre, Israel, der Herr, unser Gott, ist einer!"* Die hohe an- und abschwellende Wehklage einer Frau und der rasende Schrei *„Nieder mit den Juden!"* antworteten ihm.

Dann brach die tosende Brandung des Hasses über die sich mannhaft wehrenden Gestalten Schimons und Chaims herein. Einen Augenblick lang schienen sie ihr zwar wie zwei Felsen zu trotzen, doch dann gingen sie im Nu in ihr unter.

„Höre, Israel", keuchte Dov schluchzend, als er sah, wie Chaim hoch über die Köpfe der Menge gehoben und mit den gebogenen Messern buchstäblich zerstückelt wurde. *„Höre, Israel"*, weinte auch Rachel, als Schimon nach einem letzten Aufschrei vom rasenden Mob endgültig niedergemetzelt wurde.

„... der Herr, unser Gott, ist einer." Ehud schlug die Hände vors Gesicht und weinte wie ein Kind.

* * *

„Schimon", flüstere Leah und barg dann ihr Gesicht im Kopfkissen. Rachel schloss schnell die Wohnungstür hinter sich und atmete tief durch, um Leah gefasst gegenübertreten zu können. Die alte Schoschanna saß an Leahs Bett und streichelte ihr die Hand. Da der geblümte blaue Vorhang zurückgezogen war, konnte Rachel Leahs Gesicht trotz des Kerzenscheins deutlich erkennen. Blass und schmerzverzerrt, wirkte sie unter der Decke wie ein Kind.

Zwei rundliche Frauen, deren mürrische Gesichter wie zerfurchte Landkarten aussahen, arbeiteten schweigend im Küchenbereich. *Das sind die Hebammen,* erinnerte sich Rachel. Leah hatte ihr von ihnen erzählt. Gemeinsam hatten die beiden Dutzenden von Kindern ans Licht der Welt verholfen und in den vergangenen fünfundvierzig Jahren beinahe jedes Kind, das im Viertel geboren worden war, zur Welt gebracht. Auch Rachels eigene Mutter war mit Hilfe dieser erfahrenen Hände auf die Welt gekommen. Leah würde also in guten Händen sein. Dafür war Rachel dankbar. Aber auch die Gegenwart dieser Frauen konnte das Gefühl des Verlustes bei ihr nicht mindern. *Schimon sollte eigentlich hier sein, Gott. Schimon sollte jetzt bei ihr sein.*

Leah schlug die Augen auf, lächelte Rachel schwach an und fragte leise: „Bist du ihnen nachgegangen?"

Rachel nickte und ging zu ihr hin. „Ja."

„Und was ist mit Schimon? Hast du ihn gesehen?"

„Ja, ich habe ihn gesehen." Rachel suchte verzweifelt nach Worten. Da verzog Leah ihr Gesicht und schloss vor Schmerzen wieder die Augen. „Das ist wieder eine Wehe. Eine noch stärkere."

Schoschanna beugte sich dicht an ihr Ohr. „Tief atmen, meine Liebe. Wie ich Ihnen gesagt habe. Denken Sie an schöne Dinge – an Frühlingsblumen und ..."

„Schimon!", schrie Leah. „Ach, warum kann er nicht hier sein?"

„Tief atmen." Die Alte atmete selbst tief ein und aus, um zu demonstrieren, wie man dem Schmerz am besten begegnen konnte.

Leah umklammerte heftig Rachels Hand und lockerte ihren Griff erst, als die Wehe abklang.

„So", flüsterte Rachel, die sich noch gut an ihre eigenen Schmerzen bei ihrer Abtreibung erinnern konnte. „Jetzt geht es dir besser, nicht wahr?"

Leah nickte seufzend und schlug ihre Augen wieder auf. Sie schaute Rachel müde an und fragte dann überrascht: „Warum weinst du, Rachel?"

Rachel wischte sich erschrocken die Tränen von den Wangen. Ihr war gar nicht bewusst geworden, wie heftig ihre Tränen strömten. „Ich kann einfach nicht ertragen, dass du Schmerzen hast, meine Freundin", erwiderte sie mit gezwungenem Lächeln.

„Die Hebammen meinen, dass dies der einzige Weg zur Freude an Kindern ist. Stell dir das vor! Ich werde mit Schimon darüber reden ..." Plötzlich veränderte sich ihr Gesichtsausdruck. Eine Welle der Angst schien sie zu durchfluten. „Du hast ihn doch gesehen? Es geht ihm doch gut, ja?"

Rachel streichelte Leahs Hand und sah die Hebammen Hilfe suchend an, als ob sie ihr bei der Übermittlung der grausamen Nachricht beistehen könnten. „... ja, gut", log sie und wusste sofort, dass sie das Richtige getan hatte, als sie sah, welch eine Erleichterung sich auf Leahs Gesicht ausbreitete.

Leah schloss lächelnd die Augen und flüsterte: „Dank sei Gott." Rachels Blick fiel auf das Regalbrett, auf dem das Porzellan und die silbernen Kerzenleuchter standen, die sie beim gestrigen Schabbatmahl benutzt hatten. Ihr fielen Leahs mitfühlende Worte für die Angehörigen der Araber ein, die bei dem Bombenattentat am Jaffa-Tor ums Leben gekommen waren: *Ich empfinde so viel Trauer für die Familien, deren Lieben heute am Abendbrottisch fehlen.* Wie leer kam ihr der Raum ohne Schimons breites, lächelndes Gesicht vor! Seine starken, tatkräftigen Arme würden nie sein erstgeborenes Kind halten, das er schon geliebt hatte, bevor er es kannte. Rachels Herz zog sich schmerzlich zusammen, wenn sie an den Augenblick dachte, in dem sie Leah die Wahrheit sagen musste. *Aber nicht jetzt,* dachte sie. *Noch nicht. Warte, bis sie das Kind in ihren Armen hält und eine winzige Hand berührt, die sie mit Lebenswillen erfüllt, auch wenn er nicht mehr da ist.*

Im Laufe der Nacht kamen die Wehen in immer kürzeren Abständen und mit solcher Heftigkeit, dass sich Leah leise schreiend an Rachels Hand klammerte. Wieder und wieder rief sie dabei nach Schimon.

„Das Kind liegt nicht richtig", erklärte eine der Hebammen Rachel flüsternd. „Der Kopf steht noch nicht im kleinen Becken. Außerdem ist es ein großes Kind. Es wird schwer werden."

„Aber wie lange wird es noch dauern?", fragte Rachel.

„So lange es eben dauert", meinte die Hebamme achselzuckend. „Wir können eigentlich nichts anderes tun als warten. Wir können wenig tun. Im Krankenhaus bei einem Arzt wäre das alles anders. Aber hier ..." Sie ließ ihren Satz unbeendet. „Wird sie denn durchkommen?", fragte Rachel mit einem Blick auf Leah, der schweißnasse Haarsträhnen ins Gesicht hingen.

„Das weiß nur Gott allein", erwiderte die Alte kopfschüttelnd.

„Rachel", wimmerte Leah, „bitte drück mit deiner Hand wieder gegen mein Kreuz. Die Wehen kommen so schnell hintereinander ..." Die Hebammen rollten Leah auf die Seite.

Rachel eilte zu ihr und drückte mit der Hand so lange gegen Leahs Kreuz, bis die Schmerzen den Höhepunkt überschritten hatten und allmählich wieder abebbten. „Tief durchatmen, Leah", sagte Rachel sanft.

„Ach, warum kommt es denn nicht?", keuchte Leah. Als die

Schmerzen wieder auf dem Höhepunkt waren, rief sie erneut stöhnend nach Schimon.

Auf diese Weise schleppten sich die Stunden qualvoll dahin. Leahs Gesicht war schließlich starr vor Erschöpfung und sie hatte dunkle Ringe unter den Augen. Sie war am Ende derart geschwächt, dass sie nicht einmal mehr nach Schimon rufen konnte. Zweimal erhob sich Rachel, um Tee zu machen, aber jedesmal streckte Leah weinend die Hand nach ihr aus und hielt sie zurück. Schließlich flüsterte sie: „Ich möchte jetzt pressen."

Schnell drehten die Hebammen sie auf den Rücken und stützten sie mit Kissen unter Kopf und Schultern. Dann befestigten sie Tuchstreifen an den Bettpfosten und an Leahs Händen. „Sie müssen ihr helfen. Wenn die Wehen stark werden, helfen Sie ihr, sich aufzurichten und zu pressen."

„Es dauert nicht mehr lange, Leah", flüsterte Schoschanna. „Bald hast du dein Kind und dann ist das alles vergessen."

„Jetzt!", rief Leah. „Noch eine."

„Helfen Sie ihr!", wies die eine Hebamme Rachel an.

Rachel legte ihre Arme unter Leahs Rücken und half ihr dabei, sich an den Bändern aufzurichten. Leah atmete mit einem Schrei aus und die Wehen ließen nach. Dann sank sie in Rachels Arme zurück.

„Bald, bald", meinte die Hebamme beruhigend. „Jetzt müssen Sie pressen." Ihr Blick traf sich mit dem Rachels, und sie wiegte bedenklich den Kopf. „Aber Gott wird Ihnen als Belohnung für die Schmerzen große Freude schenken. Bald, ganz bald."

„Noch eine!", schrie Leah schweißgebadet. Rachel half ihr, sich aufzurichten.

„Pressen!", rief Rachel. „Pressen, Leah!"

„Ich zerbreche!", ächzte Leah. Doch dann presste sie, bis die Venen an ihrem schlanken Hals hervortraten und ihr Gesicht vor Anstrengung dunkelrot wurde.

Dies ging beinahe eine ganze Stunde so, bis Leah schließlich vor Erschöpfung einer Bewusstlosigkeit nahe war. Die Hebammen schüttelten verzweifelt den Kopf.

Schließlich rief eine der alten Frauen: „Es kommt! Lob sei Gott! Pressen, Leah! Pressen, liebe Leah!“

„Ich kann nicht mehr“, hauchte Leah. „Ach, lasst mich sterben.“

„Bald hast du ein Kind, für das du leben musst“, beschwichtigte Rachel und rückte ihr die Kissen unter Kopf und Schultern zurecht. „Du musst pressen, wenn die Wehen kommen. Du musst mit aller Kraft pressen. Nur noch ein paarmal.“

„Jetzt!“ Leah presste mit verzerrtem Gesicht und zusammengebissenen Zähnen, so sehr sie konnte.

„Der Kopf schneidet durch!“, rief eine der alten Frauen aus. „Pressen, Leah, pressen!“

Leah presste und ächzte vor Anstrengung. Im Licht der Kerzen kam der Kopf des Kindes feucht und grau-rosa schimmernd langsam zum Vorschein. „Das Kind, Leah! Pressen!“ Rachel hielt vor Freude und Erleichterung die Luft an und schluchzte auf, als sie das runzelige Gesichtchen und die dürren Ärmchen mit den winzigen Händchen sah.

Der Körper des Kindes mit der Nabelschnur rutschte der Hebamme nun leicht in die Hände. „Sie haben eine Tochter!“, rief sie aus. „Lob sei dem Ewigen!“

Dann machten sich die Hebammen schnell an die Arbeit: Eine durchtrennte die Nabelschnur und band sie ab. Dann befreite sie Mund und Nase des Kindes von Fruchtwasser und begann, das Kind zu baden. Die andere säuberte Leah mit warmen Handtüchern. Rachel ließ sie zurücksinken und drückte ihr die Hände. Leah hatte Schüttelfrost und schien den ersten Schrei des kleinen Mädchens gar nicht zu hören.

„Sie zittert am ganzen Körper“, meinte Rachel beunruhigt.

„Das kommt vom Blutverlust.“ Schoschanna sah zu, wie die zweite Hebamme sanft Leahs Bauchdecke massierte, bis die Nachgeburt schließlich zum Vorschein kam.

Plötzlich verlor Leah viel hellrotes Blut. Rachel betrachtete die rapide anschwellende Blutlache und dann Leahs aschfahles Gesicht.

„Die Beine anheben!“, befahl eine der Hebammen, hob Leahs Beine in die Höhe und legte sie auf ein Kissen. Dann legte sie ihre

Hände mit sanftem Druck auf Leahs weichen Unterleib. Im Hintergrund hörte man das Kind schreien.

„Mein Kind!“, hauchte Leah und streckte ihre Arme aus. Die zweite Hebamme brachte ihr die schreiende Kleine.

„Sie haben eine wunderschöne, gesunde Tochter.“ Die Alte lächelte zahnlos.

Leah berührte die weiche Wange der Kleinen mit der Fingerspitze. „Schimon wird so stolz sein ...“

„Ich kann die Blutung nicht stillen“, rief die erste Hebamme aufgeregt.

„Sieh mal, Rachel.“ Leah zitterte am ganzen Körper und war bleich wie der Tod. „Ein Mädchen“, flüsterte sie kaum hörbar. „Sie heißt Tikvah.“

„Kleine Perle.“ Rachel versuchte Leah anzulächeln. Doch die Angst überwältigte sie, als sie sah, wie Leahs Leben in dem tiefroten Blutstrom verebbte, der nun über den Rand der Holzschale auf die Laken, die Handtücher und die wie rasend arbeitenden Hände der Hebammen floss.

Leah konnte nur noch flüstern. „Du musst dich jetzt um sie kümmern, Rachel! Ich habe darum gebetet, dass du unseren Messiah findest. So wie Schimon und ich. Und eines Tages wirst du Tikvah von ihm erzählen.“

„Schnell, noch mehr Handtücher!“

„Das wirst du selbst tun, süße Leah.“ In Rachels Augen spiegelte sich ohnmächtige Angst. „Du *musst* selbst für sie sorgen!“

„Sie ist ... wunderschön.“ Leahs Blick verweilte kurz auf dem Kind. Dann sah sie an Rachel vorbei, und ihr Gesicht belebte sich in zärtlichem Wiedererkennen. „Oh, Schimon!“, rief sie weinend. „Dass du gekommen bist! Sieh mal! Wir haben eine kleine Tochter!“ Dann schwand das Lächeln aus ihrem Gesicht und ihre halb geöffneten Augen brachen. Noch immer starrte sie auf die Stelle, an der sie Schimon gesehen hatte.

„Leah!“, schluchzte Rachel. „Oh, Leah, geh jetzt nicht fort! Bitte nicht!“, flehte sie und ließ den Kopf auf Leahs leblose Hand sinken.

Müde und mit schmerzverzerrtem Gesicht legte Schoschanna ihre

Hand auf Rachels Schultern. „Sie ist zu Gott gegangen. Nun müssen Sie für das Kind sorgen. Stehen Sie auf. Trocknen Sie Ihre Tränen. Sie ist jetzt an einem besseren Ort."

Während eine der beiden Hebammen Leah die Augen zudrückte, richtete sich Rachel langsam auf. Dann nahm die alte Frau das Kind von der Seite seiner toten Mutter und legte es Rachel in die Arme.

„Leah und Schimon hatten keine Familie mehr", sagte die Alte. „Es gibt Waisenhäuser, die sich um die Kleine kümmern können, wenn Sie es nicht können. Niemand wird Sie deswegen verurteilen."

Rachel schnupfte und wischte sich die Augen, während sie die winzige Gestalt, die sie jetzt in den Armen hielt, genau betrachtete. „Tikvah", flüsterte sie mit bebender Stimme. „Ich kannte einmal ein kleines Mädchen, das Tikvah hieß." Sie strich über das dichte schwarze Haar des Kindes und musste unwillkürlich lächeln, als sich das zahnlose Mündchen zu einem Protestgeschrei öffnete.

„Sie ist zweifellos ein schönes Kind", meinte Schoschanna.

„Aber wie soll ich für sie sorgen, sie ernähren?", fragte Rachel ratlos. Schoschanna lief eilig zu einem Schrank in der Küche. „Leah hatte neun Monate Zeit, sich darauf vorzubereiten." Sie machte die Schranktür weit auf und zeigte auf viele Regalbretter voller Büchsenmilch.

Rachel warf einen zärtlichen Blick auf Leah, deren Gesicht einen immer friedlicheren und freudigeren Ausdruck annahm. „Ich will mich um die kleine Tikvah kümmern; seid ohne Sorge, Schimon und Leah. Ich will mich um sie kümmern mit all der Liebe, die ich meinem eigenen Kind entgegenbringen würde."

Teil 3

Der Durchgang

Ende Januar 1948

„Je mehr ein Mensch liebt, desto mehr leidet er auch. Die Größe seines Leidens entspricht dem Grad der Vollkommenheit seiner Seele.“

Frederic Amiel

23. Entscheidungen

Den zottigen Kopf auf die Pfoten gelegt, verfolgte Schaul mit seinen bernsteinfarbenen Augen, wie Jakovs Kreisel der dunklen Holztür von Onkel Howards Arbeitszimmer immer näher kam. Dann blinzelte der große Hund verschlafen und gähnte träge, während der lebhafte Jakov zur Tür flitzte und sein Ohr neugierig gegen das schwere Holz legte.

„Tragisch!", rief die Stimme aus, die Jakov inzwischen als die Stimme David Ben-Gurions erkannt hatte. „Das ist wirklich tragisch! Die beiden haben die Konzentrationslager überlebt und sich in ihrer Verbitterung von Gott abgewandt. Dadurch haben sie nicht nur ihre Menschlichkeit eingebüßt, sondern auch unserer Sache durch ihre Handlungen unglaublichen Schaden zugefügt. Mit einem Mal sind wir auf das Niveau von Tieren herabgesunken, die nur um des Tötens willen töten."

„Mach dir nichts draus, Schaul", flüsterte Jakov dem Hund beschwichtigend zu und tätschelte ihm den Kopf. „Er spricht eigentlich nicht von *Tieren;* er meint in Wirklichkeit Menschen, nu?"

„Jetzt hat das arabische Hochkommissariat sogar den Lebensmittelkonvois den Zugang verwehrt", war Mosches ärgerliche Stimme zu hören. „Und alles nur wegen der Racheaktion von ein paar Psychopathen."

„Dadurch wird die ganze Bewegung des Zionismus gefährdet", fügte Howard hinzu. „Nicht nur die paar Leute in der Altstadt, sondern sogar die Vereinten Nationen erwägen, die Teilung noch einmal grundsätzlich zu überdenken. Nicht einmal die Vereinigten Staaten glauben noch daran, dass sich die Teilung bewähren wird. Nun ja, Harry Truman hat immerhin gesagt ..."

„Truman sagt jeden Tag etwas anderes", schaltete sich David ein. „Niemand kann mehr auf das, was er sagt, zählen."

„Na, na, David", meinte Ellie laut. „Wirst du wohl Harry Truman aus dem Spiel lassen? Wer spricht überhaupt von Harry Truman!"

„Alle sprechen von Harry Truman!", gab David heftig zurück.

„In gewisser Weise haben Sie Recht", meinte Ben-Gurion. „Von seiner Unterstützung hängt viel ab. Chaim Weizman hat mit ihm gesprochen und zugesichert bekommen –"

„Das war vor diesem Zwischenfall!", rief Mosche aus. „Wie viele Araber – Christen und Moslems – sind am Jaffa-Tor umgekommen? Ich habe mit einem Mann gesprochen, der in meiner Nachbarschaft aufgewachsen ist. Er hatte an diesem Tag Geburtstag. Seine Frau und er hatten es noch im letzten Augenblick geschafft, in den Bus zu steigen. Nun ist sie bei der Explosion umgekommen! Wozu? Wem sollte das Ganze nützen?"

„Rache!"

„Vergeltung nennen sie das! Der Bruder des Busfahrers ist z. B. neulich bei der Bombardierung der Ben Yehuda Street ums Leben gekommen."

„Dann ist das Leben in Jerusalem nur sehr wenig wert, wenn unsere Leute ..."

„Es waren nicht unsere Leute. Das war eine hartgesottene Bande. Und keiner von ihnen ist mehr am Leben."

„Das spielt jetzt keine Rolle. Aber die Situation stellt uns vor ein drängendes Problem – das Problem, wie wir die Bewohner der Altstadt versorgen können", erklärte Mosche.

Ben-Gurions Stimme erwiderte: „Der Brite Captain Thomas vertritt die Ansicht, dass wir im Laufe der Zeit vielleicht wieder wegen der Lebensmittelkonvois in Verhandlung treten könnten. Aber das braucht natürlich seine Zeit. Währenddessen lassen die Leute des Muftis ihre Muskeln spielen und zeigen uns, dass sie die Strecke nach Gutdünken vollkommen sperren können. Auf diese Weise geben sie uns einen Vorgeschmack davon, wie es sein wird, wenn die Briten abziehen."

„Was sollen wir also tun?", fragte Howard.

„Wir müssen einfach einen anderen Weg ins jüdische Viertel finden." Mosches Stimme hatte einen scharfen Ton angenommen.

„Wir könnten z. B. mit Hilfe einer Luftbrücke Nachschub liefern", schlug David vor.

„Ist das Gebiet dazu nicht zu klein? Der Nachschub könnte ein paar Meter zu weit fallen und im arabischen Sektor landen."

„Aber wenn wir im Tiefflug fliegen ..."

„Dann würden sie dir dein Heck abschießen", warf Ellie ein.

„Sie hat natürlich Recht. Man sagt, die Araber bauen Kugeln auf Bäumen an und spucken sie den Juden auf den Kopf wie die Kerne von Wassermelonen."

Jakov musste über Mosches Worte lachen, hielt sich jedoch schnell die Hand vor den Mund, um weiterhorchen zu können.

„Hat jemand noch einen anderen Vorschlag zu machen?", fragte Ben-Gurion. „Mosche, ich bin eigentlich in der Hoffnung hergekommen, dass Sie während Ihrer Genesung Zeit hatten, über dieses Problem nachzudenken."

„Ideen habe ich wohl einige", erwiderte Mosche nachdenklich. „Ich habe mir einige alte Karten angesehen. Vielleicht gibt es einen Weg ... Aber ich brauche noch etwas mehr Zeit."

„Zeit ist etwas, wovon wir wenig haben, mein Freund." „Momentan suchen wir zunächst eine Möglichkeit, Nachrichten in die Altstadt übermitteln zu können. Da jegliche Kommunikation unterbrochen ist, habe ich Angst, dass dort eine Panik ausbricht, wenn wir die Menschen nicht darüber informieren, was hier vor sich geht und welche Anstrengungen wir ihretwegen unternehmen."

„Damit können wir euch dienen", meinte Howard gut gelaunt. „Jakovs Hund ..."

„Sie meinen das Vieh, das darauf aus war, mein Bein zu verspeisen?", vergewisserte sich Ben-Gurion. „Gehört der nicht einem Araber?"

Jakov beugte sich zu Schaul hinunter, kraulte ihn begütigend hinter dem Ohr und meinte dann besänftigend: „Du bist kein Araber." Schaul wackelte bestätigend mit seinem schwanzlosen Hinterteil und döste dann wieder ein.

„Jakov hat ihn dazu ausgebildet, von der Neustadt in die Altstadt zu laufen. Es gibt Tausende von Hunden in den Souks, so dass es ihm möglich sein müsste, die Grenze unbeachtet zu passieren."

„Rachel, Jakovs Schwester, wohnt im Augenblick in Jakovs Wohnung", warf Ellie ein. „Wir haben schon einmal darüber gesprochen.

Vielleicht ist jetzt der richtige Zeitpunkt, ihn für unsere Zwecke zu benutzen. Denn das eine kann ich Ihnen sagen – der Köter kennt sich in der Altstadt aus. Er hat mich einmal bei Nacht herausgeführt!"

„Und was wird der Junge dazu sagen?", fragte Ben-Gurion. „Soll ich ihn holen?" Mosches Schritte hallten laut auf dem Holzfußboden. Als er die Tür öffnete, blickte er in Jakovs strahlendes Gesicht.

„Ich möchte hiermit erklären, dass Schaul und ich uns freuen, helfen zu dürfen", meinte Jakov schlagfertig und grinste den bestürzten Mosche unverhohlen an.

* * *

Aus den Tagen der Frustration und Sorge wurde eine Woche und dann zwei. Einen Tag nachdem der arabische Aufruhr die Altstadt erschüttert hatte, wurden die Wasserleitungen zu den jüdischen Teilen Jerusalems in die Luft gesprengt. Wasserhähne und Toiletten blieben trocken. Jeder Bewohner der betroffenen Gebiete musste nun mit einer täglichen Wasserration von ca. neun Litern aus den Speicherzisternen auskommen.

Howard rieb sich prüfend mit der Hand über seinen Stoppelbart, während er zusah, wie eine junge Frau ihre Wasserbehälter mit dem kostbaren Nass füllte. Kein Mann in den jüdischen Teilen der Stadt konnte es sich augenblicklich leisten, für den Luxus einer Rasur Wasser zu verschwenden. Seitdem Rabbi Lebowitz aus den Hadassah-Kliniken in das Haus Moniger entlassen worden war, betrug die Wasserration für die Gemeinschaft in Onkel Howards Haus vierundfünfzig Liter pro Tag. Das war eine Menge, mit der man durchaus zurechtkommen konnte. Die Richtmenge von neun Litern pro Tag und Person war der Jewish Agency von Mosche vorgeschlagen worden und nach der Minimalration berechnet, die ein Arbeiter in einer archäologischen Ausgrabungsstätte benötigte.

Jeden Nachmittag trugen Howard und Jakov ihre Wasserbehälter zu den Eselskarren und standen dann zwischen den erbosten Frauen der Stadt, die nicht nur die Rationierung und die Neun-Liter-Beschränkung, sondern auch diesen gedankenlosen Menschen verfluchten, der am grünen Tisch beschlossen hatte, dass bloße neun Liter Wasser pro Person ausreichen sollten. Und als die mit Teekannen, Eimern und Töpfen beladenen Frauen neidische Blicke auf Howards isolierte Zwanzig-Liter-Behälter zu werfen begannen, hatte er Jakov schwören lassen, Stillschweigen darüber zu bewahren, dass er dabei gewesen war, als man die Entscheidung über die Wasserrationen gefällt hatte. Er war davon überzeugt, dass sich die erzürnten Hausfrauen im Nu in einen gefährlichen Mob verwandeln und ihn lynchen würden, wenn sie das erführen.

Howard blickte zum wolkenlosen Himmel empor und betete um Regen, damit sich die Eimer, die hoffnungsvoll auf jedem Dach und auf jeder Türschwelle des jüdischen Viertels aufgestellt worden waren, mit Wasser füllen konnten. Dann starrte er traurig auf die stummen Mauern der Altstadt und betete, dass Schaul an diesem Tage endlich mit einer Nachricht von Rachel zurückkehren würde.

Jeden Morgen hatten Mosche und Jakov den zottigen Boten an den mit der Keffijah bekleideten Wachen vorbeigeschickt, die die Altstadt umstellten, und jeden Abend war Schaul müde mit der noch unberührt in seinem Ohr steckenden Nachricht zurückgekehrt. Mosche war so sehr wegen Rachel in Sorge, dass er immer mehr abmagerte. Auch als er intensiv mit den Plänen für die Lebensmittelrationierung und die Verteidigung des jüdischen Jerusalem beschäftigt war, äußerte sich nicht nur Howard bedenklich über seinen Zustand. Oft hielt er mitten im Satz inne und ging zum Fenster, um die grausame Mauer anzustarren, die ihn von ihr trennte.

Gelegentlich drangen allerdings doch Nachrichtenfetzen über das Leben auf der anderen Seite der Mauer durch den einen oder anderen britischen Soldaten in die Neustadt. Die Berichte über die Entmutigung der Bevölkerung und die strenge Lebensmittelrationierung ließen jedoch keinen Optimismus aufkommen. Außerdem hatte sich die Kunde, dass zwei Männer und eine Frau bei den nächtlichen Unruhen ums Leben gekommen waren, wie ein

Lauffeuer verbreitet und erfüllte Mosche mit Verzweiflung. Da die Namen der Toten nicht durchgesickert waren, ließ Mosche der Gedanke nicht mehr los, dass die namenlose Frau tatsächlich die Frau war, die ihm so viel bedeutete wie sein eigenes Leben und die jetzt in einem unbezeichneten Grab am Ende jener schmuddeligen Gasse lag, die auch als Gal'ed Road bekannt war.

Erst vor zwei Tagen hatte sich Mosche bei Luke nach der Möglichkeit erkundigt, einen britischen Soldaten zu bestechen, um endlich etwas über Rachel zu erfahren.

„Das wäre zu riskant für sie", hatte Luke erwidert. „Die neuen Soldaten stehen niemandem wohlwollend gegenüber. Meiner Meinung nach wäre es daher unklug, ihre Aufmerksamkeit zum jetzigen Zeitpunkt auf Rachel zu lenken."

„Natürlich", hatte Mosche bestätigend genickt. Dann hatte er den Kopf in die Hände gestützt und war auf seinem Stuhl in sich zusammengesunken. „Rachel!", hatte er nur noch geflüstert. Howard hatte sich hilflos vom Leid seines Freundes abgewandt und sich mit Jakov auf den Weg zum Wasserkarren gemacht.

Unterwegs schaute der Junge nachdenklich zu Howard empor, als könne er dessen Gedanken lesen. „Herr Professor", sagte er mit bedrückter Miene, „vielleicht kommt Schaul heute mit einer Nachricht von meiner Schwester zurück. Ich mache mir Sorgen. Und Großvater, Ellie und David machen sich auch Sorgen. Aber Rebbe Mosche sieht aus, als ob ihm das Herz brechen würde, nu?"

Howard nickte und nahm seinen Wasserbehälter von einer neugierigen jungen Sabra entgegen. „Wir wollen beten, dass Schaul heute mit der Nachricht zurückkommt, dass es Rachel gut geht."

Da räusperte sich die Frau, die ihm den Behälter gereicht hatte, und meinte: „Sie sind doch Professor Moniger, ja?"

Howard nickte und lächelte zögernd.

„Das dachte ich mir! Vor zwei Jahren habe ich unter Ihrer Leitung an einer Ausgrabungsstätte gearbeitet. Erinnern Sie sich noch? Ja?"

„Nun ja, sicher." Er erinnerte sich dunkel.

„Wirklich? Sie erinnern sich? Ich bin Cassandra!" Sie füllte den zweiten Behälter. „Sie tragen jetzt Ihr eigenes Wasser? Ich denke oft an Sie, Herr Professor, wenn ich die Krüge mit Wasser fülle! So eine elende, heiße Arbeit, nur um alte Töpfe und solche Dinge zu finden! Oj Gewalt, was habe ich damals gelitten!“

Howard nickte. Er erinnerte sich nun deutlich an jene junge Studentin, die den Kurs nach vierzehn Tagen abgebrochen hatte. „Sie haben sich damals in der Hitze nicht sehr gut gehalten, wenn ich mich recht erinnere.“

„Es war die Rationierung! Die Wasserrationierung! Oj Gewalt!“, sagte sie laut zu der Schlange der wartenden Frauen gewandt. „Ihr haltet diese Rationierung hier für schlimm!“ Die Frauen starrten Howard unverwandt an, während die Stimme der jungen Frau ständig lauter wurde. „Neun Liter pro Tag! In der Sonne! In der Hitze! In dem Dreck!“

„Das reicht, wenn das Wasser knapp ist“, wehrte Howard ab.

Cassandra erwiderte mit einem breiten Lächeln: „Nun sagen Sie mir bloß noch, Herr Professor, dass Sie derjenige sind, der die neun Liter vorgeschlagen hat, was? Geben Sie's zu. Sie müssen der Mann sein!“

Howard lächelte unbeholfen, da nach dieser spielerischen Anschuldigung alle Augen auf ihn gerichtet waren. „Genug gescherzt, junge Frau. Ich möchte jetzt meine Ration haben.“

Ein Raunen ging durch die Schlange der wartenden Frauen: „Das ist der Mann, der für die Rationierung verantwortlich ist ...“

„Das meint sie natürlich nicht im Ernst. Ich bin Archäologe.“

Die junge Frau zeigte jedoch unbeirrt auf ihn und sagte laut: „Neun Liter pro Tag!“ Dann lächelte sie den Professor, dem inzwischen recht unbehaglich zumute war, süßlich an und flüsterte ihm zu: „Sie hätten mir damals eine bessere Note geben sollen.“ Er riss ihr wortlos den Wasserbehälter aus der Hand und eilte davon.

„Ach, Frauen!“, meinte Jakov verächtlich, während sie um die Ecke bogen. „Ein Mann könnte an ihnen zugrunde gehen, nu?“

„Tja, Frauen mit einem Humor wie diese da können Männer tatsächlich zugrunde richten!“ Als sie außer Sichtweite waren, setzte Howard die Wasserkanister ab und wischte sich erleichtert den

Schweiß von der Stirn. Doch plötzlich zeichnete sich auf seinem Gesicht eine neue Sorge ab. Vor seinem Haus parkte eine lange schwarze Limousine, über deren Scheinwerfern kleine amerikanische Standarten flatterten. Der Wagen wurde vorn und hinten von je zwei Motorrädern eskortiert, und vor seiner Haustür hatte sich eine Marineabteilung aufgebaut.

„Was zum ..." Howard ergriff die schweren Wasserbehälter und eilte auf sein Haus zu.

„Was gibt's denn da, Herr Professor?", fragte Jakov, der seine kurzen Beine mächtig anstrengen musste, um mit Howard Schritt zu halten.

„Bestimmt Schwierigkeiten, Jakov. Oder Steuern. Ich lebe hier seit mehr als einem Vierteljahrhundert, und noch nie ist jemand von der Botschaft hereingeschneit, um mit mir eine Tasse Kaffee zu trinken. Na, wir werden ja sehen."

Als er auf die Marinesoldaten zuging, schauten sie ihn argwöhnisch an und griffen zu ihren Waffen. Und als er die Stufen hinaufgehen wollte, rief ihn ein großer Soldat laut an: „Halt!"

„Halten Sie selbst!", erwiderte Professor Moniger pikiert. „Wir wohnen zufälligerweise hier. Worum geht es denn?"

„Ihr Name bitte, Sir?"

„Howard Moniger. Professor Howard Moniger, und ich fordere Sie ..."

„Natürlich, Herr Professor." Der Soldat trat zur Seite und ein anderer nahm ihm die Wasserbehälter ab.

Jakov folgte ihm ins Haus. Im Wohnzimmer saßen zwei gepflegte Herren in dunklen Nadelstreifenanzügen David, Ellie und Mosche gegenüber.

Howard erkannte an Davids ärgerlichem Gesichtsausdruck, dass die Botschaftsangehörigen nicht zu einem Höflichkeitsbesuch vorbeigekommen waren. Der gut aussehende junge Flieger presste seine Lippen zusammen und zog den Reißverschluss seiner ledernen Fliegerjacke nervös auf und zu, während einer der Diplomaten beharrlich auf ihn einredete. Als Howard die Tür geräuschvoll hinter sich schloss, schauten alle auf.

„Ah! Herr Professor Moniger!", rief einer der Botschaftsangehörigen erfreut aus.

„Ich glaube nicht, dass ich schon einmal das Vergnügen hatte", erwiderte Howard und trat näher, während sich die beiden Herren erhoben und ihm ihre Hände entgegenstreckten – zu überschwänglich, wie es Howard erschien.

„Edmond Tharp", sagte ein Diplomat mittleren Alters mit einem Ansatz zur Glatze.

„Paul Green", stellte sich der andere, ein jüngerer Mann, vor. „Von der Botschaft der Vereinigten Staaten."

„Das habe ich mir schon so ungefähr gedacht." Howard schüttelte ihnen die Hände. „Und wie komme ich zu der Ehre Ihres unangemeldeten Besuchs?"

„Per Telefon war es uns leider nicht möglich. Wir haben versucht, Sie telefonisch zu erreichen, aber ..."

„Verständlich. Ich nehme an, dass dies kein Höflichkeitsbesuch ist."

„Ach, Onkel Howard!", entfuhr es Ellie. „Die Herren sagen, dass wir vielleicht unsere Pässe und unsere Staatsbürgerschaft verlieren können. Sie sagen, dass wir die Schriftrollen der britischen Regierung aushändigen müssen, dass sie das verbriefte Recht haben ..."

Howard lächelte selbstsicher. „Und ihr habt ihnen nicht erklärt, dass wir die Schriftrollen gar nicht besitzen?" Er setzte sich leise lachend.

„Natürlich", entgegnete Mosche ruhig. „Aber sie scheinen es nicht zu ..."

„Herr Professor Moniger", unterbrach Tharp, der zwar seinen Platz wieder einnahm, aber steif auf der Stuhlkante sitzen blieb, „wir versuchen lediglich einen möglichen diplomatischen Zwischenfall zu verhindern. Da Sie ein Bürger der Vereinigten Staaten und ein geachteter Wissenschaftler sind, wirft es ein schlechtes Licht auf unsere Regierung, wenn Sie ..."

„Wie können wir etwas abgeben, was wir gar nicht besitzen?"

„Es geht nicht allein um die Schriftrollen. Bei diesen handelt es sich offensichtlich um Kunstgegenstände, die von Rechts wegen dem Britischen Nationalmuseum gehören sollten, da die Engländer zur Zeit ihrer Entdeckung noch im Besitz Palästinas waren. Da die Araber die Rollen ebenfalls für sich beanspruchen, wäre es vielleicht besser, sie untereinander darum feilschen zu lassen."

„Vielleicht haben Sie Recht", erwiderte Howard und legte einen Arm um Jakov, der mit großen Augen neben ihm stand. „Aber wie Ihnen Professor Sachar unzweifelhaft auseinandergesetzt haben dürfte, befinden sich diese einfach nicht in unserem Besitz. Vielleicht sollten Sie mit Haj Amin sprechen, wenn Sie schon zwischen Arabern und Briten vermitteln wollen."

„Das arabische Hochkommissariat behauptet, dass zwei Männer, ein Amerikaner" – hierbei sah er Howard streng an – „und ein palästinensischer Jude" – er warf Mosche einen ebenso strengen Blick zu – „sie vor einigen Wochen gestohlen haben."

„Propaganda", schnaubte Howard. „Wenn Sie in diesem Land so lange gelebt hätten wie ich, wüssten Sie, dass man nicht allem Glauben schenken darf, was die Araber behaupten."

Die beiden Diplomaten sahen sich an. Jeder wollte dem anderen das Vorrecht überlassen, zuerst das Wort zu ergreifen. Schließlich sagte der eine: „Nach Ihnen, Tharp."

Tharp rückte seinen Schlips zurecht und begann nervös: „Nun, wenn Sie es so haben wollen. Es geht da natürlich noch um etwas anderes. Um die merkwürdige Tatsache, dass sich ein amerikanischer Pilot in Palästina aufhält. In Jerusalem. In Ihrem Haus. Nicht etwa irgendein Pilot, sondern David Meyer, von dem wir alle wissen, dass er am Ende des Krieges einer unserer Besten war. Können Sie mir das erklären?" Er sah von einem zum anderen.

„Das ist aber wirklich nett, schließlich doch noch ein wenig Anerkennung zu bekommen!", meinte David, kreuzte die Arme vor der Brust und hob zufrieden die Brauen. „Heißt das, dass ihr Burschen meine Armeepension erhöhen wollt?"

Tharp richtete seinen Blick ruhig auf David. „Nein. Nebenbei bemerkt, Mr. Meyer, bedeutet das, dass jeder Amerikaner, der sich als Söldner für den Zionismus verdingt, seine Staatsbürgerschaft verliert. Falls jemand von Ihnen irgendetwas mit dem Zionismus zu tun hat, wird es für Sie kein Land mehr geben, in das Sie zurückkehren können. Ich bin sicher, dass Sie das Gesetz kennen, das der Kongress letzte Woche verabschiedet hat ..."

Howard räusperte sich verärgert. „Mr. Meyer ist zufälligerweise Gast in meinem Hause. Er ist mit meiner Nichte, Miss Ellie Warne, verlobt, die für mich bei der amerikanischen Schule für Orientforschung fotografiert."

David stieß Ellie in die Rippen und flüsterte: „Hör deinem Onkel gut zu, Herzchen."

„Weiterhin", Howard erhob sich, „erfüllt mich der Gedanke mit Scham, dass meine Regierung vielleicht ein Privathaus betritt, um auf Drängen einer anderen Macht unbegründete Anschuldigungen, Drohungen und Forderungen gegen Bürger ihres Landes vorzubringen."

„Das war nicht unsere Absicht! Wir hatten nur das Gefühl, Sie vor den Konsequenzen warnen zu müssen, falls Sie sich entschlössen, hier zu bleiben oder den Juden in irgendeiner Weise behilflich zu sein ..."

Howard sah die beiden schweigend und mit solch unverhohlenem Abscheu an, dass sie sich unbehaglich auf ihren Stühlen wanden. Schließlich nahm er ihre Mäntel von der Stuhllehne und sagte freundlich: „Es tut mir furchtbar Leid, dass wir Ihnen keinen Tee anbieten können. Das Wasser in der Stadt ist, wie Sie wissen, rationiert und reicht kaum aus, für diesen Haushalt eine Kanne aufzubrühen, ganz zu schweigen für ungebetene Gäste."

Die beiden Männer standen auf und nahmen ihre Mäntel. „Falls Sie in Schwierigkeiten kommen sollten", sagte Tharp, „dann wissen Sie, dass wir Ihnen nicht helfen können."

„Ich bezweifle, dass wir Sie überhaupt darum bitten würden", erwiderte Howard und führte sie zur Haustür. „Guten Tag, meine Herren."

David rief ihnen noch vom Wohnzimmer aus nach: „Und grüßen Sie bitte Präsident Truman von mir, ja? Ich werde ihn zur Hochzeit einladen."

24. Die Nachtwache

Der Muezzin stand hoch oben auf seinem Minarett und starrte unermüdlich in die Straßen des jüdischen Viertels der Altstadt. Hin und wieder, wenn eine schlanke junge Frau an der Stelle vorüberging, an der er die Feindin Gerhardts und des Muftis zuerst gesehen hatte, setzte er seinen Feldstecher an die Augen. Aber seit jenem ersten Nachmittag, an dem er sie auf der Treppe gesehen hatte, war die gesuchte Frau während seiner Dienstzeit nicht mehr aufgetaucht. *Vielleicht ist sie doch ein Dämon,* dachte er, während er gelangweilt die Straßen beobachtete. *Vielleicht hat sie der Satan persönlich geschickt, um den Mann, der ein so treuer Diener des Muftis ist, von seiner Aufgabe abzulenken.* Allerdings hatte Gerhardt inzwischen jedem Jihad-Moqhaden, der sich nachts in das jüdische Viertel wagte und sie ihm brachte, eine große Belohnung versprochen. Und so hielt der Muezzin, in der Hoffnung, wenigstens einen Teil der Belohnung zu erhalten, Tag für Tag nach ihr Ausschau. Doch sie kam nicht. Nur ein Hund erschien jeden Morgen an der Wohnungstür – ein zottiger, bösartig aussehender Hund –, der vor der Wohnungstür sitzen blieb, bis das Abendgebet vorbei war. So war es dem Muezzin in den Sinn gekommen, dass der Dämon, wenn er die Gestalt einer schönen Frau anzunehmen vermochte, vielleicht auch in die eines Hundes schlüpfen konnte. *War es dann nicht auch vorstellbar, dass der Dämon verschwand, wenn man den Hund tötete?*Er spie aus und machte ein Zeichen, um den bösen Blick abzuwehren. Gerhardt würde keinen Mann belohnen, der ihm den Kadaver eines Hundes brachte, selbst wenn er diesen unter großer Gefahr erworben hatte. Es war der Körper einer Frau, den Gerhardt besitzen wollte. Ja, er verlangte sogar, dass dieser Körper noch lebte, damit er ihn für seine eigenen Zwecke benutzen konnte. Der alte Muezzin seufzte. Das Leben war neuerdings so kompliziert. Und seine alten Knochen waren in dieser kalten Nachtwache müde geworden. Er sehnte sich nach friedlichen Tagen. Dann würde er wieder wie früher seine Tage im türkischen Kaffeehaus verbringen, zwischendurch seine Stimme erschallen lassen, um die Gläubigen zum Gebet zu rufen, und anschließend wieder starken türkischen Mokka trinken, den ganzen Nachmittag rauchen und sich mit seinen Freunden unterhalten.

Gerhardt, so ging das Gerücht um, war nach Damaskus gefahren, um Waffen für den heiligen Krieg zu kaufen. Aber jeder junge Heckenschütze und Jihad-Moqhade trug, zusammen mit Instruktionen und großen Versprechungen, die gekritzelte Skizze der gesuchten Frau in seinen Gewändern. Doch der alte Muezzin hatte die Frau zuerst gesehen. Und wenn Allah es wollte, würde er sie wiedersehen, und dann gebührte ihm die Anerkennung. Im Kaffeehaus würde er sein Bravourstück zum Besten geben: unter welchen Entbehrungen er Tag für Tag versucht hatte, die Frau zu erspähen.

Er räusperte sich und spie durch die Öffnung des Minaretts. Als sich ein grobschlächtiger, kräftig aussehender Jude der Treppe näherte, setzte der Alte seinen Feldstecher neugierig an die Augen. Der Mann trug einen Seemannsmantel und eine Fischermütze. Trotz seines forschen Ganges machte sein bärtiges Gesicht einen erbitterten und nachdenklichen Eindruck. Er setzte den Fuß auf die erste Stufe, die zur Kellerwohnung hinunterführte, sprang jedoch sogleich entsetzt wieder zurück: Der Hund stürzte knurrend auf ihn zu. Seine Nackenhaare waren gesträubt wie die Federn eines Hahnes beim Hahnenkampf. Er bleckte die Zähne und senkte den Kopf zum Angriff. Der Jude wich schnell zurück und ergriff eine zerbrochene Latte von einem Abfallhaufen. Der alte Muezzin musste darüber lachen, wie der bärbeißig aussehende Jude von dieser Promenadenmischung in Schach gehalten wurde. Dann bellte der Hund und setzte sich so auf die oberste Stufe, als ob er den Juden dazu herausfordern wolle, näher zu kommen.

Der Muezzin stellte das Fernglas auf das Gesicht des Juden ein und sah, dass dessen Mund vor lauter Seemannsflüchen nicht stillstand. „Lauf doch, du Narr“, gluckste er. „Lauf, du jüdischer Hund, sonst wird dich dieser jüdische Hund noch zum Abendbrot verspeisen.“

Immer noch mit der kaputten Latte in der Hand, wich der Jude an der Hauswand entlang langsam zurück, ohne den Hund auch nur einen Moment aus den Augen zu lassen. Als sich der Mann aus dem Territorium des Hundes entfernt hatte, stand dieser auf und lief wieder die Stufen hinunter. Daraufhin schleuderte ihm der jüdische Seemann das Brett hinterher und fluchte dabei so heftig, dass der Muezzin meinte, die Flüche hören zu können. Anschließend ging der Jude davon.

„Das muss der Hund eines Jihad-Moqhaden sein", murmelte der Muezzin. „Wirklich ein intelligentes Tier."

* * *

Rachel drehte die Kurbel des Grammofons und setzte die Nadel vorsichtig auf den Rand der Platte. Gleich darauf wurde das statische Knacken durch die klaren, kräftigen Klänge der *Haffner-Symphonie* von Mozart abgelöst. Waldhörner, Violinen, Celli – alles verschmolz zu einem harmonischen Zusammenklang, der die Wohnung mit einer freudigen Atmosphäre erfüllte. Rachel betrachtete zunächst Leahs stummes Cello mit zärtlichen Blicken und dann die kleine Wiege, in der Tikvah zufrieden an ihrem Daumen lutschte.

„Gibt es etwas Schöneres als deine Musik, Leah?", flüsterte Rachel. „Nur dies." Sie beugte sich über die Wiege und nahm Tikvah zärtlich in die Arme. Sie strich über das samtweiche Haar und die rosige Wange des Säuglings. „Du bist noch schöner, meine kleine Tikvah. Du bist schöner." Tikvah öffnete ihren Rosenmund und wandte ihr Gesicht instinktiv Rachels Brust zu, während Rachel, das Kind im Rhythmus der Musik wiegend, zur Anrichte in der Küche tanzte und von dort eine Flasche holte. „Hier, meine Süße", meinte sie beschwichtigend, da Tikvah zu schreien begann und ungeduldig mit den winzigen Ärmchen wedelte. Als die warme Flüssigkeit endlich in ihren Mund floss, entspannte sie sich sofort genüsslich seufzend. „Na, siehst du wohl?" Rachel setzte sich in den Schaukelstuhl und achtete darauf, dass Tikvah nicht zu viel Luft schluckte. „Du brauchst dir keine Sorgen zu machen. Mama passt schon auf dich auf, liebe Kleine. Süße Kleine."

Eine zärtliche Freude erfüllte Rachel, während sie das Kind in den Armen hielt. Zwar war der Blick der tiefblauen Augen immer noch unkoordiniert, doch wandte Tikvah ihr Gesicht erwartungsvoll dem Klang von Rachels Stimme zu. Die Zufriedenheit der Kleinen ging bei den Klängen der Musik in Schläfrigkeit über, so dass ihr allmählich die Augen zufielen. Die zufriedenen Seufzer des Kindes, während die Milch in der Flasche langsam weniger wurde, waren für Rachel die schönste Musik. Als die Kleine eingeschlafen war, zog Rachel ihr die Flasche aus dem Mund. Ein kleines Milchrinnsal hatte sich in ihrem Mundwinkel gebildet, und die Lippen zitterten leicht, als sauge sie noch immer. Rachel streichelte ihr die Wangen, unfähig, ihren Blick von dem entzückenden Gesichtchen abzuwenden. „Vielleicht wirst du eines Tages auf dem Cello deiner Mutter spielen. Ich werde es jedenfalls für dich aufbewahren. Oder du wirst Kinder unterrichten, wie es dein Vater getan hat. Ich werde jedenfalls dafür sorgen, dass du eine gute Ausbildung erhältst. Und vielleicht werde ich eines Tages etwas über den Messiah lernen, wie Leah gesagt hat. Dann werde ich dir von ihm erzählen."

In den zwei Wochen, die sich Tikvah nun in Rachels liebevoller Obhut befand, hatte Rachel jedesmal, schon wenn sie das kleine Bündel nur berührte, ein unfassbares Glücksgefühl durchströmt. In dieser ganzen Zeit war sie nicht mehr in Großvaters Wohnung zurückgekehrt, sondern in Schimons und Leahs Wohnung geblieben, weil sie das unbestimmte Gefühl hatte, es sei für Tikvah das Beste, ihr Leben dort zu beginnen, wo glückliche Träume von ihr geträumt worden waren. So ließ sie jeden Tag einen Korb von ihrem Fenster hinab und Schoschanna legte ein paar spärliche Lebensmittel hinein. Kleine Kinder brachten ihre Tassen mit einem Rest Milch zu ihr und boten sie dem Kind ihrer geliebten Leah an. Und Ehud war ihr Kurier und Wasserträger geworden. Selbst Jehudit Akiva war mehrmals mit Lebensmitteln bei ihr erschienen und hatte ihr sogar bei der Beschaffung von zusätzlichen Windeln und einer wunderschönen himmelblauen Wolldecke geholfen.

Oft stand Rachel über das schlafende Kind gebeugt und betrachtete staunend das kostbare Geschenk, das ihr Leah vermacht hatte. Nachts, wenn sie auf den süßen Atem Tikvahs lauschte, war ihr Herz von einer bisher ungeahnten Liebe erfüllt. Und wenn Tikvah so lag, wie sie auch im Mutterleib gelegen haben musste, erfüllten Rachel ihre dürren Beinchen und das runde Bäuchlein mit Entzücken. „Kleine, du bist ein Wunder!", flüsterte sie dann. „Vielleicht gibt es tatsächlich einen Gott, und vielleicht bist du seine Art, optimistisch zu sein, wie Leah gesagt hat."

Aber in all die Freude, die Rachel über Tikvah empfand, mischte sich auch Angst, eine Angst, die so tief war wie ihre Seele und so stark wie ihr Herzschlag. Oft streckte diese Angst nachts ihre Hand nach ihr aus, wenn Tikvahs Atem so ruhig und gleichmäßig ging, dass sie ihn nicht zu hören vermochte. Dann schlug Rachel ihre Decke zurück, zündete eine Lampe an und berührte prüfend die weiche Wange. „Atmest du noch, Kleine?", flüsterte sie angstvoll. „Du hast mich doch nicht verlassen, kleine Tikvah? Sonst würde Mamas Herz brechen, mein Liebling." Dann wiegte Rachel sie sanft in ihren Armen – nicht um das friedlich schlafende Kind, sondern um ihre eigenen Ängste zu beruhigen.

Die Frauen des Viertels hatten schon öfter bei ihr angefragt, wann sie Tikvah zur Synagoge bringen würde. Aber jedesmal hatte sie verneinend den Kopf geschüttelt und immer wieder eine andere Entschuldigung vorgebracht: „Es ist zu kalt", oder: „Vielleicht lauern irgendwo Heckenschützen", oder: „Sie hat heute leichte Bauchschmerzen." So kam es, dass Rachel in der Wohnung geblieben war, manchmal vor Glück auf Wolken schwebte und manchmal wiederum in die tiefsten Tiefen der Angst gestürzt wurde, so dass sie nicht wusste, wie sie diese überleben sollte.

Auch an diesem Tag hielt sie Tikvah noch einen Augenblick im Arm, bevor sie sie widerstrebend in ihr Bettchen legte. Dann legte sie die blaue Wolldecke liebevoll um die Kleine und ging zum Ofen, um nach dem gleichmäßig brennenden Feuer zu sehen.

Plötzlich ertönte von der Tür her leises, aber beharrliches Klopfen, und Ehuds Stimme flüsterte durchdringend: „Rachel! Schläft die Kleine? Rachel?“ Das Klopfen hörte nicht auf, bis Rachel knarrend die Tür öffnete und den kräftigen Kapitän hereinließ.

„Pscht.“ Sie legte mahnend einen Finger an ihre Lippen.

Ehud nickte verständnisvoll, ging auf Zehenspitzen zur Wiege und schaute hinein. Ein zärtliches Leuchten verklärte sein zerfurchtes Gesicht. „Du schönes Kleines.“ Als er aber mit einem seiner dicken Finger vor ihrem Gesicht hin und her wackelte, machte Tikvah ein weinerliches Gesicht. Ehud wich erschrocken zurück, voller Reue darüber, dass er die Kleine gestört hatte. Sofort sah das Kind wieder friedlich aus. „Na, Gott sei Dank, dass sie nicht aussieht wie ihr Onkel Ehud!“, flüsterte er in einer Stimmlage, die bei jedem anderen Sterblichen als laut eingestuft worden wäre.

„Pscht“, mahnte Rachel erneut. Dann merkte sie, dass Ehud mit leeren Händen zurückgekommen war. „Und wo ist das Nähkörbchen? Und wo sind die zusätzlichen Decken?“

„Oj Gewalt!“, entfuhr es Ehud und er schlug sich betrübt mit der Hand gegen die Stirn. „Du hast mir aber auch einen unmöglichen Auftrag erteilt, Rachel“, meinte er mit noch lauterer Stimme.

„Pscht, Ehud!“, rief sie verärgert, als Tikvah erschrocken ihre Augen aufschlug und zu schreien begann. „Siehst du nun, was du angerichtet hast?“

Ehud zuckte die Achseln. „Sie wollte Onkel Ehud sowieso guten Tag sagen.“ Er beugte sich über das brüllende Kind. „So ein Sturm! So ein Wind! Oj! Mein kleiner Liebling“, versuchte er sie zu beruhigen. Doch Rachel schob ihn unsanft zur Seite und nahm sie auf.

Während sie Tikvah schaukelte und auf den Rücken klopfte, betrachtete sie Ehud voller Unmut. „Nun, Onkel Ehud! Wo sind mein Nähkörbchen und die Decken?“

„Ein Dämon hat mich an deiner Treppe empfangen! Ich schwöre es!“ Er hob feierlich die Hand, als sie drohend die Augen zusammenkniff. „Ich hatte die feste Absicht, die Beute zu holen ...“

„Du sprichst wie ein alter Pirat!“, rief sie erbost. Dann neigte sie sich zu ihm und schnüffelte prüfend. „Du riechst auch wie einer! Was hast du getrunken? Kein Wunder, dass Tikvah aufgewacht ist, wenn sie den Atem eines Seeungeheuers in der Nase hatte!“

„Nur einen kleinen Cognac!“, gestand Ehud mit gesenktem Kopf. „Den letzten Cognac im Viertel. Man hat mir aus Nettigkeit einen kleinen Trunk angeboten. Es wäre doch nicht recht gewesen, ihn zu verschmähen, oder?“

„Dem Geruch nach zu urteilen, hättest du ihn besser herbringen sollen. Dann hätten wir eine Woche lang Brennmaterial für die Lampen gehabt!“ Sie warf ihm einen finsteren Blick zu, da Tikvah nicht aufhörte zu weinen. „Nein, meine Kleine. Mama wird Onkel Ehud nicht erlauben, dich mit seinem hässlichen Atem zu ersticken!“

„Nur ein Gläschen, das schwöre ich!“

„Jeweils, meinst du vielleicht.“ Sie hob missbilligend ihr Kinn. „So, und wo sind bitte meine Decke und das Nähkörbchen?“

„Ich schwöre. Vor dem Ewigen! An deiner Türschwelle hat mich ein grässlicher Hund empfangen! Ein bösartiges Biest! Der bösartigste Hund, den ich je gesehen habe! Ich habe Glück gehabt, dass ich überhaupt mit dem Leben davongekommen bin.“

„Ein Hund?“, fragte Rachel, plötzlich ernst geworden. „Vor meiner Tür?“

„Ein Dämon!“, erwiderte Ehud dröhnend. „Mit Zähnen wie ein Löwe! Und einer Stimme wie ein Bär! Als ich zur Treppe kam, hat er mich wie ein Stier angefallen und an die Wand gedrängt! Ich hatte Glück, dass ich überhaupt mit dem Leben davongekommen bin!“

„Hatte er ein schwarz-braun-graues Fell und keinen Schwanz?“

„Genau so sah er aus! Ganz bestimmt eine bösartige Promenadenmischung!“

„Und seine Augen?“

„Grausam und voller Brutalität!“

„Was für eine Farbe hatten sie, Ehud?“ Sie ging auf ihn zu und drückte Tikvah fest an sich.

„Ein unirdisches Gelb! So grausam wie ...“

„Schaul!“, schrie Rachel auf. „Ach, Ehud! Du hast Schaul gesehen!“

„Schaul?“

„Den Hund meines Bruders. Den hat bestimmt Mosche nach

mir geschickt. Ach, Ehud!“ Sie sah sich gehetzt im Zimmer um. „Ich muss zu ihm! Ach, Tikvah!“ Sie betrachtete das Kind, das noch immer nicht aufgehört hatte zu schreien. „Ehud, du musst bei ihr bleiben.“

„Allein?“, rief er entsetzt aus, als sie ihm das Kind in die Arme drückte.

„Nur zehn Minuten, Ehud. Bleib so lange hier sitzen!“, trug sie ihm auf und schob ihm den Schaukelstuhl hin. „Schaukele sie einfach!“

Gehorsam begann Ehud Tikvah zu schaukeln, während Rachel, ohne Mantel oder Schal, bereits zur Tür hinausrannte.

Sie schaute sich nach Westen um. Die Sonne war bereits hinter dem Horizont verschwunden. *Vielleicht ist er ja noch da,* dachte sie, während Passanten stehen blieben und erstaunt hinter ihr her starrten. Sie lief schnell die Straße der Treppen hinauf, bog um die Ecke und eilte an der Hurva-Synagoge vorbei.

* * *

Der Muezzin beobachtete, wie das Tageslicht dahinschwand. Zweimal hatte er bereits vorgehabt, seine Nachtwache abzubrechen und die Stufen hinunterzusteigen. Vom Eifer getrieben, blieb er dennoch und wandte die Augen nicht von den Straßen des jüdischen Viertels unter ihm. Immer wieder warf er einen Blick dorthin, wo er die Frau gesehen und wo der Hund den Juden verjagt hatte. Als er nach langer Zeit eine mantellose Gestalt wahrnahm, schmerzten ihm bereits die Glieder vor Kälte. Er setzte neugierig den Feldstecher an die Augen, um zu sehen, warum die Frau die Synagogen und Läden des Viertels unbeachtet ließ, und dann keuchte er:

„Gelobt sei Allah!“ Ganz deutlich erkannte er ihre Gesichtszüge. „Sie ist es!“

Er wusste genau, wohin sie ihre Schritte lenken würde, und er folgte ihr mit dem Fernglas dorthin, wo der große Hund wartete. Als sie sich dem Haus näherte, sah er, wie sich ihr Mund zu einem stummen Schrei öffnete. Er lächelte über sein Glück und wiederholte die Worte: „Gelobt sei Allah!“

* * *

Schon als sie noch einen halben Block entfernt war, rief Rachel aus Leibeskräften: „Schaul!“ Und wieder: „Schaul!“

Als schließlich Kopf und Schultern des Hundes auf der obersten Stufe der Treppe zur Wohnung erschienen, lachte sie vor Glück laut auf. Er sah sie freudig an, kam ihr dann in langen Sätzen über die Straße entgegen und erwiderte ihre Umarmung mit einer Flut von nassen, glücklichen Küssen.

„Du! Du wundervolles Wesen!“, rief sie und barg ihr Gesicht an seinem Hals. Als sich Schaul von ihr losriss und übermütig um sie herumrannte, schalt sie: „Aber du hast Ehud beinahe zu Tode erschreckt!“ Dann lief der Hund zu Großvaters Wohnung zurück. Doch Rachel rief ihm schnell nach:

„Ich habe den Schlüssel nicht bei mir, mein Freund! Komm! Komm, Schaul! Ich habe eine große Überraschung für dich!“ Sie lenkte ihre Schritte eilig zurück zu Tikvah und Ehud.

Im Raum war nichts zu hören außer Ehuds Gurren und dem leisen Glucksen Tikvahs, die Ehud vorsichtig auf dem Schoß hielt.

„Ehuds kostbarer kleiner Liebling! Meine süße Kleine!“, schäkerte er mit einer so leisen Stimme, wie sie Rachel noch nie bei ihm vernommen hatte. Als er Rachel ansah, strahlte er über das ganze Gesicht. „Schon so früh zurück? Ah! Wie du siehst, sind wir beide wunderbar zurechtgekommen!“

Rachel wandte sich um und rief: „Schaul! Komm her, mein Junge!“ Ehud nahm Tikvah schützend hoch. „Du bringst dieses Vieh hier ins Haus?“, brüllte er entsetzt.

Schaul sprang die Stufen herauf und lief ins Zimmer, wo er sich ruhig hinsetzte, während Rachel hinter ihm die Tür schloss. „Er tut nichts, Ehud“, erklärte sie, leicht außer Atem. „Und wie ich sehe, hast du dich gut mit Tikvah vertragen, während ich weg war. Tja, wie lange war ich eigentlich ...“ Sie sah auf die Uhr. „Sieben Minuten? War ich so lange fort?“

„Sie brüllt inzwischen auch nicht mehr wie ein Nordwest!“, meinte

Ehud stolz. „Onkel Ehud ist ein guter Ersatzpapa für dich, stimmt's, Kleine? „ Er kitzelte Tikvah unter dem Kinn.

„Danke. Und nun, Ehud, möchte ich dir Schaul vorstellen!" Sie nahm ihm Tikvah ab.

„Nein, danke. Ich bin diesem Hai im Hundefell heute schon einmal begegnet."

„Schaul", rief Rachel unbeirrt, „dies ist Ehud."

Als sich Schaul erhob, beugte sich Ehud zurück und meinte mit bebender Stimme: „Schöner Hund. Ein gutes und freundliches Tier."

Rachel legte Tikvah zurück in die Wiege. „Er tut dir nichts, du alberner Mann", schalt sie und streckte ihre Hand nach Schaul aus, der sofort zu ihr kam. Dann setzte er sich und kratzte sich heftig am Ohr.

„Da hast du's!", meinte Ehud triumphierend. „Er muss hier raus! Das Vieh ist nicht nur bösartig, sondern hat auch noch Läuse."

Rachel streckte ihre Hand aus, um Schaul hinter dem Ohr zu kraulen, aber er kratzte sich unbeirrt weiter und kam dabei immer wieder mit der Pfote gegen ihre Hand. „Er hat da etwas", meinte Rachel besorgt und hob das Ohr des Hundes, um nachzusehen, was ihn so belästigte. Als ihre Finger die weiche Haut auf der Innenseite des Ohres abtasteten, hielt sie plötzlich überrascht den Atem an. „Da ist ja etwas drin!", rief sie aus. Ihre Finger hatten einen kleinen metallenen Gegenstand berührt, der tief im Ohr des Hundes steckte.

Ehud beugte sich erstaunt vor: Rachel hielt einen im Kerzenlicht glänzenden Lippenstiftbehälter in der Hand. „Guter Hund!", sagte er mit neuem Respekt vor dem pelzigen Boten. „Was steht denn drin?", fragte er mit vor Erregung heiserer Stimme, als Rachel einen fest zusammengerollten Zettel aus dem Röhrchen zog. Schaul ging unterdessen zu Ehud und lehnte sich gegen dessen ausgestreckte Hand.

Rachel hielt den Zettel ans Licht und las vor, was Mosche in winziger Schrift darauf geschrieben hatte.

Schickt Nachricht über Rachels und Ehuds Verbleib, Bedürfnisse des Viertels, Zustand der Lebensmittellieferungen und Verfassung der Leute. Alle gesund. Tun ihr Möglichstes zur Erhaltung der Verbindung. M.

„Na, nicht gerade ein Liebesbrief, was?", bellte Ehud.

„Gerade das ist es", erwiderte Rachel und presste den Brief an ihr Herz. „Es reicht. Es ist immerhin eine Verbindung. – Du musst dies Dov und Rabbi Vultch zeigen. Ich werde Schaul so lange hierbehalten, bis du mit einer Antwort zurückkommst, die wir ihm mitgeben können."

„Gut!" Ehud sprang auf die Füße und riss ihr den Zettel aus der Hand. „Und du selbst kannst vielleicht auch noch etwas hinzufügen, nicht wahr?"

Rachel nickte und sah zu Tikvah, die zufrieden in ihrem Bettchen strampelte. „Und wenn ich ihm schreiben würde, Ehud? Würde er mir glauben, was ich alles erlebt habe, seit ich hierher gekommen bin?"

Die Hand bereits am Türgriff, sah er lächelnd auf sie hinunter. „Vielleicht nicht. Vielleicht ist es besser, wenn du ihm das persönlich sagst, nicht wahr?"

„Das ist eine vernünftige Idee."

Ehud schloss die Tür hinter sich und eilte zum Tipat Chalav, wo Dov damit beschäftigt war, den Jeschiva-Schülern beizubringen, den Pfad des Friedens zu verlassen und den des Krieges zu beschreiten.

25. Entkommen

„Jehudit!“, dröhnte die Stimme Rabbi Akivas durch das große, leere Haus.

Jehudit wischte ihre Hände nervös an der Schürze ab und eilte aus der Küche durch den Flur ins Arbeitszimmer ihres Vaters.

„Jehudit“, rief er noch einmal ungeduldig.

„Ich komme, Vater!“ Sie öffnete die massive Tür und stand bebend im trüben Licht des Zimmers vor ihm. Noch bevor sie sein grüblerisches Gesicht sah, hatte ihr seine Stimme bereits gesagt, dass er verärgert war. Die Flamme der Lampe spiegelte sich in seinen dicken Brillengläsern, so dass sie seine Augen nicht erkennen konnte. Er hatte seine Mundwinkel missmutig herabgezogen und trommelte mit seinen dicken, kurzen Fingern ungeduldig auf die Schreibtischunterlage. Sein undurchdringliches Gesicht war schweigend der Stelle zugewandt, an der sie unruhig stand.

Schließlich brach sie das Schweigen: „Möchtest du gerne Tee, Vater?“

„Möchtest du gerne Tee, Vater?“, äffte er sie grausam nach. Dann schlug er mit der Faust auf den Schreibtisch. *„Nein!“*

Tränen der Verwirrung schossen ihr in die Augen und sie zerbrach sich den Kopf, was für eine Sünde sie wohl begangen haben mochte, dass ein derartiger Zorn über sie hereinbrach. *Die Betten waren ordentlich gemacht. Das Waschwasser hatte genau die richtige Temperatur. Das Gebetbuch lag an Ort und Stelle.* „Was ist geschehen, Vater? Habe ich etwas verkehrt gemacht?“

„Das Problem ist, dass du *nichts* gemacht hast!“, schrie er sie an. „Zwei Wochen sind inzwischen vergangen! Zwei Wochen, in denen du dieser Rachel und diesem Waisenkind unsere Lebensmittel und unsere beste Challah gebracht hast, ohne irgendwelche Neuigkeiten für mich zu haben! Du hast auch immer noch nicht das Zeichen auf ihrem Unterarm gesehen, wie ich dir aufgetragen hatte!“

„Was ist das für ein Zeichen?“, fragte Jehudit beschämt.

„Es ist der Beweis! Der Beweis dafür, dass sie nicht ist, was sie zu sein scheint!“

„Aber Vater, wenn du sie mit dem Kind gesehen hättest“, flehte Jehudit. „Sie macht einen so liebevollen, so ...“

Mit wutverzerrtem Gesicht sprang Akiva auf, stürzte auf Jehudit zu und holte zum Schlag aus. Sie hielt schützend die Hände vors Gesicht. „Du wagst es, mir zu widersprechen!“, schrie er. „Das Schicksal all dessen, was uns teuer ist, steht auf dem Spiel und du wagst es, dich für klüger zu halten als dein Vater?“

Jehudit hatte ihn schon viele Male zornig erlebt und auch schon oft seinen Zorn über ihre kleinen Fehler zu spüren bekommen. Aber noch nie hatte sie ihn dabei so verzweifelt gesehen. „Nein, Vater!“, entgegnete sie bebend und fiel auf die Knie. „Bitte, Vater!“, schluchzte sie angstvoll.

Akiva ragte hoch über ihr auf und der Zorn, der mit jedem Herzschlag durch seine Adern pulste, ließ seine Faust erbeben. Nur ganz allmählich erlangte er seine Beherrschung wieder. „Du taugst zu nichts!“, stieß er voller Abscheu hervor. „Gott hat es für richtig gehalten, mich mit einem Leben ohne Söhne zu verfluchen. Aber dich als Tochter zu haben ist noch schlimmer, als kinderlos zu sein.“ Er stieß mit dem Fuß nach ihr. „Mir aus den Augen, du Wurm!“ Sie verharrte regungslos in ihrer knienden Haltung; nur ihr Schluchzen durchbrach die zornige Stille.

„Es tut mir so Leid, Vater!“, wimmerte sie. „Bitte ...“

„Raus hier!“, brüllte er und ging zurück zum Schreibtisch.

„Ich will es besser machen!“

„Komm mir nur ja nicht vorher wieder unter die Augen!“

* * *

Jehudit schlang ihren Schal enger um die Schultern, als sie durch die dunklen Straßen zu der Wohnung ging, in der Rachel mit dem Kind lebte. Am Arm trug sie ein Körbchen mit einer noch ungeöffneten Büchse englischen Tees und einem halben Laib frischer weißer Challah. Diese hatte ihnen der Brite Captain Stewart mitgebracht, als er ihrem Vater an diesem Nachmittag einen Besuch abgestattet hatte.

Sie hoffte darauf, dass ihr die Geschenke die Tür zu Rachels Heim öffnen und dafür sorgen würden, dass bei Rachel kein Argwohn aufkeimte. Am Ende der Straße angelangt, bemerkte sie einen schwachen Lichtschein, der durch das Fenster von Rachels Wohnung drang. Auf den Jalousien zeichneten sich die Schatten dreier Gestalten ab. Sie verharrte für einen Moment. *Zwei Männer. Ein großer, ein kleiner. Und Rachel allein mit ihnen in der Wohnung. Vielleicht hat Vater doch recht mit seinen Vermutungen,* dachte sie und drückte sich instinktiv gegen die Wand eines Hauses auf der gegenüberliegenden Straßenseite. *Ich werde warten und sehen, was passiert.*

Es vergingen nur wenige Augenblicke, bis die Tür weit aufflog und ein großer Hund die Treppe zur Straße hinunterrannte. Jehudit hielt vor Überraschung den Atem an, als sie Schaul erkannte. *Nanu, das ist ja der Hund des kleinen Jakov,* dachte sie. *Was macht der denn hier – ohne den Jungen?*

Eine Welle der Erregung durchflutete sie bei der Vorstellung, welche Neuigkeiten sie ihrem Vater zu berichten haben würde, noch bevor die Nacht herum war.

Sie beobachtete, wie Rachel noch lange im Licht der Türöffnung stehen blieb und dem großen, zottigen Tier zum Abschied nachwinkte. *Ja,* dachte Jehudit, *heute Nacht werde ich wirklich ein paar Neuigkeiten für meinen Vater haben.*

Aus dem arabischen Viertel der Stadt schallte deutlich das Rattern eines Maschinengewehrs zu ihr herüber. Aber sie nahm kaum Notiz davon, da ihr dieses Geräusch in der letzten Zeit so vertraut geworden war. Es dauerte keine Viertelstunde, da kamen Dov und der große Mann, der unter dem Namen Ehud bekannt war, dieselben Stufen herunter. Sie sprachen leise miteinander und schauten dabei in die Richtung, die Schaul eingeschlagen hatte. Ehud schüttelte lachend den Kopf, während Dov an seinen Schläfenlocken zupfte und etwas murmelte, von dem Jehudit nur Bruchstücke verstand: „Bis zum Morgen werden wir ... Vielleicht kann er ... bis zum Morgen ...“

Dann drehten sie sich um und kamen direkt auf die Stelle zu, an der Jehudit vor Kälte zitternd stand. Schnell trat sie einen Schritt zurück in den Schatten einer Türöffnung und wartete mit angehaltenem Atem, bis die beiden Männer, nur wenige Schritte von ihr entfernt, an ihr vorbeigegangen waren. Nachdem ihre Schritte verhallt waren, kam Jehudit aus ihrem Versteck hervor und rannte hastig die Stufen zur Wohnung hinauf.

* * *

Dunkelheit hatte sich bereits über die Stadt gelegt, als Schaul, mit einer hastig gekritzelten Botschaft im Ohr, auf den Weg geschickt wurde. Er blieb noch einmal kurz stehen und warf Rachel einen Blick zu, der beinahe menschliches Verständnis ausdrückte. Dann trabte er eilig über die Straße zu dem mit Sandsäcken gesicherten Kontrollpunkt am Ende des jüdischen Viertels.

Er lief lautlos durch die abfallübersäten, verlassenen Gassen, in denen nur noch Jihad-Heckenschützen hinter dunklen Fenstern und auf Flachdächern lauerten. Schaul spürte die bedrohliche Gegenwart von menschlichen Wesen, mit denen er noch nie zuvor in Berührung gekommen war. Ein Rudel von vier hungrigen Hunden war dabei, den Müllberg eines geschlossenen armenischen Restaurants zu durchsuchen. Ihr Anführer knurrte Schaul drohend an, um seine Beute gegen ihn zu verteidigen. Zu jeder anderen Zeit hätte Schaul vielleicht die Herausforderung angenommen, aber an diesem Abend mied er die Reichweite der schnappenden Fänge. Er ließ die Gasse schnell hinter sich und die anderen Hunde machten sich nicht die Mühe, ihn zu verfolgen.

Als er auf die gewundene Straße kam, die in die Jaffa Road mündete, drang ein noch erschreckenderes Geräusch an seine Ohren – ein Gewirr von aufgeregten und zornigen Stimmen. Plötzlich ertönte über ihm das abgehackte Knattern von Gewehrfeuer. Kugeln schlugen in den Mauern über und hinter ihm ein. Er duckte sich und rannte so schnell wie noch nie in seinem Leben. Gleich darauf hörte er heftige Flüche. Er schlüpfte rasch in einen schmalen Spalt zwischen zwei Häusern, der so eng war, dass sich ein Mensch nur mit Mühe hindurchzwängen konnte. Diesen Durchgang hatten Jakov und er Dutzende von Malen benutzt, um den britischen Offizieren und Soldaten zu entkommen, die plötzlich festgestellt hatten, dass ihre Brieftaschen verschwunden waren und sich ein Junge und ein Hund durch das Gedränge der Altstadt davonstahlen. Genau wie jetzt hatte auch damals das Pflaster vom Klang schwerer Stiefel widergehallt und Jakov hatte warnend einen Finger an die Lippen gelegt und geflüstert: „Pscht, Schaul, denn wenn sie uns finden, kommen wir bestimmt ins Acre-Gefängnis und werden gehängt." Aber Schaul hätte natürlich eher sein Leben hingegeben, als zuzulassen, dass jemand seinem jungen Herrn etwas antat.

Zwar war Jakov diesmal nicht bei ihm, aber Schaul wusste dennoch sehr genau, was er zu tun hatte. Er legte sich leise in den Abfallgestank und beobachtete, wie erst eine, dann zwei, dann drei Gestalten in wehenden Gewändern an ihm vorbeirannten. Zuletzt folgte ein schnaufender Mann, dessen Gesicht in der Dämmerung einen bleichen Eindruck machte. Er hatte eine Hand hoch erhoben, als wolle er den kräftigen jungen Männern, die an dem Spalt zwischen den beiden Häusern vorbeigelaufen waren, Einhalt gebieten.

„Wartet!", keuchte er. „Er ist hier! Das ist derselbe Hund, den ich mit der Frau zusammen gesehen habe!" Seine vor Anstrengung geschwächte Stimme drang nicht bis zu den jungen Männern vor, die einfach weitergestürmt waren, ohne sich die Mühe zu machen, in dem Spalt nachzusehen. „So wartet doch!", rief der Alte verzweifelt. „Er ist hier hineingelaufen."

Schaul legte den Kopf auf die Pfoten und beobachtete aus seinem dunklen Schlupfwinkel heraus, wie der Alte sich duckte, um in den Spalt zu sehen.

„Ich weiß genau, dass du da drin bist, Hund", säuselte er. „Aram hat dich gesehen, auch wenn diese Narren mit ihren Gewehren vorbeigerannt sind. Ich weiß, wo du dich versteckt hältst, und ich kann warten." Er legte die Hand über die Augen, als wolle er sie gegen das Licht abschirmen, obwohl die Schatten von Minute zu Minute dunkler wurden. „Komm zu Aram", lockte er. „Dann geschieht dir auch nichts." Er machte einen Schritt nach vorn. Doch sofort antwortete Schaul mit einem derart tiefen, drohenden Knurren, dass dem Alten der Atem stockte und er stolpernd zurückwich. Von Angst ergriffen, richtete er sich hoch auf und rief in dem lauten Sing-Sang eines Mannes, der es gewohnt ist, Tausende von Menschen aus allen Teilen der Stadt zum Gebet zu rufen: „Der Hund ist hier! Ich habe das Biest gefunden, das den Feinden Allahs und des Muftis gehört!" Das Echo seiner Stimme hallte von den Mauern wider und wurde über die Dächer getragen.

Da sprang Schaul knurrend auf, raste auf den Alten zu und warf ihn zu Boden, gerade als zwei Jihad-Moqhaden um die Ecke auf sie beide zurannten.

Der Alte stieß einen klagenden Schrei aus, während sich Schaul bereits auf die beiden Männer stürzte. Diese erbleichten vor Angst, als sie die hochgezogenen Lefzen und die wilden gelben Augen erblickten. Der erste der Jihad-Moqhaden legte trotzdem noch sein Gewehr an, aber Schaul fegte so blitzartig an seinen Beinen vorbei, dass der Schuss ins Leere ging und die Kugel dicht neben dem vor Angst weinenden Alten im Boden einschlug.

„Ihm nach!" Stimmengewirr erfüllte die Dunkelheit, als Schaul dem alten, erprobten Weg in die Sicherheit folgte. „Schießt auf ihn!" Er schaffte es gerade noch, einer Ansammlung von metallenen Mülltonnen auszuweichen. Dabei warf er sie jedoch um, so dass sie seinen Verfolgern den Weg versperrten. „Schießen! Bring ihn um, du Narr!" Hinter ihm ertönten weitere Schüsse, die dicht neben ihm einschlugen, während er bereits über eine hohe Mauer in einen Hof sprang, der von verrottenden Weinreben sowie leeren und zerbrochenen Packkisten übersät war. Schon oft hatten Jakov und er hier Unterschlupf hinter einem schadhaften Spalier gesucht, das an einer Mauer, dicht unter einem Dachüberstand, lehnte. Zweimal war ihnen die Flucht aus dem Hof gelungen, indem Jakov den Hund etwas hochgehoben hatte, so dass dieser, wenn auch etwas ungelenk, an dem schräg stehenden Spalier hinaufklettern konnte. Da Jakov jetzt nicht bei ihm war, hatte Schaul keine andere Wahl, als sich hinter dem Spalier zu verstecken und auf die Männer zu warten, die sich fluchend gegenseitig über die Mauer halfen.

„Ich weiß, dass der Köter hier ist!“, murmelte einer der Männer. „Er ist über den Zaun gesprungen, als ob er genau gewusst hätte, wo er hin muss. Als ob ihm der Satan persönlich den Weg gezeigt hätte.“

„Vielleicht ist es doch so, wie der Muezzin gesagt hat, und der Hund ist nur ein Geist.“

„Es war kein Geist, der den Muezzin angegriffen hat. Hast du nicht die Kratzspuren auf dem Gesicht des Alten gesehen?“

„Haben die Dämonen der Hölle etwa keine Klauen?“, gab der Mann mit bebender Stimme zu bedenken und Schaul roch den Angstschweiß, der dem Mann aus den Poren trat. Auch der andere hatte Angst, aber seine Stimme klang sicherer und zorniger.

Während sie langsam von Kiste zu Kiste gingen und jede mit ihren Gewehrläufen prüfend anhoben, hörte er die welken Blätter unter ihren Füßen rascheln. Als sie schließlich zwischen ihm und dem Spalier vorbeiliefen, unterdrückte Schaul seinen Instinkt zu knurren. Der Ängstlichere der beiden trat mit seiner Stiefelspitze in die welken Weinreben.

„Lass uns gehen!“, rief er. „Ich sage dir, das ist kein Wesen aus Fleisch und Blut. Vielleicht ist sogar diese Frau, von der Gerhardt redet, nicht aus Fleisch und Blut!“

„Halt den Mund!“, rief sein Kamerad, der sich vorsichtig der Kiste näherte, hinter der Schaul lag. „Wie auch immer, ob der Hund aus Fleisch und Blut oder ein Dämon ist, seinen Pelz werden wir auf jeden Fall kriegen!“

Der erste Mann senkte sein Gewehr und wich zum Spalier hin zurück.

„Ich sage dir, da ist was Überirdisches an der ganzen Sache!“

„Feigling!“, schrie der zweite und trat gegen die Kiste, hinter der Schaul sich verbarg. Augenblicklich schoss der Hund knurrend und heulend dahinter hervor.

„Da ist er!“, schrie der erste Jihad-Moqhade voller Entsetzen, als Schaul an ihm hochsprang. „Auuuu!“

Der Mann brach unter der Wucht seines Sprunges zusammen und Schaul landete mit den Vorderpfoten auf dem gebrochenen Spalier. Für den Bruchteil einer Sekunde sah er Jakovs Gesicht vor sich und hörte, wie dieser ihn drängte, wie früher auf das Dach zu klettern. Dann vernahm er nur noch die zornigen Schreie der Männer unter sich, während er sich ungelenk zum Dach hinaufarbeitete.

„Er entwischt!", rief eine jammernde Stimme. „ Siehst du, wir verfolgen einen Teufel aus dem Schlund der Hölle!"

Mit einer letzten Anstrengung zog sich Schaul auf das Dach hiauf, schoss dann über dessen flachen Asphalt und entfernte sich von Dach zu Dach springend.

26. Die Beobachter

Rachel klopfte Tikvah sanft auf den Rücken, bis das winzige Wesen ein Bäuerchen gemacht hatte, das für seine Größe bei weitem zu laut erschien.

„Du meine Güte!", lachte Rachel. Sie nahm sie von ihrer Schulter und legte sie in ihren Schoß. „Kein Wunder, dass du Bauchschmerzen hattest." Sie streichelte lächelnd das Samtköpfchen.

Es klopfte leise. Rachel schürzte unwillig die Lippen. Sie hatte keine Lust, aufzustehen, um den Riegel beiseite zu schieben. Der Nachmittag und der Abend waren viel zu lebhaft und voller Unterbrechungen gewesen.

„Dein Onkel Ehud hat wohl etwas vergessen", sagte sie zu Tikvah. „Vielleicht sollten wir ihn bis zum Morgen warten lassen, was meinst du?"

Als das Klopfen drängender wurde, wickelte Rachel das Kind in eine kleine Decke und ging zur Tür.

„Bist du's, Ehud?", rief sie unwillig. „Was willst du denn diesmal? Nein, du kannst das Kind nicht schon wieder halten ..."

„Ich bin's, Jehudit!", kam die gedämpfte Antwort. „Jehudit Akiva."

Rachel war einen Augenblick lang unschlüssig, schob dann jedoch den Riegel zurück und öffnete die Tür. Als Jehudits bleiches Gesicht in der Türöffnung erschien, machte Rachel ein besorgtes Gesicht. Noch nie war das Mädchen nach Einbruch der Dunkelheit zu ihr gekommen.

„Komm herein, Jehudit!", sagte Rachel beunruhigt. „Weiß dein Vater, dass du in der Dunkelheit unterwegs bist? Aber nein, wie siehst du denn aus! Du hast ja nur einen dünnen Schal um und zitterst wie ein kleiner Vogel! Ist etwas passiert? Hast du eine Nachricht von meinem Großvater? Ist er ..."

„Nein. Keine Nachricht. Ich habe keine Nachricht." Jehudit sah sich suchend nach Jakov um. Sie war überzeugt, dass der Junge nicht weit sein konnte, wenn der Hund in der Nähe war. „Ich habe dir dies hier mitgebracht", sprudelte sie nervös hervor und hielt Rachel den Korb entgegen.

Rachel lächelte flüchtig und runzelte die Stirn. „Danke. Wie freundlich von dir. Aber du hättest vielleicht besser warten sollen. Du weißt doch, wie unsicher die Straßen nach Einbruch der Dunkelheit sind."

Jehudit zuckte die Achseln. „Ich habe dir Challah mitgebracht. Und Tee!"

„Ja, dann –" Rachel legte Tikvah in die Wiege und umarmte Jehudit herzlich. „Du hättest trotzdem bis zum Tagesanbruch warten sollen und dir bei dieser Kälte besser etwas Wärmeres übergezogen. Komm, setz dich. Ich mache uns beiden einen Tee."

Jehudit setzte sich nervös auf die Kante eines Stuhls und starrte auf die langen Ärmel von Rachels dunkelbraunem Kleid und ihrem hellbraunen Pullover.

„Der Pullover, den du da anhast, sieht schön warm aus", meinte sie dann und zog ihren Schal enger um sich.

„Ja, das ist er wirklich." Rachel goss genau zwei Tassen Wasser aus einem Krug in den Kessel. Dann zog sie den Pullover aus und gab ihn Jehudit. „Ich friere nicht. Du kannst ihn so lange tragen, bis dir wieder warm ist, ja?"

Zum ersten Mal, seitdem sie das Zimmer betreten hatte, lächelte Jehudit. „Danke. Du hast ihn schon für mich angewärmt." Sie zog den Pullover hastig über. „Brauchst du ihn auch wirklich nicht?"

Rachel verneinte kopfschüttelnd, während sie die Teebüchse öffnete. Sie sog das Aroma der frischen Teeblätter tief ein und seufzte vor Freude. „Wie wundervoll! Wie freundlich von dir, Jehudit!", rief sie aus und hielt Jehudit die Büchse hin, um sie auch daran riechen zu lassen.

Befangen atmete Jehudit den süßen, kräftigen Duft ein. „Ja. Das riecht gut", erwiderte sie und fragte sich, was ihr Vater wohl sagen würde, wenn er wüsste, dass sie Rachel eine seiner Teebüchsen gebracht hatte. *Vielleicht,* dachte sie, *kann ich ihm ja etwas mitteilen, woran er noch mehr Geschmack findet als an dem Tee.*

Während Rachel die Challah in dünne Scheiben schnitt, betrachtete Jehudit schweigend deren zarte Hände. „Ich habe noch ein ganz kleines bisschen Marmelade im Schrank. Vielleicht können wir sie uns teilen", schlug Rachel vor, während der Kessel zu pfeifen begann.

„Ich mache den Tee", sagte Jehudit, während Rachel im Schrank ein kleines Töpfchen mit Erdbeermarmelade suchte.

„Hier ist die Teekanne." Rachel stellte eine kleine blaue Teekanne auf die Anrichte, während Jehudit mit dem Kessel kochenden Wassers zu ihr hinging. Noch bevor Rachel ihre Hand wieder wegziehen konnte, stolperte Jehudit scheinbar und fiel nach vorn – jedoch ohne Rachels ausgestreckten Arm aus den Augen zu lassen –, und stieß mit dem kochend heißen Kessel dagegen.

Rachel rief noch „Vorsicht!" Doch schon ergoss sich die dampfende Flüssigkeit über ihren Ärmel und drang im Nu bis zur Haut vor. Vor Schmerz rang sie nach Luft.

Der Kessel fiel scheppernd zu Boden, während Jehudit taumelnd ihr Gleichgewicht wiedererlangte. „Oh, Rachel!", rief sie und ergriff Rachels verbrühten Arm. „Schnell. Wir müssen den Arm in kaltes Wasser halten, bevor es Blasen gibt."

„Es geht schon!", wehrte Rachel ab und zog ihren Arm weg. „Es geht schon!" Aber in ihren Augen glänzten Tränen und sie musste sich vor Schwäche an die Anrichte lehnen.

Jehudit schöpfte schnell mit ihrer Hand Wasser aus dem Krug, griff erneut Rachels Arm und ließ das kalte Wasser über den Ärmel laufen. Dann zog sie ihn, noch ehe Rachel protestieren konnte, bis zum Ellenbogen hoch. Gleich unter einer scheußlichen roten Brandwunde befand sich auf der zarten Haut der Innenseite ihres Unterarmes ein häßliches schwarzes Zeichen mit den Worten *Nur für Offiziere.*

„Nein, bitte nicht!", schrie Rachel auf und hielt schnell ihre Hand über die Tätowierung. „Ich habe doch gesagt, es geht schon!"

Jehudit lächelte befriedigt und musterte Rachel, die ihren Kopf vor Schmerz und Resignation gesenkt hielt, mit zusammengekniffenen Augen. Auf der Anrichte standen noch die leeren Teetassen und die unberührte Challah. Rachel hob langsam ihren Blick und sah Jehudit fast flehend in die Augen. Dann schaute sie zur Wiege hin, wo Tikvah lag. Qual und Scham überzogen ihr Gesicht.

Jehudits Gesicht verdüsterte sich. Es tat ihr mit einem Mal Leid, dass sie die Seele eines so gütigen Menschen völlig entblößt hatte. „Es tut mir furchtbar Leid, dass ich dich verbrüht habe“, meinte sie und wandte sich ab. „Es tut mir ...“

Rachel zog ihren Ärmel langsam wieder über das grausame Zeichen. Sie sammelte sich und sagte leise, aber mit Würde: „Ich nehme an, es ließ sich nicht verhindern. Es geht schon“, wiederholte sie noch einmal. „Wirst du es deinem Vater erzählen? Wirst du ihm von dem Zeichen auf meinem Arm erzählen?“

Jehudit zog Rachels Pullover aus und legte ihn über den Schaukelstuhl. „Er sagt, du bist nicht, was du scheinst.“

Rachel holte tief Luft und atmete langsam wieder aus. Es wurde ihr mit einem Mal bewusst, dass Jehudits Geschenke und ihre Freundschaft nicht von Herzen gekommen waren. „Sagt er das?“

Jehudit nickte und ihr Blick wurde wieder unsicher. „Ja. Er sagt, du bist eine schlechte Frau.“

Rachel lächelte traurig. „Wahrscheinlich hat er Recht.“ Dann hielt sie ihr den leeren Korb und den Schal hin, öffnete die Tür und trat zur Seite, um sie vorbeizulassen. Jehudit ging schnellen Schrittes in die Nacht hinaus.

* * *

Sie standen zusammen am Fenster und blickten angestrengt in die so gut wie menschenleeren Straßen von Rehavia. Mosche legte seinen Arm um Jakov, während der Junge in die Dunkelheit starrte und besorgt nach Schaul Ausschau hielt.

„Heute kommt er aber besonders spät, Rebbe Mosche.“ Jakov lehnte seinen Kopf schwer an Mosches Schulter.

„Wie sagte dein Großvater doch gleich? Schaul hat vielleicht eine Freundin.“ Mosche klopfte ihm beruhigend auf die Schulter. „Er ist doch ein schlauer Dieb. Er hat doch die beste Ausbildung genossen, oder?“

Davids Lachen schallte vom Wohnzimmer herüber, wo er und Ellie eine Partie Schach spielten. Dann war Ellies lauter Protest zu hören. Mosche musste unwillkürlich lächeln: es war nicht schwer zu erraten, wer die Partie gewann. Doch das unbeschwerte Glück der beiden verstärkte bei Mosche nur noch das Gefühl der Sehnsucht nach Rachel.

Plötzlich erstarrte Jakov und fragte: „Was ist das?"

„Was?" Mosche betrachtete forschend die Straße unter ihnen.

„Dort." Der Junge deutete auf einen großen schwarzen Sedan, der auf der gegenüberliegenden Straßenseite parkte. „Gleich werden Sie es sehen. Ein orangefarbenes Licht."

Für einen Augenblick leuchtete das glühende Ende einer Zigarette auf.

„Ich weiß nicht, was es ist, aber ich kann es mir denken." Mosche musterte den Wagen und rief dann nach David, der sogleich, mit einem triumphierenden Lächeln auf den Lippen, herbeieilte. „Was macht ihr denn da so eifrig in der Dunkelheit? Kommt doch runter ins Wohnzimmer und seht zu, wie ich Ellie vom Schachbrett fege."

„Lass das Licht aus", warnte Mosche leise. „Wir werden beobachtet."

Davids Lächeln erlosch. „Das habe ich mir doch gedacht. Heute Nachmittag sind mir nach meiner Landung am Flughafen ein paar Burschen gefolgt. Haben sich den ganzen Weg bis zur Jewish Agency an meine Fersen geheftet. Man kann hier noch nicht mal die Post abliefern, ohne dass einem jemand seinen Atem in den Nacken bläst." David zog den Vorhang zurück und starrte kurz auf den Wagen. Dann machte er seinen vermutlichen Verfolgern eine lange Nase und meinte laut: „Ihr könnt mich mal gern haben!"

„Sind das Amerikaner? Oder Engländer?", fragte Mosche.

„Wer weiß? Aber ich bin drauf und dran, ihnen mit meinem Propeller einen Bürstenschnitt zu verpassen. Seht mal", er deutete mit dem Finger zur Straßenecke, „da ist ja noch einer." Mosche und Jakov strengten ihre Augen an, um die schemenhafte Gestalt zu erkennen, die am Laternenpfahl lehnte. „Ich möchte nicht mit ihm tauschen. Es friert draußen Stein und Bein." David wippte auf den

Füßen vor und zurück und kniff durchtrieben die Augen zusammen. „Wie schon Sherlock Holmes zu Watson sagte: ‚Das Spiel ist im Gange.'" Er zwirbelte seinen eingebildeten Schnauzbart und blinzelte Jakov zu. „Da wir gerade vom Spielen reden, hast du nicht Lust zuzusehen, wie ich gegen die gute Ellie haushoch gewinne, Kleiner?"

„Es ist gleich Bettzeit", antwortete Mosche an Jakovs Stelle.

„Nein, bitte, Rebbe Mosche", bettelte dieser. „Lassen Sie mich noch ein bisschen hier am Fenster stehen. Schaul ist noch nicht hier und ich mache mir Sorgen um ihn."

„Du machst dir Sorgen um den Köter?", fragte David erstaunt. „Ach, der hat doch bestimmt nur eine neue Freundin gefunden. Vielleicht kommt er auch erst morgens zurück. Wenn er dann kommt, wecke ich dich. Entweder ich oder Mosche."

„Noch zehn Minuten, ja? Nur zehn?" Er schaute so flehend zu Mosche auf, dass dieser resigniert den Kopf schüttelte. Er zog Jakov die Jarmulke über die Augen und meinte augenzwinkernd: „Also okay, wie die Amerikaner sagen. Okay."

David kehrte zu seiner Schachpartie zurück und Mosche überließ Jakov seiner einsamen Nachtwache in dem dunklen Zimmer.

Er ging in die Küche zurück, wo Howard und der Großvater beim Spülen des Abendbrotgeschirrs religiöse Fragen diskutierten.

„Ach, ihr Christen", schalt der Großvater. „Ihr habt alle euren jüdischen Ursprung vergessen! Stimmt's? Natürlich stimmt's! Und so entgeht euch vieles, wovon der große Rabbi Jesus gesprochen hat, nicht wahr?"

„Du hast Recht, Schlomo", erwiderte Howard mit einem bestätigenden Nicken. „Aber euch entgeht auch das eine oder andere."

„Vielleicht sind die Einzigen, die alles wissen, *die Geschmatter*, nicht?"

„Geschmatter?" Howard strich sich nachdenklich über den Kopf und blickte den Großvater neugierig an.

„Oj Gewalt! Du lebst schon so lange in Jerusalem und kennst das Wort nicht!", rief der Großvater entrüstet aus. „Weißt du denn nicht, dass der erste anglikanische Bischof von Jerusalem *geschmatter* war?"

„Hmmm", sinnierte Howard. „Ist damit vielleicht ein Jude gemeint, der zum Christentum übergetreten ist? Das ist wohl ein jiddisches Wort?"

„Natürlich ein jiddisches! Was sonst?", rief der Alte mit einem Seitenblick auf Mosche, der am Türrahmen lehnte und dem scherzhaften Gespräch der beiden Männer schweigend zuhörte.

„*Geschmatter* – ein interessantes Wort", meinte Howard.

„Und hier haben wir Professor Sachar, der diesem armen Goj vielleicht mit seinen Jiddischkenntnissen etwas auf die Sprünge helfen kann, nicht wahr?", meinte der Großvater scherzhaft.

Mosche räusperte sich. Für ihn war *Geschmatter* ein Wort von ganz persönlicher Tragik, das seine Muttersprache aus der Erfahrung von Furcht und Bitterkeit geschaffen hatte. „Das Wort wurzelt in dem hebräischen Wort *schemad,* Howard", erläuterte er, „was so viel wie Zerstörung oder Auslöschung bedeutet."

„Oj!" Der Großvater schlug sich mit der Hand auf den Mund. „Tatsächlich? Sie sind ein solch gelehrter Mann, Mosche. Sie hätten Rabbiner werden sollen. Wer weiß heutzutage noch solche Dinge über Wörter?"

„Nun ja, es ist doch immerhin kein gewöhnliches Wort, nicht wahr?"

„Gewöhnlich!", rief der Großvater aus. „So gewöhnlich wie Staub! Die Hälfte aller Witze im Leben eines Juden sind doch *Geschmatter*-Witze, nicht wahr, Mosche?"

„Das stimmt allerdings, Howard."

Der alte Rabbiner schwenkte erregt sein Geschirrtuch. „Soll das etwa heißen, dass du die *Geschmatter*-Witze noch nicht kennst, Howard? – Er hat noch keine *Geschmatter*-Witze gehört!" Großvater richtete seinen Blick in gespielter Verzweiflung gen Himmel. „Wochenlang habe ich im Krankenhaus neben einem jüdischen Taxifahrer und einem jüdischen Schuster gelegen! Und in der ganzen Zeit kein einziger Witz! Man könnte an so einer Langeweile zugrunde gehen! Wir haben uns über das Wetter unterhalten. Über die Schwestern. Über die Thora. Über das Essen. Oj! Man könnte daran zugrunde gehen! Stimmt's? Natürlich stimmt's! Und jetzt hat mich Gott also in das Haus eines Mannes mit den Ohren einer Jungfrau verschlagen! Also. Hör dir diesen an, Howard, ja?"

Howard nickte und fuhr fort, das Geschirr abzuspülen, wobei er sorgfältig darauf achtete, keinen Wassertropfen zu vergeuden. „Ja, gut."

„Es war eine kalte Nacht! Oj! Eine Nacht, in der der Wind heulte und ein solches Schneetreiben herrschte, wie es in einem polnischen Winter üblich ist. Der alte Salkowitz, der seine letzte Stunde nahen fühlte, rief seine Frau: ‚Golda!', sagte er, ‚bitte schicke jemanden nach dem Priester und sag ihm, dass er sofort kommen soll – ich sterbe!' ‚Den Priester! Du hast wohl Fieber!', antwortete Golda. ‚Du meinst sicher den *Rabbiner!*'

‚Ich meine den Priester!', erwiderte Salkowitz heftig.

‚Gott schütze uns! Bist du ein verkappter *Geschmatter*?'"

Der Großvater hielt inne und rieb sich voller Vorfreude auf die Pointe die Hände. Dann sah er Mosche an. „Sie haben den Witz sicher schon oft gehört, junger Mann?"

Mosche nickte lächelnd. „Schon oft."

„Dann verraten Sie bitte nichts!" Großvater nahm seinen Faden wieder auf: „‚Bist du ein verkappter *Geschmatter*?'"

In diesem Augenblick hörte man Jakovs aufgeregte Stimme durch das Haus schallen. Der Großvater warf sein Geschirrtuch auf den Geschirrstapel. Howard legte den Teller ab, den er gerade in der Hand hielt, und wischte sich eilig die Hände an seiner Hose trocken.

„Er ist da!", rief Jakov, trat mit dem Fuß die Tür auf und war mit einem Satz mitten in der Küche. Schaul, allem Anschein nach völlig erschöpft, folgte ihm freudig und ließ sich vor dem Ofen auf den Boden fallen.

„Du Guter! Guter Hund!", lobte Mosche und kniete sich neben ihm nieder. „Hast du schon in seinem Ohr nachgesehen?", fragte er Jakov.

„Nein. Sehen Sie nach, Rebbe Mosche. Er ist so lange weg gewesen. Vielleicht hat er diesmal ..."

Mosche tastete in Schauls Ohr nach dem kleinen Lippenstiftröhrchen. Er entfernte vorsichtig den Klebestreifen und öffnete es vor aller Augen. Als der kleine Silberbehälter in seiner Hand lag, zog er scharf die Luft ein und biss sich erregt auf die Unterlippe. „Diesmal hat er es geschafft", sagte er leise. „Diesmal ist er durchgekommen."

„Woher weißt du das?", fragte Howard, der gespannt neben ihm kniete.

„Es ist anderes Papier."

„Dann öffnen Sie es doch!", forderte ihn der Großvater ungeduldig auf. „Worauf warten Sie noch?"

Mosche zog das Papier aus dem Lippenstifthalter und faltete es schnell auseinander. Während er die Seite hastig überflog, nahm sein Gesicht zunächst einen erleichterten, dann einen besorgten Ausdruck an.

„Was ist?", fragte Howard gespannt.

„Es geht ihr gut", erwiderte Mosche leise. „Sie lebt, und es geht ihr gut. Rachel geht es gut." Er strich sich nervös mit der Hand über die Wange und las vor: „Rachel Lubetkin macht vielen Mut, doch täglich größere Mutlosigkeit in der Bevölkerung. Zunahme von Akivas Einfluss wegen mangelnden Nachschubs und Isolation der Bewohner. Brauchen Kurzwellenradio, Lebensmittel und Waffen. Seit dem Tod von Schimon und Leah Feldstein ..."

„O nein!", rief der Großvater aus und Jakov klammerte sich keuchend an ihn. „Mögen sie in Frieden ruhen. Leah war schwanger, das arme Ding."

„Oh, Großvater", weinte Jakov. „Und ich habe die ganze Zeit gedacht, dass Leah lebt. Ich habe gedacht, dass sie mit Rachel zusammen ist!" Während ihm die Tränen über die Wangen strömten, strich ihm der Großvater mitfühlend über den Rücken. Mosche las weiter:

„... brauchen dringend Führung und Nachschub. Möglicherweise schon bald zu spät." Mosche schluckte schwer. „Lebensmittelvorräte gering. Schnelle Hilfe nötig." Als er geendet hatte, überreichte er Howard den Brief. Dieser überflog ihn noch einmal und meinte dann: „Du solltest das sofort Ben-Gurion zeigen."

„Und was dann?“, fragte Mosche verzagt. „Was können wir denn tun? Seit dem Bombenattentat am Jaffa-Tor gestatten uns die Engländer nur noch kleinste Lieferungen von Lebensmitteln und Medikamenten. Alles wird von ihren eigenen Leuten überwacht. Luke Thomas haben sie zur technischen Truppe abgeschoben. Von dort können wir also keine Hilfe mehr erhalten. Was können wir denn tun?“

„Ich will euch mal was sagen. Irgendetwas muss getan werden“, der Großvater umarmte Jakov und strich ihm über den Kopf, „sonst ist die Altstadt bald *mechulle!* Pfft! Erledigt.“

„Dann sollten wir vielleicht zunächst einmal damit beginnen, den um Rat zu fragen, der alle Antworten kennt. Gott kennt doch den Weg in die Altstadt, meine Herren, und wenn wir ihn nur fragen, wird er uns vielleicht ...“

„Eine ausgezeichnete Idee“, pflichtete der Großvater bei. „Wir stellen zwar keine Minjan dar, aber Gott hat nicht verlangt, dass zum Gebet immer eine Minjan vorhanden sein muss, nicht wahr? Wir vier werden beten wie zehn.“

Mosche neigte seinen Kopf, und die anderen folgten seinem Beispiel. Lange Zeit sprach niemand. Dann brach Howard schließlich das Schweigen: „Allmächtiger Gott, du hast diese Stadt zu deiner eigenen auserwählt und ihr Volk zu dem Deinen gemacht. Du kennst jedes Problem, bevor es eines ist, und du kennst die Antwort, bevor wir überhaupt aus unserer Verzweiflung aufsehen, um bei dir Hilfe zu suchen. – Herr, wir wissen nicht, welchen Weg wir in die Altstadt nehmen sollen, aber du weißt es. Du weißt um die Notwendigkeit, du hältst die Antwort bereit. Wir bitten dich: Zeige uns den Weg! Amen.“

„Omaine“, flüsterte der alte Rabbiner und hob den Blick.

Mosche hockte sich hin und schürzte nachdenklich die Lippen. „Seit Tagen habe ich über den Plänen der Altstadt und den Berichten über die Ausgrabungen aus dem neunzehnten Jahrhundert gebrütet.“

Howard nickte. „Du meinst Warren?“

„Ja. Und später Bliss und Dickie.“ Er sah den alten Rabbiner an und fügte erklärend hinzu: „Wissen Sie, es gab nämlich mehrere Archäologenteams, die am Ende des neunzehnten Jahrhunderts das unterirdische Jerusalem ziemlich gründlich erforscht haben."

„Ja", erwiderte der Großvater und nickte lebhaft mit dem Kopf. „Ich weiß. Mein Vater kannte Captain Warren recht gut. Und ich selbst kannte Bliss und Dickie. Das Gebiet unterhalb der Altstadt ist wie ein Kaninchenbau, voller Tunnel, Zisternen und Durchgänge durch Ruinen, die wieder auf Ruinen erbaut worden sind. Ich weiß über diese Dinge Bescheid."

Howard beugte sich gebannt vor. „Du weißt von solchen Dingen? Du kanntest Bliss und Dickie persönlich?"

„Sicher! Glaubst du etwa, ich bin von gestern?", rief der Alte aus. „Welches Jahr haben wir jetzt?"

„1948", erwiderte Mosche leise und in seinen Augen strahlte Verständnis auf.

„Ja. Und wann haben Bliss und Dickie ihre Ausgrabungen in Jerusalem durchgeführt?"

„1895", antwortete Howard.

„Und wie alt bin ich jetzt, Jakov?"

Jakov schob nachdenklich seine Unterlippe vor und blickte kurz zur Zimmerdecke empor. „Sehr alt, Großvater."

„Das bin ich tatsächlich. Ich bin ein Mann in der Blüte seiner Jahre. Ich bin zweiundsiebzig, Jakov. Und ich war ein junger Mann von neunzehn Jahren, als ich den Herren aus England dabei geholfen habe, die Gänge unter der Stadt zu erkunden. Aber ich erinnere mich noch genau an alles, an die beiden ebenso wie an die unterirdischen Gänge. An manchen Stellen sind sie ein Furcht einflößendes Labyrinth. Ein zehnjähriger Junge hat sich einmal darin verirrt, als er sich dort unten spaßeshalber vor seinen Freunden verstecken wollte. Keiner von uns hat ihn je gefunden, und seine Knochen ruhen nun unter der Altstadt zusammen mit den Knochen der Menschen, die Titus selbst getötet hat, als er Jerusalem vor zweitausend Jahren schleifte. Es existiert immer noch eine Stadt unter der Stadt. Doch nur für die Ratten ist sie sicher."

„Ich habe mir die Karten und Zeichnungen genau angesehen",

begann Mosche voller Eifer, „Warrens Tunnelschacht und die Notizen, die Bliss hinterlassen hat, nachdem Dickie die Gänge unter der Altstadt von einem Ende bis zum anderen durchquert hatte ..."

„Ah, ja", meinte der Alte nickend, „unter den Gewölben des alten Ganges, der einst zum Tempelberg führte, als sich dieser noch in unserem Besitz befand. Ich erinnere mich noch gut an diese Unternehmung. Allzu gut. Die meisten Gänge, die Bliss und Dickie damals erforscht haben, sind jetzt Abwasserkanäle. Sie verlaufen direkt unter der Straße der Ketten, genau unter dem Haus des Muftis, und winden sich dann zum Tempelberg selbst hinauf."

„Sie haben den Gang gesehen?"

„Nicht den ganzen, aber ich habe gesehen, wie die Männer herauskamen. Sie rangen nach Luft und waren bleich wie der Tod von dem Gestank. Sie haben sich mit Hilfe von drei Brettern fortbewegt, die sie auf die Kloake legten. Sie sprangen von Brett zu Brett und legten das letzte immer wieder nach vorne. Mr. Bliss sagte, wenn einer von ihnen hingefallen wäre, hätte das dessen sofortigen Tod bedeutet. Aber das hilft uns in unserem Fall auch nicht weiter, nicht wahr?"

„Vielleicht doch", meinte Howard.

„Dieser Weg wird euch nicht ins jüdische Viertel führen. Nur unter die Residenz des Muftis und unter den Felsendom." Der Alte seufzte. „Es ist ein Weg, der an den Rand des Todes führt."

„Das ist faszinierend." Howard schüttelte staunend den Kopf. „Dass du die beiden kanntest."

„Dass ich sie kannte! Natürlich! Und wenn die Zeiten besser wären, könnte ich euch sogar den Weg in das eklige, stinkende Loch zeigen! Ich bin Tausende von Malen darüber gegangen. Direkt vor dem Jaffa-Tor gibt es einen Einstiegsschacht ... aber das ist nicht das, was ihr braucht." Der Großvater seufzte und schüttelte langsam den Kopf. „Wenn ihr jetzt in meinem Viertel wärt, könnte ich euch ohne Schwierigkeiten helfen. Zumindest wäre ich imstande, euch den Weg zum Schacht zu zeigen. Doch leider weiß ich nicht, wo er auf dieser Seite der Mauer mündet."

Starr vor Verblüffung, erbleichte Mosche. „Aber, Rebbe Lebowitz", rief er aus, „ich kenne den Weg von dieser Seite! Ich war mir nur nicht sicher, wohin er führen würde."

„In diesem Irrgarten gibt es ein Dutzend Tunnel, die nirgendwohin führen. Ich könnte Ihnen nicht sagen, wohin Sie gelangen würden, wenn Sie versuchten, die Gänge unter der Altstadt zu betreten. Aber wenn der Ewige mit Ihnen wäre und Sie es weit genug schaffen würden, könnte es dennoch sein, dass Sie mit einem Mal hinter einer verschlossenen Gittertür in der Mikweh, dem rituellen Bad für die Frauen, in der Falle säßen. Vor vielen Jahren habe ich einmal den Schlüssel für die Tür zur Aufbewahrung bekommen. Ich könnte Ihnen den Schlüssel geben, wenn ich in der Altstadt wäre, nu?" Der Alte seufzte. „Aber Sie sehen ja, ich bin hier. Sie sind hier. Und der Schlüssel ist drüben. Selbst wenn Sie, was sehr unwahrscheinlich wäre, den Weg zur Tür fänden, wäre es hoffnungslos."

Mosche betrachtete lange Zeit angestrengt den Hund, der schlafend zu seinen Füßen lag. „Nicht hoffnungslos, Rebbe Lebowitz. Vielleicht kompliziert, aber niemals hoffnungslos."

* * *

Tikvah schlief friedlich neben Rachel, die die ganze Nacht hindurch mit gekreuzten Beinen neben der Wiege auf dem Boden saß. Von Norden war ein starker Wind aufgekommen, der um die Hausecken heulte und heftig an den Fenstern rüttelte. Rachel war darauf gefasst, dass jeden Augenblick eine Gruppe von erzürnten, rechtschaffenen Rabbinern mit ihren Fäusten gegen die Tür schlagen und fordern würden, dass man ihr Tikvah wegnähme, um sie in die Obhut einer ehrenwerten, gottesfürchtigen Frau zu geben. Die Stunden schleppten sich quälend langsam hin, aber niemand kam, um sie anzuklagen. Niemand, außer dem Wind.

Sie hatte den Ärmel des verletzten Armes bis über die Armbeuge hochgezogen und den Arm vorsichtig in ihren Schoß gelegt. Die Verbrennung schmerzte, und es hatten sich bereits Blasen gebildet. Aber noch glühender als die Brandwunde auf ihrer zarten weißen Haut brannten in ihrer Seele die hässlichen schwarzen Buchstaben gleich unter der Verbrennung. Bald starrte sie auf die Worte, die ihr ins Fleisch gebrannt worden waren, bald warf sie einen zärtlichen Blick auf das unschuldige Kind, das neben ihr schlief. „Vielleicht ist es besser, wenn dich jemand anders in den Schlaf wiegt, meine Kleine." Sie berührte Tikvahs winzige Hand. „Ach, Leah" – sie ließ den Kopf sinken in dem Gefühl, dass ihr Herz brechen müsse –, „warum hast du sie meiner Liebe anvertraut? Man wird sie mir jetzt bestimmt wegnehmen." Sie wischte mit dem Handrücken über den nicht enden wollenden Strom von Tränen auf ihrer Wange. „War ich auch einmal so winzig, Mama?", fragte sie leise. „Hast du mich auch einmal so lieb gehabt wie ich diese Kleine? Ja. Ich erinnere mich. Dann ist es gut, dass sie dich weggebracht haben. Gut, dass du dies hier nicht mit ansehen musst. Ich war doch auch einmal deine Tikvah, nicht wahr, Mama? Es ist besser, dass du nicht erlebst, was aus mir geworden ist. Vielleicht ist es auch besser, dass Tikvah niemals erfährt ..."

Sie erhob sich steif. Das Handgelenk des verletzten Armes in der gesunden Hand, betrachtete sie nachdenklich das Mal und ihre Verbrennung. *Nur etwas tiefer, und der Kessel hätte meine Wunde geheilt.* Sie berührte die Brandwunde und zuckte vor Schmerz zusammen. Immer noch den Arm haltend, als gehöre er nicht zu ihr, ging sie langsam in die Küche und stellte den Kessel auf die kleine Flamme des Ofens. Sie ließ ihre Hand noch eine Weile auf dem Griff ruhen, bis das Metall zu heiß wurde. Dann trat sie zurück und betrachtete den Kessel versonnen, bis das Wasser schließlich kochte. Dampf quoll geräuschvoll aus der Tülle und drückte verärgert gegen den Deckel. Wasser tropfte auf den Ofen und verdampfte zischend.

Leere Teetassen, Challah und Marmelade warteten noch immer auf der Anrichte. Rachel goss den frischen Tee aus der Speisekammer Rabbi Akivas durch das Teesieb. *Nur etwas tiefer.* Sie nahm den Topflappen von dem kleinen Haken über dem Spülstein und griff nach dem Kessel, in dem das Wasser brodelnd verkochte. In diesem Moment wachte Tikvah auf und protestierte gegen das Heulen des Windes und das Pfeifen des Kessels. Rachel wandte sich kurz dem

Kind zu und hob dann die Tasse, als ob sie Wasser hineingießen wolle. Dabei näherte sich ihr Arm der Tülle des Kessels, und sie spürte, wie der Dampf den Schmerz oberhalb des Males neu belebte. *Nur für Offiziere.* Während sie das restliche Wasser in die Tasse goss, empfand sie die Wärme, die der Kessel ausströmte. Langsam, wie in einem Traum, setzte sie ihn neben der Tasse ab. Tikvah schrie noch immer im Hintergrund.

Nur etwas tiefer. „Einen Augenblick, liebe Kleine", rief Rachel. „Nur noch einen Augenblick, dann ist Mama fertig." Sie zögerte einen Moment, doch dann ergriff sie entschlossen das lange, scharfe Messer, das neben der Challah lag. Die Klinge blitzte im Licht, als sie die Spitze in die blaue Flamme hielt. *Und dann hat mir der Major erzählt, wie er die Blutung an seinem Bein gestillt hat, als er im Feld verwundet worden war.* Die Messerspitze wurde an den Rändern glühend rot. *Meine Seele ist eine offene Wunde. Nur für Offiziere. Bluten.* „Nur einen Augenblick, Tikvah, dann ist es geschafft", rief sie, während sie das Heft des Messers fester umschloss und den glühenden Stahl dicht über das zackige, schwarze *SS-Zeichen* hielt. Sie atmete heftig durch ihre zusammengebissenen Zähne, fest entschlossen, ihr Vorhaben durchzuführen. Nur für einen Augenblick flackerte noch einmal die Angst auf. „Mama!", schrie sie laut auf und presste die Klinge fest gegen ihre Haut. Stinkender Qualm stieg auf. Dann drehte sich alles um sie herum, und es wurde dunkel um sie.

27. Der Bote

Es war eine halbe Stunde vor Sonnenaufgang und immer noch kalt, als Mosche Schaul die Botschaft ins Ohr steckte. „So. Ich glaube fast, dass ich noch so etwas wie Zuneigung zu dir entwickle“ – er tätschelte Schauls Hals –, „wenn du mir versprichst, mich nicht aufzufressen.“

„Er mag Sie“, meinte Jakov fröhlich.

Mosche musterte die gelben Augen. „Woran merkst du das?“

„Daran, dass er Sie nicht auffrisst.“ Dann runzelte Jakov nachdenklich die Stirn. „Ich habe Ihnen doch gesagt, dass er nicht in Schwierigkeiten kommen würde. Es gibt ja tausend Hunde wie ihn, nu? Und keiner hat ihn überhaupt beachtet.“

„Ich bin nur froh, dass er tatsächlich dorthin gegangen ist, wohin wir es wollten. Ich hatte eigentlich eher damit gerechnet, dass er es vorziehen würde, eine Unzahl Welpen von seiner Sorte zu produzieren, als seine Pflicht zu erfüllen.“

„Er hat es gut, er geht zu Rachel.“ Jakov kraulte den Hund am Hals. „Noch oft, bevor ich selber meine Schwester sehen werde. Ich wünschte, ich könnte das auch. Mit ihm zusammen und mit Ihnen, Rebbe Mosche.“

„Wer sollte dann die Botschaften entgegennehmen, wenn Schaul ausgeschickt wird?“

„Sie haben doch das Funkgerät. Dann brauchen Sie Schaul nicht mehr. Das weiß ich.“

„Das stimmt nicht. Schickt ihn, so oft ihr könnt, damit er Rachel eure persönlichen Botschaften überbringen kann.“

„Wenn Sie heute Abend in die unterirdischen Gänge gehen, werden Sie dann ... für Rachel eine Botschaft von mir mitnehmen? Und ihr ausrichten, dass ich sie sehr lieb habe?“

„Wie dein Großvater und auch ich.“

„Ja. Dann ist sie wenigstens nicht allein. Ich habe mir große Sorgen um sie gemacht, seitdem wir das von Leah gehört haben.“ Jakovs junges Gesicht wurde von Gedanken überschattet, die Mosche viel zu schwer für ein Kind erschienen.

„Ich will dir etwas sagen, mein kleiner Freund." Er legte Jakov den Arm um die Schultern und griff ihm unter das Kinn. „Gott hat Rachel gesehen. Und er hat unsere Gebete gehört, also ist sie nicht allein, nicht wahr? Sie ist nicht allein", wiederholte er. „Und nun werde ich sie, mit Gottes Hilfe, sehen und ihr das sagen." Er wandte sich an den großen Hund. „Bleibe uns treu, Schaul. Lauf direkt zu Rachel und erzähle ihr unser Geheimnis, ja?" Dann überließ es Mosche dem Jungen, dem Hund noch etwas ins Ohr zu flüstern, bevor dieser ihn mit einem leichten Klaps auf den Kopf losschickte.

Schaul eilte die Stufen hinunter, diesmal, ohne noch einmal stehen zu bleiben, da die Straße noch vom Regen überschwemmt war. Er rannte durch die ausgebrannten Ruinen des Geschäftsviertels zum Jaffa-Tor, wo zwischen Stacheldraht und Sandsäcken bedauernswerte Soldaten unter tropfenden Regenschirmen ihre nächtliche Wache hielten. Schaul verharrte einen Moment und schnupperte prüfend. Nur wenige Meter von der Barrikade entfernt blockierte ein Haufen toter Hunde den Weg. Dutzende von Promenadenmischungen aus der Altstadt waren während der letzten Nacht erschossen worden, und seine empfindliche Nase sagte Schaul, dass dies für einen Hund keine sichere Reiseroute war. Bevor die Wachen überhaupt Gelegenheit hatten, ihn zu erspähen, wandte er sich nach rechts und trabte leichtfüßig an der massiven Mauer entlang, die zum Zion-Tor führte. Doch dort versperrten Riegel, Schlösser und ein halbes Dutzend Soldaten den Weg durch das Tor. So lief Schaul eilig den Hang hinunter und entzog sich verstohlen ihren Blicken.

Er rannte über alte Friedhöfe und an lang vergessenen Kreuzfahrerdenkmälern vorbei. Als er das vertraute Blöken von Schafen vernahm, beschleunigte er seinen Trab und war bei Sonnenaufgang am Dung-Tor, durch das die Schäfer jeden Morgen ihre Herden zum Markt trieben.

Dort empfing ihn das endlose Bellen der Hütehunde und die Rufe der Beduinenkaufleute, die um die höchsten Preise feilschten.

Er mischte sich schnell ins Gewühl und rannte in dessen Schutz zwischen Schafen hindurch durch das schmutzige Tor in das bunte Marktgewimmel. Nur ein paar Jihad-Moqhaden standen in der Nähe. Aber sie schenkten dem Hund, der an wild gewordenen Kamelen und blökenden Schafen vorbeirannte, offenbar keine Beachtung.

Vor den Metzgerläden waren die Rümpfe von frisch geschlachteten Schafen an Haken aufgehängt. Ein junger, kräftiger Lastenträger, der so aussah, als ob er mit einem Gewehr über der Schulter besser umzugehen verstünde, schob eine riesige Schubkarre voller Schafsschädel durch die Menge der Restauranteinkäufer und Fleischhändler, die schon zu dieser frühen Morgenstunde unterwegs waren. Durch den Rinnstein, der in der Mitte der Straße verlief, floss ein nicht endendes Rinnsal von Dung und Blut. Das Leben am Dung-Tor verlief merkwürdig normal.

Schaul verlangsamte seinen Schritt und warf einen hungrigen Blick auf die Nierentalg-Abfälle, die ein alter arabischer Metzger, der fröhlich vor sich hin pfiff, in eine große Tonne warf, während er den Rumpf eines Lammes zerschnitt. Sein Geselle packte unterdessen für einen Restauranteinkäufer einen Stapel Kotelettes ein. Schon vor langer Zeit hatte Schaul gelernt, dass beim Betteln ein würdiges Betragen der Schlüssel zum Erfolg ist. Statt zu jaulen oder sich heimlich heranzuschleichen, setzte er sich ruhig hin und verfolgte die Handbewegungen des Metzgers so interessiert, als habe er vor, dieses Handwerk zu erlernen. Es dauerte nicht lange, bis der Metzger auf den Hund aufmerksam wurde, der geduldig neben ihm auf den schmutzigen Pflastersteinen saß. Ein schneller Schnitt, eine kurze Bewegung aus dem Handgelenk, und schon flog Schaul eine Scheibe Fett direkt in die Schnauze. Er fing sie mühelos auf und leckte sich, auf weitere Gaben wartend, zufrieden die Lefzen.

„Ein hübscher Kerl von einem Schakal!“, meinte der Metzger und warf Schaul auch alle weiteren Fettstücke zu. Der Mann fand offenbar Gefallen an diesem Fangspiel und warf manchmal mehrere Stücke schnell hintereinander, um die Geschicklichkeit des Hundes zu prüfen. Schaul fing alle, musste aber manche Stücke unzerkaut hinunterschlingen, wenn sie zu schnell hintereinander angeflogen kamen. Hin und wieder warf der Metzger ein Stück absichtlich zu weit nach rechts oder links, weil er hoffte, den Hund dazu bringen zu können, seinen Platz zu verlassen. Schaul hingegen würdigte die gefallene Beute keines Blickes, sondern verharrte gleichmütig in seiner Stellung, was den Metzger tief beeindruckte.

„Versuchen Sie doch mal, ob er auch einen hohen Wurf fangen kann“, schlug der Geselle vor.

Der Metzger schnitt ein Stück Fett ab, an dem noch eine dünne Scheibe Fleisch hing, und warf es gut drei Meter über Schauls Kopf in die Höhe. Dieser verfolgte gelassen, wie die Delikatesse mit einem leichten Drall nach links wieder heruntertrudelte, und schnappte sie, als sie dicht genug über ihm war, mühelos auf.

Da trat der stattliche Restauranteinkäufer, der den roten Fleischstreifen an dem letzten Wurfgeschoß entdeckt hatte, hinzu und beschimpfte lauthals zunächst den Metzger und seinen Gesellen, dann Schaul. Doch erst, als er mit einem Bein ausholte, um dem Hund einen gut gezielten Tritt zu versetzen, verließ Schaul seinen Platz und lief zufrieden über den lärmenden, stinkenden Marktplatz davon. Er rülpste einmal und bog dann auf dem Weg zum jüdischen Viertel in eine Straße ein, an der die Läden der Topfhändler lagen. Zurückgelassene Obstkisten und überquellende Abfallkarren übersäten die einst so geschäftige Straße. Die Läden und Häuser, in denen man ihn und Jakov mit Namen gekannt hatte, lagen nun verlassen da und waren mit Brettern vernagelt. Verschwunden waren auch die kleinen Araberjungen, die auf eben dieser Straße mit ihm und Jakov Stockball gespielt hatten. Obendrein versperrte ihm noch ein hässlicher Stacheldraht den Weg ins jüdische Viertel.

Genau auf der anderen Seite des Drahtes erkannte Schaul im Grau des Morgenlichtes die Umrisse des Warschauer Platzes. Aber an den Stacheldrahtbarrikaden, die sich in mehreren Lagen über die Straße wanden, führte kein Weg vorbei. Schaul beschnüffelte prüfend das Hindernis, hob dann kurz sein Bein daran und trabte denselben Weg zurück, den er gekommen war.

Fast eine Stunde lang lief der Hund durch die Souks des arabischen Viertels, bog in alle Gassen ein und musste feststellen, dass sämtliche östlichen Zugänge zum jüdischen Viertel versperrt und verlassen waren. Zwar sah er auf dem Dach der Churva-Synagoge Menschen, die er von zu Hause her kannte, doch sie wandten ihren Blick nicht von den arabischen Straßen und bemerkten ihn offenbar nicht, obwohl er laut und anhaltend bellte. Daraufhin lief er wieder nach Norden, an der Klagemauer vorbei in Richtung der Straße der Ketten. Doch sein Instinkt riet ihm, umzukehren und die Souks, in denen er in der vergangenen Nacht verfolgt worden war, zu meiden. Auch drang ihm wieder der Gestank toter Hunde in die Nase. Zweimal blieb er stehen und sah sich angstvoll winselnd um. *Aber Jakov hatte ihm befohlen, nach Hause zu gehen. Trotz der Gefahr hatte ihm der Junge diesen Befehl gegeben.*

Durch die Stände der Gewürzhändler wehte der Geruch der Menschen, die ihn verfolgt hatten, und auf den Pflastersteinen in der Nähe der Obststände klebte Blut. Schaul heftete sich an die Fersen eines Mannes in langen schwarzen Gewändern. Als dieser stehen blieb, um mit einer alten Araberin über den Preis ihrer Zitronen zu verhandeln, blieb er ebenfalls stehen, und als der Mann weiterging, ging auch Schaul weiter. Der Geruch seiner Verfolger verstärkte sich erneut, als sie sich den hoch vor ihnen aufragenden Kirchenkuppeln und Minaretten näherten. Er drängte sich mit gesenktem Kopf so dicht an die Menschen, dass er gegen Hunderte von geschäftig hin und her laufenden Beinen stieß.

Plötzlich rief eine Stimme hinter ihm aus der Menge: „Heh, du da!“ Diese Stimme hatte er bereits in der vergangenen Nacht in dem dunklen Hof gehört! „Mönch!“ Die schwarzen Gewänder blieben stehen und wandten sich um. „Ja, dich meine ich! Ist das dein Hund?“

Das Weitere wartete Schaul gar nicht erst ab. Er wirbelte herum und jagte davon, gefolgt vom Klappern eiliger Schritte. Er drängte sich durch die Menge, stieß gegen Beine und sauste zwischen den Rädern beladener Karren her. Nur einen Block weiter war die Hayehudim Street. Nur noch eine niedrige Barrikade und ein kurzer Sprung trennten ihn noch von der Welt, die der Junge, der alte

Mann und er gekannt hatten. Dort war sein Ziel. Er wetzte an den langen Gebäuden mit den vielen Türen vorbei. Immer noch hallten menschliche Schritte hinter ihm. Immer noch jagten ihn Rufe. Jeden Augenblick war er auf das unheilvolle Knallen der Gewehre und das Hochspritzen kleiner Steine gefaßt.

Er sprang eine Barrikade aus umgedrehten Abfallkarren hinauf. An dem Stacheldrahtstreifen, der darüber verlief, verlor er einige Haarbüschel, die anschließend seinen Weg markierten. Dann sah er endlich den schützenden Wall aus Sandsäcken und das Gesicht des großen, grobschlächtigen Mannes, den er am Tag zuvor von Großvaters Wohnungstür verjagt hatte.

* * *

Ehud wärmte seine Hände an der Blechtasse mit dem heißen, dampfenden Kaffee. Zusammen mit zwei Jeschiva-Schülern hatte er eine lange, eintönige Morgenwache hinter sich gebracht. In den vergangenen Wochen, die sie bereits zusammen Wache gestanden hatten, hatte er ihnen mindestens schon zweimal seinen gesamten Vorrat an Seefahrergeschichten erzählt. Die Stimmung war gedrückt und gereizt. Während Ehud den warmen Dampf einatmete und bedächtig trank, rechnete er nach, wie viele Stunden noch bis zu seinem nächsten Besuch bei Rachel und dem Säugling vergehen würden. *Die Kleine wird es nie leid, meine Geschichten zu hören,* dachte er zufrieden. Das war das Schöne an Kindern. Sie hörten nie auf, um Geschichten zu bitten. Und obwohl diese Kleine im Augenblick nur Milch, Wärme und trockene Windeln verlangte, wusste er doch, dass sie eines Tages auf Onkel Ehuds Knien sitzen und ihn um eine Geschichte bitten würde. Denn seine raue Stimme übte inzwischen eine beruhigende Wirkung auf sie aus und umgekehrt beruhigte ihn wiederum ihr kleines rosiges Engelsgesicht. Er erinnerte sich noch gut daran, wie seine eigenen Kinder immer vor Vergnügen gequietscht hatten, wenn er vom Fischfang nach Hause gekommen war und sie hoch in die Luft geworfen hatte. *Es ist gut, dass es in der Welt immer noch einen Platz für jüdische Kinder gibt,* dachte er, während sein Blick über die aus Abfallkarren errichtete Barrikade glitt, die ungefähr fünfzig Meter von ihm entfernt lag. *Zumindest werden wir, mit Gottes Hilfe, den Platz für sie schaffen.*

Plötzlich sah er, wie die große zottige Gestalt eines Hundes über die Barrikade am Ende der Straße sprang und im Galopp auf Ehud und die Jeschiva-Schüler zukam. Dann vernahm er zornige Araberstimmen und sah auf der gegenüberliegenden Seite die Gesichter dreier Jihad-Moqhaden.

„Das ist der Hund, von dem du uns erzählt hast!", rief Reuven.

Ehud ließ seine Kaffeetasse fallen, als er sah, dass ein Jihad-Moqhade sein Gewehr anlegte und auf Schaul zielte. „Lauf, Köter!", brüllte er. „Lauf, Schakal!" Nach einem kurzen, prüfenden Blick auf den inzwischen verlassenen britischen Kontrollpunkt hechtete er zu dem Revolver, der unter den Sandsäcken versteckt lag.

Der erste Schuss ging los und schlug nur wenige Zentimeter neben Schauls rechter Schulter in der Mauer ein. Schaul wich stolpernd nach rechts aus. Die Jihad-Moqhaden fluchten. Ein zweiter Araber riss seinem Kameraden das Gewehr aus der Hand und zielte mit ruhiger Hand auf Schauls breiten Kopf.

Ehud kletterte über die Sandsäcke und entsicherte die Pistole. Er hielt sie mit beiden Händen und zielte auf den fluchenden Jihad-Moqhaden, der dem Hund mit dem Lauf seines Gewehrs folgte. „Lauf, Hund!", riefen die Jeschiva-Schüler. *Für eine Pistole ist die Entfernung eigentlich zu weit.* Ehud zog trotzdem ruhig den Abzug durch, während Schaul, nur wenige Meter von seinem Ziel entfernt, über eine Abfalltonne sprang.

In dem Augenblick, in dem der Rückschlag der Pistole an Ehuds Armen zerrte, löste sich mit einem Knall die Kugel aus dem Gewehrlauf des Arabers und schlug in das Holz des Abfallkarrens ein.

* * *

Mit den weißen Haarbüscheln, die ihm wirr vom Kopf abstanden, hätte man Ben-Gurion wirklich für den Zauberer von Oos halten können. David verfolgte lächelnd den hitzigen Wortwechsel zwischen Mosche und dem Alten, der die Tatsache, dass ihm widersprochen wurde, nicht gerade freundlich aufnahm.

„Es gibt ein Dutzend Männer, die eher in der Lage sind, einen Radioempfänger in die Altstadt zu schmuggeln!", meinte der Alte, dessen Gesicht vor Erregung gerötet war und einen deutlichen Kontrast zu seinem offen stehenden weißen Hemd bildete.

„Aber keiner ist so geeignet wie ich", erwiderte Mosche ruhig. „Ich kenne den Eingang zur Altstadt zumindest teilweise. Und vom übrigen Teil des Weges hat Rabbi Lebowitz Karten und Skizzen angefertigt."

„Und wann hat er zuletzt einen Bummel durch die Abwasserkanäle gemacht? Vor fünfzig Jahren!"

„Und wer sollte dort unten gewesen sein, um ihren Verlauf zu ändern?"

„Wir brauchen Sie hier."

„Sie haben Joseph und noch ein Dutzend andere. Außerdem haben Sie meine Unterlagen und meine Vorschläge."

„Und Sie meinen also, Sie können die Altstadt retten?"

„Sie haben selbst gesagt, dass wir keinen Zentimeter Boden kampflos aufgeben. Aber die Menschen hinter der Mauer sind dabei, ihren Kampfgeist zu verlieren. Eine kleine Gruppe von orthodoxen Rabbinern wird jeden Tag einflussreicher. Und wenn die beim arabischen Hochkommissariat ein Friedensgesuch einreichen, werden wir nicht nur das jüdische Viertel, sondern auch die Westmauer verlieren. Zweitausend Jahre lang waren diese Steine die einzige Verbindung mit dem Land unserer Väter. Die Altstadt war unser Halt! Ich bin dort aufgewachsen, Chef. Die Menschen dort kennen mich, sie kannten meine Familie. Ich kann da etwas ausrichten."

Der Alte schürzte nachdenklich die Lippen und stützte sein Kinn in die Hände. Beinahe eine ganze Minute lang taxierte er Mosche schweigend, bis David schließlich lautstark hüstelte und sich nervös durchs Haar fuhr. „Als ich ein Kind war, haben wir ein Spiel gespielt, bei dem es darauf ankam, jemanden so lange anzustarren, bis er aufgab", lenkte er ein. „Wer zuerst blinzelte, hatte verloren."

Ein Lächeln glitt über das Gesicht des Alten, und er blinzelte

Mosche demonstrativ an. „Sie haben also gewonnen, nicht wahr?"

„Danke", sagte Mosche schlicht. „Zumindest habe ich es gehofft. Wir haben den Hund schon mit einer Nachricht losgeschickt", fügte er lächelnd hinzu und zuckte entschuldigend die Achseln.

„Sie haben vor, den Schacht durch den alten Aquädukt zu betreten, sagten Sie?", fragte der Alte. „Und wie wollen Sie überhaupt dahin kommen, ohne von diesen Männern da aufgehalten oder gesehen zu werden ..." Er deutete mit dem Kopf zu dem Fenster, das zur Straße zeigte. „Sie beschatten Sie doch auf all Ihren Wegen, nicht wahr?" David spielte seufzend am Reißverschluss seiner Fliegerjacke. „An dieser Stelle beginnt dann mein Part. Seit Tagen habe ich diese Typen immer wieder abgehängt. Ich habe da so einen Plan."

„Ein Plan ist immer gut. Gute Pläne bewirken Wunder, nicht wahr?", meinte der Alte und wandte sich dann der Liste auf seinem Schreibtisch zu. „Und Sie glauben, dass ein einziger Mann das alles durch dieses Labyrinth tragen kann?"

„Ich behaupte ja gar nicht, dass es leicht sein wird – nur, dass es *möglich* ist. Das Kurzwellenradio muss z. B. absolut wasserdicht verpackt werden. Zweifellos wird es da unten so feucht sein, dass es sonst ruiniert würde."

„Wasser wird nicht das Einzige sein, was Sie dort finden werden. Dessen bin ich sicher." Ben-Gurion lehnte sich zurück. „Gott sei mit Ihnen! Mögen Sie Erfolg haben, um seiner Heiligen Stadt willen!"

* * *

Die Aufstellung der benötigten Gegenstände fest in der Hand, ging Mosche, dicht gefolgt von David, eilig den düsteren Flur entlang.

„Mann, du bist aber ganz schön dreist, Kumpel", meinte David und schlug ihm anerkennend auf den Rücken. „Woher wusstest du überhaupt, dass er dir erlauben würde, da runterzugehen?"

Mosche hob die Brauen und grinste vielsagend. „Ich habe heute Morgen mit Ben-Gurions Chef gesprochen, bevor wir Schaul auf den Weg geschickt haben."

„Hm? Ben-Gurions *was?*"

„Mach dir nichts draus." Mosche warf den Kopf zurück und fügte lachend hinzu: „Ich danke dir, Herr." Er tippte sich grüßend an die Stirn.

Das Warenlager der Jewish Agency verfügte immer über ein breitgefächertes Sortiment sowohl für die Juden, die in Jerusalem ansässig waren, als auch für diejenigen, die im übrigen Palästina lebten: Zwischen britischen Feldbetten und Spaten befanden sich Zelte aus amerikanischen Armeebeständen; in Kartons verpackte Taschenlampen und Schneestiefel waren sorgfältig nebeneinander aufgestapelt; und Büchsen mit C-Rationen lagen unter Wollmützen und Bergen von Wollsocken, die in alarmierender Geschwindigkeit aus dem Lagerraum verschwanden. Medizinische Vorräte wurden in einem eigens dafür vorgesehenen Schrank aufbewahrt, in dessen hinterem Teil zwei voluminöse Kurzwellenradios unter Schachteln mit Gaze vesteckt waren.

„Deutsche Exemplare", erklärte der Verwalter des Warenlagers. „Nach El Alamein zurückgeblieben. Einer unserer Leute hat sie den Engländern entwendet und jetzt sind sie hier. Gold wert, heutzutage. Gold wert."

Mosche nickte und fragte dann: „Bleibt das andere Radio hier?"

Der Verwalter schüttelte mit einem Blick auf die grau-grünen Metallbehälter verneinend den Kopf. „Da habe ich so meine Bedenken. Die Briten könnten sie lokalisieren, wissen Sie. Solche Sachen sind am besten in einem Privathaushalt aufgehoben. Brauchen allerdings eine Antenne. Die Burschen in Tel Aviv haben ihre Antenne durch eine Wäscheleine gezogen und trocknen jetzt ihre Kleidung daran. Sehr effektiv." Er kramte eine Drahtrolle hervor und legte sie krachend auf eins der Radios. „Ich weiß nur nicht, wie das mit den Batterien werden wird. Sie halten natürlich nicht ewig." Dann studierte er eingehend Mosches Liste, während sich David hinkniete und das eine der Radios einer gründlichen Begutachtung unterzog. Es war außergewöhnlich groß und breiter als Mosches Rücken. Es würde schwierig sein, es auf dem Armeegepäckrahmen aus Aluminium zu transportieren – schwierig, aber mit etwas Geschick nicht unmöglich.

„Wie gedenken Sie denn, dieses Baby da wasserdicht zu verpacken?", fragte David.

Der Mann dachte einen Augenblick nach. „Mit Leichensäcken. Die sind so ziemlich undurchlässig gegen Feuchtigkeit und Exkremente. – Bitte hier weiter."

Er ging quer durch das Lager zu einem Berg von Gummistiefeln. „Ich nehme an, Sie tragen Größe elf."

Mosche zog einen Stiefel aus dem Berg hervor und betrachtete ihn prüfend. „Oder zehneinhalb."

„Die passen sowieso nicht zueinander", erwiderte der Verwalter achselzuckend. „Probieren Sie doch einfach mal welche an. Es gibt so viele verschiedene Größen, aber keiner von ihnen hat einen Kameraden." Als Mosche auf seine Äußerung mit einem verwunderten Blick reagierte, meinte er achselzuckend: „Wir haben sie billig bekommen."

Während Mosche noch nach passenden Stiefeln wühlte, verschwand David für einen Moment hinter einem Berg von Matratzen. Als er wieder hervorkam, hatte er eine ausgesprochene Ähnlichkeit mit einer Fliege. „Eine Gasmaske", kommentierte er und klopfte auf die schwarze Gummimaske, die sein Gesicht bedeckte. „Da, wo du hingehst, kannst du sie vielleicht brauchen."

„Der Alte hatte Recht", meinte Mosche düster und warf einen linken Stiefel, der zu klein war, auf den Stiefelberg zurück. „Ein Mensch allein kann das nicht alles tragen."

„Dann versuch's doch gar nicht erst." David streifte die Maske ab. „Es genügt doch, wenn du dich und das Radio hineinschleust. Dann forderst du über Funk an, was du sonst noch brauchst, und ich segle hinüber und werfe es mit dem Flugzeug ab."

Mosche schüttelte amüsiert den Kopf. „Ich dachte, wir hätten dir ausführlich genug erklärt, dass dich solche Manöver den Kopf kosten können."

David zuckte die Achseln und streifte zum Spaß noch einmal die Maske über. „Sieht so etwa das Gesicht eines Lebensmüden aus? Ich frage dich, sehe ich lebensmüde aus?"

Mosche betrachtete die Kreatur, die da wie eine Riesenfliege vor ihm herumtanzte. „David, hast du schon mal das Wort *mutsche* gehört?“

„Klar. Großvater hat es immer benutzt, wenn er über meine Großmutter sprach.“

„Ja. Es ist jiddisch und bedeutet so viel wie ‚keine Ruhe geben‘, nu? ‚Quälen‘. – Gib jetzt endlich Ruhe und mach dich lieber irgendwie nützlich, ja?“

„Was glaubst du, was ich tue? Ich habe die einzige Gasmaske an diesem Ort aufgetrieben.“

„Logisch.“ Mosche hielt zwei Stiefel hoch, um ihre Größe zu vergleichen. „Seit dem Ersten Weltkrieg ist schließlich kein Giftgas mehr benutzt worden.“

„Gehst du nun in die Abwasserkanäle oder nicht?“, protestierte David. „Jetzt nimm die Gasmaske!“

„Sie steht nicht auf der Liste!“, wandte der Verwalter ein.

David ließ das Thema auf sich beruhen, aber verstaute die Maske heimlich in einer großen Drahtrolle und legte diese zuunterst auf den Gepäckträger, die C-Rationen, das Frühstücksfleisch, die kleine Taschenlampe sowie den Wasserkanister darüber.

Dann wurde alles, säuberlich geordnet, in die schwarzen Gummi-Leichensäcke gepackt und auf eine italienische Armeetrage gelegt.

Vor den Augen der Männer, die Mosche und David so unablässig beschatteten, wurde die Trage anschließend in einen dafür herbeigeorderten Rot-Kreuz-Krankenwagen geladen, der mit der Rückseite dicht an den Eingang des Lagers gefahren war. In der Zwischenzeit eilten Mosche und David durch die Eingangstür der Jewish Agency und fuhren langsam nach Hause. Sie freuten sich, im Rückspiegel die grimmigen Gesichter ihrer Eskorte sehen zu können, während der Krankenwagen unauffällig zu einem anderen Ziel abschwenkte.

* * *

Wie ein betagter Bussard verfolgte der alte Muezzin das Drama, das sich vor ihm abspielte. Das Krachen und Blitzen der Waffen hatte seine müden Augen auf den blutenden Hund gelenkt. Und als derselbe Mann, der noch kurz zuvor mit der Pistole darum gekämpft hatte, den Hund zu retten, nun nicht an ihn herankam, weil dieser nach ihm schnappte, lachte der alte Muezzin laut auf. Zwar konnte nur der Wind sein Lachen hören, aber er war sicher, dass Allah seine Belustigung teilte.

Der Hund stolperte, fiel hin und schleppte sich dann unter Schmerzen zur Wohnungstreppe. Drei Juden, die freundlich auf ihn einredeten, versuchten vergeblich, sich ihm zu nähern. Der große, kräftige Jude hingegen zog den Revolver und richtete ihn auf den Kopf des Tieres. Doch dann ließ er die Schusswaffe wieder sinken und betrachtete die Blutspuren auf den Pflastersteinen, während er sich nachdenklich den Bart zupfte.

Ich werde warten, dachte der Muezzin seufzend. *Allah belohnt die Geduldigen. Ich werde warten und weiter Ausschau halten. Jetzt wird es nicht mehr lange dauern, bis die Frau, von der Gerhardt gesprochen hat, kommt.*

Der große Jude händigte die Schusswaffe einem seiner jungen Kameraden aus, wandte sich dann, nach einem weiteren Blick auf den Hund, um und ging unsicher davon.

Er wird mit der Frau zurückkommen. Und ich werde für meine Treue belohnt werden. Der Muezzin schnäuzte sich geräuschvoll und trat dann etwas zurück, um sich vor dem kalten Wind zu schützen, der inzwischen aufgekommen war. *Allah belohnt die Geduldigen.*

* * *

Das gleichförmige Knarren des Schaukelstuhls begleitete die gepressten, tiefen Atemzüge Rachels, die gegen die Schmerzen in ihrem Unterarm ankämpfte. Sie hielt Tikvah behutsam in ihrem gesunden Arm und reichte ihr mit der Hand des verletzten die Flasche, obwohl ihr die Finger fast den Dienst versagten. Die Arm- und Schultermuskeln rebellierten gegen die Qualen, die ihnen die tiefe, offene Wunde bereitete. Rachels Schläfen hämmerten, und ihre Augen waren schwarz unterlaufen. Ihre weiße Haut war so aschfahl, dass sie geradezu gespenstisch wirkte. Sie konnte nur mit gepresster Stimme zu dem Kind sprechen. Schon zweimal hatte sie an diesem Morgen Brahms' beruhigende Musik abspielen lassen, aber nun stand die Nadel laut kratzend über dem Ende der Platte. Rachel hatte nicht die Kraft, sich zu erheben und die Nadel noch einmal an den Anfang zu setzen.

Das Fenster über der Küchenspüle gab den Blick auf einen Himmel von stumpfem Grau frei. Er war wieder einmal so düster und kalt wie damals der vom Rauch verdunkelte Himmel über Auschwitz. *Ich habe nie Abschied genommen.* Sie lauschte auf Tikvahs wohlige Seufzer und betrachtete eingehend die hellblauen Augen, die zufrieden zu ihr aufsahen. *Bald werden sie kommen und dich mir wegnehmen, Kleine. Bestimmt wird dich eine rechtschaffene Frau bei sich aufnehmen, und eines Tages werden wir vielleicht auf der Straße aneinander vorbeigehen. Vielleicht werden sie dir sogar erzählen, dass ich eine schlechte Frau bin und dass du nicht mit mir sprechen darfst. Deshalb erzähle ich dir dies alles jetzt, kleine Tikvah, und bete, dass sich dein Herz später einmal irgendwie an meine Worte erinnert.* Rachel lehnte die Flasche an ihren Körper und legte ihren Daumen in die winzige Hand. Sie lächelte, als sich diese fest darum schloss. „Vielleicht erinnert sich dein Herz einmal daran", sagte sie zu Tikvah. „Auch wenn du nicht mit mir sprechen darfst, werde ich doch jeden Tag für dich beten. Gott wird meine Gebete erhören, wenn ich nicht für mich, sondern für dich bete. Sollte einmal für dich der Himmel grau und freudlos sein und solltest du dich einmal einsam fühlen, dann wird sich dein Herz hoffentlich daran erinnern, welche Freude du mir einmal bereitet hast und wie sehr ich dich liebe." Sie wischte einen Milchtropfen aus Tikvahs Mundwinkel. „Dann erinnerst du dich hoffentlich daran, dass du geliebt wirst."

Lange saß sie mit dem Kind im Arm da, außerstande, ihre Augen von dem entzückenden Gesichtchen abzuwenden. Doch plötzlich schreckte sie ein lautes, beharrliches Klopfen aus ihren Gedanken auf. Ein Schatten glitt über ihr Gesicht und sie streichelte dem Kind noch einmal die Wange. Die Tür wurde von krachenden Faustschlägen erschüttert. „Ich werde nicht Abschied nehmen."

Sie hob ihren Blick zum grauen Himmel und lehnte Tikvah an ihre Schulter. „Gott, wenn du hinter den Wolken wohnst, dann höre mich! Höre mich, Gott!“, flehte sie mit bebender Stimme. „Ich kann nicht Abschied nehmen.“

„Rachel!“, ertönte eine wohl bekannte polternde Stimme. „Rachel! Mach auf! Ich bin's! Ehud!“

Rachel presste Tikvah an sich und bedeckte für einen Moment fassungslos ihr Gesicht mit der Hand. „Ehud?“, keuchte sie.

„Ja! Ja! Mach auf!“, forderte er mit gedämpfter Stimme. Sie legte eine Decke über Tikvahs Kopf und stolperte mehr zur Tür, als dass sie ging. Sie schob den Riegel beiseite und öffnete nur so weit, dass Ehud eintreten konnte. Der Schweiß stand ihm auf der Stirn und er rang nach Luft. Sie nahm unbewusst die Erregung auf seinem Gesicht wahr.

„Sie kommen, um Tikvah zu holen“, sagte sie dumpf.

„Tikvah?“, keuchte er. „Wer will Tikvah holen?“

„Bist du gekommen, um mich zu warnen?“, fragte sie leise.

Ehud blinzelte verwirrt. „Beim Ewigen, Rachel!“, rief er aus. „Geht es dir nicht gut, Mädchen? Du bist ja ganz bleich! Bist du krank?“ Sein Blick fiel auf die Brandwunde auf ihrem Arm. Mit besorgter Miene nahm er ihr Tikvah ab und führte Rachel zu einem Stuhl. „Was hast du gemacht? Wie ist das passiert?“

„Ein Unfall. Der Teekessel“, gab Rachel matt zur Antwort.

„Du brauchst Hilfe. Einen Arzt. So eine tiefe Brandwunde!“ Er tätschelte die Kleine behutsam und legte sie dann in die Wiege, wogegen sie aber lautstark protestierte. „Ruhig, Kleine. Deine Mama ist verletzt.“

Rachel stützte trübsinnig ihren Kopf in die Hand. „Bist du gekommen, um mich zu warnen?“

„Dich zu warnen?“, polterte Ehud ehrlich verwirrt und durchstöberte schon die Schränke und Schubladen nach einem Verband für die Brandwunde. „Dich zu warnen? Du redest im Fieberwahn, armes Mädchen. Kein Wunder.“ Schließlich holte er triumphierend eine kleine Flasche Olivenöl aus dem Schrank. „Ich bin gekommen, um dir etwas zu berichten. – Der Hund.“ Er tropfte etwas Öl auf die Wunde. „Das Vieh, das gestern versucht hat, mich aufzufressen. Der Hund, mit dem wir Mosche eine Nachricht geschickt haben. Er war wirklich treu! Ein treues Vieh!"

Rachel zuckte zusammen und hielt ungläubig die Luft an. „Du meinst Schaul?"

Ehuds Gesicht hellte sich auf, als er ihre Reaktion sah, und er hockte sich vor sie hin. „Ja. Genau der. Er ist heute Morgen zurückgekommen und die Araber haben ihn mit einem Hagel von Kugeln und Flüchen empfangen."

„Hat er eine Nachricht mitgebracht? Eine Botschaft?" Rachel spürte, wie ihre Kraft durch die Aufregung wieder zurückkehrte.

„Das kann ich nicht sagen. Er liegt in seinem Blut. Von einer Kugel getroffen."

„Tot?"

„Noch nicht. Ein knurrendes, zorniges Vieh ist das. Er liegt vor der Wohnung deines Großvaters und lässt niemanden an sich heran. Ich dachte, dass du vielleicht – aber du bist ja selbst verletzt. Ich fürchte, wir werden ihn wohl erschießen müssen, um an die Nachricht heranzukommen."

„Nein!", schrie Rachel auf, erhob sich und stolperte zu ihrem Schal.

„Du kannst doch nicht ...", begann Ehud.

„Bleib bei Tikvah! Bleib bei ihr, Ehud. Pass für mich auf sie auf! Lass nicht zu, dass jemand sie wegnimmt, verstehst du?" Kreidebleich vor Schmerzen, zog sie den Ärmel über ihre Wunde und schlang den Schal eng um sich. Ohne ein weiteres Wort schlüpfte sie schnell hinaus und schloss leise die Tür hinter sich.

Die kalte Morgenluft, die auf ihren Wangen prickelte und ihre Lungen füllte, übte eine belebende Wirkung auf sie aus.

Zwei Jeschiva-Wächter standen am Treppengeländer und sahen zu Schaul hinunter, der noch immer an derselben Stelle lag.

„Ist er schon tot?", fragte gerade einer von ihnen, während Rachel auf sie zueilte.

„Er liegt jedenfalls ganz still."

Atemlos hielt sich Rachel am Geländer fest und sah zu dem großen Hund hinunter. Er lag auf der Türschwelle und sein Fell war am Hals blutverklebt. Er rührte sich nicht, nur seine Augenlider bewegten sich fast unmerklich.

„Schaul!", rief Rachel.

Beim Klang ihrer Stimme schlug er die Augen auf.

„Schaul!", rief sie noch einmal. Sie eilte die Stufen hinunter. Der Hund winselte und versuchte mühsam, sich aufzurichten. Doch er sank kraftlos wieder zurück. Blut strömte aus seiner Wunde.

„Vorsicht vor dem Vieh. Er ist bösartig", rief einer der Männer hinter ihr her.

„Schaul?", sagte Rachel zärtlich und kniete sich neben ihn. Schmerz und dankbares Wiedererkennen in den Augen, stupste er ihre ausgestreckte Hand mit seiner Nase an. Dann leckte er ihr winselnd die Finger.

Rachel streichelte ihm den Kopf und achtete dabei darauf, die Wunde nicht zu berühren. „Armer Schaul. Armer lieber Kerl." Sie zog Großvaters Eisenschlüssel hervor, der an einem Band um ihren Hals hing, und öffnete mit zittriger Hand die Tür.

„Hat er eine Nachricht dabei?", rief einer der Männer.

„Schnell", rief Rachel zu den Männern hinauf, die zögernd auf der obersten Stufe standen. „Helfen Sie mir, ihn in die Wohnung zu tragen."

Die beiden Wächter sahen sich zweifelnd an und rührten sich nicht von der Stelle.

„Er tut Ihnen nichts! Helfen Sie mir!", rief Rachel erneut.

Zögernd kamen die beiden die Treppe herunter. Während sie Schaul behutsam in die kalte Wohnung trugen, zündete Rachel die Lampe an und drückte dem kleineren der beiden Männer Streichhölzer in die Hand.

„Er wird sterben", meinte dieser plump.

„Machen Sie den Ofen an! Er braucht Wärme."

„Holen Sie die Nachricht aus dem Ohr, damit wir gehen können."

„Seien sie still und machen Sie den Ofen an!", fuhr Rachel ihn an, überrascht von der Heftigkeit ihrer Worte. Während der Mann ihren Auftrag ausführte, untersuchte sie beim Schein der Lampe

Schauls Schussverletzung. Sein Nacken wies eine kleinere Verletzung und eine Stelle oberhalb der rechten Schulter eine größere auf.

„Er hat einen Durchschuss. Er wird an Blutverlust sterben."

Rachel ließ sich nicht beirren. Sie nahm eine schwere Wolldecke von Großvaters Eisenbett und deckte Schaul damit zu. Dann zog sie das Flanellbettlaken herunter, schlang es um ihre Hand und tupfte damit die Wunde ab. Das Gewebe färbte sich im Nu rot. Anschließend presste sie das Tuch fest gegen das Loch. Der Blutstrom ebbte allmählich ab.

„Du darfst nicht sterben", sagte sie leise. „Denk an Jakov, Schaul. Denk daran, dass du geliebt und gebraucht wirst, ja?"

Schließlich war der Ofen knackend und fauchend zum Leben erwacht und die beiden Männer standen nun unschlüssig neben Rachel, die sich jedoch nicht von ihrer Tätigkeit abbringen ließ. „Unter dem Bett steht ein Nähkörbchen", meinte sie zu den beiden gewandt. Sie wagte nicht, von der Seite des Hundes zu weichen.

Der große Jeschiva-Schüler rückte seine Brille zurecht, kniete sich nieder und zog den braunen Karton unter dem Bett hervor. „Hier." Er wollte ihn ihr bringen, stolperte aber dabei und ließ ihn fallen. All die kostbaren Briefe und das Foto fielen auf den Steinboden. „Es tut mir furchtbar Leid!", stammelte der junge Mann und versuchte hastig, die Unordnung wieder zu beseitigen.

„Das macht nichts", erwiderte Rachel ruhig. „Das Nähkörbchen bitte." Die vergilbte Fotografie war neben ihr auf den Boden gefallen und die Gesichter lächelten sie an: die kleinen Brüder, die Mutter, der Vater, das hübsche jugendfrische Mädchen, das Rachel einmal gewesen war. Und das kleine Baby auf Mamas Schoß. Rachel betrachtete die Hände ihrer Mutter, die das Kind so liebevoll hielten. „Denk daran, dass du geliebt wirst", sagte sie leise im Gedanken an Tikvah. „Denk an das Kind und lebe!" Sie streichelte Schaul. „Und du", sagte sie leise zu ihm. „Denk an Jakov und lebe!"

Als sie die Schere aus dem zerfransten Körbchen nahm und begann, die Haare rund um die Wunde herum abzuschneiden, gingen die beiden Männer achselzuckend und ohne ein weiteres Wort hinaus.

Rachel bemühte sich mehrere Stunden lang um den Hund, badete seine Wunden und wusch sie mit Großvaters Cognac aus. Dann nähte sie sie zu, wobei sie darauf achtete, ein kleines Loch zu lassen, damit sich die Wunde noch reinigen konnte.

Als Schaul ihr dankbar winselnd die Hand geleckt hatte, setzte sie sich lächelnd zurück. Sie war müde von ihrer langen Nachtarbeit. „Wenn du wirklich so bösartig bist, wie du uns immer glauben machen willst, Schaul, dann wirst du nicht sterben." Eine Zeit lang hatte sie den Schmerz in ihrem Arm – und auch den in ihrer Seele – vergessen. Während sie schwerfällig vor Müdigkeit zu Bett ging, dachte sie an Tikvah, die in Ehuds liebevoller Obhut war. *Ihr wird nichts geschehen. Er wird aufpassen, dass ihr kein Leid geschieht.* Dann schloss sie die Augen und schlief ein.

28. Der Plan

Die Tropfen eines leichten Regens perlten an den Fensterscheiben von Howards Arbeitszimmer hinunter. Ellie kam auf Zehenspitzen herein und trug ein Tablett mit Käsebroten und dampfendem Kaffee zu dem ausladenden Schreibtisch, an dem der Großvater, Howard und Mosche die meiste Zeit des Nachmittages verbracht hatten. Auf einem weißen, quadratischen Baumwolltuch, das wie ein Tischset vor ihnen lag, war die endgültige Skizze des unterirdischen Jerusalem aufgetragen.

Ellie verließ wieder das Zimmer, ohne dass die Männer von ihrer Tätigkeit aufgesehen hätten. Mosche blätterte gerade in einer zerlesenen Ausgabe der Werke von Flavius Josephus. „Ich kenne diesen Abschnitt über den letzten Angriff auf den Tempel und die darunter liegenden Höhlen, die schon zur damaligen Zeit alt waren. Aber es ist mir nie eingefallen ..."

„Josephus", sinnierte der Großvater. „Ein Jude, der die Durchgänge kannte. Damals im ersten Jahrhundert."

„Sein Werk bietet uns unschätzbare Informationen", pflichtete ihm Mosche bei und deutete auf einen Holzschnitt, der gewaltige Mauerbrecher zeigte, die mit zerstörerischer Wucht gegen die Tore des Tempels gerammt wurden. „Ein Jude, der im ersten Jahrhundert gegen die Herrschaft der Römer rebellierte. Er liebte aber das Leben und hat sich deshalb zum Schluss dem Eroberungsfeldzug der Römer angeschlossen." Mosche tippte mit dem Zeigefinger auf die Seite und las die alten Worte vor:

Dieser Simon befand sich während der Belagerung Jerusalems in der Oberstadt. Aber als das römische Heer die Stadtmauern überwunden hatte und die Stadt dem Erdboden gleichmachte, nahm er die treuesten seiner Freunde mit und begab sich zusammen mit ihnen in eine bestimmte unterirdische Höhle, die über der Erde nicht zu sehen war. Er sah auf, und sein Blick fiel auf die Skizzen des Großvaters. „Die Höhle muss demnach hier sein."

„Genau", stimmte der Rabbiner zu. „Sie misst gut neun Meter

vom Boden bis zur Decke. Sie besteht aus behauenem Stein und wenn man dorthin kommt, weiß man, dass es nicht mehr weit ist. Dem Eingang genau gegenüber befindet sich eine lange, zerbrochene Säule, die quer über einem tiefen Spalt liegt. Das muss früher ein Brunnen gewesen sein. Ich habe einmal eine Fackel hineinfallen lassen und beobachtet, wie sie fiel und das Licht schließlich verlöschte. Nachdem man auf der Säule den Spalt überquert hat, muss man einen gefährlichen Aufstieg bewältigen, bis zu einem Torbogen, der durch ein Kreuz gekennzeichnet ist. Betreten Sie nur nicht die rechte Seite des Torbogens! Denn dort wird das Erdreich unter Ihnen weggleiten. Genau unterhalb des Kreuzes werden Sie eine kleine Öffnung entdecken." Der Großvater musterte Mosches breite Schultern. „Es wird zwar nicht leicht für Sie sein, sich durch den schmalen Tunnel zu zwängen, aber Sie werden auf diesem Weg an eine Leiter kommen, über die Sie schließlich zu dem Gitter gelangen." Der Großvater zog die Feder des Füllers aus der Flasche mit der unlöschbaren Tinte. „Aller Wahrscheinlichkeit nach werden Sie sich an dieser Stelle" – er markierte die Stelle auf der Skizze mit einem X – „verlaufen. Der Tunnel ist genau auf der anderen Seite der Höhle gesprengt worden."

„Aber warum?", fragte Howard, der sich darüber wunderte, dass die Entdeckung der Höhle nicht in archäologischen Zeitschriften erwähnt worden war. „Es muss doch eine unglaubliche Fülle archäologischer Informationen dort zu finden sein."

„Unglücklicherweise", seufzte der Großvater, „war ich es, der die Höhle zuerst entdeckt hat. Sie war tatsächlich voller Kunstgegenstände. Ich habe sie gesammelt und viele verkauft, ohne den Ort anzugeben, an dem ich sie gefunden hatte. Später, als ein kleiner Junge verschwand, bereute ich meine Entdeckung. Die Engländer hatten Jerusalem zu jener Zeit bereits verlassen. Nachdem wir eine Woche lang nach dem Jungen gesucht hatten, wussten wir, dass er irgendwo dort unten umgekommen war. Juden, Christen, Araber – wir alle leben in der Altstadt als Nachbarn, nu? Und wir alle lieben unsere Kinder. Und es war uns klar, dass diese Höhlen eine große Gefahr für sie bedeuteten. Denn welcher Junge kann davon lassen, einen verbotenen Gang zu erkunden, wenn er von seinen Freunden dazu herausgefordert wird? So sammelten wir – Juden und Araber – zunächst Geld und dann heuerten wir einen jungen Türken an, einen Geisteskranken, der dort hinabsteigen und den Tunnel für immer versperren sollte. Er kam ebenfalls dabei um. Anschließend wurde das Gitter installiert, das nur geöffnet werden sollte, wenn es um Leben oder Tod ginge. Wie konnten wir damals wissen, was diese Worte fünfzig Jahre später für das jüdische Viertel bedeuten würden? Seit der Zeit der Zerstörung des Tempels hat es immer einige wenige Juden gegeben, die im Schatten der Mauer gelebt haben. Wer konnte damals ahnen, dass es damit ohne diesen Tunnel einmal ein Ende haben könnte?"

Ein Schatten glitt über sein Gesicht. „Es gibt unter den Arabern, den alten Leuten, einige, die ebenfalls von diesen Gängen wissen. Aber das ist nicht der Punkt, an dem die Gefahr liegt, Mosche." Er sah den jungen Mann neben sich lange an. „Hüten Sie sich vor den Tunneln selbst. Sie werden Ihnen etwas zuflüstern. Sie werden Sie täuschen und Sie in die Irre führen. Wenn Sie diesen Einflüsterungen nachgeben, werden Sie Ihr Leben verlieren. Markieren Sie Ihren Weg für den Fall, dass Sie sich verlaufen und den Weg, den Sie gegangen sind, zurückverfolgen müssen. Hüten Sie sich vor den alten Zisternen und Brunnen, denn sie sind tief, nu? Und oft nur von einer dünnen Lage Schutt verdeckt."

Howard strich sich über seinen kahlen Schädel und schürzte zweifelnd die Lippen. „Mosche, ich möchte, dass du dir das noch einmal überlegst."

„Nein." Mosche schüttelte entschlossen den Kopf. „Ich weiß deine Bedenken zu schätzen, Howard, aber ..."

„Du brauchst jemanden, der dich begleitet, Mosche. Jemanden, der dir hilft. Sich allein dorthin zu begeben ..."

Mosche lächelte und kniff vielsagend die Augen zusammen. „Aus dir spricht immer noch der Archäologe, nicht wahr, mein Freund? Zweifellos ist dort unten Material vorhanden, dessen Studium ein ganzes Leben beanspruchen würde. Aber ich gehe nur daran vorbei."

„Du musst doch zugeben, dass das verlockend klingt. Ich würde gerne mitkommen, Mosche. Immerhin habe ich mich bei unserem Ausflug nach Bethlehem recht gut geschlagen."

„Dies hier ist etwas anderes."

„Zwei Köpfe sind besser als einer. Was ist, wenn du in Schwierigkeiten gerätst? Außerdem sind deine Wunden noch nicht vollständig verheilt und ..."

„Howard, du bist über fünfzig. Du hast die Beschreibungen von Rabbi Lebowitz gehört. Dies ist selbst für einen jungen Mann ein heikles Unternehmen."

„Ich muss einfach irgendwie helfen!"

„Dann bete. Ich werde nicht allein sein, Howard. Daran glaube ich."

* * *

Mit dem Nordwind zog ein dunkler Abend herauf. Mosche saß allein in seinem Zimmer und studierte noch einmal genau die Karten und Berichte der ersten kühnen Erforscher des unterirdischen Jerusalem. Still für sich überlegte er noch einmal, welche Seillänge und welche Ausrüstung er benötigte, um vor den Toren der Altstadt den ersten gefährlichen Abstieg tief in die Erde hinein durchführen zu können. Alte Gewölbe, Zisternen und Abwasserkanäle bildeten einen komplizierten, beinahe über vierhundert Meter langen Zugang in das Herz der Stadt – und hoffentlich zu Rachel.

Er schloss die Augen und überdachte noch einmal Ben-Gurions und Howards skeptische Einwände. Der Weg war schon für zwei körperlich gesunde Männer schwierig genug. Er selbst konnte nur einen Arm richtig gebrauchen, und überdies würde er allein sein. Zweifel stiegen in ihm auf und nagten an ihm. War er nur dem törichten Verlangen, Rachel wiederzusehen, zum Opfer gefallen? Wenn ja, dann hatte sein Herz offensichtlich seinen Verstand besiegt und es gab kein Zurück mehr. *Wenn ich ein Narr bin, lieber Gott, so kennst du doch immerhin meinen Weg. Du hast jeden meiner Schritte vorher festgelegt, nicht wahr? Gehe vor mir her wie ein Licht.*

Und halte Rachel schützend in deinen Armen, bis ich sie selbst in meine Arme schließen kann!

Ein leises Klopfen an der Tür brachte ihn wieder zurück in die Wirklichkeit und zu den Karten, die vor ihm lagen. „Ja?“, erwiderte er auf das Klopfen.

Herein trat der Großvater. „Störe ich Sie bei Ihren Studien?“, fragte er leise.

„Es sind nur ein paar Überlegungen in letzter Minute“, erwiderte Mosche und nahm einen Papierstapel vom Bett.

„Tja.“ Der Alte zupfte an seinem Bart und griff in seine Tasche. „Mir ist eingefallen, dass heute Nacht zwei Möglichkeiten eintreten können, nu? Vielleicht schaffen Sie es nicht bis in die Altstadt oder vielleicht schaffen Sie es wiederum doch.“

„Das klingt logisch, Rebbe Lebowitz“, entgegnete Mosche lächelnd. „Und?“

„Tja. Falls Sie diese Nacht nicht überleben, möchte ich Ihnen vorher noch sagen, dass ich Sie für einen prachtvollen jungen Mann halte.“ Der Alte blinzelte. „Aber wenn Sie es zufälligerweise doch schaffen sollten, dann werden Sie vielleicht mein Enkelsohn. In diesem Falle sollte ich Ihnen jetzt ‚Masel Tov‘ wünschen. Ich werde ganz sicher nicht bei der Hochzeit dabei sein, es sei denn, ich folge Ihnen durch dieses Nadelöhr. – Also hier.“ Er drückte Mosche einen weißen Briefumschlag in die Hand. „Vielleicht könnt ihr das dann brauchen.“

Mosche betrachtete die Worte auf dem blütenweißen Umschlag. Unter den polnischen Worten *Geliebte Tochter Zions* war in hebräischen Buchstaben der Name Rachel geschrieben. „Was ist das?“, fragte Mosche, vom Lächeln auf dem Gesicht des Rabbiners verwirrt.

„Falls Rachel Ihren Heiratsantrag annehmen sollte, junger Mann, geben Sie ihr diesen Umschlag und führen dann ein glückliches gemeinsames Leben, nu?“ Er wandte sich zur Tür, hielt aber noch einmal inne und sah sich mit einem nachdenklichen Gesichtsausdruck um. „Meine Gebete werden Sie begleiten, Mosche. Ganz bestimmt hat Gott auf seinem Thron die Tiefe Ihrer Liebe erkannt.“

„Danke ... Großvater." Ergriffen packte Mosche den Brief, zusammen mit den Schaubildern und Karten, in das Wachstuch.

„Tja. Die anderen sind dabei, aufzubrechen. David und Ellie. Sie wollen an einem dieser seltsamen Orte essen, wo Männer und Frauen zusammen tanzen! Stellen Sie sich das vor! So eine Welt!" Der Großvater schüttelte den Kopf.

„Sagen Sie Ihnen bitte, dass ich gleich komme." Mosche schnürte seine Stiefel zu und steckte das Päckchen mit den Karten vorne in sein Hemd.

* * *

Ellie und David hatten sich zum Ausgehen fertig gemacht und standen nun wartend im dunklen Vorraum am Fenster. Howard lugte durch einen Schlitz in den Vorhängen nach draußen. „Sie sind noch da."

„Was ist, wenn sie David und Ellie nicht folgen?", fragte Jakov, der sich vor Howard stellte, um die Männer in dem schwarzen Sedan auf der anderen Straßenseite gleichfalls zu beobachten. „Werden sie dann Mosche folgen?"

„Nur keine Aufregung, Kleiner", meinte David und legte seinen Arm um Ellies Schultern. „Wenn du die Wahl hättest, entweder ein wunderhübsches Mädchen oder Mosche zu verfolgen, wofür würdest du dich entscheiden?"

Jakov errötete und sah seinen Großvater Hilfe suchend an. Dieser zuckte die Schultern und lachte leise in sich hinein, als Jakov antwortete: „Wer kocht von den beiden besser?"

„Darüber mach dir mal keine Sorgen." David musste über Ellies Miene lachen. „Die Burschen haben ja keine Ahnung, dass sie nicht kochen kann. Die werden uns folgen, Jakov. Zumindest die beiden im Auto. Aber wegen dieses anderen Burschen mache ich mir Sorgen."

„Ist er wiedergekommen?", Mosche trat ans Fenster, um nach der schemenhaften Gestalt an der Straßenecke Ausschau zu halten.

„Pünktlich wie ein Uhrwerk. Sobald die Sonne untergegangen

war. Ich weiß nicht, ob er zu den anderen beiden gehört oder nicht. Achte also darauf, was hinter dir vorgeht, Kumpel."

„Sei vorsichtig, Mosche." Ellie sah einen Augenblick lang aus, als ob sie weinen wolle. Dann umarmte sie ihn und küsste ihn leicht. „Sag ihr, wie lieb ich sie habe", sagte sie leise. „Und auch, wie lieb du sie hast."

Mosche betrachtete sie mit seinen warmen braunen Augen. „Kleine Schwester", sagte er, und ihm wurde dabei bewusst, dass dieser Abschied nun ernst war. Dann schüttelte er David die Hand. „Gott sei mit euch beiden."

„Morgen", sagte David leise. „Während des Morgengebets der Moslems musst du zum Platz Tiferet Jeruschalajim gehen. Verstanden? Viel Glück, Kumpel."

Mosche legte seinen Arm um Jakov, während die vier Zurückgebliebenen beobachteten, wie David für Ellie die Tür von Howards Plymouth öffnete. Ellie bückte sich, um einzusteigen, wandte sich dann aber, als spüre sie Jakovs und Mosches Blick, noch einmal um und hob lächelnd ihre Hand zu einem zärtlichen Abschiedsgruß. Dann schloss David die Wagentür und packte seine Fliegertasche sowie Ellies Kamerataschen in den Kofferraum.

„Werden sie es schaffen?", fragte Jakov mit zaghafter Stimme, als der Plymouth röhrend davonfuhr.

„Natürlich." Mosche klopfte ihm auf den Rücken und starrte hinter den roten Rücklichtern her. „Ich habe einmal mit diesem verrückten Amerikaner im Flugzeug gesessen. Er ist ein sehr tapferer und cleverer Bursche, Jakov. Er sammelt mühelos Vogeleier von den Baumspitzen bei –" Er hielt mitten im Satz inne, da der schwarze Sedan angelassen wurde und die Verfolgung der beiden aufnahm. Der Mann im Schatten hingegen rührte sich nicht. Er kreuzte die Arme und lehnte sich an den Laternenpfahl. *Der ist es also, an dem ich vorbei muss. Engländer? Amerikaner? Oder Araber?*

„Tja, ich muss einfach das Beste daraus machen." Mosche knöpfte seinen Regenmantel über der warmen fellgefütterten Jacke zu. „Es wird eine gute Stunde bis zum Eingang des Tunnels dauern. Ich kann nicht länger warten."

„Was machst du, wenn er dich entdeckt? Wenn er dir folgt?“, fragte Howard mit einem Blick auf den Mann, der unten auf der Straße wartete.

Mosche runzelte die Stirn und steckte ein langes Bajonett in den Stiefelschaft. „Dann tue ich, was ich tun muss.“

Howard nickte und schüttelte Mosches ausgestreckte Hand. „Ich gehe vorne raus und schlendere die Straße hinauf. Vielleicht wird das seine Aufmerksamkeit ... Viel Glück.“ Er schüttelte noch einmal Mosches Hand und nickte nur kurz, um seine Empfindungen für sich zu behalten.

„Ach, Rebbe Mosche!“, rief Jakov und schlang seine kurzen Arme um Mosches Taille. „Bitte, lassen Sie sich nicht töten!“

Mosche befreite sich sanft aus Jakovs Umarmung. Der alte Rabbiner nahm den weinenden Jungen bei den Schultern und bedeutete Mosche, sich leise zu entfernen, während er ruhig auf Jakov einredete. „Denk an die Geschichte von König David, Jakov – wie sie im zweiten Buch Samuel geschrieben steht, nu? Er befahl einem seiner Männer, die Wasserleitung hochzuklettern und sich in die Mauern Jerusalems zu begeben, um die Jebusiten zu schlagen. Und wie geht die Geschichte weiter? Erzähl sie mir, mein Junge.“ Er hob Jakovs zitterndes Kinn leicht an.

Jakov schniefte und wischte sich mit dem Ärmel die Nase ab. „Die Stadt war so stark befestigt, dass die Jebusiten sagten, selbst die Lahmen und Blinden könnten sie verteidigen.“ Er schniefte wieder, diesmal vor Freude an der Erinnerung an eine seiner Lieblingsgeschichten. „Aber Joab kletterte den Schacht hinauf und verschaffte sich durch den Brunnen Zugang zur Stadt. Danach wurde er der Führer von des Königs Heer und David ernannte Zion zu seiner Hauptstadt“, endete er. Der Strom der Tränen versiegte allmählich.

Als sich die Hintertür schloss, schaute er in den leeren Flur, durch den Mosche sich leise entfernt hatte. Der Großvater drückte Jakov fest an sich und streichelte ihm den Kopf. „Vielleicht ist dies derselbe Schacht, den Joab hochgeklettert ist, Jakov. Und er hat die Stadt für seinen König eingenommen, nicht wahr? David hat nicht um ihn geweint, als er ging. Er hat nur gebetet und geglaubt. Unser Rebbe Mosche ist ein sehr tapferer Mann, nicht wahr? Und so werden auch wir für ihn beten." Er wischte sich ebenfalls die Tränen aus den Augen. „Und so werden wir beten."

29. Verrat

Über den Bergen von Moab zuckten die Blitze in der Dunkelheit des Abends, und die Ausläufer des Gewitters grollten wie ferner Kanonendonner bis nach Jerusalem. Ein kalter, böiger Wind zerzauste die Hecken an der King George Avenue und beugte die jungen Bäume der Erde entgegen.

Mosche warf einen Blick zurück in die Richtung, aus der der Sturm mit großer Geschwindigkeit heranjagte. Dort glitzerten die Lichter des King David Hotels und des Y.M.C.A.-Gebäudes. Zu seiner Linken, auf einem kleinen Hügel am Anfang des Hinnom-Tales, erkannte er die Monteflore-Windmühle. Die riesigen Flügel drehten ungewöhnlich schnell und das Getriebe ächzte wie ein gequältes Ungeheuer. Ihm gegenüber lag eine felsige, zerklüftete Landschaft, die Mosche so genau kannte wie die Linien auf seiner Hand: zuvorderst der Berg Zion, auf dem sich auch das Grab König Davids befand. Darüber erhob sich die Mauer der Altstadt. Dort oben, das wusste Mosche, standen arabische Krieger, ihre alten türkischen und deutschen Gewehre nur notdürftig unter ihren wehenden Gewändern verborgen, und versuchten die kleinste Bewegung im Tal zu erspähen.

Das Gewitter war nun bis dicht über Jerusalem herangekommen. Mosche stieg in einen Graben hinab, dankbar, dass das grelle Licht der Blitze die Wachsoldaten auf der Mauer wahrscheinlich davon ablenkte, in die Richtung zu sehen, in der er sich befand.

Der herangewehte frische Geruch von regennasser Erde überdeckte etwas den Abwassergestank, der von dem mulmigen Wasser in dem offenen Graben aufstieg. Schilf und Sumpfgras krümmten sich bereits unter der Vorhut des nahenden Sturmes und die hohen Palmen wippten auf und nieder, als seien sie angekettete Löwen, die sich aus ihren Fesseln zu befreien suchten.

Um die Straße zu meiden, kletterte Mosche über einige Felsbrocken hinweg tiefer in das zerklüftete Tal hinein. Über ihm krochen die Scheinwerfer einer britischen Militärstreife an der Mauer entlang.

Plötzlich standen ihm die Haare auf Kopf und Armen zu Berge: Ein gewaltiger Blitz zerriss den Himmel und spaltete krachend eine Palme an der Stadtmauer. Mosche warf sich flach auf den Boden und hielt instinktiv schützend die Hände vor die Augen.

Aber vorher hatte er noch im Aufzucken des Lichtes die verstohlenen Bewegungen eines Mannes wahrgenommen, der hinter ihm den Abhang herunterkletterte. Als gleich darauf eine schnelle Folge von drei Blitzen den Himmel und die Landschaft kurz hintereinander in ein grelles Licht tauchte, versuchte Mosche, sich einen besseren Eindruck von seinem Verfolger zu machen: Der Mann schien sich in dem zuckenden Licht ruckartig wie in einem Stummfilm zu bewegen. Mosche erkannte an der Silhouette seines Verfolgers, dass es sich um einen großen, hageren Mann handelte, der sich ihm durch das unwegsame Gelände aus ungefähr fünfzig Meter Entfernung näherte. Während das Poltern des Donners die Erde unter ihm erbeben ließ, duckte sich Mosche hinter einen Felsen und zog das Bajonett aus seinem Stiefel.

Der Mann, der in der Dunkelheit nicht nur nach ihm Ausschau halten, sondern auch gleichzeitig noch auf seinen Weg achten musste, glitt zweimal am Hang aus. Da immer wieder taghelle Blitze die Dunkelheit zerrissen, wagte Mosche nicht, sich zu rühren. *Wenn ich mich bewege,* dachte er, *entdeckt er mich, genauso, wie ich ihn auch entdeckt habe.* Er fühlte die kalte Klinge des Bajonetts in seiner Hand. *Trotzdem ist er ein Mensch genau wie ich.* Er verhärtete sich gegen seine Zweifel. *Aber er wird mich töten, wenn ich ihn nicht zuerst töte. Wer soll dann meinen Platz einnehmen? Und was soll dann aus Rachel werden?* Noch niemals hatte er einen Menschen mit eigenen Händen getötet.

Noch nie war er einem Feind so nahe gewesen, dass er dessen Augen sehen oder den Widerstand von Muskeln und Knochen gegen eine Klinge spüren konnte. Als sich der Himmel erneut erhellte, hielt Mosche noch einmal nach seinem Verfolger Ausschau. *Seine Schritte sind so unbeholfen, er wirkt so unsicher. Und doch ist er fest entschlossen, mich zu töten. Dreh um, sonst sind deine Stunden gezählt. Dreh um!*

Doch der Mann näherte sich ihm beharrlich weiter. Nur einmal blieb er am Rand des stinkenden Grabens stehen und hob den Kopf, als schnuppere er prüfend die Luft.

Dann setzte unvermittelt ein sintflutartiger Regen ein, der Mosche klatschend ins Gesicht schlug. Mosche drückte sich eng an den Felsen und zog den Kopf ein. Er war dankbar für den Regenmantel, nur konnte er seine Kapuze nicht über den Kopf ziehen, da er es nicht wagte, die kleinste Bewegung auszuführen. So hingen ihm bald die nassen Haarsträhnen ins Gesicht, und das Wasser rann ihm in den Halsausschnitt, während er darauf wartete, dass der Mann an ihm vorüberging.

Es dauerte nicht lange, bis sich ihm das Geräusch rutschender Schritte von oben näherte. Dann vernahm er den schweren Atem seines Verfolgers ganz in seiner Nähe. *Kehr um oder du bist ein toter Mann!* Gleich darauf konnte er in der Dunkelheit unterhalb seines Hinterhalts Kopf und Schultern des Mannes ausmachen. Dieser blieb erneut stehen, um zu horchen. Seine Augen suchten den Horizont ab, in der Hoffnung, dass ein weiterer Blitz die düstere Landschaft erhellen würde. Dann senkte er wieder den Kopf und wollte seinen Weg fortsetzen. Da sprang Mosche, das Bajonett in der Hand, dem Mann auf den Rücken, packte ihn am Hals und zog ihn rücklings auf die Erde. Der Mann schrie auf. Doch dann wehrte er sich und stieß Mosche den Ellenbogen in den Magen. Mosche schleuderte seinen Feind jedoch gegen einen Felsen und hob das Bajonett, um ihm die Klinge ins Herz zu stoßen.

„Mosche!“, schrie der Mann mit erstickter Stimme. Ein Blitz zuckte auf, und in diesem Moment erkannte Mosche Captain Luke Thomas, der mit angstverzerrtem Gesicht auf die erhobene Klinge des Bajonetts starrte. Als Mosche sah, wie nahe er daran gewesen war, Luke umzubringen, schleuderte er das Bajonett so heftig fort, dass es klappernd auf die Felsen unter ihnen fiel.

Wutentbrannt packte er Luke mit beiden Händen am Kragen und brüllte durch den brausenden Regen: „Du Idiot! Weißt du, dass ich dich fast ...“

„Ich hatte gewartet“, keuchte Luke. „Euer Haus wurde beobachtet, das Telefon abgehört. Dann folgten die Kerle David. Als Howard herauskam und mir erzählte, was du vorhast – was für eine Wahnsinnstat du vorhast ..., Mosche" – er versuchte, sich aus Mosches Griff zu lösen –, „ich bin gekommen, um dir zu helfen."

„Und dabei wärst du beinahe draufgegangen!", brüllte Mosche und schüttelte ihn erneut.

„Das kann ich auch immer noch, alter Junge, wenn du mich nicht bald aus diesem Matsch hochkommen lässt."

Langsam löste Mosche seinen Griff und lehnte sich mit einem schweren Seufzer zurück. „Ich dachte, ich würde ..." Er half Luke beim Aufstehen. „Ich wusste zwar nicht, wer du warst, aber ich war entschlossen, dich zu töten."

„Du darfst deinen Feind nicht eher töten, als bis du das Weiße in seinen Augen siehst. So ähnlich sagt jedenfalls Rudyard Kipling. Los, komm. Beeil dich, sonst entdecken sie uns noch." Er warf einen kurzen Blick zur Mauer. „Es wimmelt hier nur so von den Leuten des Muftis. Wir wären ein leichtes Ziel." Er setzte den Abstieg durch die Rinne fort, und dieses Mal folgte Mosche *ihm.*

Aus den Felsspalten ergossen sich wahre Sturzbäche und der Weg wurde mit jedem Schritt glitschiger.

„Wie hast du mich überhaupt gefunden?", rief Mosche Luke zu.

„Bin meinem Instinkt gefolgt. Und einer Karte, die Howard für mich skizziert hat." Er klopfte auf seine Tasche. „Ich dachte mir, wenn ich dich nicht auf dem Weg zum Schacht finde, hole ich dich zumindest am Schacht selbst ein."

Mosche betrachtete Lukes Offiziersmantel, der im Wind flatterte, und musste daran denken, was der Captain riskiert hatte, um ihm zu folgen. „Das kannst du niemals allein schaffen, mein Freund", meinte Luke. „David kommt nicht in Frage, weil er britische Agenten in die Irre führt, und Howard ist zu alt. Aber Hilfe brauchst du. Du hast dich außerdem noch immer nicht ganz erholt, auch wenn sich dein Arm ziemlich kräftig anfühlt." Er rieb sich seinen schmerzenden Nacken. „Und du bist allein. Ich akzeptiere kein Nein als Antwort."

„Ist es dir bei deiner Nachschubeinheit zu langweilig geworden?", fragte Mosche, während sie vorsichtig eine Klamm hinunterstiegen.

„Zufälligerweise glaube ich an das, was du tust. Du musst bedenken, dass ich immerhin einige Zeit in der Altstadt verbracht habe. Und ich habe gehört, wie sich die Lage für die Haganah dort rapide verschlechtert. Wenn ich dir nicht dabei helfen kann, *durch* die Mauer zu gehen und *die*" – er sah zu der zerklüfteten Mauer hinauf – „dich nicht *über* die Mauer lassen, dann gibt es nur noch eins zu tun. Ich werde dir helfen, *unter* der Mauer durchzukommen."

Irgendwie empfand Mosche eine ungeheure Erleichterung, als Luke, der nun auf der anderen Seite der Böschung am Grab Davids vorbeikraxelte, die Führung übernahm. „Du bist ein Narr, Luke. Ich hätte dich töten können. Und wenn dich deine eigenen Leute erwischen, wirst du als Verräter abgestempelt und gehängt. Aber ich bin doch froh, dass du hier bist. Dann bin ich jedenfalls nicht so allein." Er grinste. „Wenn wir nicht fest zusammenhängen, werden wir zweifellos zusammen gehängt, was?"

Gleich hinter dem Grab wand sich die Straße in einer Anzahl von Haarnadelkurven den Berg hinauf. Auf dem Hang über ihnen lag der Torso von Rachels Bus wie die Knochen eines riesigen Dinosauriers. Plötzlich leuchteten auf der Straße Scheinwerfer auf, die ihnen langsam näher kamen. „Hinlegen!", rief Luke. „Das wird die Ablösung fürs Zion-Tor sein!"

Während das Fahrzeug unerbittlich auf sie zukam, kauerten sich die beiden Männer in den flachen, mit Regenwasser gefüllten Straßengraben. Die immer wieder aufleuchtenden Blitze und das Dröhnen des herannahenden Fahrzeugs verliehen der Szene eine gespenstische Atmosphäre. „Der Graben ist nicht tief genug", flüsterte Mosche. Er schmiegte sich fest in die Mulde und betete, dass sein Körper mit den Steinen verschmolz.

„Den Gang durch deinen Tunnel werden wir im Vergleich zu dem hier wie einen Spaziergang am Strand empfinden." Luke wischte sich Regen und Schweiß aus dem Gesicht. „Ich bin beinahe soweit, die Berge darum zu bitten, mich unter sich zu begraben."

Der Truppentransporter rumpelte heran. Sie hörten, wie ganz in ihrer Nähe geschaltet wurde. Gleich darauf fuhr der Wagen ächzend an ihnen vorbei, ohne dass jemand von den beiden Verschwörern Notiz genommen hätte.

„Jetzt rüber!“ Luke spurtete über die matschige Straße und rollte sich in den gegenüberliegenden Graben. Gleich darauf stürzte Mosche hinter ihm her. „Gut, dass ich meinen Gipsverband bereits bei der Bombardierung am Jaffa-Tor verloren habe“, murmelte er, „sonst hätte ich ihn bestimmt jetzt eingebüßt!“

Der Hang war von Grabsteinen übersät. Kreuzfahrer, Juden, Christen und Moslems ruhten Seite an Seite unterhalb des Doppeltores, das vor so vielen Jahrhunderten zugemauert worden war.

„Der Eingang zum Tunnel liegt fast in einer Linie mit dem Goldenen Tor“, erklärte Mosche, während sie von Grabstein zu Grabstein huschten. „Wir hielten es für günstig, unsere Ausrüstung am Boden des Abwasserkanals zu deponieren.“

„Wo sich die Abwässer von Silvan entleeren? Eine gute Wahl. Ich kenne nicht viele Leute, die Lust hätten, da zu suchen.“

Vorsichtig überquerten sie eine niedrige Böschung, die genau an der Stelle steil in einen Abwasserkanal abfiel, an der die Straße über drei riesige Rohre führte, die eine Brücke bildeten. Der Gestank kam und ging mit dem Wind. Mosche glitt auf seinem Regenmantel die Böschung hinunter und bremste mit den Füßen auf seiner Rutschfahrt durch den Kot. Unten angekommen, nahm er eine kleine Taschenlampe aus seiner Tasche und leuchtete zu einem der Brückenpfeiler hin. Dort lag, halb verborgen im Schilf, ein ordentlich gepacktes Bündel, an dem eine enorme Seilrolle und ein Enterhaken befestigt waren.

„Gut gemacht, Leute“, meinte Luke lächelnd, folgte Mosche und half ihm, das Paket zu schultern. Dann löste er die Seilrolle und hing sie sich selbst über die Schulter. „Weiter geht's!“ Er schlug Mosche mit einem aufmunternden Lächeln auf die Schulter.

* * *

Der Donner krachte und Rachel fuhr mit dem gellenden Schrei „Tikvah!" aus dem Schlaf auf. Einen Moment lang sah sie sich verwirrt im Zimmer um. Doch dann erinnerte sie der Schmerz in ihrem Arm an Jehudit und den vorigen Abend. *Tikvah ist zum Glück sicher bei Ehud aufgehoben.* Rachel lauschte auf den unregelmäßigen Atem des Hundes. *Die Wunde, ich habe die Wunde genäht.* Sie sah zu ihm hinunter und hatte den Eindruck, dass er sich nicht geregt hatte. Erst dann fiel ihr ein, warum Schaul im arabischen Gewehrfeuer Spießruten gelaufen war. *Die Botschaft! Mosche hat ihn ja mit einer Botschaft geschickt.*

Sie stand auf und kniete sich neben Schaul. Er sah sie seelenvoll an, während sie in seinem Ohr nach dem Lippenstiftbehälter tastete. „Wegen dieses kleinen Gegenstandes hast du dein Leben aufs Spiel gesetzt und ich hatte es beinahe vergessen", sagte sie. Sie entfernte den Klebestreifen vom Röhrchen und drehte die Kappe ab. Fest zusammengerolltes, gelbes Schreibpapier kam zum Vorschein. Als Rachel es mit zitternden Händen herauszog, wurde ihr mit einem Mal bewusst, dass erst vor wenigen Stunden Mosche das Papier, das nun sie in Händen hielt, berührt hatte. Sie erkannte seine Schrift, die ihr nun schon so vertraut war, auf der Außenseite des Papiers.

Rachel Lubetkin. Der Brief war also nur für ihre Augen bestimmt. Aufgeregt faltete sie ihn auseinander.

Tränen verschleierten ihren Blick. Doch als sie die eng geschriebenen Worte las, strahlte sie vor Glück.

Meine geliebte Rachel!
Was für eine Freude hat Gott heute meinem Herzen beschert! Du lebst!
Uns allen geht es gut. Großvater lebt mit Jakov bei Howard Moniger. Alle senden dir ihre innigste Liebe.
In der Wohnung Deines Großvaters befindet sich hinter dem Spiegel über dem Waschgestell ein loser Stein. Nimm den Schlüssel, der sich dahinter befindet, und geh zur Frauen-Mikweh unter der Nissan-Bak-Synagoge. Warte dort. Heute Abend kommt Hilfe.

Grüße an alle meine Brüder. Von ganzem Herzen bete ich, dass ich dein Gesicht wiedersehe, meine geliebte Rachel. Denk daran, dass Du geliebt wirst. Mosche.

„Denk daran, dass du geliebt wirst“, wiederholte sie leise, während sie den Brief an ihr Herz drückte. Sie schloss die Augen und sah sein Gesicht vor sich, fühlte, wie seine Hand zärtlich ihre Wange berührte. „Ach, Mosche, wie ist das möglich? Wie ist es möglich, dass du mich liebst?“, sagte sie weinend. Sie konnte sich nicht satt sehen an seinem Brief. Doch dann fiel ihr Blick auf das wackelige Waschgestell mit dem fleckigen Spiegel darüber. Sie bückte sich und streichelte Schauls zottiges Fell. „Danke, mein Freund“, sagte sie leise. „Danke.“

Lange stand sie vor dem Spiegel und starrte voller Staunen das müde Gesicht an, das ihr entgegenblickte. Wegen der teilweise abgeblätterten Silberschicht des Spiegels war das Spiegelbild allerdings nicht vollständig, sondern wie bei einem unfertigen Puzzle von dunklen Flecken durchbrochen. Sie wandte sich um und betrachtete die Fotografie mit dem jungen Mädchen, das ihr so heiter zulächelte. Sie lächelte der Frau im Spiegel zu und das Bild lächelte zurück. Aber es war noch immer unvollständig, und in ihren Augen lag noch immer Zweifel.

„Wie ist das möglich, Mosche“, fragte sie noch einmal, „dass du mich liebst?“

Sie nahm den kleinen Spiegel vom Nagel und legte ihn mit der Rückseite nach oben aufs Bett, neben die Fotografie von ihrer Familie. Dann tastete sie die Wand nach losem Mörtel ab, bis sie schließlich einen kleinen lockeren Stein fand. Sie zog so heftig an ihm, dass er polternd zu Boden fiel. Dann schaute sie suchend in das Loch hinein, konnte jedoch nicht erkennen, was oder ob überhaupt etwas darin lag. Eilig holte sie die Lampe herbei, hielt sie dicht an die Öffnung und tastete ihr Inneres ab. Als Erstes stieß sie auf einen kleinen Samtbeutel mit Münzen, bei dem ein Zettel mit der hebräischen Aufschrift Jakov lag. Dann fielen ihr ein paar Papierfetzen und ein goldener Ring, der Ehering ihrer Großmutter, entgegen. Ganz hinten an der rückwärtigen Mauer lag ein Eisenschlüssel. Sie nahm ihn heraus und las den Zettel, der an seinem Griff hing. *Pikuach Nefesch* lauteten die Worte. *Leben oder Tod.* Sie presste den Schlüssel gegen die Brust. „Leben oder Tod", wiederholte sie entschlossen.

Sie legte die Decke noch einmal fest um Schaul und sah nach dem Ofen. „Ich komme bald zurück, alter Freund", flüsterte sie dem Hund zu. „Du darfst aber in der Zwischenzeit nicht sterben, nein?" Sie schloss die Tür hinter sich ab und rannte die Treppen hinauf auf die dunkle Straße. Obwohl die Nissan-Bak-Synagoge nur einige Häuserblocks entfernt lag, gestaltete sich der Weg dorthin schwierig, da der pfeifende und heulende Sturm heftig an ihren Kleidern zerrte und sie mit unglaublicher Gewalt unbarmherzig zurückdrängte.

Mit gesenktem Kopf kämpfte sie gegen die unerbittlichen Böen an. *Leben oder Tod.* Den Schlüssel fest in der Hand, fiel sie in einen leichten Trab. *Heute Abend kommt Hilfe.* Rachel sah zu den schweren schwarzen Wolken auf. *Wann heute Abend? Komme ich zu spät? Habe ich schon zu viel Zeit verloren?* Sie kämpfte gegen ihre Schwäche und den Wundschmerz an, der klopfend wieder aufflammte, und erklomm unter Aufbietung aller Kräfte die Straße der Treppen, wobei sie sich an den groben Steinen der Hausfassaden abstützte. Fast wäre sie gefallen, konnte sich jedoch gerade noch fangen. Da glitzerten bereits die Lichter der Synagoge hell in der tosenden Nacht, und die bunten Glasfenster leuchteten einladend zu ihr herüber. *Komme heute Nacht. Mikweh der Frauen. Schlüssel. Pikuach Nefesch.* Keuchend kämpfte sie sich weiter und blieb nicht einmal stehen, um sich über eine Gruppe von schwarz gekleideten Rabbinern zu wundern, die gerade das Gebäude betraten.

Als sie sich ihnen näherte, wichen sie vor ihr zurück und starrten ausdruckslos in ihr verängstigtes Gesicht. Sie versuchte, sie freundlich anzulächeln und ihr windzerzaustes Haar etwas zu glätten. Gerade wollte sie die Vorhalle der Synagoge betreten, als ihr ein junger Rabbiner mit verächtlicher Miene in den Weg trat und streng fragte: „Sind Sie als Zeugin in eigener Sache gekommen?"

„Als Zeugin?“, wiederholte sie und ihr Lächeln erlosch. Und mit einem Mal wusste sie auch, warum die Rabbiner hier zusammenkamen.

„Natürlich. Wir haben Sie den ganzen Tag gesucht. Niemand wusste offenbar, wo Sie steckten. Auch dieser Nichtsnutz von einem Seemann nicht, bei dem Sie das Kind gelassen haben ...“

„Tikvah!“, schrie Rachel auf. „Wo ist sie?“

„Ich dachte, der Seemann sei einer Ihrer Handlanger! Er hat jedenfalls zwei unserer gelehrten Rabbiner die Treppe hinuntergestoßen und ihnen damit große ...“

Er brach ab. Eine schwere Hand hatte sich ihm auf die Schulter gelegt. Rabbi Akiva schob ihn zur Seite und lächelte Rachel herablassend an. „Nun, ich sehe, dass Sie sich doch noch entschlossen haben, aus Ihrem Versteck zu kommen. Ich habe allerdings das Gefühl, dass Sie sogar noch raffinierter sind, als ich angenommen habe, Miss Lubetkin. Aber ich gehe doch wohl recht in der Annahme, dass wir diese Angelegenheit problemlos aus der Welt schaffen können?“ Er winkte mit einer Kopfbewegung zwei kräftige junge Männer herbei. Als diese vortraten, entdeckte Rachel das gequälte Gesicht Jehudits, die sie unter Tränen ansah. Doch als Rachel ihren Blick mit einem traurigen Lächeln erwiderte, schaute Jehudit schweigend zur Seite.

„Wie ich bereits sagte“, nahm Akiva seinen Faden wieder auf und zupfte beiläufig an seiner Weste, „wird es nicht schwer sein, in dieser Angelegenheit zu einer Entscheidung zu kommen und den Beweis zu finden.“ Die Rabbiner scharten sich um Rachel. „Wir überlassen es Ihnen, unsere Fragen freiwillig zu beantworten. Das würde die Sache erleichtern. Bis dahin ziehen wir es jedoch vor, dass Sie vor der Synagoge warten, bis wir zu einer Einigung gelangt sind.“ Er richtete sich schnaufend zu seiner vollen Höhe auf. „Wie Ihnen bekannt sein dürfte, sind die Gesetze Gottes und der Thora recht liberal. So ist es im Falle von Pikuach Nefesch, im Falle von Leben oder Tod, möglich, beinahe alle Gesetze eine Zeit lang außer Kraft zu setzen. Nur der Ewige darf nicht verleugnet und das Gebot der Keuschheit nicht verletzt werden, nicht wahr? Man erzählt sich, dass Sie vielleicht nicht das sind, was Sie zu sein scheinen, Miss Lubetkin ..."

„Bitte, lassen Sie mich gehen ..., ich muss ..." Sie wollte zurückweichen, aber starke Hände packten sie an den Armen. Dabei berührten sie die frische Wunde unter ihrem Ärmel und sie schrie auf vor Schmerz. Die Hände ließen sie los und sie sackte in sich zusammen.

Aus dem Hintergrund erklang die gequälte Stimme Jehudits: „Vater, nicht! Bitte nicht!" Sie drängte sich durch die Mauer der schwarzen Mäntel und harten Gesichter. „Lass sie in Ruhe!"

„Jehudit!", donnerte Akiva mit zornig geweiteten Augen. „Geh nach Hause!"

Sie rannte zu Rachel, schlang schützend ihre Arme um sie und flüsterte: „Ich war bei dir. Ich habe versucht, dich zu warnen."

„Jehudit! Tu, was ich dir befohlen habe. Auf der Stelle!"

„Ich habe es dir doch gesagt, Vater!" Jehudit erhob sich, um sich besser gegen seinen Zorn zu wappnen. „Sie ist ein guter Mensch. Ich habe nichts entdeckt, weshalb man das bezweifeln könnte. Ich kann nichts gegen sie sagen."

„Dann soll sie selbst etwas gegen sich sagen! Ich habe den Beweis dafür, dass diese Frau, Rachel Lubetkin, Verrat an ihrem Volk geübt hat! An allen, die im Krieg ihr Leben verloren haben. Und an Gott. An der Thora! Steh auf, Hure! Hörst du nicht, was ich sage? Steh auf!"

Rachel, nicht imstande, sich zu erheben, verharrte regungslos in ihrer Stellung und starrte die Gesichter ihrer Ankläger an, als befinde sie sich in einem Alptraum. Die beiden Männer, die sie zuvor ergriffen hatten und immer noch festhielten, zerrten sie unsanft in die Höhe. „Haben Sie nicht gehört, was Rabbi Akiva gesagt hat?"

„Vater!", rief Jehudit gequält. „Halt ein!"

Akiva versetzte Jehudit einen so heftigen Schlag auf die Wange, dass sie in die Runde der erzürnten Rabbiner geschleudert wurde. „Schweig!" Er ging mit einem kalten Lächeln auf Rachel zu. „Die Frage ist einfach: Ist es wahr, dass Sie ihren Körper den Soldaten der S.S. in einem Bordell zur Verfügung gestellt haben?"

Er packte sie mit brutalem Griff am Arm. Sie schrie auf und flehte: „Bitte nicht!"

„Zieht ihr den Ärmel hoch", befahl Akiva. „Sie trägt ihr Urteil auf dem Arm."

Die beiden Männer gehorchten und legten die frische Wunde frei. Rachel stockte vor Schmerz der Atem. Durch die Menge ging ein Raunen, und Akiva stutzte einen Moment. Dann räusperte er sich vernehmlich und sagte: „Da sehen Sie es! Die Frau hat sich selbst verstümmelt, um das Zeichen der S.S. auszulöschen."

„Das ist nicht wahr!", rief Jehudit aus und entwand sich den Händen der Rabbiner. „Es war meine Schuld! Ich bin gestern Abend gestolpert und mit dem Kessel gegen ihren Arm gestoßen. Ich habe dir doch erzählt, wie es passiert ist, Vater! Ich habe dir doch erzählt, dass da kein Zeichen war! Ich habe es dir doch erzählt!"

„Halt den Mund!", brüllte Akiva wutschnaubend.

„Gelehrte Rabbiner", begann Jehudit flehend. „Ich spreche die Wahrheit! Diese Frau hier steht unter falschem Verdacht. Unter falschem Verdacht. Ich selbst habe ihr den Arm verbrüht. Ich bin zu ihr geschickt worden, um mich mit ihr anzufreunden, um sie zu bespitzeln." Die Menge verstummte und Jehudit wandte sich an Rachel. „Vergib mir, Rachel! Ich wusste nicht, was ich tat."

Aus Rachels Wunde, die durch die grobe Behandlung von neuem aufgeplatzt war, tropfte Blut auf den Mosaikfußboden. Die Welt drehte sich um sie und sie hatte das Gefühl, als ob das Wandgemälde über ihr, auf dem Mose die Gesetzestafeln am Fuße des Berges Sinai voller Zorn zu Boden schleuderte, zu einem riesenhaften, drohenden Gebilde anwachse.

„Zu meiner Schande" – die Stimme Akivas hallte hohl im Raume wider – „ist selbst meine eigene Tochter dieser verkommenen Frau verfallen. Ich zweifele nicht daran, dass sogar ihr Großvater, wenn er hier wäre, sie verdammen und sich von ihr abwenden würde."

Jehudits Weinen mischte sich in den Chor der Stimmen, die einhellig das Urteil über sie fällten: *Schuldig. Schuldig. Schuldig. Schuldig.* „Die ehrenwerten Richter unter unseren Ältesten verdammen dich. Nicht länger gehörst du zu den Lebenden Israels. Dein Name soll nicht mehr genannt werden. Du existierst nicht mehr für uns – so, als ob du nie geboren wärst." Die Worte trafen sie wie Keulenschläge. „Übe dein Gewerbe fern von uns aus, denn wir dulden kein Übel und keine Lüge in unseren Mauern."

Während Rachel sich aus dem brutalen Griff der Männer befreite, zerrissen die Rabbiner die Ecken ihrer Mäntel und wandten sich von ihr ab. Rachel bückte sich langsam, um den Schal aufzuheben, der ihr von den Schultern geglitten war. Dann fühlte sie in der Tasche nach dem Schlüssel. *Heute Abend kommt Hilfe. – Zu spät, Mosche. Nichts kann mir jetzt mehr helfen.* Während ihr noch die Tränen der Erniedrigung über die Wangen strömten, straffte sie sich und wandte sich von der schwarzen Mauer ab, die ihr den Weg in die Synagoge und die Mikweh versperrten. An einen Türpfosten der Nissan-Bak gelehnt, starrte sie auf die vom heulenden Sturm erfüllten Straßen und den schwarzen Himmel darüber. *Selbst dein Großvater würde dich verdammen.* Langsam ging sie die Stufen hinunter, noch bis zur Straße gefolgt von der Stimme Jehudits.

* * *

Haj Amin legte seine Fingerspitzen aneinander und lächelte Gerhardt heiter an. „Hast du in Damaskus Erfolg gehabt?"

Gerhardt nickte düster. „Die Souks strotzen nur so vor Waffen. Ich habe Ihnen ja gesagt, wenn ich das Geld dazu habe ..."

„Und du glaubst, du kannst das Herz des jüdischen Jerusalem noch ein zweites Mal so treffen, wie es dir bei der Ben Yehuda gelungen ist?"

Gerhardt zuckte gereizt die Achseln und meinte gelangweilt: „Natürlich. Die *Palestine Post* ist ein leichtes Ziel. Wir werden ihnen schon ihre großmäulige Propaganda austreiben. Eine Karawane von Lastwagen voller Sprengstoff ist gerade von Damaskus hierher unterwegs."

„Gut. Gut. Deine Arbeit für uns wird dazu beitragen, der Welt sehr bald begreiflich zu machen, dass dieser Irrsinn der Teilung nicht erzwungen werden kann. – Wir sind zufrieden, Gerhardt. Sehr zufrieden." Haj Amin lehnte sich zurück und bezwang den Abscheu, den er empfand, während er Gerhardts mürrisches, ungepflegtes Gesicht lächelnd betrachtete.

„Was sehen Sie mich so an?", brummte Gerhardt schließlich.

„Bist du müde, mein Freund? Die Reise nach Damaskus scheint dich sehr angestrengt zu haben."

„Und wenn es so wäre, was dann?"

„Oder ist es die Frau, die dir durch den Kopf spukt?" Haj Amin beugte sich interessiert vor, stützte die Ellenbogen auf den Schreibtisch und betrachtete Gerhardt forschend mit zusammengekniffenen Augen. „Bereiten dir ihr Gesicht und der Gedanke an ihren Körper schlaflose Stunden?" Gerhardts Düsterkeit verstärkte sich. Aber er schwieg.

„Hmmm. Genau, wie ich es mir gedacht habe." Haj Amin legte eine nachdenkliche Pause ein. Dann entspannte er sich, hob leicht das Kinn und rief: „Kadar! Bring den Alten herein!"

Die Tür ging auf und Kadar, den Muezzin am Arm, trat ein. Der Alte war völlig durchnässt und zerzaust. Er verbeugte sich wiederholt vor dem Mufti und vor Gerhardt.

„Er ist so eine Art streunender Kater, nicht wahr, Gerhardt? Und du hast ihn ausgeschickt, damit er durch die Straßen schleicht, auf den Dächern sitzt und nach kleinen Mäuschen Ausschau hält, nicht wahr? Um Allahs willen? Um des Muftis willen? Und vielleicht auch um Gerhardts willen?" Haj Amin brach über Gerhardts Unbehagen in Gelächter aus. „Vielleicht hat dein streunender Kater zu guter Letzt doch noch eine Neuigkeit für dich." Der Mufti bedeutete dem Muezzin, näherzutreten. „Miaue uns etwas vor, streunender Kater! Erzähle uns, was du gesehen hast. Eine Maus? Oder vielleicht eine Katze?"

Kadar ließ den Muezzin los und starrte Gerhardt voller Abscheu an, während der Alte vortrat und sich nochmals tief verneigte. „Salaam!", sagte er überschwänglich. „Dieses Mal habe ich mich nicht geirrt! Ich habe sie gesehen! Auf den Straßen ist fast kein Mensch mehr – wegen des Sturms –, wissen Sie. Aber ich habe trotzdem gewartet und Ausschau gehalten. Ich bin geblieben, bis es dunkel war, und habe meinen Posten nicht verlassen."

Gerhardt sprang ungeduldig auf und packte den Alten am Kragen. „Wo ist sie, du alter Narr? Wo ist sie hingegangen?"

„Bitte schlagen Sie mich nicht, Effendi. Ich will es Ihnen ja erzählen!" Der Alte hielt seine Hände schützend vors Gesicht.

Kadar schüttelte über Gerhardts unvernünftiges Gebaren den Kopf und lehnte sich an einen Türpfosten. Haj Amin klatschte laut in die Hände. „In unserer Gegenwart, Gerhardt, bitten wir um ein würdiges Betragen. Lass den Muezzin los! Wie soll er die Gläubigen zum Gebet rufen, wenn du seinem Hals Schaden zufügst?"

Gerhardt stieß den Alten zurück und nahm wieder Platz. „Sie betrachten das wohl als Witz, was?", meinte er erbost. „Ich bin die Maus und Sie die Katze. Aber wenn ich nicht wäre, um die Zündschnüre anzulegen, wer würde es dann tun?"

Haj Amins Augen wurden kalt vor Zorn. „Ein anderer."

„Sie ist in der Wohnung", fuhr der Muezzin fort und rieb sich dabei den Nacken. „Sie hat die Wohnung nicht verlassen. Das Licht brennt noch. Ich habe sie gesehen." Der Alte streckte seine faltige Hand aus. „Kann ich jetzt nicht meine Belohnung bekommen, gütiger und ehrenwerter ..."

Der Mufti nickte bedächtig und erlangte seine Fassung wieder. „Du bist uns ein überaus treuer Diener gewesen." Zu Gerhardt gewandt, fuhr er fort: „Dieser Bursche hier wollte, abgesehen von mir, mit keinem anderen sprechen als mit dir, Gerhardt. Er hat darauf bestanden und so lange gewartet, bis ihn die Wachen schließlich doch hereinlassen mussten. Vielleicht solltest du ihn nun für seinen Eifer und seine Informationen belohnen?"

Während Gerhardt grollend seinen Geldbeutel herauszog, hellte sich das Gesicht des Alten zu einem zahnlosen Lächeln auf. Gerhardt nahm ein paar Schillinge heraus und warf sie ihm hin. Das Lächeln des Muezzins erlosch und er sagte ohne Begeisterung: „Danke, freundlicher Herr."

„Das ist ganz sicher nicht genug für jemanden, der so treu war!" Haj Amin lächelte geringschätzig. „Zumal er dir doch eine so wichtige Neuigkeit überbracht hat, nicht wahr? Eine Goldmünze ist das Mindeste, Gerhardt. So viel musst du ihm mindestens geben."

„Ach, ehrenwertester Mufti!", rief der Alte erfreut aus.

Gerhardt starrte den Mufti mit wutverzerrtem Gesicht an. Und dieser erwiderte seinen Blick auf die gleiche Weise. „Ich sagte, belohne ihn!", meinte Haj Amin drohend.

Ohne die Augen vom Gesicht seines Führers abzuwenden, zog Gerhardt eine Münze aus seinem Geldbeutel und schleuderte sie dem alten Muezzin hin. „Wenn deine Informationen falsch sind, Alter", sagte Gerhardt leise, „dann werde ich sie von dir zurückverlangen."

„Allerehrenwertester, huldvollster Herr. Was ich Ihnen sagen möchte, ist ..."

„Hinaus!", schrie Gerhardt ihn mit unverhohlenem Zorn an. Der Alte schrak zusammen, nestelte am Türgriff und eilte hinaus. Kadar schloss die Tür hinter ihm.

„Du bezahlst deine Spione gut, Gerhardt", lachte er. „Wir wollen hoffen, dass sie es wert sind."

30. Abstieg in die Hölle

Mosche und Luke benötigten beide ihre ganze Kraft, um die schwere Betonabdeckung von dem tiefen Schacht auf dem Friedhof am Goldenen Tor wegzuschieben und Mosche schickte dabei ein stilles Dankgebet für Lukes Anwesenheit zum Himmel. Nachdem Luke den Enterhaken mit geschickten Händen an einem großen Marmormonument befestigt hatte, sah er zu, wie Mosche das Seilende durch die Riemen des Gepäcks zog, verknotete und anschließend das Ganze vorsichtig in den dunklen Schacht hinabließ. Das Seil war schnell aufgebraucht, und Luke wischte sich schließlich ungläubig den Regen von seinem Gesicht und fragte : „Wie weit noch bis zum Grund?"

Mosche reichte ihm die Taschenlampe. „Sieh selbst."

Luke beugte sich vorsichtig über den Rand des Schachtes und leuchtete hinein. Die Dunkelheit, die das Paket verschlungen hatte, war unergründlich und reichte weiter als der Strahl der Lampe. Luke stieß einen leisen Pfiff aus und richtete sich mit einem Ruck wieder auf. Sein Gesicht hatte die bleiche Farbe der Grabsteine angenommen.

„Möchtest du immer noch mitkommen? Nur so aus Kameradschaft?", fragte Mosche.

„Hast du genügend Seil mit?", reagierte Luke spontan mit einer Gegenfrage.

„Es reicht so eben. Der Schacht hier geht fünfundzwanzig Meter gerade in die Tiefe. Das Seil ist knapp dreiundzwanzig Meter lang. Den Rest können wir uns fallen lassen. Wir müssen das Seil hängen lassen, für den Fall, dass wir nicht ..."

Er unterbrach sich. „Das andere, kürzere Seil ist fünfzehn Meter lang. Ich weiß nicht, ob wir es brauchen oder wie viel wir unter Umständen brauchen. – Luke, ich werde nicht schlechter von dir denken, wenn du dich lieber verabschieden möchtest. Vielleicht bekomme ich dadurch sogar noch etwas mehr Achtung vor deinem gesunden Menschenverstand. Zumindest war mir von vornherein klar, worauf ich mich da einließ, während du unvorbereitet in die Sache hineingeschlittert bist."

Als das Paket unten angekommen war, zog Luke prüfend am Seil, um sicherzugehen, dass der Anker hielt. „Meine Mutter hat mir immer vorgeworfen, dass ich keinen gesunden Menschenverstand hätte", erwiderte er, salutierte, ergriff das Seil und begann den Abstieg in die Dunkelheit.

Ein gewaltiger Blitz zuckte auf und erleuchtete den Himmel hinter dem Felsendom, so dass sich die Silhouetten der Wachtposten auf der Mauer deutlich abzeichneten. Dann erbebte der Erdboden unter dem Poltern des Donners und der Regen peitschte Mosche ins Gesicht, als er ein letztes Mal zum erzürnten Himmel hinaufblickte, bevor er sich über den matschigen Rand schob, um Luke zu folgen.

Eine Hand unter die andere setzend, ließen sie sich am Seil in die Schwärze hinab. Mosche keuchte vor Schmerzen. Die Belastung war für seinen verletzten Arm zu groß, aber er half sich, indem er das Seil um seinen gesunden Arm schlang und dann den Abstieg fortsetzte. Als Luke nach oben schaute, sah er ein kleines Fleckchen Himmel, das wie ein unheimliches Neonlicht blinkte. Die Luft um ihn herum wurde plötzlich drückend, es war still und kalt wie in einem modrigen Grab und das Krachen des Donners rückte in immer weitere Ferne. Zwar leuchtete das briefmarkengroße Licht weiter über ihnen, aber es drang kein einziger Lichtstrahl mehr in den Teil des Schachtes, in dem sie nun hingen. Ihr Atem klang so laut wie das Dampfen einer Lokomotive, während sich immer wieder kleine Kieselstücke lösten und geräuschlos in der Tiefe verschwanden.

„Bist du dir auch sicher?", keuchte Luke. „Sind es wirklich fünfundzwanzig Meter?"

„Den Berichten nach."

„Augenblick mal!", rief Luke. „Hier ist das Paket! Wir sind am Ende des Seiles!"

Mosche schlang seine Beine fester um das Seil und wies Luke an: „Spring! Dann löse ich das Paket und gebe es dir."

Luke schwieg und rührte sich nicht. „Es ist so finster, alter Junge. Weißt du auch bestimmt, dass ich mich wirklich nur zweieinhalb Meter über dem Boden befinde?“

Die Dunkelheit war bedrückend, und auch Mosche hatte das Gefühl, dass sich unter ihnen eine bodenlose Tiefe befand. Er hielt sich mit seinem gesunden Arm fest und holte unbeholfen die Lampe aus seiner Tasche. Er richtete den Lichtstrahl nach unten, auf Lukes Kopf und daran vorbei. Das wasserdichte Paket baumelte nur einen Meter über dem Grund und Lukes Füße befanden sich kurz darüber. Mosche musste laut über den Anblick lachen, den der große britische Offizier bot: nur einen Meter vom Grund des Schachtes entfernt, klammerte er sich an das Seil, als schwebe er in höchster Lebensgefahr.

„Ah!“, seufzte Luke erleichtert und ließ sich auf den felsigen Boden hinab. „Hätten dem Gefühl nach genauso gut hundert Meter sein können.“ Er grinste zu Mosche hinauf, der sich die restlichen Meter des Seiles hinabgleiten ließ.

Während Luke das Paket aufschnürte, betrachtete Mosche eingehend die Bauweise des Schachtes. Massive horizontale Stämme in der Größe von Bahnschwellen kleideten die Wände und die Grundfläche von ein Meter achtzig mal ein Meter achtzig aus, auf der sie nun standen. Eine ungefähr ein Meter fünfzig hohe Öffnung führte in einen Tunnel, der augenscheinlich langsam in Richtung Altstadt anstieg.

Mosche schulterte das Paket und bückte sich, um durch den ebenfalls mit Holzbalken ausgekleideten Torbogen zu gehen. Beide Männer mussten sich geduckt durch den seitlich und an der Decke mit schweren Balken abgestützten schmalen Gang bewegen. An den Balken waren eiserne Haken befestigt, an denen einst Laternen hingen, die den Männern, die als erste durch diesen Gang in die Altstadt gegangen waren, den Weg beleuchtet hatten. Der Gang war so eng, dass Mosche mühelos beide Seiten gleichzeitig mit den Fingerspitzen berühren konnte, und die feuchte Luft war so drückend, dass sie das Gefühl hatten, die Last des Berges ruhe auf ihnen. Mosche fühlte bereits das Blut in seinen Ohren hämmern. Da er durch seine archäologische Tätigkeit die Arbeit in beengten Räumlichkeiten gewohnt war, bereitete ihm die Enge allerdings kein großes Unbehagen. Aber er machte sich wegen Luke Sorgen, der ihm die ganze Zeit lang wortlos gefolgt war. „Ist noch alles mit dir in Ordnung, mein Freund?"

... mein Freund?, echote es.

„Das ist nicht halb so schlimm wie eine Kohlengrube." *Kohlengrube, ..., grube*

„Das ist doch nicht mehr normal", fuhr Luke fort, während seine Worte im Gang widerhallten und sich mit seinem Echo überlagerten. „Wenn du nichts dagegen hast, dass ich frage, wüsste ich gerne, warum sich die Archäologen überhaupt solch eine Mühe gemacht haben, all diese Gänge zu graben."

Während sie schräg nach oben in Richtung der Fundamente der Altstadtmauer gingen, erzählte Mosche, dankbar für jedes Gespräch, das seine Gedanken von Rachel ablenkte, seinem Freund die Geschichte der ersten kühnen Männer, die dort unten nach Kunstschätzen gesucht hatten. „... und deshalb gestattete ihnen der Scheich nicht, unter dem Felsendom selbst Ausgrabungen vorzunehmen. So mussten sie einen anderen Eingang suchen. Zweifellos war der Bischof von Canterbury den Archäologen, die unter dem Dom Ausgrabungen vornahmen, nicht gerade wohlgesonnen. Genauso wenig fanden die moslemischen Führer Gefallen an dem Gedanken, dass da unten herumgekratzt werden sollte. So sind wir also zu Leisetretern geworden. Manche Leute machen uns sogar den Vorwurf, dass wir halbe Maulwürfe seien. Aber die Burschen, die diese Ausgrabungen hier vorgenommen haben", sagte Mosche voller Ehrfurcht, „waren Männer, die vom Ruhm Jerusalems gehört hatten und sich selbst davon überzeugen wollten, was es damit auf sich hatte."

Der Tunnel mündete unvermittelt in einen riesigen Gang, der sich zu einer Höhe von mehr als vier Metern wölbte. Mosche richtete den Strahl seiner Taschenlampe auf die riesigen Steinblöcke, die zur lang begrabenen Herodesmauer gehörten. „Und hier sind die Fundamentsteine der Stadtmauer. Vierundzwanzig Meter unter der Erdoberfläche. Was für eine Stadt muss dies einmal gewesen sein! Welch ein Glanz hier einmal geherrscht haben muss! Die Mauer erhob sich einundfünfzig Meter über dem Tal, Luke. Ist es da ein Wunder, dass Jesus weinte, als er sah, welches Schicksal Jerusalem, seine geliebte Stadt, erleiden würde?"

Luke ließ seine Finger nachdenklich über die Steine gleiten und fragte sich, wie die Stadt früher wohl ausgesehen haben mochte. Dann eilte er hinter Mosche her, dessen Lampe bereits am Ende des Stollens in Richtung Osten entlang der Mauer verschwand. Die kalte, ewige Nacht des Tunnels erfüllte sie mit einem Gefühl des Unwirklichen. So tief unter der Erdoberfläche erschien es ihnen unmöglich, dass über ihnen ein Sturm wütete.

Mosche machte plötzlich eine ernste Miene und suchte schweigend die Mauer ab. „Genau, wie es in den Aufzeichnungen steht", sagte er, als er sich schließlich vor einen sechzig mal sechzig Zentimeter breiten Block kniete, der sich lose zwischen zwei anderen, festen Steinen befand und in dessen einer Ecke die Initialen B&D eingemeißelt waren. „Bliss und Dickie", murmelte Mosche. Er setzte die Last ab und stieß mit dem Fuß gegen den Stein. „Hilf mir mal", bat er Luke, der, eine Schulter gegen den Stein gestemmt, bereits zu schieben begann. Der Stein bewegte sich langsam und gab eine Lücke frei, die teilweise mit Schmutz und Geröll gefüllt war. „Ab hier wird der Weg sehr gefährlich und schwierig. Ich habe keine Ahnung, welche Schwierigkeiten wir noch vor uns haben. Du bist so weit mit mir gekommen, vielleicht wäre es nun aber vernünftiger, wenn du ..."

„Wer A sagt, muss auch B sagen, nicht wahr?", fiel ihm Luke ins Wort. „Ich muss dir leider mitteilen, dass du mich nicht los wirst, Mosche."

Mosche nickte kurz und rieb sich dann nachdenklich das Kinn. Dann zog er die Brauen leicht hoch und sagte schließlich mit einem erleichterten Lächeln: „Das freut mich."

Er schob zunächst das Gepäck durch die schmale Öffnung zwischen den Quadern, bevor er sich selbst hinterherzwängte. Sie krochen drei Meter weit, bevor sie die Überreste einer aus Geröll und

Mörtel bestehenden Rinne erreichten. „Das hier ist der Aquädukt", erklärte Mosche seinem Kameraden, der ihm schnaufend folgte. „Er wird uns zum Abwasserkanal führen, und dann ..." Er kroch weiter, in der einen Hand das Licht, und mit der anderen schob er das Paket vor sich her. Die Wasserrinne war so eng, dass er sich auf die Seite drehen musste, um seinen Körper hindurchzwängen zu können. Der Hall winziger fallender Wassertropfen wurde von den Wänden tausendfach zurückgeworfen, so dass die Luft von einem unirdischen Klang erfüllt war, als wanderten Geister aus grauer Vorzeit, auf der Suche nach dem verlorenen Ruhm der Stadt, durch die zerstörten Straßen Jerusalems. Immer wieder kreischten Ratten auf und flohen vor Mosches Lichtstrahl. Felsen und Geröll rissen an den Kleidern der Männer und schürften ihre Haut auf.

Keiner der beiden sprach, während sie durch die gewundene Röhre krochen. Mosche hörte über ihnen einen gespenstischen Wind durch eine Spalte heulen. Der alte Rabbiner hatte ihn gewarnt: *Hüten Sie sich vor den Tunneln selbst, Mosche. Sie werden zu Ihnen sprechen und Sie nach ihrem Willen führen.*

Er gelangte an eine Gabelung der Röhre. Der rechte Zweig war durch Geröll versperrt. Der linke schien, wenn auch schmal, so doch frei. „Einen Augenblick!", rief er Luke zu, der inzwischen bei ihm angekommen und dankbar für eine Pause war.

Ungelenk holte Mosche sein Kartenbündel hervor und breitete es auf dem zertrümmerten Felsblock vor ihm aus. Er suchte in Bliss' Unterlagen nach Formulierungen, die er schon einmal gelesen hatte.

„Was ist los?", fragte Luke.

„Ich dachte, wir müssten den Weg nach rechts einschlagen. Aber er scheint versperrt zu sein, während der linke Teil der Gabelung frei ist."

„Na, dann geh'n wir doch einfach weiter. Die Ratten fressen schon meine Stiefel an."

Mosche faltete die Unterlagen mit besorgter Miene wieder zusammen. Er kroch weiter und schob die schwere Last durch das Geröll voran. Plötzlich blitzte ein kleines Röhrchen vor seinem

Gepäck im Strahl seiner Taschenlampe auf. Er hielt erneut an und richtete den Strahl auf den goldenen Gegenstand.

Luke rief ihm ungeduldig zu: „Was ist denn nun schon wieder los?“

„Ich habe etwas gefunden“, erwiderte Mosche, während er den Schmutz von dem ungefähr drei Zentimeter langen Kleinod abwischte.

„Was ist es?“, wollte Luke wissen.

Mosche wendete den Gegenstand in seiner Hand hin und her. „Eine Mesusah.“

„Eine was?“

„Eine Art Amulett. So etwas tragen Juden, so, wie sie auch einen Davidsstern oder wie Christen ein Kreuz tragen.“

„Na, wer immer das verloren haben mag, er muss irgendwo an der falschen Stelle abgebogen sein.“

Mosche studierte seufzend die winzigen hebräischen Buchstaben. „Wer die Frau auch gewesen sein mag, ich hoffe auf jeden Fall, dass sie den Weg nach draußen gefunden hat.“

„Was?“, rief Luke, und seine Stimme klang verärgert.

„Dieser Gegenstand ist sehr alt. Wirklich sehr alt. Ein Beweis dafür, dass jemand bereits vor sehr langer Zeit hierher gegangen ist.“

„Ich will ja nichts sagen, Mosche, aber ich möchte nicht selbst zu einem archäologischen Relikt werden. Können wir jetzt nicht weitergehen?“ Er nieste. „Bevor meine Stiefel aufgefressen werden und ich mit ihnen?“

Mosche steckte die winzige goldene Mesusah in seine Tasche und ging weiter. Er lächelte über die Worte, die auf dem filigranen Talisman geschrieben standen.

Je weiter sie krochen, desto stärker wurde der Gestank und desto lauter die Schreie der Ratten. Im Schein seiner Taschenlampe sah Mosche, wie der nackte Schwanz einer katzengroßen Ratte keine zwei Meter von ihnen entfernt durch eine Öffnung verschwand. Er kroch schneller und schob das Gepäck durch die Öffnung. Er atmete wegen des Gestanks nur noch durch den Mund und versuchte dem Getrappel eiliger Füße keine Beachtung zu schenken. Im Licht seiner Lampe tauchte eine alte steinerne Wasserzisterne auf und er sah, wie auch hier die Schatten der Tiere im sanften Lichtschein hin und her huschten.

„Guter Gott! Die Ratten!“, rief er aus, als er aus der Röhre kroch. Einige riesige Tiere mit gelben Zähnen hatten sich bereits seines Paketes bemächtigt. Er trat heftig nach einem der Nager und schnappte vier weiteren, die sich herausfordernd auf das Hinterteil setzten, das Paket weg. „Luke!“, schrie Mosche gellend, als sich das Pack um seine Beine scharte. „Beeilung!“ In einer Ecke hockte eine Ratte auf dem kleinen Schädel eines Kindes, und von überall her blitzten tausend Augen die beiden Männer hungrig an.

Luke, der inzwischen auch aus der Röhre gekrochen war, wehrte die Tiere durch Fußtritte ab, während Mosche seine Augen suchend über die Wände der Zisterne gleiten ließ, um den Ausgang zu finden. Doch im Schein der Lampe zeigten sich nur massive Wände. „Wir haben den falschen Weg genommen!“, rief er gegen den Lärm an. „Schnell!“

Es bedurfte für Luke keiner weiteren Erklärungen. Er verschwand bereits wieder rücklings in der Röhre und verjagte die Tiere, die ihm folgen wollten, indem er sie anschrie. Bevor er hinter Luke herkletterte, schlug Mosche die Ratten erst zurück, indem er das Paket heftig hin und her schleuderte und es dabei mit Wucht auf den Kopf einer großen Ratte schlug. Ihre hungrigen Genossen stürzten sich in einem Anfall von Raserei nun auf sie und machten ihr vollends den Garaus. Schnell kroch Mosche hinter Luke her und blockierte die enge Röhre, indem er sein Paket hinter sich herzog. Wieder an der Gabelung angekommen, begann Luke sogleich damit, das Geröll, das den rechten Zweig der Gabelung blockierte, beiseite zu räumen. Gemeinsam schichteten sie dann mit den Steinen einen Damm vor der Rattenröhre auf und zerschmetterten dabei die aggressivsten Tiere, die sie quietschend und ihre gelben Zähne fletschend angreifen wollten.

Luke, der nun die Führung übernahm und in einen breiteren Teil des Aquäduktes kroch, meinte schließlich seufzend, halb im Scherz und halb im Ernst: „Ich dachte, du hättest zumindest eine grobe Vorstellung davon, wohin wir müssen."

„Dies ist ein Labyrinth", entschuldigte sich Mosche, während die Geräusche der Ratten allmählich nur noch als hohles Echo an ihre Ohren drangen. „Ich weiß nur, wohin ich muss, aber nicht genau, wie ich dorthin komme."

Als Luke sich durch einen weiteren Geröllhaufen gewühlt hatte, drang Abwassergestank in ihre Nasen. Der Captain kroch zu einer kleinen Öffnung, steckte Kopf und Schultern aus der Röhre und meinte: „Na, wir sind immerhin irgendwo gelandet, alter Junge." Der Strahl der Taschenlampe beleuchtete feuchte Steinmauern, die in einem Dom endeten. Aus drei hoch gelegenen Röhren floss Kloake in einen größeren Schacht, der wiederum weiter unten in einen stinkenden Kloakenfluss mündete. Luke stemmte sich aus der Öffnung und stand dann auf einem schmalen, glitschigen Vorsprung. Er rückte vorsichtig zur Seite, um für Mosche Platz zu machen.

„Nicht einmal die Ratten kommen hierher", meinte Mosche, dem die Augen von den Dämpfen brannten.

„Und wohin jetzt?", fragte Luke mit angeekeltem Gesicht.

„Weiter am Vorsprung entlang. Noch achtundzwanzig Meter. Dann finden wir Handgriffe. Sie bilden eine Art Leiter zum Klettern. Fall nur ja nicht, Luke. Das wäre ein Sturz, den du nicht überleben würdest."

Der Schmadder auf dem Vorsprung blieb an ihren Sohlen haften und vergrößerte die Gefahr, kopfüber in den tödlichen Schlamm zu stürzen. Zentimeter um Zentimeter schoben sie sich vorwärts, eng an die Mauern gedrückt und tief unter den Straßen der Altstadt, nur von Gott und den Erinnerungen eines alten Rabbiners geleitet.

* * *

Aus dem Schatten einer Türöffnung heraus beobachtete Rachel, wie ihre Richter der Reihe nach die Synagoge verließen. Sie zählte zehn grimmige Männer und zum Schluss die weinende Jehudit, die von ihrem Vater mit eisernem Griff festgehalten wurde. Da Akiva als Letzter ging, löschte er die Lichter und schloss die Tür hinter sich.

Haben sie denn ein strengeres Urteil gefällt als dein eigenes Herz, Rachel? Sind sie dir gegenüber grausamer gewesen als du selbst? Ist dein Herz nicht schon gestorben, lange bevor sie dich für tot erklärt haben?

Der Wind trug Jehudits Schluchzer zu ihr herüber. Sie umwehten sie und wirbelten um sie herum wie welke Blätter. „Ich habe dir vergeben, Jehudit", flüsterte sie. „Sind wir nicht alle mehr oder weniger käuflich?"

„Nein, Vater! Bitte!", wurde die bebende Stimme herübergetragen.

Dein Preis war Anerkennung. Meiner war das Leben. Rachel konnte keinen Hass empfinden. Und sie haderte auch nicht mit ihrem Leid. Ihre Richter hatten ihr das Gesetz vor Augen geführt und ihr verdeutlicht, wie tief sie gefallen war. Sie hatten ein gerechtes Urteil gesprochen: Auslöschung ihres Namens, Auslöschung ihres Platzes aus der Gemeinschaft. Sie hatte geglaubt, ihre Schuld durch die Selbstverstümmelung verbergen zu können. Aber die Schuld war unauslöschbar.

Sie hielt den Schlüssel fest umklammert. *Leben oder Tod.* Um Mosches willen würde sie bleiben. Um Mosches Liebe willen würde sie einen Weg in die Mikweh finden.

Zitternd vor Kälte wartete sie eine volle halbe Stunde. Die Straßen lagen trostlos und menschenleer da. In der Ferne war Gewehrfeuer zu hören. Ein Blitz zuckte auf, zerteilte den Himmel bis zum Horizont und erleuchtete kurz die ihr jetzt verbotene Synagoge. Das folgende Donnerkrachen übertönte das Gewehrfeuer und dann begann ein gleichmäßiger Regen. Rachel wurde bis auf die Haut nass, während sie nach einer Möglichkeit suchte, in das Gebäude zu gelangen. Die hohen, bunten Glasfenster waren jedoch vergittert. Sie wurde von Panik ergriffen, als sie sich vorstellte, dass Mosche vielleicht hinter irgendeiner dunklen, undurchdringlichen Tür in der Mikweh eingeschlossen war. *Leben oder Tod.* Ihr Blick fiel auf die steile Steintreppe, die zum Dach des Gebäudes hinaufführte. Das Gerüst! Dort oben hinter den Gittern war ja – zumindest solange die unseligen Rabbiner sie nicht vertrieben hatte – der Beobachtungsstand der Haganah. Rachel erinnerte sich daran, dass damals lange Seile von der hohen Kuppel bis zum Boden heruntergehangen hatten.

Sie fasste sich ein Herz und trat entschlossen in den Sturm hinaus. Dass ihr dabei der völlig durchnässte Schal von den Schultern geweht wurde, bemerkte sie gar nicht. Sie rannte zur Treppe hin und erklomm, sich mit beiden Händen am Geländer festhaltend, mühselig Stufe für Stufe bis zum Dach hinauf. Blitz und Donner tobten am Himmel, als sie, oben angekommen, zu dem dünnen Gitter kroch, das sich vor einem halb geöffneten Fenster befand. Entschlossen trat sie dagegen. Eine Ecke brach heraus. Diese war gerade groß genug, dass sie durchkriechen konnte. Aber das hölzerne Gerüst konnte sie nicht erreichen. In der Tiefe flackerten unheimlich die Synagogenkerzen. Rachel sah unschlüssig zu den Schatten hinauf, die über die Gesichter von Moses und Aaron auf dem Wandgemälde über ihr tanzten. Das leere Gerüst war zwar kaum einen Meter von ihrem Standort entfernt, aber dazwischen zeichnete sich, fast zwölf Meter unter ihr, bedrohlich der Mosaikfußboden ab. Der Sturm heulte so heftig durch das offene Fenster, dass das Gerüst beängstigend hin und her schwankte und sie es nicht erreichen konnte. Ihr Magen krampfte sich angstvoll zusammen und sie wandte ihre Augen heftig atmend wieder von diesem Anblick ab. *Nur ein kurzer Sprung,* versuchte sie sich zu überreden. Doch sie konnte sich nicht überwinden, den Fensterrahmen, an dem sie sich festklammerte, loszulassen. *Für Mosche. Leben oder Tod.* Sie griff in ihre Tasche, um beschwörend den Schlüssel herauszuholen. Doch kaum hielt sie ihn in ihrer verschwitzten Hand, da entglitt er ihr und fiel über die Kante, auf der sie stand, weiter in die Tiefe. Dort schlug er mit lautem Geklapper auf dem Boden auf. „Nein!“, schrie sie entsetzt.

Nun gab es kein Zurück mehr. Der Schlüssel lag genau dort, wo das lange Seil den Boden berührte. Rachel hockte sich nieder, holte dreimal tief Luft und versuchte mit den Augen die Entfernung zwischen der Kante und dem Gerüst abzuschätzen. „Eins!“ *Gott helfe mir!* „Zwei!“ *Für Mosche.* „Drei!“ Sie überwand den Drang, sich am

Fensterrahmen festzuhalten, und stieß sich von der Kante ab. Leere um sie herum. Ein Aufschrei. Endloser Augenblick des Fluges. Landung auf der Plattform, die von der Wucht ihres Auftreffens in so heftige Schwingungen geriet, dass sie umzukippen drohte.

Sie hielt die Augen fest geschlossen und klammerte sich so krampfhaft an die alten Bretter, dass sich ihre Knöchel weiß verfärbten. Als das riesige Pendel seine Bewegung endlich verlangsamte und in seine labile Ruhelage zurückkehrte, war ihr vor Angst flau im Magen. Sie wagte nicht, sich umzusehen, und tastete sich mit geschlossenen Augen Zentimeter um Zentimeter dem Seil entgegen, über das die Männer ihren schwankenden Hochsitz erreicht und wieder verlassen hatten. Schließlich war sie am Seil, das auf sicheren Boden führte, angekommen. Sie umklammerte es fest mit beiden Händen und schob sich vorsichtig über die Kante des Gerüstes. Dann hing sie in schwindelnder Höhe über dem Boden – eine Ewigkeit, wie es ihr schien. Da sie sich mit den Händen allein nicht halten konnte, schlang sie in ihrer verzweifelten Angst davor, in die Tiefe zu stürzen, ihre Beine um das Seil. Sie weinte: „Ich kann nicht! Ich kann nicht!" *Leben oder Tod! Mosche! – Lass dich herunter. Stück für Stück.* Während sie sich langsam herunterließ, fegte der Sturm durch das Fenster herein und wehte ihr den Regen ins Gesicht. Sie scheuerte sich am Seil ihre Wunde wieder auf, und schließlich verlor sie auch noch ihre Schuhe, die dumpf auf dem Boden aufschlugen.

Als sie den Abstieg beinahe geschafft hatte, entlud sich plötzlich ein weiterer Blitz direkt über der Nissan Bak, dicht gefolgt von polterndem Donner. In dem grellen Licht sah sie ihren eigenen Schatten auf dem Altar: Wie ein Schmetterling mit angelegten Flügeln klammerte sie sich an dem dünnen Faden fest. Da gaben ihre Hände nach, und sie fiel mit einem Aufschrei zu Boden. Sie rang nach Luft, bevor sie in der Lage war, sich zum Schlüssel hinzurollen, um ihn dann fest zu umschließen.

„O Gott", schluchzte sie erleichtert. *Beeil dich, Rachel. Er wartet darauf, dass du die Tür öffnest. Pikuach Nefesch.*

Barfüßig und nass bis auf die Haut, stand sie auf und rannte mit unsicheren Schritten am Altar vorbei zu den Türen, die zum Keller und zum Ritualbad der Frauen führten. Im Vorbeilaufen nahm sie eine der brennenden Kerzen vom Altar mit. „Alles ist erlaubt, wenn es um Leben oder Tod geht, Akiva", flüsterte sie und war erschrocken über den Klang ihrer eigenen Stimme.

Als sie die Tür zum Frauenbad aufgestoßen hatte, flüsterte sie: „Mosche?"

Mosche? Mosche? Mosche?, kam ihr Echo zurück. „Bist du hier?"

Hier? Hier? Hier?

„Ich bin's, Rachel."

Rachel Rachel Rachel.

„Ich habe den Schlüssel ..."

Schlüssel Schlüssel Schlüssel.

Wasser tropfte von der bunt bemalten Decke in das runde Steinbecken. Stille. *Ich komme zu spät,* dachte sie verzweifelt, während sie mit hoch erhobener Kerze nach einer Tür suchte, hinter der Mosche stehen konnte. Es gab keine. Nur bemooste, feuchte Wände ragten bis zu einem höhlenartigen Deckengewölbe empor, von dem Wasser auf den glitschigen Boden tropfte. Es gab weder Türen noch Fenster, nur die Tür, durch die sie gerade gekommen war.

„Mosche?", rief sie noch einmal, bevor sie vor Erschöpfung auf die Knie sank. Nur ihre eigene Stimme kam spottend als Antwort zurück.

„Hörst du mich?"

Mich? Mich? Mich?

* * *

Zwei große sudanesische Leibwächter, die Haj Amin wegen ihrer außerordentlichen Kraft und Größe ausgewählt hatte, folgten Gerhardt über die Dächer der Altstadt. Sie waren mindestens einen Kopf größer als er und bewegten sich mit der Anmut und Leichtigkeit von Jaguaren auf der Jagd. Gehardts wahnwitzige Fähigkeiten waren dem Mufti viel zu wertvoll, als dass er ihn um einer bloßen Frau willen allein einer Gefahr ausgesetzt hätte. „Bringt ihn zurück, damit er auch weiterhin für uns von Nutzen sein kann", hatte er seiner Elite ins Ohr geflüstert. „Und bringt uns auch die Frau."

Sie bewegten sich jetzt verstohlen durch die regennassen Straßen des jüdischen Viertels. Die zwei durchweichten Juden, die an der Barrikade Wache standen, starben eines schnellen Todes und das Blut, das aus ihren aufgeschlitzten Gurgeln strömte, mischte sich mit dem Regen.

Als Gerhardt zusammen mit den Leibwächtern die Stufen zu der winzigen Kellerwohnung hinabstieg, krachte über ihren Köpfen ohrenbetäubend der Donner. Durch die Schlitze der Fensterläden schimmerte Licht. Gerhardt hielt sich im Hintergrund, während der größere der sudanesischen Wächter die Tür mühelos eintrat. Das Türschloss zersplitterte den hölzernen Türrahmen, so dass eine Menge langer Holzspäne durch den kleinen Raum wirbelte.

Gerhardt drängte sich mit gezogenem Revolver an den beiden Männern vorbei. Seine Augen irrten suchend nach einem Anzeichen für die Gegenwart der Frau im Zimmer umher. Er schritt über den Körper des Hundes und versetzte ihm dabei einen leichten Fußtritt, um zu prüfen, ob er noch lebte. Doch dieser zeigte keine Reaktion, keine Bewegung. Gerhardt fluchte laut über den Muezzin, während er den abgenutzten Karton unter dem Bett hervorzog. Er warf ihn zornig gegen die Wand, so dass die Briefe wirr im Raum umherflatterten.

Dann fiel sein Blick auf ein Foto, das mit der Bildseite nach oben auf dem Bett lag. Er nahm es auf und riss dann sorgfältig das Gesicht des jungen Mädchens heraus. Während er es in eine seiner Hemdtaschen steckte, fiel sein Blick auf einen Zettel, der daneben lag. Er hob ihn hoch und überflog ihn hastig.

Meine geliebte Rachel ... Du lebst ... innigste Liebe ... Nimm den Schlüssel ... Mikweh der Frauen unter der Nissan Bak ... Warte heute Abend.

Gerhardt ließ den Zettel lächelnd fallen. Dann gingen die drei wieder hinaus, zogen die zertrümmerte Tür hinter sich zu und folgten ihrer Beute.

31. Das Grab

Das schwere Kurzwellenradio auf seinem Rücken drohte Mosche in die Tiefe zu ziehen, während er mit der Fußspitze nach einer der Sprossen tastete, auf denen er, wenn auch nur unter Aufbietung seiner ganzen Kraft und Geschicklichkeit, aus dem alten Abwasserkanal herauskletterte. Luke, der bereits in einem etwa vier Meter höher gelegenen Gang stand, leuchtete ihm mit der Taschenlampe.

„Noch etwas weiter nach rechts", lenkte er Mosche, der nun mit den Fingern die Oberfläche der Steine abtastete. „Ja. Genau da. Los, weiter, mein Junge", feuerte Luke ihn an. „Nur noch ein paar Sprossen. Gleich hast du's geschafft! So! Jetzt noch ein paar Zentimeter nach links. Da ist noch ein Handgriff."

Mosche wurde vor Anstrengung beinahe schwarz vor Augen, während er sich an der glitschigen Steinkante festklammerte und gleichzeitig mit dem Fuß nach einer Vertiefung tastete, die ihn noch eine Stufe höher führte. Aber schon streckte Luke ihm seinen Arm entgegen, um nach dem schweren Gepäck zu greifen. „Noch ein paar Zentimeter, Mosche, mein Junge. So!" Seine starken Finger schlossen sich um die Riemen und zogen Mosche mitsamt dem Gepäck, das ihm den Anstieg beinahe unmöglich gemacht hatte, zu sich heran. Auf diese Weise entlastet, kroch Mosche langsam über die Wölbung einer Torruine, die sich am Eingang eines weiteren Ganges befand.

„Hiervor hat mich Rabbi Lebowitz gewarnt. Der Gang ist gesprengt worden. Er war sich nicht sicher ..."

„Wir wollen uns erst mal etwas vom ärgsten Gestank entfernen", drängte Luke. „Außerdem könnte ich einen Schluck Wasser vertragen." Er bückte sich unter einen niedrigen Steinbogen durch und kletterte einen leicht abfallenden, weichen, von Exkrementen bedeckten Hang hinunter, der zu einer flachen Senke zwischen zwei Steinbögen, Teile eines ehemaligen Dammes, führte. Er ließ sich schwerfällig auf den Trümmern einer Marmorsäule nieder und leuchtete mit der Taschenlampe zum Scheitelpunkt des nächsten Bogens, von dem aus sie durch eine kleine Öffnung ins Herz der Altstadt gelangen würden. Verdreckt und erschöpft rutschte Mosche hinter Luke her, ließ sich ebenfalls nieder und öffnete dann sein Gepäck. Er wühlte hastig darin und stieß dabei auf die Gasmaske, die David unter dem Wasserkanister versteckt hatte. Ein flüchtiges Lächeln huschte über sein Gesicht.

„Eine Gasmaske!“, rief Luke aus. „Die hätten wir da hinten gut gebrauchen können!“

„Ich wusste gar nicht, dass ich sie dabei hatte, sonst hätte ich sie natürlich aufgesetzt.“ Mosche trank gierig von dem frischen, kühlen Wasser und reichte dann Luke den Kanister.

„Was meinst du, wie weit es noch ist?“, fragte Luke, dessen sonst so gut gezwirbelter und gewichster Bart nun verschmutzt und traurig herabhing.

Mosche zog die Karten und Zeichnungen aus seinem Hemd hervor. „Jetzt ist es nicht mehr weit. Ruh dich noch etwas aus. – Ab jetzt müssen wir wohl unseren Weg markieren.“ Er holte ein Stück blauer Kreide aus seiner Tasche. „Rabbi Lebowitz hat ausdrücklich betont, dass die Tunnel in mehrere Richtungen führen. Es wäre nicht schwer für uns, von hier aus den Rückweg zu finden, aber was noch vor uns liegt, ist ein Labyrinth. Und der Weg, den wir suchen, ist obendrein noch teilweise zerstört.“ Mosche packte den Kanister ein und schulterte wieder sein Gepäck. Dann wischte er sich die Lippen mit dem Handrücken und begann die Steigung zu der schmalen Öffnung zu erklimmen. Bevor er den halben Weg geschafft hatte, war Luke, der ihn mit resolutem Schritt überholt hatte, bereits an der Öffnung angelangt, die den Eingang zur nächsten Höhle bildete. Dort angekommen, begann er die Felsbrocken, die ihnen den Weg versperrten, vorsichtig beiseite zu räumen. Schließlich hatte er ein Loch geschaffen, das groß genug war, dass er sich hindurchzwängen konnte.

„Du wirst wohl das Gepäck abnehmen müssen“, rief er Mosche von der anderen Seite zu und suchte sich zwischen den Steinen eine halbwegs sichere Stellung. „Reich es mir herüber.“

Mosche streifte das Gepäck von seinen Schultern. Während er es durch die Öffnung zu Luke hinüberschob, sah er auf der anderen Seite des Gewölbes einen unheimlichen Lichtschein. „Wie sieht's denn bei dir aus?“, rief Mosche, während er der unförmigen Fracht mit dem Kopf voran durch die Öffnung folgte.

„Hier sind mindestens vier verschiedene Tunnel! Unglaublich!“, rief Luke vom Boden einer Höhle, die vier Torgewölbe aufwies. „Hol die Kreide raus.“ Seine Stimme sank zu einem ehrfürchtigen Flüsterton herab. „Ich habe das Gefühl, dass jetzt der Zeitpunkt gekommen ist, an dem wir nicht mehr ohne sie auskommen.“ Das Echo hallte zischend durch die engen Gänge.

Mosche schrieb kratzend ein großes X auf das Gewölbe, von dem er anschließend zu dem hoch gewachsenen Captain hinunterrutschte. „Von jetzt an haben wir keine Orientierungshilfen mehr. Einer von diesen Tunneln wird durch Geröll versperrt sein. Rabbi Lebowitz hat mir erzählt, dass der Rat der Juden und Araber vor Jahren einen Mann damit beauftragt hat, ihn zu versperren. Hinter dem Geröll liegen dann sowohl der Eingang zu der großen Höhle als auch der Ausgang.“

Luke kratzte sich stirnrunzelnd am Kopf. „Wir gehen also davon aus, dass die anderen drei Tunnel nicht versperrt sind?“, fragte er zweifelnd.

Mosche nickte und bemerkte dann verlegen grinsend: „Betrachte es mal von der positiven Seite: So sind wir wenigstens vor dem Regen geschützt.“

„Gehen wir weiterhin davon aus, dass wir uns durch das besagte Geröll, wenn wir es erst einmal gefunden haben, durchgraben können?“, äußerte Luke hartnäckig seine Bedenken. „Nach einer Explosion, die den Gang vor einem halben Jahrhundert versiegelt hat?“

Mosche leuchtete in einen niedrigen Gang hinein. Aus den Spalten zwischen den Steinquadern sickerte Wasser und Schlamm quoll über seine Schuhspitzen. „Das vermuten wir.“ Er betrat den Tunnel und bückte sich dabei tief, um nicht den Schmadder zu berühren, der die Decke überzog.

Luke schüttelte mit einer Mischung aus Erstaunen und Bewunderung den Kopf. „Ich glaube, ich muss mir noch abgewöhnen, mich über euch Juden zu wundern. Immerhin", fügte er hinzu, während er sich bückte, um Mosche zu folgen, „habt ihr den Ruf, dass sich euch immer dann, wenn man es am wenigstens erwartet, etwas auftut. Das Rote Meer, zum Beispiel." Er lachte leise in sich hinein und watete dann durch den Schlamm hinter Mosche her, der schweigend dem umhertanzenden Strahl seiner Taschenlampe durch den gewundenen Pfad folgte.

Auf ihrem weiteren Weg in das Innere der Altstadt scheuchten sie mehrfach Ratten auf, die quietschend davonjagten. In regelmäßigen Abständen machte Mosche ein Kreidezeichen an die Steine. Das Echo ihres schweren Atems und ihrer Tritte eilte ihnen voraus und kam mit einem solch hohlen Klang zurück, als künde es von Unheil bringenden Wesen in der Dunkelheit vor ihnen. Nachdem sie dem Weg eine Viertelstunde lang gefolgt waren, gelangten sie an die kotbeschmierte Öffnung eines weiteren Abwasserkanals.

„Das ist es nicht. Das ist der falsche Weg", rief Mosche und blieb abrupt stehen. Er richtete den Strahl seiner Taschenlampe auf die langsam dahinfließende Kloake unter ihnen.

„Das hätten uns schon unsere Nasen sagen können." Luke machte auf dem Absatz kehrt und ging rasch den Weg zurück, den sie gekommen waren.

Als sie wieder die Höhle mit der vierfach gewölbten Decke erreicht hatten, meinte Mosche mit einem Blick auf die Schatten, die sich an der Decke abzeichneten: „Zu essen haben wir genug für drei Tage. Und auch Wasser. Nur nicht genügend Zeit."

„Ganz richtig." Luke schüttelte einen langen Schleimfaden von seinem Ärmel und fügte hinzu: „Wenn ich nämlich morgen früh nicht zurück bin, werden meine Vorgesetzten wissen, dass ich mich unerlaubt von der Truppe entfernt habe. – Findest du nicht auch, dass wir uns daher im Sinne der Effizienz unseres Unternehmens aufteilen sollten? Du untersuchst den rechten Gang. Ich nehme mir diesen hier vor." Er schnüffelte prüfend. „Ich bin etwas größer als du, deshalb nehme ich den höheren. Hast du noch eine Lampe?"

Mosche zögerte einen Augenblick – ein Schatten der Unsicherheit huschte über sein Gesicht. Dann kramte er in seinem Gepäck nach einer weiteren Lampe und brach die Kreide in zwei Stücke, von denen er eins Luke gab. „Ich lasse das Gepäck hier. Wir treffen uns in einer Viertelstunde wieder. Siebeneinhalb Minuten hin und siebeneinhalb wieder zurück. Das sollte reichen, um Klarheit zu bekommen."

„Viel Glück!" Luke streckte Mosche die Hand zu einem herzlichen Handschlag entgegen. „Übrigens", – er wollte sich gerade bücken, um den Gang zu betreten, wandte sich jedoch noch einmal grinsend um –, „falls ich in einer Viertelstunde nicht zurück bin ..." Er stockte.

„Ja? Falls du in einer Viertelstunde nicht zurück bist, was dann?"

„Tja, also, falls *du* nicht zurück bist, suche ich dich! Mach dasselbe auch bei mir, ja?"

Mosche salutierte zustimmend und kroch dann in einen Gang, der so eng war, dass man Platzangst bekommen konnte. Er hatte das Gefühl, als laste das Gewicht des Erdreichs über ihm zentnerschwer auf seinen Lungen: Sein Atem ging nur noch kurz und stoßweise, während er durch den stickigen, engen Tunnel kroch.

Dieser Gang war zwar trockener als der letzte, aber da sich auf dem Boden eine dicke Schicht Rattenkot befand, war der Gestank beinahe unerträglich. Nachdem er einige Meter gekrochen war, fiel ihm die Gasmaske ein, und so kroch er mühsam noch einmal zu der kleinen Höhle zurück, in der sich das Gepäck mit der Gasmaske befand. Dort sah er einen schwachen Lichtschein durch Lukes Labyrinth tanzen und dankte Gott erneut für die Anwesenheit des dickköpfigen, guten Captains.

Er holte die Gasmaske unter den Seilrollen hervor, streifte sie sich über den Kopf und wollte gerade seine Reise von neuem beginnen, als plötzlich der Boden unter ihm durch ein bedrohliches Poltern erschüttert wurde, das in ein fürchterliches Dröhnen überging, dessen Echo von den Wänden widerhallte. Staub wirbelte umher. „Luke!", schrie Mosche, stolperte und presste noch im Fallen das Gepäck an sich.

Seinem Schrei folgte ein weiteres bedrohliches Ächzen unter der Kuppel, und die Sekunden dehnten sich für ihn zu Stunden, bis endlich wieder Stille eingekehrt war. Er rappelte sich langsam auf, schulterte sein Gepäck und versuchte dann fieberhaft, mit Hilfe der Taschenlampe einen Einblick in Lukes Gang zu bekommen. Aber der Staub war so dicht, dass der Lichtschein ihn nicht zu durchdringen vermochte. Mosche ging auf die Knie und kroch, vorsichtig tastend, auf allen Vieren in den Gang hinein, dankbar, dass er die unförmige Maske aufhatte, so dass er in dem dichten Staubnebel, der ihm die Sicht nahm, wenigstens atmen konnte.

„Luke!" Seine Stimme klang schwach und gepresst hinter der Maske hervor. „Luke! Hörst du mich?", rief er lauter. Es kam ihm vor, als erdrückten ihn die Wände des Ganges. Felsbrocken und Schotter rissen seine Hose an den Knien auf. „Luke!", schrie er verzweifelt. Aber die einzige Antwort war das von den Felsen zurückgeworfene Echo seiner gellenden Stimme.

Ungefähr drei Meter vor ihm begann der Staub in einem Wirbel abzufließen und die Luft klärte sich. Ein großes schwarzes Loch tat sich gähnend auf. „Luke!", rief er wieder. *Luke! Luke! Luke! Luke!"* gaben die Wände das Echo zurück. Kleine Steine rollten in einen Abgrund, der so tief war, dass er nicht einmal mehr ihren Aufprall zu hören vermochte.

Mosche riss sich die Maske vom Gesicht und schrie noch einmal gequält: „Luke!" Wieder war das Echo die einzige Antwort.

Doch dann vernahm er ein Flüstern: „Mosche! Sei still! Sonst werden wir noch völlig verschluckt!"

„Wo bist du?", rief Mosche und ließ den Strahl der Taschenlampe suchend über den Rand des Loches schweifen.

„Hier. An der Kante. Beeil dich."

Der Lichtkegel fand zitternd die Stelle, Mosche genau gegenüber, wo sich Lukes Finger, die Knöchel weiß vor Anstrengung, am Rand der zerklüfteten Öffnung festklammerten. Mosche konnte soeben Lukes Hinterkopf erkennen.

„Nimm das Seil!", keuchte Luke. „Und komm nicht zu nah heran. Ich hab' ja gesagt, es tun sich Dinge ..." Er schrie auf, als sich ein Klumpen Erde löste und auf ihn herabfiel.

„Guter Gott! Es ist tief!"

„Halt dich fest! Ich komme!" Mosche zerrte hastig die Seilrolle aus dem Gepäck und befestigte das eine Ende an einem riesigen Stein zu seiner Rechten. Dann machte er mit dem anderen Ende eine Schlaufe und einen Knoten. „Ich werfe das Seil. Schling es um deine Taille."

„Komm nicht zu nah. Leider hab' ich's nur einmal über diese Stelle geschafft. Aber den Eingang zu der Höhle, von der der Rabbiner dir erzählt hat, hab' ich gefunden. Ich war schon wieder auf dem Weg zu dir, als der Boden plötzlich einfach unter mir wegsackte! Mosche! Denk an die Schriftrollen! Die Muscheln ... Ich kann nicht mehr!"

„Doch! Du kannst!", rief Mosche beschwörend, legte sich auf den Bauch und robbte zum Rand des Abgrundes. Ungefähr sechs Meter unter ihm konnte er im schwachen Schein von Lukes Lampe einen weiteren Tunnel erkennen. Ihm fiel die Warnung des alten Rabbiners ein: Hüten Sie sich vor den Zisternen ... den alten Aquädukten ... *Die sind ein Labyrinth ... eine Bienenwabe, wo der Tod geduldig auf Ihre Fehler wartet.*

„Ich kann nicht ..."

„Hier kommt das Seil", unterbrach Mosche und bemühte sich, die Panik in seiner Stimme zu unterdrücken. Behutsam warf er die Schlaufe immer wieder, bis sie den richtigen Punkt erreicht hatte und lose über Lukes Händen baumelte. „Greif jetzt das Seil! Greif das Seil und lass los! Es wird dich halten!"

Unter Aufbietung seines ganzen Willens spannte Luke seine Muskeln an, seine Fingerspitzen hoben sich, aber dann klammerte er sich doch wieder an der Kante fest. „Ich bin des Todes, alter Junge."

„Greif die Schlaufe! Sie hält dich."

Mosches Stimme wurde jäh vom Poltern abbröckelnder Felsen und vom Geräusch rieselnden Sandes erstickt und Luke verschwand mit einem Aufschrei im Schlund des Abgrundes. Mosche entglitt das Seil, aber er schaffte es noch, seine Lampe an sich zu pressen und sich zurückzurollen. „Luke!"

Luke! Luke! Luke! Luke! Die Wände trieben ihren Spott mit seiner Qual. Aus dem Abgrund stieg Staub auf wie Rauch aus dem Schlund der Hölle. Mosche hustete und legte die Hände vors Gesicht, um sich vor dem Staubnebel zu schützen, der den Gang erneut einhüllte und es unmöglich machte, etwas zu erkennen oder sich gar zu bewegen. Eine Ewigkeit verstrich, bevor Mosche es wagte, zu dem dunklen, leeren Loch vorzurobben, in dem Luke verschwunden war. Er richtete den Lichtstrahl nach unten, wo der Staub immer noch umherwirbelte und wo ab und zu kleine Steine, wie ein Abbild seiner schwindenden Hoffnung, in die Tiefe fielen. Als der Lichtstrahl schließlich zum Boden des Schachtes vordrang, erkannte Mosche Lukes Gesicht, so grau wie der Staub, der ihn unter sich begraben hatte. Seine leblose Hand hielt noch das Ende des Seiles.

Mosches Schultern sanken unter dem Gewicht seines Verlustes nach vorn. Regungslos starrte er nach unten und hoffte vergeblich auf ein Lebenszeichen von Luke – das Flattern eines Augenlides, ein Seufzen oder Stöhnen. Schließlich rutschte er vom Rand des Loches weg und ergriff das Gepäck, in dem sich das Kurzwellenradio und die letzte Seilrolle befanden. Dann suchte er fieberhaft den Tunnel hinter sich ab. „Es muss doch hier sein!“, rief er aufgeregt. „Wo kann es nur sein?“ Dem Klang seiner Stimme folgte ein weiteres dumpfes Drohen vom Deckengewölbe her. Er sah prüfend nach oben und robbte dann entschlossen noch einmal zum Rand des Schachtes. Dort richtete er den Lichtstrahl in die Tiefe und suchte das Geröll um Lukes leblosen Körper ab. Da unten, von Staub bedeckt, lag das Paket unter dem Kopf des Captains, als ob er sich zum Schlafen darauf gelegt hätte.

„Ich komme zurück, mein Freund“, flüsterte Mosche. „Pass gut darauf auf, ja?“ Dann betete er mit lauter Stimme: „Gott, dies war ein guter Mensch, ein treuer Wächter unserer alten Botschaft. Nimm ihn gut bei dir auf! Er war von großer Liebe für dein Volk Israel erfüllt. Omaine.“ Mosche wischte sich die feuchten Augen und kroch langsam wieder zurück. Dabei ließ er seine Blicke bereits durch den vor ihm liegenden Teil des Tunnels schweifen, um nach einer Möglichkeit Ausschau zu halten, wie er den Abgrund umgehen konnte. Er fand nur eine schmale Felskante, die er vorsichtig prüfte, bevor er sie mit seinem ganzen Gewicht belastete. Dann schob er sich, den Boden mit den Füßen abtastend, Zentimeter für Zentimeter, dicht am Fels entlang, weiter. *Behüte mich, Gott, denn ich vertraue dir. Ich sage zum Herrn: „Du bist mein Herr."* Seine Zehen ragten über die Kante hinaus in das dunkle Nichts hinein, in das Luke gestürzt war. *Du wirst mich befreien aus dem Netz, das sie mir heimlich legten, denn du bist meine Zuflucht, in deine Hand lege ich voll Vertrauen meinen Geist.*

In jeder Unebenheit fühlte er Hände, die nur darauf warteten, ihn ins Verderben zu stürzen. *Ich will keine Angst haben, weder vor dem Schrecken in der Nacht noch vor dem Pfeil, der am Tage fliegt, noch vor der Pest, die in der Dunkelheit wandelt, noch vor der Zerstörung, die zu Mittag tötet. Denke an meine Rachel, meine süße Rachel, Herr. Gehe an ihrer Seite, schütze sie! Und wenn ich mein Leben verlieren sollte, Gott, dann hilf ihr, deine Liebe zu erkennen.* Kleine Steine lösten sich und trudelten endlos lange durch die Schwärze, bevor sie auf dem Grund aufschlugen. *Eintausend sollen an deiner Seite fallen und zehntausend zu deiner Rechten; aber ich komme dir nicht nahe.*

Zentimeter um Zentimeter schob sich Mosche den schmalen Vorsprung entlang, der das gähnende Grab über eine Länge von beinahe viereinhalb Metern säumte. Dahinter befand sich allem Anschein nach solider Boden. „Ein paar Schritte noch", beruhigte er sich laut, als er kaum mehr als einen Meter vom sicheren Boden entfernt war. Er hatte keine Zeit, sich über das tiefe Echo seiner Stimme zu wundern, denn schon erschütterte ein dumpfes Grollen den Gang und der Vorsprung geriet ins Rutschen. Mosche warf spontan die Taschenlampe nach vorn und sprang hinterher, während die Steine bereits unter seinen Füßen nachgaben. Er nahm sich nur einen Augenblick Zeit, um wieder zu Atem zu kommen, und kroch dann die letzten Meter des Tunnels so vorsichtig, als bewege er sich auf dünnem Eis. *Das Gewicht gleichmäßig auf den Boden verteilen,* beschwor er sich und kroch auf eine kleine Öffnung zu, die über einem Geröllhaufen lag. Am Fuß des Geröllhaufens fand er auch die Erklärung für die geringe Belastbarkeit des Tunnelbodens. Dort lag der grinsende Totenkopf des Türken, der diesen Tunnel vor fünfzig Jahren versiegelt hatte und dabei umgekommen war. Mosche staunte über die genaue Beschreibung des Großvaters.

Dieser Türke musste wirklich den Verstand verloren haben. Die leeren Augenhöhlen und die Lücke seiner drei fehlenden Frontzähne unterstützten diese Vermutung, denn sie verliehen dem Kopf tatsächlich das Aussehen eines Geisteskranken. Ein knochiger Arm, dessen Finger ausgestreckt auf dem schmutzigen Untergrund lagen, war Mosche entgegengestreckt. Am Daumen steckte, von einem winzigen Totenkopf geziert, ein angelaufener Silberring, der im Lichtschein unheimlich blitzte. Mosche wandte seine Augen von dem gespenstischen Wächter ab und kroch an ihm vorbei über den Geröllhaufen zu der Öffnung, die zu der großen Höhle darunter führte – und weiter zur Mikweh und zu *Rachel!*

Als er durch die Öffnung gekrochen war und die Umgebung mit der Taschenlampe ableuchtete, stellte er fest, dass die Höhle so riesig war, dass sein Licht kaum bis zu den Wänden vordrang. Alles war, wie der alte Rabbiner es beschrieben hatte. *Sie ist gut neun Meter hoch und ganz aus behauenem Stein. Wenn Sie dort sind, werden Sie wissen, dass Sie es bald geschafft haben.* Noch während er über diese Worte nachdachte, hörte Mosche mit einem Mal – fast so, als pfeife der Wind anhaltend durchs Deckengewölbe – seinen Namen über sich.

„Moschhhhheeee! Moschhhhheeee!"

Die Angst griff einen Moment wie eine eisige Hand an sein Herz. „Das ist ja gar nicht die Höhle, über die Josephus geschrieben hat", meinte er laut zu sich selbst und versuchte, sein Entsetzen durch vernünftige Argumente zu zerstreuen. „Das muss die alte Nea-Kirche der Kreuzfahrer sein."

„Moschhhhhe! Moschhhhh ..." Der Klang verhallte.

Mosche schauderte wie jemand, der versehentlich in eine Gruft geraten war. Dann klopfte er sich entschlossen den Staub von der Kleidung und bahnte sich einen Weg durch das Geröll der alten Ruine, bis er schließlich unter einem hohen Steinbogen stand. *Dem Eingang genau gegenüber befindet sich eine lange Säule, die quer über einem tiefen Spalt liegt. Das muss früher ein Brunnen gewesen sein.*

Ich habe einmal eine Fackel hineinfallen lassen und beobachtet, wie sie fiel und das Licht schließlich verlöschte.

Mosche lenkte den Strahl von dem geborstenen Mosaikfußboden zu der riesigen Säule, die schräg über einem Abgrund von ungefähr achtzehn Metern Breite lag. Bis zu diesem Punkt waren die Angaben des Großvaters vollkommen richtig gewesen und Mosche hielt sich nicht damit auf, in die dunkle Tiefe zu schauen.

„Moschhhhheeeee!" Die Stimme klang nun lauter. *Was ist das? Nein, das ist kein Geist,* entschied er und kletterte entschlossen auf die glitschige Säule. Dort verharrte er einen Augenblick und hielt vorsichtig die Balance, während er die schmale grüne Oberfläche mit seiner Taschenlampe beleuchtete.

„Als balanciere man auf einem Baumstamm", sagte er laut vor sich hin.

Er setzte jeden Schritt mit Bedacht und bewegte sich mit der Akribie eines Mannes, der auf einem Drahtseil die Niagarafälle überquert. Trotz der Kälte lief ihm der Schweiß den Rücken hinunter. „Vielleicht ist es sicherer, wenn ich mich setze", murmelte er.

Als er auf diese Weise den Abgrund überquert hatte, fand der Strahl seiner Lampe über einem steilen Geröllhaufen das Gewölbe eines Torbogens. *Nachdem man auf der Säule den Spalt überquert hat, muss man einen gefährlichen Aufstieg bewältigen bis zu einem Torbogen, der durch ein Kreuz gekennzeichnet ist.* Das riesige Kreuz sagte ihm unmissverständlich, dass er richtig war. *Betreten Sie nur nicht die rechte Seite des Torbogens. Denn dort wird das Erdreich unter Ihnen weggleiten.* Mosche betrachtete den Geröllhaufen, der sich vor ihm auftürmte, und wählte den Weg, der ihm am sichersten erschien. *Genau unterhalb des Kreuzes werden Sie eine kleine Öffnung entdecken. Es wird zwar nicht leicht für Sie sein, sich durch den schmalen Tunnel zu zwängen, aber Sie werden auf diesem Weg zu einer schmalen Leiter kommen, über die Sie schließlich zu dem Gitter gelangen.*

„Danke, Rebbe Lebowitz", sagte Mosche mit einem erleichterten Lächeln und wischte sich den Schweiß von der Stirn. Dann fügte er flüsternd hinzu: „Und nun zu Rachel."

* * *

Rachel streckte ihre Hände nach dem warmen, flackernden Kerzenlicht aus und rief sich wohl zum hundertsten Mal die Worte des Briefes in Erinnerung. Zitternd vor Kälte, tastete sie nach dem Schlüssel in ihrer Tasche. Während ihr Atem in einer kalten Dunstwolke emporstieg, schickte sie in Gedanken ein Gebet für Mosche zum Himmel. Er versuchte zu ihr zu kommen. Sie begriff zwar nicht, wie das möglich sein sollte. Aber sie glaubte fest daran, dass er, wenn er noch lebte, diesen Versuch wirklich unternahm.

Es rührte sie zu Tränen, wenn sie daran dachte, dass er sie liebte, trotz ihrer Vergangenheit und trotz der Verachtung, die andere ihr entgegenbrachten. Diese Liebe hatte sie nicht erwartet und noch weniger verdient, und dennoch war sie Wirklichkeit. *Denk daran, dass du geliebt wirst.* Selbst wenn er sie vielleicht nie in seinen starken Armen halten und ihr vielleicht nie mehr in die Augen blicken würde, so würde sie doch zumindest diese Worte für den Rest ihres Lebens in ihrem Herzen bewahren.

Sie setzte sich auf den Boden, neigte den Kopf und zog ihre Knie an. *Es ist unglaublich schön zu wissen, dass er mich liebt. Er kommt zu mir. Ja, ich weiß einfach, dass er heute Abend zu mir kommt!*

Während Sturm und Donner das Deckengewölbe der Mikweh erbeben ließen, wurde die Synagoge plötzlich von einem heftigen und beharrlichen Krachen an der Eingangstür erschüttert. Mehrmals hörte Rachel ein Geräusch, als versuche jemand die Tür aufzubrechen. Sie hob den Kopf, und in ihrer freudigen Erleichterung entrang sich ihr ein Schrei: „Mosche!" Sie sprang auf und presste erregt den Schlüssel an sich. „Er ist gekommen!" Sie wollte gerade nach vorn zur Tür der Mikweh eilen, als sie Mosches sanftes, drängendes Flüstern hinter sich vernahm: „Rachel? Bist du hier?" Es kam ihr lauter vor als das letzte Krachen an der Synagogentür und die Flüche und lauten Stimmen, die mit einem Mal die Synagoge erfüllten.

„Mosche? Bist du es?"

„Hier, Rachel. Hinter dem Gitter. Den Schlüssel! Beeil dich!", drängte er.

Sie versuchte fieberhaft, die Dunkelheit mit ihren Augen zu durchdringen, und erkannte schließlich vor dem Hintergrund des in einen schwachen Lichtschein getauchten Tunnels in einer Ecke des Raumes ein Gitter. „Mosche?", fragte sie noch einmal ungläubig und eilte darauf zu. Während sie kniend und unter Tränen das Schlüsselloch zu finden versuchte, streckte er ihr seine Hand durch das Gitter entgegen.

Da klapperte ein Türriegel. Rachel blickte gehetzt auf und rief erregt: „Die Rabbiner kommen, um mich zu holen!"

„Öffne das Schloss!", drängte Mosche erneut. „Schnell, Liebste!"

Endlich drehte sich der Schlüssel mit einem knirschenden Geräusch und Mosche stieß die an völlig verrosteten Angeln hängende Tür auf. Er stürzte aus dem Tunnel und umarmte sie, als wolle er sie nie wieder loslassen.

„Ach, Mosche!", weinte sie. „Ach, dass du gekommen bist, dass du dein Versprechen gehalten hast."

„Wir werden uns nie mehr trennen, Liebste. Nie mehr!"

Während Rachel noch in Mosches Armen lag, flog krachend die Tür der Mikweh auf und zwei riesige dunkle Männer stürzten herein, gefolgt von Gerhardt, der Rachel sofort entdeckte. Schlagartig erkannte sie den Mann wieder, der sie in ihren schlimmsten Alpträumen heimgesucht hatte. Sie schrie auf und klammerte sich voller Entsetzen an Mosche.

„Der Tunnel!", rief Mosche. Doch Gerhardt hatte bereits seinen Revolver entsichert und versperrte ihnen mit einem Schuss, der aber an dem rostigen Gitter abprallte, den Fluchtweg. Er schrie mit seinem unverkennbar deutschen Akzent: „Halt!"

Mosche blieb wie angewurzelt stehen und zog Rachel schützend hinter sich, während er sich seinem unerwarteten Feind zuwandte und schweigend in dessen spöttisches Gesicht starrte.

„Das ist recht, Jude. Bleib nur ja stehen, du Wurm", knurrte Gerhardt und drückte Mosche seinen Revolver in den Magen. „Oder du bist sofort eine Leiche."

„Lass das Mädchen", erwiderte Mosche ruhig. „Sie ist für dich nicht von Nutzen."

Gerhardt lachte auf. „Das Mädchen? Nicht von Nutzen für mich?", fragte er ungläubig. „Nicht von Nutzen?"

„Du bist doch einer der Leute des Muftis. Ich bin dir schon einmal begegnet. Hinter mir bist du doch her, nicht hinter dem Mädchen. Sie hat nichts mit der Sache zu tun."

„Wieso, Mr. Sachar, Mosche Sachar, glaubst du etwa, ich wäre aus politischen Gründen hier?" Sein Gesicht war deutlich vom Wahnsinn gezeichnet. „Ich bin ins jüdische Viertel gekommen, um einen Besuch abzustatten. Genau wie du auch. Wie jeder junge Offizier im Dienst seines Landes." Er hob die Stimme und rief Rachel, die von Mosche verdeckt wurde, zu: „Du erinnerst dich doch bestimmt noch, Mädchen! All die gutaussehenden jungen Offiziere – stark und hoch gewachsen – im Dienste des Führers? Stark und hungrig, jeder Einzelne von ihnen. Und alle hatten nur den einen Wunsch, einmal von der endlosen Pflicht des Tötens abzuschalten. Und ich war einer von ihnen. Was für Wonnen du uns bereitet hast! Wir haben hinterher noch oft in der Kaserne oder in der Kantine über diese jüdische Hure gesprochen."

Rachel stöhnte hörbar auf und sank schwer gegen Mosches Rücken.

Mosche dagegen straffte sich bei Gerhardts Worten und schrie: „Nein!" Ihm war mit einem Mal bewusst geworden, dass er einem Wahnsinnigen gegenüberstand. „Lass sie in Ruhe! Sie wird meine Frau. Sie ist nicht, wofür du sie hältst."

Gerhardt lachte in sich hinein und sagte über Mosches Kopf hinweg. „Siehst du, ich habe dich die ganze Zeit in mir gefangen gehalten. Ich habe dich nicht vergessen. Es war der Wille Allahs, dass ich dich gefunden habe. Ich habe deinetwegen getötet. Nach dem Kriegsrecht gehörst du also mir. Du bist *mein.*" Er ging auf Mosche zu. Dieser zog Rachel so eng an sich heran, dass sein Mantel von ihren Tränen nass wurde, die sie nicht nur aus Entsetzen über Gerhardt, sondern auch aus Scham darüber vergoss, dass ihre Schande so vor Mosche ausgebreitet wurde.

Gerhardt winkte mit seiner Pistole. „Das Mädchen. Ich möchte ihr Gesicht sehen", verlangte er, als sei er auf dem Pferdemarkt.

„Rühr dich nicht, Rachel", flüsterte Mosche.

„Doch, Mädchen. Du sollst dich rühren, *Hure!* Ich will dich sehen, sonst ist dieser Mann dem Tod geweiht. Ich habe schon früher deinetwegen getötet. Und ich werde wieder deinetwegen töten."

Rachel versuchte, sich von Mosche zu lösen. „Tu's nicht!", befahl er ihr.

„Komm ins Licht oder ich lege deinen Beschützer auf der Stelle um. Diesmal habe ich eine Pistole und brauche nicht wie damals meine Hände zu benutzen."

Da entwand sich Rachel Mosches eisernem Griff und trat vor. „Rachel!", rief er entsetzt und wollte sie zurückhalten. Doch Gerhardt sprang vor und wies ihn mit einem Schlag seiner schwarzen glanzlosen Pistole gegen die Wand zurück.

„Sie wird dich wohl kaum mit einem halben Kopf haben wollen, Judensau!", schrie Gerhardt und schlug Mosche mit dem Kolben seiner Pistole nieder.

Rachel schrie auf und wollte zu ihm stürzen. Doch Gerhardt trat dazwischen und packte sie heftig am Hals. Er drehte ihr Gesicht zum Licht und verzog knurrend seinen Mund. Dann stieß er sie rücklings gegen eine Säule und sah lachend auf Mosche hinunter, der sich seine Wange rieb und benommen den Kopf schüttelte, um wieder zu sich zu kommen. „Deine Frau, was, Jude? Armer Irrer. Ich muss dir leider sagen, dass sie dir furchtbar untreu gewesen ist!"

„Aufhören!", schrie Rachel. Dann schlug sie die Hände vors Gesicht und weinte leise. „Bitte hören Sie auf."

„O ja. Sie ist furchtbar untreu gewesen. Die beste Hure im Dienst des Führers. Welcher Mann würde schließlich nicht lieber für sie als für das Vaterland töten?"

Mosche starrte den Psychopathen mit zornsprühenden Augen an. „Lass sie in Ruhe", flüsterte er drohend.

„Seht ihr", meinte Gerhardt zu den Leibwachen gewandt, „das bringt ihn in Rage! Selbst dieser ehrenwerte Jude ist seiner Begierde nach dieser Frau hilflos ausgeliefert." Die Wachen grinsten in lüsternem Einvernehmen. „Komm her", sagte Gerhardt schmeichelnd zu Rachel, „damit meine Leute sich auch an dir erfreuen können."

Zornesröte überflog Rachels Gesicht. Sie hob herausfordernd das Kinn und wischte sich die Tränen fort.

„Rachel, tu's nicht!"

„Du wirst allmählich langweilig, Jude! Noch ein Wort, und ich bring' dich um. Dann hab' ich sie sowieso."

Aus Angst um Mosches Sicherheit ging Rachel auf Gerhardt zu, dessen Augen sie gierig verschlangen.

„Rachel!", rief Mosche. „Geh nicht näher!"

„Doch, Hure. Komm näher." Gerhardt wandte sich an die schwarzen Wachen neben ihm. „Sie ist schön, nicht wahr?"

„Der große Kommandeur Gerhardt hat ein gutes Auge für Frauen", pflichtete ihm der größere der beiden Leibwächter bei und musterte Rachel mit zusammengekniffenen Augen und lüsternem Grinsen.

„Sie gefällt dir, was?", Gerhardt strich mit dem Lauf seiner Pistole über ihren Hals. „Vielleicht gebe ich sie ab, wenn ich sie leid bin."

Mosche konnte nicht mehr an sich halten. Er stieß einen wütenden Schrei aus und wollte sich auf Gerhardt stürzen.

Auf dessen Befehl sprangen jedoch die Leibwächter vor und fielen über Mosche her. Er setzte sich verzweifelt gegen die kraftstrotzenden Männer zur Wehr und parierte jeden ihrer Schläge, jedoch nicht, ohne Rachel zwischendurch zuzurufen: „Lauf weg, Rachel!"

„Mosche!", schrie sie auf, als er schließlich unter der Übermacht der beiden Wächter zusammensank. Sie zogen seine Ellenbogen auf den Rücken. Ein wilder Schmerz durchzuckte seinen gerade erst verheilten Arm und er schrie laut auf.

„Ich habe gesagt, du sollst herkommen!", schrie Gerhardt Rachel an. Er schlug sie mit der Faust heftig ins Gesicht. Mosche versuchte verzweifelt, sich aus dem Griff der beiden Riesen zu befreien. Doch sie zwangen ihn schließlich auf die Knie.

„Bitte tun Sie ihm nichts!", flehte Rachel. „Bitte!"

„Und was bekomme ich als Gegenleistung, wenn ich meinen Feind freilasse, ich, ein großer Hauptmann des Muftis?"

„Alles. Ich werde alles tun, was Sie wollen. Nur tun Sie ihm nichts an", schluchzte sie.

„Nein!", keuchte Mosche. „Er hat sowieso die Absicht, mich zu töten."

Gerhardt winkte dem größeren der beiden Leibwächter mit dem Kopf, woraufhin dieser Mosche ins Gesicht schlug. Gerhardt zerrte Rachel an den Haaren in die Höhe und zog sie so fest an sich, dass sie seinen heißen Atem auf ihrem Gesicht spürte. „Siehst du nunein, Hure, dass dies das Ende deiner Liebesmelodie ist?", zischte er verächtlich. „Er kann dir nicht dabei helfen, dem Bordell zu entkommen. Das ist sein Ende."

„Nein!", schrie sie.

„Es sei denn, du tust genau, was ich sage. Dann erweise ich mich vielleicht als gnädig." Er zerrte noch heftiger an ihren Haaren und nickte dem großen Sudanesen zu, woraufhin dieser Mosche einen Fußtritt in den Magen versetzte.

„Bitte nicht!", flehte Rachel, während sich Mosche vor Schmerz krümmte. „Ja! Ich werde alles tun!"

Gerhardt verstärkte seinen Griff und drehte ihren Kopf so weit herum, bis sie genau sehen konnte, wie Mosche einen Fausthieb in die Nierengegend bekam und noch einmal zusammensackte. „Jetzt spielen sie noch mit ihm. Aber bald werde ich noch einen ganz anderen Befehl geben. Wenn es mein Wille ist, wird er sterben. Wie eine Kakerlake, die ich unter meinen Füßen zertrete. Wenn du mir allerdings zeigst, dass du ..."

Mosche rang würgend nach Luft und kämpfte darum, nicht das Bewusstsein zu verlieren. „Rachel!", flehte er.

„Ich werde tun, was Sie wollen! Nur tun Sie ihm bitte nichts!"

Gerhardt sah sie lüstern an. „Alles?"

Sie nickte müde und sah an ihm vorbei durch die Tür zur Synagoge, die der erzürnte Himmel mit seinen unheimlichen Blitzen erhellte. Während Gerhardt, ohne sie loszulassen, mit der Pistole auf den obersten Knopf ihrer Bluse tippte, ließ ein krachender Donner Wände und Fenster erbeben.

„Dann fangen wir doch gleich hier an", verkündete Gerhardt.

Rachel zögerte einen Augenblick. Doch dann wischte sie sich die Tränen fort, die ihr die Wangen hinunterliefen, und gehorchte.

„Nein, Rachel!“, flehte Mosche und versuchte erneut, sich zu befreien. „Lauf doch weg!“

Doch Rachel, die Augen fest auf die tanzenden Lichter in der Synagoge gerichtet, rührte sich nicht. Eine vertraute Abgestumpftheit überkam sie, die Resignation emotionsloser Ergebung in das Unausweichliche. Geistesabwesend nestelte sie an dem Knopf ihrer Bluse und öffnete ihn schließlich.

Gerhardt krächzte lachend: „Ausgezeichnet. Nun noch die restlichen Knöpfe, und dann die Bluse aus.“

Rachels bebende Finger bewegten sich gehorsam. Doch ihr Blick war starr auf die Synagoge gerichtet und sie wandte ihn nicht einmal ab, wenn Mosche ihretwegen gequält aufschrie. Sie ließ das Kleidungsstück achtlos zu Boden fallen, und ihre blassen, schmalen Schultern sanken herab, niedergedrückt von Kummer und Resignation über das Ritual, das sie schon so oft vollzogen hatte. Sie hatte nur noch ihren schlichten Baumwollunterrock an. Gerhardts grausames Lächeln erlosch. Er knurrte ungeduldig und wollte ihr das dünne Kleidungsstück vom Körper reißen.

Da schlug Mosche, der immer noch von den beiden Wächtern gehalten wurde, wie ein waidwunder Löwe um sich und schrie: „Rachel! Lauf!“

Wie aus einer Trance erwacht, schlug Rachel Gerhardt plötzlich hart ins Gesicht. Dieser packte sie jedoch, drückte sie zu Boden und riss an ihren Kleidern. Aber Mosches Schreie feuerten Rachel an, sich gegen ihren Angreifer zur Wehr zu setzen. „Nein!“, kreischte sie, als er ihre Arme mit eisernem Griff gegen den kalten Steinboden drückte.

Er lachte und meinte spöttisch: „Sieh mal an! Sie wehrt sich! Wie die kleine Jüdin um ihre Ehre kämpft! Na, das macht die ganze Sache ja noch interessanter.“

„Lass sie los!“, schrie Mosche.

Doch Gerhardt stieß nur ein rohes Gelächter aus und versuchte Rachel zu küssen.

„Bitte nicht!“, flehte sie und ihre verzweifelte Entschlossenheit zerschmolz in Tränen. „Lieber Gott! Hilf mir, Gott!“, wimmerte sie.

„Gott?“, wiederholte Gerhardt amüsiert. „Der Himmel ist dir schon lange verschlossen.“

Plötzlich waren außer dem Toben des Sturmes noch andere Stimmen und eilige Schritte zu hören.

„Wo ist sie?“, rief eine junge Stimme.

„Hilfe!“, konnte Rachel gerade noch schreien, bevor Gerhardt ihr mit der Hand den Mund zuhielt.

„Rachel!“, donnerte Ehuds Stimme, und dann kam er auch schon selbst durch die Synagoge auf die offen stehende Tür der Mikweh zugerannt.

Gerhardt sprang auf und stürzte gleichfalls zur Tür. Dabei rief er seinen Begleitern zu: „Lasst den Juden los!“ Diese gehorchten, versetzten Mosche noch einen letzten Tritt in den Magen und eilten Gerhardt zu Hilfe. Sie knallten die Tür zu, schoben die Riegel vor und sicherten die Tür mit schweren Holzbänken, die sie davor stellten, während die Türangeln von der anderen Seite her einer Zerreißprobe unterzogen wurden. Gerhardt zog seinen Revolver und schoss dreimal auf die Tür. Ein spitzer Schrei ertönte, und Gerhardt warnte: „Wir haben die Frau hier. Wenn ihr schießt, ist sie die erste, die stirbt!“

Er wollte sich gerade erneut Rachel zuwenden, da deutete der kleinere der Sudanesen auf die Gittertür und flüsterte entgeistert: „Sie ist fort! Da durch!“

Fluchend rannte Gerhardt um das Becken herum und auf das Gitter zu, gerade als Mosche es hinter sich geschlossen hatte und Rachel einen niedrigen Schacht hinunterzog, der zu einer wurmstichigen Leiter führte. Die beiden hörten, wie Gerhardt das Schloss zerschoss, und gleich darauf, wie das Gitter aus den Angeln gehoben wurde.

„Schnell! Die Leiter hinunter!“, flüsterte Mosche, während sie bereits eilige Schritte hinter sich vernahmen.

Mosche betrat in der pechschwarzen Dunkelheit die morsche Leiter, um die Führung zu übernehmen. Rachel war vor Angst die

Kehle wie zugeschnürt. Doch sie folgte wortlos – dankbar, dass es diesen engen Fluchtweg gab und ihr die Angst Kraft verlieh.

„Passt doch auf!", kreischte Gerhardt hinter ihnen. „Gib mir das Licht! Gib schon her!" schrie er unbeherrscht.

Während sie in die bedrückend dunkle Tiefe hinabstiegen, sah Rachel, dass ihnen vom oberen Ende der Leiter ein schwacher Lichtschein immer näher kam. Sie sah auch, dass sich drei geduckte Silhouetten oberhalb der Leiter bewegten und raschelnd hinter ihnen herkamen, wie die Trolle in der Höhle des Bösen in einer ihrer Kindheitsgeschichten.

Ein Schauder durchfuhr sie und einen Moment erstarrte sie vor Entsetzen. Doch Mosche zog ihren Fuß sanft auf die nächste Sprosse. Sie schluckte einmal und folgte ihm dann wortlos. Während sich Gerhardt über die beiden Krieger erregte, die die schwächliche erste Sprosse voller Bedenken betrachteten, waren Mosche und Rachel bereits ganze fünfzig Sprossen tiefer. Er drückte sich eng gegen ihre Beine, um zu verhindern, dass sie in die unergründliche Tiefe stürzte.

Als Gerhardt einen schwachen Lichtstrahl nach unten schickte, um zu prüfen, in welchem Zustand sich der übrige Teil der Leiter befand, presste sich Mosche so fest gegen Rachel, dass sie mit dem Schatten, den die Sprossen warfen, verschmolz. Sie hielt angstvoll die Luft an, während der schwache Lichtstrahl nur Zentimeter entfernt an ihrem Kopf vorbeistreifte.

„Ich sage Ihnen, die sind bestimmt abgestürzt!", meinte einer der Leibwächter mit belegter Stimme.

„Ha! Dieser Jude ist mit einer Frau auf dem Rücken entkommen, nur weil ihr Feiglinge seid! Feiglinge! Entweder klettert ihr jetzt hinterher, oder ihr könnt eure Knochen da unten einzeln wieder aufsammeln!"

Ein gespannter Augenblick des Schweigens folgte. Dann ächzte die Leiter unter dem Gewicht des ersten Wächters. Mosche tippte Rachel leicht auf den Rücken und nahm den Abstieg wieder auf. Doch sie blieb, mit Tränen in den Augen, wie gelähmt stehen. *Die Viehwagen. Nur jetzt nicht daran denken, wie dunkel, wie eng es darin gewesen war. Denk daran, wie blau der Himmel war, als du mit Mama am Fluss gepicknickt hast! Nur jetzt nicht schreien! Zwing deine Hände und Beine, sich zu bewegen. Achte nicht auf die Dunkelheit!*

„Schnell, Judenpack!", schrie Gerhardt über ihnen. „Ihr werdet mir nicht entkommen!"

Rachels Herz begann bei der Erinnerung an diese Worte zu rasen. *‚Schnell, Judenpack!' – Sie haben den Alten die Gewehrkolben in den Leib gerammt und die Jungen zertrampelt. Und wer wegrannte, ...* Von Entsetzen gebannt, klammerte sie sich an die splittrige Sprosse und war nicht imstande weiterzugehen, obwohl Mosche drängend an ihrem Rock und an ihrem Fuß zog. Doch das Entsetzen in ihrem Innern war stärker als das, das von außen auf sie zukam. *Wachtürme, aus denen Maschinengewehre herausragten. Leichen, die gefroren auf Minenfeldern lagen oder am Stacheldraht hängen geblieben waren. Wer lebend gefasst wurde, hing tagelang im Hof. Wir haben keine Möglichkeit zu fliehen.*

„Lauft nur. Euch geht es doch an den Kragen!", platzte Gerhardts Stimme in ihre Gedanken. „So weit, dass wir euch nicht finden, könnt ihr gar nicht kommen."

Als sich Rachel noch immer nicht rührte, wagte es Mosche in seiner Verzweiflung schließlich, ihr eindringlich, aber freundlich zuzuflüstern: „Komm, Rachel. Komm mit mir."

Rachel schüttelte sich und war mit einem Mal wieder zurück in der Wirklichkeit. Sie warf einen Blick auf die schweren Stiefel, die sie endgültig zu zerstören drohten, tat einen tiefen Atemzug und setzte dann ihren Fuß auf die nächste Sprosse.

Als sie schließlich unten angekommen waren, befand sich Gerhardt mit seinen Leuten noch ungefähr zwölf Meter über ihnen in einem Schacht, in dem nicht nur der Staub der Jahrhunderte aufgewirbelt wurde, da alle paar Schritte ächzend eine Sprosse durchbrach, sondern der auch von Schreien und Rufen erfüllt war.

Mosche zog Rachel in einen engen Tunnel, der gerade hoch genug war, dass sie auf allen Vieren durchkriechen konnten.

„Mein Gott, wie dunkel", flüsterte Rachel.

„Ich kenne den Weg", beruhigte Mosche sie und nahm sie bei der

Hand. Obwohl sie sich in einem völlig entlegenen Winkel befanden, wagte es Mosche nicht, seine Taschenlampe zu benutzen. Denn der kleinste Schimmer konnte Gerhardt auf sie aufmerksam machen.

Sie tasteten sich durch die Dunkelheit, so schnell es die beklemmende Enge des Tunnels zuließ. Rachel hielt sich ängstlich so dicht wie möglich an Mosche und war merkwürdig überzeugt davon, dass sie erblindet sei und er sie über einen hell erleuchteten Weg führte. *Bestimmt kann er in diesem schwarzen Grab etwas sehen.* Zweimal stieß sie sich und beim zweiten Mal passierte es, dass Mosche versehentlich auf ihre Wunde fasste. Ein Schrei entfuhr ihr. Daraufhin verstärkten sich die Rufe von Gerhardt und seinen Leuten, aber Mosche kroch unbeirrt weiter.

„Wir werden euch schon finden, Judenpack! Ihr könnt uns nicht entkommen!" Das Echo hallte derartig im Tunnel wider, dass Rachel den Eindruck hatte, die Stimmen ihrer Verfolger seien direkt neben ihr.

Schließlich flüsterte Mosche eindringlich: „Hier! Zieh den Kopf ein!" Sie spürte die glatten Steine eines Torbogens über sich, kroch an Mosche vorbei und duckte sich, um sich durch eine winzige Öffnung zu zwängen. Mosche folgte ihr und stellte sie dann auf die Beine. Er holte die metallene Taschenlampe aus seinem Hosenbund und drückte sie ihr in die Hand. „Nimm das!" Er wandte sich ab. „Von hier an musst du allein gehen."

„Bitte nicht!"

Es war keine Zeit für viele Worte. „Vor dir liegt ein Geröllhaufen. Klettere hinunter und halte dich in der Mitte. Nur dort ist es sicher. Dann folgt eine Säule. Sie führt über einen Spalt. Wenn du auf der anderen Seite bist, musst du dir ein Versteck suchen – in der Höhle. Sie ist riesig. Versteck dich irgendwo. Und dann mach das Licht aus. Was immer du auch hörst, mach auf keinen Fall mehr das Licht an! Auch wenn mir irgendetwas zustößt, darfst du dich nicht rühren. Nicht schreien! Ehud und die anderen werden ganz bestimmt kommen. Sie werden dich finden!"

„Bitte nicht!", flehte sie leise.

Mosche knipste das Licht an und sah sie mit einem Blick an, der beredter war als alle Worte: *Ich werde dich immer lieben. Ich wünschte, wir hätten Zeit. Ich liebe dich.* „Jetzt geh!“ Er schob sie mit sanftem Nachdruck auf den Weg, der zur Säule führte.

Während sie den Geröllhaufen hinunterrutschte, wandte sie sich noch einmal um und sah, wie Mosche kampfbereit darauf wartete, dass Gerhardt und seine Lakaien durch den Torbogen krochen. Wie sehnte sie sich danach, ihm noch einmal in die Augen zu sehen, aber er sah nicht auf, sondern konzentrierte sich ganz auf die Öffnung. Sie richtete den Strahl der Taschenlampe auf das vor ihr liegende Geröll, die Überreste früheren Glanzes, die einstmals im Sonnenlicht geprangt hatten.

Da ertönte Gerhardts triumphierender Schrei, der ihr das Herz bis zum Halse schlagen ließ: „Ein Licht! Da vorne sehe ich ein Licht!“

Hastig rutschte sie den Geröllhaufen hinunter. Sie schürfte sich die Knie auf. Aber sie spürte keinen Schmerz und legte die restlichen Meter zu der Säule, die über den schwarzen Abgrund führte, rennend zurück. *Wenn du fällst,* dachte sie, während sie auf deren bemooste, glitschige Oberfläche kletterte, *bist du auf jeden Fall tot. Egal, wie tief es hinuntergeht, dreißig Meter oder tausend.* Sie setzte sich rittlings auf die Säule und überquerte die Tiefe rutschend. Auf der anderen Seite angelangt, drehte sie sich um und löschte ihre Lampe, da sich der Lichtschein von Gerhardts Laterne dem Torbogen näherte, an dem Mosche darauf wartete, dass der erste seiner Verfolger ihm in die Falle ging.

Versteck dich irgendwo!, hatte er ihr aufgetragen. Aber sie war nicht imstande, sich von dieser Stelle zu rühren, von der aus sie das Geschehen beobachten konnte. Sie musste es wissen, musste sehen, was aus Mosche wurde. Wo war ihre Hoffnung, wenn er getötet wurde? Wozu sollte Ehud sie noch retten, wenn es Mosche nicht mehr gab? Doch plötzlich sah sie vor ihrem inneren Auge das hilflose kleine Gesichtchen Tikvahs, die kleine Hand, die vertrauensvoll und unschuldig ihren Daumen umschlossen hatte, und hörte die leisen zufriedenen Seufzer der Kleinen, wenn sie ihr etwas vorsang. *Du musst leben!*, schrie ihr Herz auf. *Was auch geschieht, du musst leben!*

Sie wandte sich um und tastete sich eilig vorwärts, wie Mosche ihr aufgetragen hatte. Bald erfühlte sie den Torbogen, der in das riesige, mit Geröll bedeckte Gewölbe führte. Ihr schlug eine Kälte entgegen, als hätte sie die Überreste eines riesigen Rittersaales einer alten Burg betreten. *Verstecken, aber wo?* Sie knipste für einen Augenblick das Licht an. Die Decke wölbte sich hoch über ihr und die Ausmaße der Höhle erschienen ihr endlos. Riesige Steinblöcke übersäten den Boden, und mit Schutt gefüllte Torbögen zeigten, wo sich einst die Tore zu den Straßen der Heiligen Stadt geöffnet hatten. Rachel drehte sich gehetzt im Kreise. *Lieber Gott, zeig mir, wo ich mich verstecken kann!*, betete sie im Stillen.

Da schien ein kleiner Alkoven einladend zu winken. Im Dunkel hinter den zerbrochenen Kapitellen einer alten Säule verborgen, erschien er ihr auf einmal als das einzig sichere Versteck innerhalb der riesigen Höhle. Sie rannte dorthin und kauerte sich in einen Spalt zwischen Mauer und Säule, knipste das Licht aus und horchte voller Angst um Mosche auf die Rufe und Schreie jenseits des Abgrundes.

Inzwischen hatte sich der erste der Leibwächter durch die enge Öffnung gezwängt, und Mosche, der auf einem Felsvorsprung auf diese günstige Gelegenheit gewartet hatte, stürzte sich nun mit der Gewalt eines Löwen auf ihn. Der Leibwächter fiel, riss Mosche mit sich, und beide rollten miteinander verknäult über die losen Steine auf der linken Seite des Weges bis dicht an den Abgrund.

Gerhardt kümmerte sich nicht weiter darum, wie der Kampf ausgehen würde, sondern starrte einzig und allein gebannt auf die andere Seite des Abgrundes hinüber, wo Rachels Licht aufgeblinkt hatte.

„Sie ist weitergegangen!“, schrie er siegessicher. „Hierher! Über die Säule.“ Er blieb einen Moment lang stehen, um zu beobachten, wie der größere der Sudanesen Mosche am Hals packte und noch näher an den Abgrund drängte. „Bring ihn um!“, rief er ihm noch zu, packte dann den zweiten Wächter am Arm und zog ihn zu dem

Geröllhaufen, über den man zur Säule gelangte. „Sie ist in diese Richtung gelaufen! Beeilung, du Idiot!"

Die beiden rutschten das Geröll hinunter und dann schob Gerhardt den Wächter vor sich her, auf die schlüpfrige Brücke zu. Für Gerhardt, der in einer Spezialeinheit der Nazis ausgebildet worden war, stellte diese kein Hindernis dar. Er balancierte mit dem Vertrauen eines Menschen darüber, der den Tod nicht fürchtet. Sein Begleiter allerdings war nicht so ruhig und sicher. Ihn trieben nur Gerhardts Flüche weiter. Er schaute sich nervös nach der Stelle um, an der sein kämpfender Kamerad Mosche dem Tod immer näher brachte.

„Kümmere dich nicht um ihn!", kreischte Gerhardt. „Wir wollen das Mädchen! Das Mädchen!" In seinem Zorn gab er dem Leibwächter einen so heftigen Stoß, dass dessen Fuß von der Säule abrutschte und er mit einem verzweifelten Aufschrei auf die Knie sank. Dabei entglitt ihm die Lampe und fiel in eine unergründliche Tiefe, die das Licht schließlich verschluckte. Wutentbrannt versetzte Gerhardt dem hilflosen Wächter daraufhin einen Fußtritt und dieser stürzte ebenfalls in den Schlund.

Unbeeindruckt von den Schreien des fallenden Mannes, hockte sich Gerhardt auf die Säule, holte sein Feuerzeug aus der Tasche, machte es an und beleuchtete seinen Weg, indem er es über sich hielt. So überquerte er die Brücke bis zum anderen Ende. „Mach den Juden fertig!", rief er dem anderen Leibwächter, der Mosche immer weiter zum Rand des schwarzen Abgrundes drängte, noch einmal zu. „Und dann komm mir nach. Sie ist hierher gegangen!"

Während sich Mosche gegen seinen riesenhaften Feind zu wehren versuchte, der schwer auf ihm lag und ihm bereits Kopf und Schultern über den Abgrund gedrückt hatte, klangen ihm die Schreie des fallenden Wächters in den Ohren. Ein letztes Mal nahm er Gerhardts Lichtschein wahr, bevor dieser in der Höhle verschwand. Dann war es stockfinstere Nacht und es gab mit einem Mal auf der weiten ganzen Welt nichts als diese harte, steinige Stelle, auf der er lag. Immer wieder versuchte er vergeblich, mit den Beinen nach dem riesigen, schweren Körper zu treten oder ihm die Luft abzudrücken, aber er hielt ihn wie festgemauert. Ihr Schweiß vermischte sich in ihrem verzweifelten Kampf um das eigene Leben und den Tod des anderen.

Gerhardt hatte gerade den Eingang der Höhle erreicht, da ertönte hinter ihm ein markerschütternder Schrei. „Er ist tot!", rief er Rachel befriedigt zu, nachdem der Schrei verhallt war. *Tot tot tot tot tot!* hämmerten Gerhardts grausame, vernichtende Worte auf sie ein. „Wenn du herauskommst, lass' ich dich leben!" *Leben leben ... ben!* echote es. „Dein Liebhaber ist tot, sage ich dir! Er liegt zerschmettert da unten in der Tiefe!" *Tiefe Tiefe ... fe.* „Komm raus! Widerstand ist zwecklos!" *Zwecklos zwecklos ... los.*

Rachel unterdrückte ein Schluchzen. Sie hielt sich die Ohren zu und schlang ihre Arme um die kalten Steine neben ihr. *Denk an Tikvah! Aber Mosche ist tot! Wozu leben, wenn er nicht mehr ist? Oh, Mosche!"*, schrie es in ihrem Herzen.

Gerhardts Stiefel knirschten auf dem Schotter, während er zielstrebig zur Mitte der Höhle ging.

„Du siehst also, Mädchen", sagte er sanft und hielt kurz inne, um sein Feuerzeug, dessen Flamme erloschen war, von neuem zu entzünden, „es gibt keine Hilfe für dich." *Für dich für dich dich.* „Keine Hoffnung mehr! Komm heraus!" *Komm heraus komm heraus.*

Rachel kauerte regungslos in ihrem Versteck und wagte nicht zu atmen. Doch als Gerhardts Schatten, der sich riesenhaft am Deckengewölbe abzeichnete, plötzlich über den Alkoven glitt, keuchte sie unwillkürlich und beugte sich erschrocken nach hinten.

Gleich darauf war der Alkoven erfüllt vom Getrappel und den Schreien fliehender Ratten, die aus dem Dunkel des Alkovens hervorstürzten, über sie hinwegsprangen und um sie herum davonstoben.

Gerhardt lachte lauthals, als die Tiere aus dem Alkoven preschten und über das Geröll entflohen. Dann hielt er sein Feuerzeug hoch, zielte mit dem Revolver auf die Deckenwölbung über Rachel und drückte den Abzug.

Die Decke erbebte unter dem Aufprall der Kugel und dann ging prasselnd ein Steinregen auf Rachel nieder. Gerhardt lachte wieder und ein tausendstimmiges Echo stürmte auf sie ein. „Natürlich." Er kam seiner Beute mit leiser, drohender Stimme gefährlich nahe. „Du bist im Alkoven, nicht wahr?" Von Angst und Zorn zugleich gepackt, rief sie herausfordernd: „Sie und Ihresgleichen sind nichts anderes als Tiere!" Ihre Stimme hallte von den Wänden der Höhle wider. „Wenn ich will, kann ich mir jetzt das Leben nehmen." *Leben nehmen ... nehmen ... men,* schluchzte das Echo. „Lebend werden Sie mich auf jeden Fall nicht bekommen!" *Bekommen kommen ... men.* „Nie wieder." *Nie wieder wieder.*

Nachdem der letzte Ton verklungen war, hob Gerhardt, wie ein Raubtier witternd, den Kopf und bohrte seinen Blick in die Dunkelheit. „Du kannst dich nicht vor mir verstecken, Mädchen!" Seine Worte versetzten ihr einen Stich ins Herz. *Du wirst leben. Wirst leben leben.* „Genau wie früher!" *Wie früher früher.* „Zum Vergnügen eines Offiziers – zu meinem Vergnügen!" *Vergnügen ...gnügen.*

Die Schritte kamen unausweichlich näher. Rachel schlug die Hände vors Gesicht und sank, das Unabwendbare erwartend, wie gelähmt gegen die Höhlenwand. Doch plötzlich spürte sie hinter sich eine Bewegung, und noch ehe sie schreien konnte, legten sich ihr aus der pechschwarzen Nacht hinter ihr zwei große, schmierige, stinkende Hände über Mund und Gesicht und zogen sie an einen drahtigen Körper.

„Sch", flüsterte kaum hörbar eine Stimme. „Still. *Ich* bin es, Miss Lubetkin. Luke Thomas." So schnell, wie er aufgetaucht war, ließ Luke sie wieder los und glitt zurück in die Dunkelheit. Unterdessen kam Gerhardt, das flackernde Feuerzeug hoch erhoben und den Revolver schussbereit in der Hand, langsam, aber stetig auf sie zu. Als er in den Alkoven trat, sah sie ein Gesicht, das von der diabolischen Befriedigung verzerrt war, schließlich doch zu triumphieren. Sie sah ihn mit festem Blick und einem vor Entschlossenheit starren Gesichtsausdruck an. Er blieb lächelnd, kaum einen Meter von ihr entfernt, stehen. „Aber du hast mir Ärger gemacht. Vielleicht mehr Ärger, als du überhaupt wert bist. Aber das bleibt abzuwarten. Komm heraus, Hure."

Rachel rührte sich nicht. „Ich sagte: Komm heraus!" Er machte einen Satz nach vorn. In diesem Moment sprang Luke, obwohl immer noch geschwächt und benommen von seinem Sturz, aus der Dunkelheit heraus und warf sich mit der ganzen Wucht seines Köpers auf ihn. Das Feuerzeug wirbelte durch die Luft und der Revolver fiel klappernd auf die Steine.

„Lauf, Rachel!“, schrie Luke. „Lauf!“, schrie er noch einmal, während er mit Gerhardt zusammen zu Boden stürzte.

Aber Rachel zog Mosches Taschenlampe aus ihrem Rockbund, knipste sie an und folgte dem Duell mit dem Lichtstrahl wie auf der Bühne und dem Spot der zentralen Handlung. Gerhardt saß rittlings auf dem Captain und schlug auf dessen Gesicht ein. Vergeblich suchte Rachel nach dem Revolver, ihrer letzten Hoffnung. Durch die unvorhergesehene Wendung der Ereignisse von Hoffnung erfüllt, ergriff sie schließlich einen großen Stein und schlug damit auf Gerhardts Hinterkopf.

Er stieß einen gurgelnden Schrei aus und wandte sich ihr zu, ohne den bewusstlosen Captain noch weiter zu beachten. Sein mörderischer Zorn erwachte von neuem. Rachel ergriff wieder die Taschenlampe und lief, von Entsetzen gepackt, auf den Torbogen zu, der zu der Säule und dem Abgrund führte. Wenn es doch keine Hoffnung mehr gab, keinen Hoffnungsschimmer mehr, dann war sie entschlossen, zusammen mit Mosche zu sterben.

Sie beschleunigte ihren Lauf, die Augen gebannt auf den Torbogen gerichtet. Seine schweren Schritte folgten ihr, und das Echo seiner Flüche hallte um sie her. *Nur noch ein paar Meter, dann bin ich für immer in Sicherheit. Nur noch einen Augenblick, und dann wird mir niemand mehr weh tun können. Tikvah! Mosche! Für immer fort! Ich will nicht mehr geschändet werden!*

Als sie bereits die Umrisse der Säule erkannte, durchdrang eine andere Stimme das Dunkel. „Lass die Finger von ihr!“ Es war Mosche, der in diesem Augenblick von der Säule sprang. Er stürzte sich auf Gerhardt und warf ihn nieder. Dann rollten die beiden Männer, im Kampf umschlungen, über den Boden und hieben mit den Fäusten krachend aufeinander ein.

„Mosche!“, schrie Rachel, noch immer von großer Angst ergriffen, in ungläubigem Erstaunen darüber, dass er noch lebte. „Oh, Mosche!"

Mosche setzte sich rittlings auf den Brustkorb des brutalen Mörders und hielt ihn eisern am Boden. Dann packte er ihn an den Haaren und schlug seinen Kopf immer wieder auf die Steine, bis er sich nicht mehr regte.

Keuchend vor Anstrengung, richtete Mosche sich auf. Aber er verließ seinen Platz nicht eher, als bis er sicher war, dass das Monster unter ihm nicht mehr imstande war, weiterzukämpfen.

„Ist alles in Ordnung mit dir?", fragte er schließlich atemlos.

„Ja", erwiderte Rachel tonlos. „Ich glaube."

„Mosche, alter Junge!", ertönte da eine schwache Stimme durch die Höhle.

„Tut mir Leid, dass ich dir keine größere Hilfe war, alter Knabe."

Mosche schloss beim Klang dieser Stimme ungläubig und fassungslos vor Freude die Augen. „Eine Stimme aus dem Grab", flüsterte er. Dann rief er übermütig: „Ich hätte dich dort hinten gut brauchen können, Luke. Bin über den Rand gefallen und hing da, bis ich mich schließlich doch wieder hochziehen konnte. Der andere hatte nicht das Glück."

„Als ich wieder zu mir kam, warst du fort", erklärte Luke.

„Ich habe das Paket genommen – zum Glück war da noch eine Taschenlampe drin –, und dann habe ich mich durch einen anderen Tunnel gekämpft, der am Grund des Schachtes verlief, und bin genau hier herausgekommen." Er zeigte auf die Stelle. „Genau dort, wo sich Miss Lubetkin versteckt hatte." Von den Strapazen der vergangenen Stunden überwältigt, sank Rachel, den Kopf zwischen den Händen, plötzlich zu Boden. „Oh, Mosche!", weinte sie. „Ich kann nicht glauben, dass du es wirklich bist!"

Er stand auf und ging langsam zu ihr. Er zog sie mühelos an der Hand hoch und nahm sie dann in die Arme. „Es ist kein Traum, Liebste. Ich bin es tatsächlich."

32. Dem Leben neu geschenkt

Die Dämmerung war angebrochen und hatte den Himmel in ein fahles Licht getaucht, vor dessen Hintergrund sich deutlich die Konturen der Männer abzeichneten, die auf den Dächern des jüdischen Viertels Wache standen.

Mosche saß auf den Stufen vor Leahs und Schimons Wohnung und hörte sich an, was Ehud ihm zu berichten hatte.

„Und als diese Schwarzmäntel mit den schwarzen Herzen kamen, um das Kind zu holen, hab' ich sie einfach die Treppe runtergeschmissen! Ja! Genau diese Treppe hier, auf der wir jetzt sitzen. Auch ein paar Frauen, die Rachel kennen, haben sich fürchterlich über die Rabbiner aufgeregt und kamen her, um zu sehen, wie sie einer so guten und freundlichen Tochter Zions, wie es deine Rachel ist, helfen könnten. Aber Rachel war nicht hier. Deshalb ist Schoschanna Cohen bei dem Kind geblieben, während ich selbst zur Wohnung von Rachels Großvater gegangen bin. Die Tür war aufgebrochen und drinnen ein großes Durcheinander. Und dieser Schakal von einem Hund lag wie tot auf dem Boden. Dann fand ich den Brief. Genau in diesem Augenblick kam Dov mit der Nachricht vom Tod der beiden Wächter an. Arme Kerle! Sie hatten keine Chance. Ich sammelte die anderen und ging mit ihnen zur Synagoge. Vor der Synagoge hörte ich ein Geräusch, das wie ein Gewehrschuss klang, aber die anderen meinten, es sei nur das Krachen des Donners gewesen." Ehud hielt inne, um Atem zu schöpfen. „Wir sind nicht früh genug gekommen, um euch viel helfen zu können."

„Es war früh genug", erwiderte Mosche, rieb sich das Kinn und schaute nachdenklich zum pastellfarbenen Himmel hinauf.

„Immerhin ist es euch gelungen, ihre Aufmerksamkeit so lange von uns abzulenken, dass wir genug Zeit hatten, um zu fliehen. Euch hat Gott geführt, Ehud – und uns ebenso."

„Omaine!", rief Ehud. „Und ich glaube, auch Captain Thomas. Ich hätte nie gedacht, dass ich je gut von einem Nichtjuden sprechen würde. Aber oj! Dieser Mann ist ein *Gonster-Macher*, nu? Ich bin froh, dass er auf unserer Seite steht."

„Er ist jetzt sicher wieder in der Neustadt", meinte Mosche nachdenklich und schaute unverwandt auf die Mauer. „Gott segne ihn. Es wird nicht leicht für ihn sein, seinen Vorgesetzten den Zustand seines Gesichtes zu erklären. Abgesehen davon, bin ich sicher, dass zumindest sein Nasenbein gebrochen ist. Und erst seine Augen! Sie waren so geschwollen, dass er sie fast nicht mehr aufbekam."

„Du bist selbst nicht gerade eine Schönheitskönigin", bemerkte Ehud mit einem prüfenden Blick auf Mosches Gesicht. „Was sind diese Araber bloß für Menschen! Und vor allen Dingen dieser Gerhardt, nu?" Er senkte die Stimme und legte einen Finger zum Schutz vor dem bösen Blick auf die Lippen. „Ein *Dübbuk* wohnt in seinem Körper! Ein böser Geist! Wie hätte er denn sonst entkommen können, nachdem du seinen Kopf auf die Steine und ihn k. o. geschlagen hattest?"

„Ich hatte Rachel und Luke über die Spalte geholfen ..." Mosche schüttelte verärgert den Kopf. „Dann habe ich das Seil aus Lukes Gepäck geholt, um Gerhardt damit zu fesseln, weil ich ihn dort liegen lassen wollte, bis wir ihn holen konnten. Aber er war fort. Als ich von der Säule stieg, war er einfach verschwunden."

„Da siehst du's! Ein *Dübbuk!* Unsere Leute haben ihn gesucht und gesucht, aber ..."

„Er wird wohl kaum lebend aus diesem Labyrinth herauskommen, Ehud. Ich hatte doch sogar eine Karte, und trotzdem haben wir es kaum geschafft", warf Mosche grimmig ein. „Dov, Elihu und Vultch haben die Säule gesprengt, und der Durchgang ist ja sowieso verschlossen. Außerdem werden wir Rachel hier behalten. Und wenn ich nicht bei ihr bin, dann muss ein anderer ihr Leibwächter sein."

„Ein anderer!", fuhr Ehud auf. „Wer sonst außer mir?"

Mosche betrachtete ihn einen Moment lang nachdenklich durch sein verschwollenes Auge. „Ja, mein Freund. Wenn Liebe und bloße Körperkraft etwas bedeuten ..."

„Jawohl!", polterte Ehud dazwischen. „Als Rachel ohnmächtig

war, habe ich sie eigenhändig hierher getragen, nu? Und du bist hinterhergelaufen wie ein Hündchen! Ich helfe dir schon, mein Freund. Hab keine Angst." Er schaute schweigend zur Tür hinauf. „Das dauert aber lange. Ich hoffe, es geht ihr gut, dem armen Kind. Sie hat so viel durchgemacht, nu?"

Mosche nickte seufzend. Während er darüber nachdachte, wie einsam Rachel sich in dieser schweren Zeit gefühlt haben musste, schwieg Ehud zum ersten Mal, seitdem sie in der Wohnung angekommen waren. Doch als die langen Morgenschatten schließlich verschwunden waren und helles, schimmerndes Sonnenlicht die Mauern der Altstadt überzog, zupfte Ehud an seinem Bart und sagte leise: „Ich habe ihr gesagt, dass du sie liebst."

Mosche zog seine Brauen in die Höhe und starrte auf die feuchten Pflastersteine zu seinen Füßen. „Und was hat sie geantwortet?"

„Sie wollte nichts davon hören. Konnte es nicht glauben."

„Ich hätte es ihr selbst sagen müssen. Ich hätte sie nie allein hierher gehen lassen dürfen. Beinahe wäre ich zu spät gekommen. Beinahe."

„Aber du bist es nicht. Sie ist ja jetzt in Sicherheit." Ehud schlug Mosche auf den Rücken. „Und wenn sie nicht gekommen wäre, was wäre dann aus der kleinen Tikvah geworden? Sie wäre in irgendeinem Winkel des Waisenhauses gelandet. Rachel liebt die Kleine wie ihr eigenes Kind. Das ist etwas, woran der alte Akiva nie gedacht hat. Bei meiner Seele, er sieht nicht mehr als ein blinder Bettler, der ruft: *‚Ich kann sehen! Ich kann sehen!'* Er sieht nur das, wodurch sein Bild von sich selbst nur noch besser wird."

Mosche lächelte über Ehuds unerschütterliche Verteidigung Rachels und ihres Rechtes, das Kind zu behalten. „Nein, ich hatte Unrecht, Ehud. Gott hat dich ihr zur Seite gestellt, damit sie nicht allein war. Du bist ihr ein guter Freund gewesen. Ihr – und auch mir. Ich danke dir."

Vor lauter Verwirrung überflog Ehuds wettergegerbtes Gesicht eine leichte Röte und er rutschte unruhig auf den Stufen hin und her. Dann starrte er verlegen auf seine Hände. „Es war nicht nur ich, weißt du ... Wir... wir alle haben uns ein bisschen in sie verliebt. Es ist ja auch nicht schwer, sie zu lieben, nicht wahr? Es ist nur so schade, dass sie das selbst nicht weiß. Sie glaubt, ihr Leben sei wertlos. Aber man braucht keinen Weisen zu fragen, um zu wissen, dass das nicht stimmt." Er betrachtete Mosche, der stirnrunzelnd neben ihm saß, von der Seite.

„Wertlos?", wiederholte Mosche erstaunt. „Dabei liebe ich sie so, als gäbe es niemanden sonst auf der Welt. Wie kann ich ihr das nur sagen, Ehud? Wie kann ich überhaupt anfangen?"

„Tja", meinte Ehud und strich sich nachdenklich über den Bart. „Du bist ja schließlich jetzt hier. Vielleicht ist das schon genug."

In diesem Moment wurde die Wohnungstür geöffnet und Schoschanna steckte ihr faltiges Gesicht in die kalte Morgenluft. „Sie möchte Sie jetzt sehen, Mosche." Ehud schnellte empor und war schon im Begriff, die Stufen hinaufzueilen. „Nein. Nicht Sie! Sie möchte gern mit Mosche Sachar allein sein!"

Mosche nahm jeweils zwei Stufen auf einmal, blieb dann aber auf der obersten Stufe zögernd stehen, um seine wirren, schmutzigen Haare zu glätten, bevor er eintrat.

„Oj! Was für ein Gestank!", rief Schoschanna angewidert, als er an ihr vorbei ins Zimmer ging. „Fassen Sie nur ja nicht das Kind an!", befahl sie.

Rachel lag unter einem blauen Federbett und sah trotz der schweren Zeit, die hinter ihr lag, erstaunlich wohl aus. Tikvah schlief friedlich neben ihr. Rachel hatte ihren Arm um sie gelegt und ihren Zeigefinger in die winzige Faust der Kleinen gesteckt. Bei Mosches Anblick überkam Rachel mit einem Mal Schüchternheit. Sie nahm ihren Finger aus der Hand des Kindes, zog die Bettdecke bis unters Kinn und sah verlegen auf das Kind hinab. Mosche stand genauso befangen da und suchte nach Worten.

„Ich bringe diesem Meschuggenen von einem Seemann einen Kaffee", erklärte Schoschanna und ging mit einer dampfenden Tasse in der Hand hinaus.

Die Tür fiel hinter ihr klickend ins Schloss. Mosche und Rachel waren allein. Aber Mosche wusste noch immer nicht, was er sagen sollte, obwohl er sich bei Rachels Anblick danach sehnte, seine Arme um sie zu legen, sein Gesicht an das ihre zu lehnen und den süßen Duft ihrer Haut in sich aufzunehmen. Doch er zuckte nur unbeholfen die Achseln und sagte: „Ich freue mich, dass du wach bist."

„Ich freue mich, dass du lebst", erwiderte sie und erlaubte ihren Augen schließlich doch, seinem Blick zu begegnen. Doch erschrocken über die Innigkeit, die sie darin fand, wandte sie ihr Gesicht schnell wieder ab.

„Rachel, ich ...", begann er und machte einen Schritt nach vorn, blieb jedoch gleich wieder stehen.

„Dies ist jetzt mein Kind", sagte Rachel hastig und glättete die Decke um Tikvah. „Hat Ehud dir von ihr erzählt? Und von Leah? Natürlich hat er das. Er erzählt jedem alles, was er weiß." Sie sah ihn erneut an. Dieses Mal nahm sie jedoch die unverkennbare Sehnsucht in seinen Augen wahr und brachte es nicht fertig, ihren Blick wieder abzuwenden. Sie suchte nach Worten. Eine zärtliche Wärme durchflutete sie und ließ ihre Wangen erröten. „Weißt du, sie ist ein wunderschönes Kind. – Komm doch näher."

Mosche zögerte noch immer. „Ich weiß, dass ich wahrscheinlich ..."

„Was hast du, Mosche?", fragte sie. Ein Schatten der Unsicherheit glitt über ihr Gesicht. Sie sah fort, von der plötzlichen Furcht ergriffen, dass sie seinen Brief vielleicht missverstanden hatte, dass das, was sie in seinen Augen gesehen hatte, eine Täuschung gewesen war.

„Ich muss wohl sehr ... Schoschanna hat gesagt, dass ich ... schlecht rieche." Er fuhr sich mit der Hand durchs Haar und versuchte erneut, es zu ordnen. „Ich habe mir zwar die Hände und das Gesicht gewaschen, aber leider ..."

Da lachte Rachel auf und streckte ihm ihre Arme entgegen. Ihre Schüchternheit war wie weggeblasen. „Ach, Mosche!", sagte sie unter Tränen. „Es war wie im Traum. Aber du bist ja wirklich gekommen. Du bist es wirklich!"

Mosche eilte zu ihr, kniete sich neben ihr Bett und barg sein Gesicht an ihrem weichen Hals. „Meine Geliebte!", flüsterte er. „Meine einzige, süße Rachel!"

Sie wiegte seinen Kopf in ihren Armen und heiße Tränen strömten ihr über die Wangen bei dem Gedanken an die Aufrichtigkeit seiner Liebe und an ihre eigene Wertlosigkeit. „Ich verdiene deine Liebe nicht, Mosche, nein. Du weißt doch, was ich bin und was ich getan habe. Und trotzdem machst du dir noch etwas aus mir. Aber es ist nicht recht, dass du mich liebst. Obwohl ich weiß, dass auch ich dich nicht lieben sollte und dass eine Frau wie ich niemals lieben darf, kann ich es doch nicht ändern. Ich muss dich einfach lieben und mir wünschen, dass du niemals mehr von mir gehst!"

Mosche hob die Augen und strich ihr sanft über die Wange. „Ich kann deinen Schmerz nachempfinden, mein Liebes. Deinen *ganzen* Schmerz! Und wenn ich könnte, würde ich ihn dir abnehmen. – Als ich mich in dich verliebt habe, Rachel, da war es mir, als bekäme ich so eine kleine Ahnung davon, wie sehr Gott seine Braut Israel liebt. Sie hat so viel durchgemacht, ist missbraucht und gehasst worden, und dennoch hat Gott seinen einzigen Sohn gesandt, um sie zu retten und zu erlösen. Und um ihn für sie sterben zu lassen. Genauso hat Gott mein Herz an deines gebunden, und ich würde eher sterben, als zulassen, dass dir noch einmal jemand ein Leid antut. Glaubst du mir das, meine Geliebte?"

„Ich höre zwar deine Worte. Ich weiß auch, dass du hier bist, weil du meinetwegen dein Leben aufs Spiel gesetzt hast. Aber ich begreife nicht, wie du mich lieben kannst." Ein Schatten huschte über ihr Gesicht und sie wandte sich von ihm ab. „Wenn ich in den Spiegel sehe, entdecke ich darin nur die Bruchstücke eines Menschen. Nur Teile von dem, was ich hätte sein sollen."

Mosche hob sanft ihr Kinn mit seinen Fingern an und sah ihr gerade in die leuchtend blauen Augen. „Ich möchte, dass du mich ansiehst, Liebste, und mir sagst, was du siehst."

Rachel wandte ihm stirnrunzelnd ihr Gesicht zu und wagte es schließlich auch, in seine warmen tiefbraunen Augen zu blicken. Ein flüchtiges Lächeln umspielte ihren Mund. „Wenn ich in deine Augen sehe, Mosche, dann sehe ich ja mich selbst!", sagte sie in staunendem Entzücken.

„Und in diesem Spiegel bist du wunderschön und vollständig.

Ich liebe dich, Rachel. Ich liebe dich", wiederholte er noch einmal aufrichtig. „Liebe ist der einzige Spiegel, den wir benutzen dürfen, um uns selbst und andere zu beurteilen. Und ich will dir noch etwas erzählen, das aus meinem tiefsten Herzen kommt: Dein Leben und dein Glück sind mir so viel wert wie die ganze Welt – ja, mehr wert als mein eigenes Leben. Und wenn ich als Mensch schon so sehr lieben kann, dann wirst du, Rachel, wenn du in den Spiegel der Liebe Gottes schaust, dort nicht nur Hoffnung und Freude, sondern sogar Gnade finden. Du wirst sehen, dass du ihm nicht egal bist und dass er dich als seine eigene geliebte Tochter schätzt."

Rachel senkte ihren Blick auf seine Hände, während wieder die Qualen ihrer Vergangenheit in ihr aufstiegen. „Ich wünschte, ich könnte das glauben", sagte sie matt. „Bestimmt hast du gehört, welches Urteil die Rabbiner über mich verhängt haben. Mein eigenes Volk hat mich verstoßen."

„Rachel, die Menschen aus diesem Viertel haben sich einhellig für dich ausgesprochen!"

„Wirklich?"

„Akiva und seine Bande erinnern mich an eine Geschichte, eine wahre Geschichte, die sich vor langer Zeit hier ereignet hat, damals, als Jesus noch auf diesen Straßen einherging. Eine Frau hatte gesündigt und die Alten hatten sie aus der Stadt geführt, um sie zu steinigen, sie dem Tod zu übergeben, wie es das Gesetz vorschrieb. Die Ältesten hassten Jesus, obwohl unsere Leute ihn liebten und ihm folgten. Als sich nun eine große Menschenmenge gebildet hatte, fragten die Ältesten, um Jesus auf die Probe zu stellen, was denn der große Rabbi zu der Hinrichtung meine, nu?"

Rachel nickte mit unbeweglicher Miene. Sie musste daran denken, wie sie am vorigen Abend in der Synagoge vor den Rabbinern auf dem Boden gelegen hatte. „Er war ein rechtschaffener Mensch. Hat er sie verurteilt?"

Mosche ergriff Rachels Hand. „Er bückte sich und schrieb mit dem Finger auf die Erde. Wahrscheinlich hat er die Sünden der Menschen aufgeschrieben, die mit Steinen in der Hand um ihn herumstanden."

„Und was hat er dann getan?“

„Er richtete sich auf und sagte zu ihnen: ‚*Wer unter euch ohne Sünde ist, werfe als Erster einen Stein auf sie.*‘“

Rachel lachte und drückte Mosches Hand. „Was für ein kluger Mann er gewesen ist!“

„Er war der Einzige unter ihnen, der ohne Sünde war, Rachel. Er war der Einzige, der den Stein hätte werfen können. Als schließlich einer nach dem anderen mit gesenktem Kopf gegangen und die Frau mit Jesus allein war, richtete er sich auf, und seine Augen waren ihr Spiegel.“

„Und was hat der Rabbi zu ihr gesagt?“

Mosche hielt inne und lächelte über den kindlichen Ausdruck auf Rachels Gesicht. „Die Geschichte gefällt dir, nicht wahr?“

„Ja, Mosche! Bitte erzähle mir noch, wie sie ausgeht!“

„Jesus fragte sie: ‚Frau, wo sind sie geblieben? Hat dich keiner verurteilt?‘ Sie antwortete ihm: ‚Niemand, Herr!‘ Siehst du, sie hatte gemerkt, dass der, der vor ihr stand, niemand anders als der Messiah war und nur er allein sie anklagen konnte. Er aber sagte nur: ‚Auch ich verurteile dich nicht; geh und sündige von jetzt an nicht mehr!‘“

Rachel klatschte in die Hände und lehnte sich ins Kissen zurück. „Ach, Mosche! Dann ist er es wohl, von dem Leah sagte, dass ich Tikvah von ihm erzählen solle! Wie wundervoll, einen solchen Menschen gekannt zu haben! Wenn ich ihn nur in der vorigen Nacht bei mir in der Synagoge gehabt hätte!“

„Er war bei dir, mein Liebes. Selbst jetzt sind seine Augen noch ein Spiegel der Gnade und des Mitleids. Und er sehnt sich danach, dass ihn jedes seiner Kinder sieht und kennt.“

Epilog

Der Ruf des Muezzins hallte durch die Straßen der Stadt und rief die Gläubigen zum Morgengebet. Nach Osten ausgerichtet, lagen Männer und Frauen auf ihren Gebetsteppichen und neigten ihre Köpfe tief zu Boden.

Hoch über ihnen erklang lang anhaltend das Knattern eines kleinen Flugzeugs, das in Richtung des jüdischen Viertels und des Platzes Tiferet Jeruschalajim flog.

Mosche schirmte mit der Hand seine Augen gegen die grelle Wintersonne ab und rannte dann zur Mitte des Platzes. „David!" Er strahlte über das ganze Gesicht, als die Nase der kleinen Piper über der goldenen Kuppel des Felsendomes erschien, wo Tausende von Menschen ihren Kopf im Gebet neigten und sich durch das Surren des metallenen Insekts zweifellos in ihrer Andacht gestört fühlten.

Während das kleine Flugzeug über den Platz hinwegflog und zum Gruß mit den Flügeln wackelte, stand Mosche heftig winkend auf einer Bank. Dann beschrieb es eine Kurve und flog langsam wieder in Richtung des Platzes zurück.

Plötzlich öffnete sich seine Kabinentür und eine große Leinentasche wurde herausgekippt. Am Ende eines Fallschirmes, der sich in den Farben hellblau und weiß entfaltete, schwebte sie langsam herab. Noch drei weitere Male flog das Flugzeug über den Platz, auf dem im Nu Kinder und andere neugierige Bewohner des Viertels zusammenströmten.

Mosche entfernte den großen Umschlag vom ersten Paket. Ein riesiges rotes Herz war darauf gemalt. Dann lachte er über die hastig skizzierte Karikatur von Jihad-Moqhaden beim Gebet: das Gesicht am Boden und den Allerwertesten auf das Flugzeug und die Fallschirme gerichtet.

Die Bildunterschrift lautete:

Der Mufti hat seinen Leuten beigebracht, vor jeder Mahlzeit zu beten. Diesmal beten sie auch, damit ihr koscheres Essen bekommt! Heute Abend erheben wir also auf beiden Seiten der Mauer unsere Gläser zum Leben! L'Chaim!
Morgen wieder zur selben Zeit am selben Ort! David und Ellie.
P. S. Ich habe dir doch gesagt, dass wir es schaffen!

Erläuterungen und ergänzende Informationen

Ab: Die Monate Juli/August. Die spätestens seit dem Exil gebrauchten biblischen Monatsnamen sind assyr.-babylon. Ursprungs und werden bis heute verwendet. Der jüd. Kalender basiert sowohl auf den Mondphasen (Monate) als auch auf dem Sonnenzyklus (Jahre). Ein reiner Mondkalender wäre unmöglich, da die jüd. Feste zwar nach Monaten datiert werden, gleichzeitig aber (da ihrem Ursprung nach Landwirtschaftsfeste) von den vom Sonnenjahr bestimmten Jahreszeiten abhängig sind.

Alamein, *El-:* ägypt. Oase in der Libyschen Wüste. 01.-06.07.1942: die brit. Armee verhindert den Einbruch des dt. Afrikakorps unter Rommel nach Ägypten. 23.10.-03.11.1942: entscheidender Durchbruch der Briten unter *Montgomery* zur alliierten Rückeroberung Nordafrikas.

aschkenasische Juden / Aschkenasim (Einzahl: Aschkenas): Juden, deren ursprüngliche Herkunft Osteuropa war und die z. T. über Nord- und Südamerika, Südafrika und Australien nach Israel eingewandert sind. Ihre Umgangssprache ist das *Jiddische* (s. d.).

Ben-Gurion, David: geb. 16.10.1886 in Plonsk/Polen – gest. 01.12.73. Schon früh in der zionist.-sozialistischen Bewegung tätig; ging 1906 als Landarbeiter nach Palästina. 1935-1948 Leitung der *Jewish Agency* (s. d.). Er suchte im Zionismus die umfassende Lösung der jüd. Frage und forderte von allen Zionisten die Einwanderung. Zugleich hoffte er auf eine Einigung mit den Arabern, deren Rechte er zwar gewahrt wissen wollte, denen er aber keinen nationalen Anspruch auf Palästina zuerkannte.

jüdisches Beten: Seit der Zerstörung des Tempels (70 n. Chr.) hat das Gebet für die Juden an Bedeutung gewonnen. Als „Lobopfer der Lippen" ist es an die Stelle des seit damals nicht mehr möglichen Tempelopfers getreten. Jüd. Gottesdienst ist daher im Wesentlichen Gebetsgottesdienst. Im Laufe der Jahrhunderte traten zu den bibl. Psalmengebeten eine Reihe von weiteren festformulierten Gebeten hinzu, gleichfalls in hebr. Sprache verfasst. Sie sind zusammen mit allen für den häuslichen und den Synagogengottesdienst notwendigen Texten im jüd. Gebetbuch *(Sidur)* gesammelt, oft mit einer Übersetzung in die Landessprache. Seit der Zeit des Babylon. Exils legen die Juden großen Wert auf das Gebet in der Gemeinschaft (s. auch *Minjan).* Zum Beten gehört auf jeden Fall eine Kopfbedeckung zum Zeichen der Demut vor Gott. Zum Morgengebet und zum Gottesdienst in der Synagoge trägt man außerdem einen Gebetsmantel (s. *Tallit).* Beim Beten werden die Hände nicht gefaltet. Manche Juden bewegen sich beim Beten rhythmisch hin und her. Der psalmodierende Sprechgesang bei Gebeten und Lesungen erinnert an liturgisches Singen im christlichen Gottesdienst.

Bimah: erhöhter Platz meist in der Mitte der Synagoge, von dem aus die *Thora* (s. d.) verlesen wird.

Britisches Mandat: Völkerbundmandat. Großbritannien wurde durch das Palästina-Mandat, das ihm 1922 vom Völkerbund übertragen worden war, dazu verpflichtet, die „Errichtung einer nationalen jüdischen Heimstätte zu gewährleisten". Das Mandatsgebiet erstreckte sich rechts und links des Jordans und wurde von den Briten im Westen in Palästina und im Osten in ein autonomes arabisches Emirat, Transjordanien, geteilt, um den immer stärker werdenden Ansprüchen der Zionisten und der arabischen Nationalisten gerecht zu werden. Ein Ausgleich zwischen den Interessen der Juden, ganz Palästina zu besiedeln, und den auf ein Großreich ausgerichteten Interessen der Araber erfolgte dadurch jedoch nicht (s. auch *Teilung).*

Challah (Teighebe; s. Num 15,19f): Weißbrot für den Sabbat. Beim Backen dieses Brotes schneidet die Hausfrau ein Stück (ursprünglich eine Pflichtgabe für die Priester) vom Teig ab. Da der Genuss dieser Abgabe nur unter voller Wahrung der vorgeschriebenen rituellen Reinheit gestattet ist, aber diese seit der Tempelzerstörung und dem Aufhören der Opfergottesdienste keinem priesterlichen Abkömmling mehr zukommt, wird die Ch. heutzutage von der Hausfrau verbrannt, wobei sie einen Segen spricht.

Chassidim (hebr.: die Frommen; Einzahl: Chassid): Angehörige der jüngsten und volkstümlichsten religiös-mystischen Bewegung des Ostjudentums; im 18. Jh. in der Ukraine entstanden. Die Chassidim fordern einfältigen Glauben und ethischen Wandel, verbunden mit der Forderung nach Aufhebung des religiösen Wertunterschiedes zwischen rabbinischen Funktionären und Gelehrten und dem einfachen Volk: die Frommen eines jeden Standes können durch aufrichtige Gläubigkeit die Stufe von Gerechten erreichen. An diese wird die religiös-sittliche Führung der Gemeinde übergeben; ihre Würde ist erblich.

David: König von Israel und Juda A. D. 1010 bis 970 v. Chr. Die Herrschaft D.s, die das Gebiet vom Golf von Akaba über das Ostjordanland bis nach Ham in Nordsyrien umfasste, erreichte in der antiken Geschichte Palästinas eine einmalige Ausdehnung. Trotz seiner persönlichen Verfehlungen trägt er bis auf den heutigen Tag die messianischen Hoffnungen gläubiger Juden. Im Tischgebet wie im Synagogengottesdienst wird um das Kommen des *Messias* (s. d.) aus dem Hause David gebetet. Das Grab Davids wird seit der Kreuzfahrerzeit auf dem Berg Zion in Jerusalem lokalisiert und sowohl von Juden, Moslems als auch Christen verehrt.

Felsendom: Moschee auf dem Gelände des einstigen herodianischen Tempels; ihre vergoldete Kuppel erhebt sich weithin sichtbar neben der der silberglänzenden El-Aqsa-Moschee. Beide erinnern daran, dass Jerusalem neben Mekka und Medina für Muslime die wichtigste Kultstätte ist. Gläubige Muslime meinen auf dem Felsen (s. dazu *Westmauer)* den Hufabdruck des Pferdes Mohammeds erkannt zu haben.

Gehinnom: urspr. Gej ben Hinnom – Tal des Sohnes von Hinnom, ein Tal südl. von Jerusalem, wo dem Gott Moloch Menschenopfer dargebracht wurden (vgl. 2. Kön., 23,10; Jes. 7,3f); Strafort ausschließlich für die Frevler nach dem *Gericht.* Der G. wird unter der Erde und unter dem Meer oder auch in einem der sieben Himmel lokalisiert. Sein Kennzeichen ist ein ständig loderndes Feuer oder auch ewige Finsternis (s. a. *Scheol).*

Gideon: einer der im Richterbuch (Richter 6-8) beschriebenen von Gott erwählten Führer in der Notzeit Israels nach der Landnahme um 1100 v. Chr. Die historische Bedeutung Gideons liegt darin, dass er die „Söhne des Ostens", die nach den Israeliten in das Land Kanaan drängten, endgültig zurückgewiesen hat.

Goj (Mehrzahl: Gojim): wörtlich Volk. Mit diesem Wort wird im allgemeinen ein Nichtjude bezeichnet. *Schabbes Goj:* nichtjüdischer Diener, der in Judenhäusern die am Sabbat verbotenen Arbeiten erledigt.

Das Goldene Tor: im 5. Jh. über dem Eingang zu den Tempeln Salomos und Herodes erbaut. Die Legende behauptet, dass der Messias durch dieses Tor Jerusalem betreten werde. Möglicherweise versiegelten die Moslems das Tor, um die Ankunft des jüdischen Messias zu verhindern. Wahrscheinlicher ist jedoch, dass die Moslems das Tor mit dem Ende der Kreuzfahrerzeit schlossen, um Ungläubigen den Zugang zum Tempelberg zu verwehren.

Haftara (Prophetenlesung): Zu jedem Thora-Abschnitt (s. *Thora)* gehört ein Haftara, wobei auch die Geschichtsbücher der Bibel zu den Prophetenbüchern gerechnet werden.

Haganah, die (hebr.: „Verteidigung"): von 1920-1948 Selbstverteidigungsorganisation der *Jewish Agency* zur Zeit des britischen Mandats; ging bei der Staatsgründung im israelischen Heer auf.

Haj Amin Husseini: * 1895, im 1. Weltkrieg türkischer Offizier; 1921 von den Briten zum Mufti von Jerusalem ernannt, um ihn in ihre Politik einzubinden; 1926 Großmufti; 1937 aus Palästina ausgewiesen; knüpfte 1941 Beziehungen zu Hitler, wurde 1944 von den Alliierten in Frankreich interniert; entkam 1946 nach Kairo. Anführer arabischer Extremisten, die sich der im Palästina-Mandat formulierten Klausel, die die Errichtung einer jüdischen Heimstätte verbürgt, widersetzten. Er betrieb eine Terror- und Einschüchterungspolitik gegenüber Juden und missliebigen Arabern und schürte die anti-jüdischen Aufstände von 1920, 1929 und 1936 bis 1939. 1948 zum Präsidenten des arabischen Nationalrates für Palästina gewählt; seit den 50er Jahren ohne politischen Einfluß.

Hallel, das (hebr.: „preise"): die liturgische Verwendung der Psalmen 113-118 und 136 an hohen Feiertagen und im Synagogengottesdienst.

„Höre Israel" (hebr.: *Schma' Jisra'el*): jüd. Hauptgebet, benannt nach den Anfangsworten aus Dtn 6,4; Dtn 11,13-21 und Num 15,37-41 (s. auch *Mesusah),* die von verschiedenen Benediktionen eingerahmt sind. Es wird in der Synagoge beim täglichen Morgen- und Abendgottesdienst gebetet. Häufig von jüd. Märtyrern als Bekenntnis zum einen und einzigen Gott des Judentums gebetet, ist das S. ein verbreitetes Gebet während der Todesstunde.

Irgun (Zewei leumi), (hebr.: „militärisch-nationale Organisation"), 1931 gegr. anti-arab. und anti-brit. Untergrundorganisation des Revisionistischen (radikalen) Zionismus, die sich von der *Haganah* abgespalten hatte; seit Ende 1943 vom M. Begin befehligt, 1948 durch die Regierung Israels aufgelöst und in die reguläre Armee eingegliedert.

Jarmulke (hebr./jidd.): das kleine runde, auf dem Hinterkopf getragene Käppchen der Juden.

Jeschiva-Schulen: Schulen zum Studium der *Thora* und des *Talmud.* Bezeichnung für die traditionellen rabbinischen Lehrhäuser (s. *Rabbiner)* seit der Antike.

Jewish Agency for Palestine: aufgrund des britischen Palästina-Mandatsvertrages 1922 gebildete Organisation; die offizielle Vertretung der jüdisch-zionistischen Einwanderer nach Palästina. Sie vertrat die jüdischen Interessen bei der Mandatsregierung.

Jiddisch (hebr.): noch heute häufig die Umgangssprache der *Aschkenasim* (s. d.). Der Wortschatz stammt aus dem mittelalterlichen Deutsch und dem Hebräischen; Satzstellung und Grammatik haben sich dem Slawischen angeglichen; die Schreibung erfolgt mit hebräischen Buchstaben.

Jihad (arab.; „Anstrengung"): islamischer Glaubenskrieg gegen Nichtmuslime, „heiliger Krieg" genannt; wichtigstes Element der Verteidigung und der Ausbreitung des Islams. Er muss jedoch nicht notwendigerweise mit Waffen geführt werden, darf aber erst enden, wenn der Islam gesiegt hat.

Jihad-Moqhaden, die: die im heiligen Krieg Kämpfenden.
Josephus Flavius (eigentlich: Joseph ben Mathitjahu): (?37 Jerusalem – ?100 A. D. Rom), jüdischer Geschichtsschreiber; wandelte sich nach Teilnahme am Aufstand der Juden zum hellenistischen Römer, schrieb eine „Geschichte des jüdischen Krieges" in griechischer Sprache, um Interesse für das Schicksal des jüdischen Volkes zu wecken. Dieses ist eine Hauptquelle für unser heutiges Wissen über die nachbibl. jüdische Geschichte.

Kaddisch, das (aramäisch: „heilig"): eines der häufigsten jüdischen Gebete zum Lob Gottes in der Hoffnung auf sein kommendes Reich sowie zur Erinnerung an die Toten; vielfach auch von Trauernden gebetet.

Kantor: Vorbeter in der Synagoge. Durch ihn ergehen an die Gemeinde Aufforderungen zum Vorbeten, Vorlesen oder Predigen. Er hat die Thorarolle aus dem Schrein zu holen, sie wieder dorthin zu tragen, auch die zu lesende Stelle aufzuschlagen. Bei besonderen Gelegenheiten fügt man den Stammgebeten Dichtungen hinzu, die gesungen werden. Auch diese Aufgabe obliegt dem Kantor. Dieses Amt kann grundsätzlich jedem übertragen werden. Es gibt aber auch beamtete Kantoren.

Keffijah: aus einem Tuch bestehende Kopfbedeckung der Araber, die von einem Kopfband gehalten wird.

Kiddusch (hebr.: „Heiligung"): Gebet, das zu Hause (vor der Mahlzeit) oder in den Synagogen (zum Schluss des Abendgottesdienstes) am Vorabend des Sabbat bzw. an Feiertagen über einen Becher Wein gesprochen wird (s. Zitate).

koscher: rein, zum Genuss erlaubt. Speisevorschriften gehören zu den Regeln, die im jüdischen Alltag eine außerordentlich große Rolle spielen und für die Juden in der ganzen Welt gelten. Die wichtigsten Regeln: Verbot des gleichzeitigen Genusses von Milch und Fleischprodukten; nach dem Verzehr von Fleisch sollen bis zum Genuss von Milchprodukten mindestens fünf, von Milchprodukten zu Fleisch zwei Stunden verstreichen. Die zum Essen erlaubten Tiere werden eingeteilt in: Säugetiere (mit gespaltenen Klauen), Fische (aber keine Muscheln, Aale, Schalentiere), Geflügel. *Koscher ist* das Fleisch, wenn es geschächtet, d. h. ausgeblutet, ist und eine halbe Stunde in Wasser gelegen hat. Fische und Eier gelten als neutral, d. h. sie dürfen zu Milch und Fleisch in gleicher Weise genossen werden. Das Geschirr wird streng getrennt benutzt.

Kreuzfahrer: von den christlichen Völkern des Abendlandes wurden Kriegszüge zur Eroberung des Heiligen Landes unternommen (s. a. *Palästina).* Erster Anlass dazu war die Eroberung Jerusalems und damit des Grabes Christi durch die türk. Seldschukken (1071).

1099 nahmen die K. unter G. v. Bouillon Jerusalem ein (Massaker unter Moslems und Juden). Die Grabesstätte wurde neu aufgebaut und der Stadtkern mit neuen Mauern umgeben, wobei er eine fast so große Ausdehnung bekam wie zur Zeit des Herodes. Damals entstand auch die Aufteilung der Stadt nach Vierteln. Die meisten Orte, an denen biblische Ereignisse stattfanden, wurden von den K. lokalisiert. Diese Festlegungen haben bis heute Gültigkeit. (s. a. *Saladin)*

Manasse/Menasche: König von Juda (690-640 v. Chr.). Im Gegensatz zu seinem Vater Hiskia, huldigte er dem assyr.-babylon. Sternenkult und machte so die unter dem Einfluss Jesajas eingeleitete, auf monotheist. Gottesverehrung abzielende rel. Reform zunichte. Was M. jedoch am stärksten angelastet wurde, war die Einführung des Moloch-Dienstes (s. *Moloch).* Ursache war wohl der enge pol. Anschluss M.s an das damals auf dem Höhepunkt seiner Macht stehende Assyrien, dessen Götter mächtiger erschienen als der Gott Israels.

mechulle (jidd.): Bankrott; wörtl.: erledigt, zu Ende gegangen.
meschugge: verrückt. Meschuggener: Verrückter.

Messias: Juden gründen die Hoffnung auf das Heil Gottes nicht auf die Person Jesu Christi, sondern auf die im Alten Testament gemachten Zusagen Gottes an sein Volk. Allerdings gibt es schon in der Bibel verschiedene Antworten auf die Frage, wer und wie der M. sein wird. Nach Daniel 7,13-14 wird er in siegreicher, strahlender Glorie sein von Gott gegebenes Königsamt antreten; nach Sacharja 9,9 ist er ein König, der in niedriger Demut zu wirken beginnt. Die Erwartung einer endzeitlichen Führer- und Heilsgestalt aus dem Hause David findet sich allerdings erst im nachbibl. Judentum. Die Bibel kennt nur verschiedene Vorformen dieser M.-Erwartung. Ursprünglich ist wahrscheinlich die rein politische Erwartung einer langdauernden Regierungszeit der Könige aus dem Hause David (2. Sam 22,51 – Ps. 18,51): nach dem Tode Salomos ist diese Erwartung vor allem auf die Wiederherstellung des Hauses David gerichtet. In einem weiteren Stadium verlagert sich der Akzent auf die besonderen Qualitäten des erwarteten M., der Gerechtigkeit verwirklichen und ein Reich des Friedens und der Freiheit errichten wird. Jeder M.anspruch wird daran gemessen, ob solch ein weltumspannender Frieden verwirklicht wird. Nach christlicher Auffassung wird der M. in der Gestalt des Jesus von Nazareth gesehen. „Es ist aber eine Tatsache, dass es heute wie zur Zeit Jesu Menschen jüdischer Herkunft gibt, die Jesus als den Messias Israels und ihres Lebens bekennen“ (Was jeder vom Judentum wissen muss, Gütersloher Verlagshaus, 4. Aufl. 1987, S. 178).

Mesusah, die, (hebr.: „Türpfosten“): Bezeichnung einer Pergamentrolle mit einer Inschrift aus Dtn 6,4-9 und 11,13-21, die in einer (oft verzierten) Kapsel am rechten Türpfosten der Zimmer eines jüd. Hauses befestigt wird. Haussegen. Die ursprünglich rein eth.-rel. Bedeutung der Inschrift wurde später dahin ergänzt, dass man von der M., wie bei einem Amulett, Schutz und Abwehr böser Geister erwartete, weshalb man zu den Inschrifttexten Engel- u. Gottesnamen auch entsprechende Bibelverse hinzufügte.

Mikweh: „Ansammlung“ (von Wasser). Bassin, in dem die Frauen das rituelle Reinigungsbad nehmen. Die rituelle Waschung ist das üblichste Mittel der rituellen Reinigung oder Heiligung, und zwar je nach dem Grad der rituellen Heiligkeit einer Sache oder eines Ortes. So ist ein Tauchbad in „lebendigem“ (d. h. fließendem oder Regen-) Wasser vorgeschrieben nach festgestelltem Wund- und Blutfluss oder Aussatz und nach sexuellen Kontakten. Die Braut nimmt vor der Eheschließung ein Tauchbad, ebenso ein Nichtjude bei der Konversion.

Minjan (hebr.: Zehnzahl): Jüdischer Gottesdienst ist Laiengottesdienst und verlangt die aktive Beteiligung der Beter. Sein Hauptteil kann erst beginnen, wenn eine Zehnzahl von über 13-jährigen Männern versammelt ist.

Mogen David: Schild Davids, gilt als Wappen des jüdischen Volkes (Judenstern).

Moloch (hebr.: „König"): Nachdem das Reich unter den Nachfolgern König Salomos in ein Nord- und ein Südreich zerfallen war, übernahm der Norden fremdreligiöse Einflüsse, wie den Baal-Kult aus Tyros (s. Manasse), der sogar Menschenopfer forderte (s. 3. Mos 18,21; Jer 32,35 u. a.).

Montgomery, Bernhard Law, brit. Feldmarschall und Heerführer, * 17.11.1887, übernahm im August 1942 die Führung der 8. (Nil/-) Armee, siegte bei El Alamein, 1951-58 stellvertr. Oberbefehlshaber der NATO-Streitkräfte.

Mufti: Rechtsgelehrter des Islam, der in Fragen des religiösen Rechts berät und Rechtsgutachten verfasst. Im osmanischen Reich war der Großmufti die oberste Autorität des religiösen Rechts neben dem für weltliche Angelegenheiten zuständigen Großwesir.

Öl: war im Kult Beigabe zum Speiseopfer und Brennstoff für den Tempelleuchter.

Omaine (hebr.): Amen.

Orthodoxie: die jüd. Richtungen, die strikt an der traditionellen Frömmigkeit und weitgehend auch Lebensweise festhalten. Auch der osteurop. *Chassidismus* (s. d.) bildet einen Teil der O., die sich angesichts des *Zionismus* (s. d.) in einen ursprünglichen anti-, dann nichtzionistischen und einen zionistischen Zweig teilte.

Osmanisches/ottomanisches Reich: von 1517 bis 1918 war Palästina unter türkischer (s. auch *Palästina* und *Britisches Mandat)* Herrschaft. Die erste Zeit, besonders unter *Suleiman dem Prächtigen* (1495-1566), sah eine rege Bautätigkeit (u. a. die heute noch stehenden Mauern um die Jerusalemer Altstadt).

Oyrech (jidd.): der als Gast zu Tisch geladene (arme) ‚Durchreisende'. Solche Einladungen, besonders zu den Mahlzeiten am Sabbat und an Festtagen, werden als frommes Werk betrachtet.

Palästina: das biblische Kanaan. Für die Juden heißt das Land seit alter Zeit „Erez Israel", Land Israels. Infolge der beiden missglückten Aufstände gegen die Römer (70 und 135 n. Chr.) wurde dem Land sein alter Name genommen und ihm die römische Bezeichnung „P." gegeben, die 1928, allerdings eingeschränkt auf das Gebiet westlich des Jordans, offizieller Name des Brit. Mandats wurde. Seine Lage am Knotenpunkt dreier Kontinente hat P. von jeher große strategische Bedeutung verschafft. Wer das Land beherrschte, beherrschte auch die Handelsstraßen zwischen Ost und West. Mit dem Aufstieg des Christentums und des Islams zu Weltmächten kamen Wellen neuer Eroberer, die im Namen ihres Glaubens oder ihrer Nation Ansprüche auf das Land erhoben. Heute ist „P." programmatischer Name für den nach einem eigenen Staat strebenden Teil der Palästina-Araber, der das Staatsgebiet Israels 1948, zum großen Teil freiwillig, verlassen hat und den Staat Israel bekämpft.

Pessach: Fest zur Erinnerung an den Auszug aus Ägypten, bei dem die bibl. Erfahrung des Volkes Israel (Auszug/Exodus – Wüstenwanderung – Einzug in das verheißene Land) zum Grundmuster des Glaubens in der Gegenwart werden: Gott befreit aus der Bedrängnis, Gott führt durch die Not, Gott erfüllt sein Versprechen.

Pikuach Nefesch: „Errettung einer Seele". So heißt eine Tat, die zur Rettung eines Menschen aus Todesgefahr dient. Eine solche Tat darf und muss selbst an Sabbat- oder Feiertagen unternommen werden, auch wenn dadurch das strenge Gebot der Ruhe verletzt wird.

Rabbi (hebr.: ravvi): Titel, Anrede für verehrte jüdische Lehrer; Gelehrter; Träger dieses Titels. Rabbiner: kein „Geistlicher", sondern Experte der religionsgesetzlichen Bestimmungen, Gebote und Verbote (Schriftgelehrter); Richter, Prediger, oft zugleich auch Oberhaupt einer *Jeschiva* (s. d.).

Rebbe: Jiddische Form von Rabbi.

Saladin: Sultan von Ägypten u. Syrien, 1138-1193. Eroberte 1187 Jerusalem u. große Teile des Gebietes der Kreuzfahrer. Im Anschluss daran übernahmen die Moslems Jerusalem und vertrieben alle Christen. Die vormalig moslemischen Kultstätten erhielten wieder ihren ursprünglichen Status. Neue Moscheen und andere religiöse Einrichtungen wurden erbaut. Nach dem Abkommen zwischen S. und Friedrich II. im Jahre 1129 durften die Kreuzfahrer wieder nach Jerusalem zurückkehren, wurden aber 1244 endgültig aus der Stadt vertrieben. Unter der moslem. Herrschaft durften sich auch die Juden wieder in Jerusalem ansiedeln. Sie bildeten seitdem eine fortdauernde Gemeinde.

Schabbat (hebr.: „Ruhetag"): 7. Tag = Ruhetag zur Erinnerung an das Ruhen Gottes nach der Erschaffung der Welt (Ex 20,11) und an den Auszug aus Ägypten (Dtn 5,12-15). Der S. ist der Höhepunkt der jüd. Woche. Er beginnt am Vorabend (Freitagabend) und endet am Samstagabend nach Eintritt der Dunkelheit. Die Frau, im jüd. Gottesdienst sonst ohne eigenständige Bedeutung, hat bei der häuslichen S.feier eine fast priesterliche Rolle: sie begrüßt den eintretenden S. mit dem Entzünden der beiden S.kerzen, über denen sie den Segen spricht.
Die Leitung der häuslichen Feier hat der Hausvater: er begrüßt den S. mit dem Friedensgruß, spricht das „Lob der Frau" (Sprüche 31,10-31) und vollzieht den *Kiddusch* (s. d.) noch feierlicher als in der Synagoge.

Schabbes (jidd.): für Schabbat.

Schabbes-Goj: s. Goj.

Scheol („die Unterwelt"): das Reich der Toten; das bibl. Konzept der Unterwelt als Aufenthaltsort der Toten (s. a. *Gehinnom).*

Schickse, die (jidd.): Nichtjüdin.

Seder (hebr.: „Ordnung"): Der erste Abend des sieben- bis achttägigen *Pessach-Festes* (s. *Pessach).* Der Verlauf des Festes und vor allem des innerhalb des Festes so wichtigen Sederabends ist streng geregelt. Zum Pessachmahl gehören folgende Bestandteile, die jeweils symbolische Bedeutung haben: drei ungesäuerte Brote (Erinnerung an den übereilten Auszug aus Ägypten, der ein Durchsäuern des Teigs nicht zuließ), vier Becher Wein (Zeichen der Freude über die Befreiung), eine Erdfrucht (Zeichen der kargen Kost in Ägypten), Meerrettich (Zeichen des bitteren Leides in Ägypten), ein Ei (Ersatz für das Festopfer), braunes Fruchtmus (Erinnerung an den Lehm, aus dem in Ägypten Ziegel geformt werden mussten), etwas Salzwasser (zum Gedenken an die Tränen des geknechteten Volkes), ein gerösteter Lammknochen (als Zeichen für das Pessachlamm, das beim Auszug und später im Tempel geschlachtet wurde, seit der Zerstörung des Tempels aber nicht mehr geschlachtet werden kann). Zur Feier gehören bestimmte Segenssprüche und Gebete, die Hallelpsalmen und andere Lieder, die den Wunsch nach baldiger Erlösung durch den Messias ausdrücken und in dem Ruf gipfeln: „Nächstes Jahr in Jerusalem!", sowie die Erzählung des Auszugs aus Ägypten. Essen und Glaube, Freude und Trauer, Gedenken und Hoffnung sind hier in einer für den jüdischen Glauben typischen Weise miteinander verbunden.

Schekinah (hebr.: „Einwohnung Gottes"): Gottesbezeichnung der talmudischen Literatur, speziell für den im Heiligtum, in der Gemeinde oder beim Einzelnen gegenwärtigen Gott. Die mit der S. verbundenen Gottesvorstellungen sind sehr vielfältig und lassen sich auch nicht durchgehend harmonisieren. Manche Texte gehen davon aus, dass sich die S. nach der Zerstörung des 1. Tempels aus Israel zurückzog, andere, dass sie mit Israel ins Exil ging, wiederum andere, dass sie insbesondere in einer Gemeinde von Betenden anwesend ist.

Schläfenlocken: Die Haartracht der S. geht auf das Verbot des Kahlscherens an den Seiten (Lev 19,27) zurück, das in orthodoxen und chassidischen Kreisen bis heute üblich ist.

Schofar, das (hebr.): krummes, aus Widderhorn hergestelltes Blasinstrument, das an bestimmten Festtagen geblasen wird. Ursprünglich wurde das S. zu besonderen Ereignissen wie Krieg, Frieden, Festtagen etc. geblasen. Das Horn ist zugleich eine Erinnerung an den Widder, der an Isaaks Stelle von Abraham geopfert wurde.

Souk (arab.): überdachter Basar.

Synagoge(Gottesdienst): jüd. Gottesdienst ist insbesondere ausgerichtet auf die *Thora* (s. d.). Ins Auge fällt daher der Thoraschrein an der Stirnseite der S., davor das Pult des *Kantors* (s. d.). Das große Pult für d. Thoralesung (s. *Bimahl)* ist oft im Zentrum des Raumes. Es gibt keinen Altar, meist auch keine Orgel. Der Gottesdienst ist nicht abhängig von der Anwesenheit einer Priester- oder Levitenfamilie oder eines Rabbiners (s. d.). Gottesdienstsprache ist das Hebräische (in unterschiedlicher Aussprache, s. *sephardische Juden),* die Landessprache wird nur bei der Predigt (die nicht regelmäßiger Bestandteil ist) und beim Gebet für das Vaterland verwendet. Die Frauen sitzen meist getrennt.

Synhedrion (Rat, Gerichtshof): oberste politische und religiöse Körperschaft in Palästina in griech.-röm. Zeit mit 71 Mitgliedern und Sitz in Jerusalem.

sephardische Juden/Sephardim (Einzahl:): Bezeichnung für die Juden Spaniens. Verfolgung und Unterdrückung, aber auch Handelsbeziehungen und Auswanderung führten dazu, dass sich sephard. Juden im ganzen Mittelmeerraum bis in den Vorderen Orient ausbreiteten und prägend wurden (s. auch *aschkenasisches Judentum)*. Die beiden Gruppen unterscheiden sich durch ihre charakteristische Aussprache der hebräischen Gottesdienstsprache, durch Besonderheiten im Gottesdienst, durch eigene Umgangssprache.

Tallit, der (hebr.:): Gebetsmantel, ein großes viereckiges Tuch, das man zum Morgengebet und in der Synagoge trägt.

Talmud, der (hebr.: „Lehre"): eigentlich *Talmud Thora* (die von der Schrift/Bibel ausgehende Belehrung). Sammlung der Gesetze und religiösen Überlieferungen des Judentums nach der Babylonischen Gefangenschaft. Im technischen Sinne Bezeichnung der Mischna (schriftliche Fixierung der mündlichen Thora) einschließlich des dazugehörigen Kommentars (Gemara). Als Zusammenfassung der jüdischen mündlichen Tradition, insbesondere der Auslegungen, Anwendungen und Weiterbildungen des mosaischen Gesetzes, ist der T. für Juden eine der wichtigsten Schriften.

Tarbusch: fesartige Kopfbedeckung (mit einer blauen oder schwarzen Quaste versehene Filzkappe in Form eines Kegelstumpfes).

Teilung: Da Großbritannien den Juden in der Balfour-Erklärung von 1917 zugesichert hatte, einer jüdischen Besiedlung in Palästina wohlwollend gegenüberzustehen, und fast gleichzeitig auch den Arabern die Herrschaft über den gesamten Nahen Osten zugesagt hatte, kam es zu wachsenden Spannungen in diesem Gebiet. Bedingt durch den gegen sie gerichteten Irgun-Terror, brachte Großbritannien im April 1947 die Palästina-Frage vor die neu gegründeten Vereinten Nationen. Im November beschloss die Vollversammlung der UN die Teilung Westpalästinas (s. *Brit. Mandat)* mit Wirtschaftsunion der beiden Staaten sowie der Internationalisierung Jerusalems (s. dazu *Felsendom, Westmauer)*. Die Araber lehnten den Plan ab, obwohl ihnen Dreiviertel Westpalästinas zugesichert wurde.

Thora (hebr.: „Weisung"): das Herzstück der hebräischen Bibel – das Alte Testament der Christen – die im engeren Sinne die 5 Bücher Mose meint, im weiteren Sinne die Lehre der Heiligen Schrift insgesamt. Nach orthodoxer Auffassung hat die Weisung, die Mose am Sinai empfing und die in den 5 Büchern Mose aufbewahrt ist, für die Juden eine ausschließliche und bindende Autorität. In der T. erklärt Gott seinen Willen: im engeren Sinne durch die Zehn Gebote, im weiteren Sinne durch die 613 zusätzlichen „Pflichten" der 5 Bücher Mose. Nach weitverbreiteter Auffassung gab es daneben von Anfang an noch die mündliche Thora. Diese wurde aber jeweils erst dann formuliert, wenn neue Lebensumstände es erforderten (beispielsweise nach der Zerstörung des Tempels in Jerusalem das Problem des Gottesdienstes). Im Gottesdienst der Synagoge werden in jedem Jahr die 5 Bücher Mose vorgelesen. Dazu ist die T. in 54 Abschnitte eingeteilt (s. dazu *Haftara).*

Truman, Harry * 08.05.1884, 1944 zum Vize-Präsidenten der USA gewählt, durch Roosevelts Tod Präsident, 1948 wiedergewählt bis 1952. Mit weltweiter Militär- und Wirtschaftshilfe bemühte er sich um eine Stabilisierung der „Freien Welt" gegen jede Machtausweitung des Ostblocks.

Westmauer (Klagemauer): noch erhaltener Teil der herodianischen Mauer des Jerusalemer Tempels, den Salomo, der Sohn Davids, über einem Felsen auf dem Berg Morija (auf dem der Legende nach Abraham seinen Sohn Isaak opfern wollte), fast 1000 Jahre v. Chr. erbauen ließ. Er wurde zum Zentralheiligtum, später sogar zum einzigen Heiligtum, an dem ein Opfergottesdienst stattfinden konnte. Erstmals 586 v. Chr. von den Babyloniern zerstört, wurde er später wieder aufgebaut, von Herodes kurz vor der Zeit Jesu in großartiger Weise ausgebaut und 70 n. Chr. von den Römern unter Titus endgültig zerstört. Die Zerstörung wurde als Katastrophe von kosmischer Bedeutung empfunden (nur ritualgerechter Kult garantiert das allgemeine Gedeihen i. d. Natur sowie intakte zwischenmenschliche und menschl.-göttl. Beziehungen). Seit dem Mittelalter wird die W. als Gebetsstätte benutzt und hat die Bedeutung eines Wallfahrtsortes erlangt.

Zeloten (Eiferer): Bezeichnung für die radikalen Widerstandskämpfer gegen die röm. Herrschaft vom Beginn des 1. Jh. n. Chr. bis zur Eroberung Jerusalems durch die Römer.

Zion: zentraler Berg im historischen Jerusalem, der dadurch besondere Bedeutung erlangte, dass König David Jerusalem zu seiner Hauptstadt und zum Mittelpunkt des Volkes Israel machte. Später wurde Zion mit dem Tempel identifiziert, dann mit ganz Jerusalem und schließlich mit dem gesamten Volk in Palästina. Bereits in der babylonischen Gefangenschaft nach der ersten Zerstörung Jerusalems (586 v. Chr.) erwachte unter den deportierten Juden die Sehnsucht nach Rückkehr in das von Gott versprochene Land. Besondere Bedeutung erlangte die Zionssehnsucht, als nach 70 bzw. 135 n. Chr. das Land fast 2000 Jahre lang endgültig verloren schien.

Zionismus: knüpft an die alte Zionssehnsucht an. Als sich im 19. Jh. die neuzeitliche Form des Judenhasses, der Antisemitismus, herausbildete, wurde vielen Juden das Fehlen einer Heimat und die Verbundenheit mit dem Land der Väter verstärkt bewusst. Das Ziel der zionistischen Bewegung war es, den Juden zur Selbstachtung und zum Selbstbewusstsein eines eigenständigen Volkes zu verhelfen sowie die Achtung der Nichtjuden zu gewinnen. Eine völkerrechtlich abgesicherte Heimstätte der Juden sollte dies ermöglichen.

Verzeichnis religiöser Zitate

Höre, Israel, der Herr, unser Gott, ist einer (Dtn 6,4; *„Schma' Jisràel"*)

Gelobt seist du, Ewiger, unser Gott, König der Welt, der du uns geheiligt durch deine Gebote und uns befohlen, das Sabbatlicht anzuzünden *(Sidur Sefat Emet.* Mit deutscher Übersetzung von Rabbiner Dr. S. Bamberger. Victor Goldschmidt Verlag. Basel. 1987. S. 80).

Mit ewiger Liebe liebst du dein Volk, das Haus Israel; Lehre, Gebote, Satzungen und Rechte hast du uns gelehrt, darum wollen wir, Ewiger, unser Gott, bei unserem Niederlegen und unserem Aufstehen von deinen Satzungen sprechen. Wir wollen uns mit den Worten deiner Lehre freuen und deinen Geboten immer und ewig, denn sie sind unser Leben und die Länge unserer Tage, und in ihnen wollen wir bei Tag und Nacht forschen. Deine Liebe lass nicht von uns weichen in Ewigkeit. Gelobt seist du, Ewiger, der du dein Volk Israel liebst (ebda., S. 86; s. *Kiddusch).*

Gelobt seist du, Ewiger, unser Gott, König der Welt, der du uns geheiligt durch deine Gebote, uns erwählt hast und deinen heiligen Sabbat in Liebe und Wohlgefallen uns zum Anteil gegeben hast als Gedenken des Schöpfungswerkes. Er ist der erste Tag der heiligen Feste, eine Erinnerung an den Auszug aus Ägypten. Uns hast du auserwählt, uns geheiligt von allen Nationen und deinen heiligen Sabbat hast du uns in Liebe und Wohlgefallen zum Anteil gegeben. Gelobt seist du, Ewiger, der du den Sabbat geheiligt (ebda., S. 100).

Mit großer Liebe hast du uns geliebt, Ewiger, unser Gott, großes, reiches Erbarmen hast du uns erwiesen ... (ebda., S. 108).

... dem Schöpfer der großen Lichter, ewig währet seine Gnade! Ein neues Licht lass über Zion aufleuchten, dass wir uns alle bald seines

Glanzes freuen. Gelobt seist du, Ewiger, der die Lichter erschafft (ebda., S. 108).

An den Kindern deines Volkes sollst du dich nicht rächen und ihnen nichts nachtragen. Du sollst deinen Nächsten lieben wie dich selbst (Leviticus 19,18).

Du sollst den Ewigen, deinen Gott, lieben mit deinem ganzen Herzen, und deiner ganzen Seele und deinem ganzen Vermögen ... (ebda., S. 109, s. a. *Höre, Israel).*

Behüte mich, Gott, denn ich vertraue dir. Ich sage zum Herrn: „Du bist mein Herr; mein ganzes Glück bist du allein" *(Psalm 16,1-2).*

Du wirst mich befreien aus dem Netze, das sie mir heimlich legten; denn du bist meine Zuflucht. In deine Hände lege ich voll Vertrauen meinen Geist *(Psalm 31,5-6).*

Ziehet hin, ziehet hin durch die Tore! Bereitet dem Volke den Weg! Machet Bahn, machet Bahn! Räumt weg die Steine, pflanzt den Völkern ein Panier auf! Siehe, der Herr läßt sich vernehmen bis ans Ende der Erde: Saget der Tochter Zion: „Siehe, dein Heil kommt!" *(Jesaja 62,10-11).*

Jesus und die Ehebrecherin *(Johannes 8).*

Die Zion-Chroniken von Bodie Thoene – Millenium-Ausgabe

Die Zion-Chroniken ist eine großangelegte Romanserie, die vor dem Hintergrund der Staatsgründung Israels spielt. Die Autorin versteht es, in äußerst packender Weise den Hintergrund des Überlebenskampfes des jüdischen Volks nach dem Holocaust aufzuzeigen und den Leser in das Geschehen hineinzunehmen. Jetzt als Sonderausgabe!

Band 1: Der Weg nach Zion
ISBN 3-86122-458-5
Fester Einband, 512 Seiten

Band 2: Eine Tochter aus Zion
ISBN 3-86122-459-3
Fester Einband, 384 Seiten

Die Zion-Passion von Bodie Thoene

In dieser Reihe erfahren Sie mehr über den Leidensweg des jüdischen Volkes - die Vorgeschichte zu der Bestseller-Serie „Die Zion-Chroniken“.

Band 1: Wien – der Auftakt
ISBN 3-88224-900-5 * Paperback * 514 Seiten

Band 2: Prag – der Konflikt
ISBN 3-86122-007-5 * Paperback * 406 Seiten

Band 3: München – das Abkommen
ISBN 3-86122-057-1 * Paperback * 444 Seiten

Band 4: Jerusalem – die Hoffnung
ISBN 3-86122-095-4 * Paperback * 470 Seiten

Band 5: Danzig – der Plan
ISBN 3-86122-116-0 * Paperback * 470 Seiten

Band 6: Warschau – das Requiem
ISBN 3-86122-147-0 * Paperback * 540 Seiten

FRANCKE
Verlag der Francke-Buchhandlung GmbH

Die Abenteuer der Katie Lapp, die Geschichte einer Frau aus einer Amisch-Gemeinschaft, die unversehens zwischen zwei Welten steht, erzählt Beverly Lewis in den drei folgenden Büchern:

Was auch geschehen mag
ISBN 3-86122-382-1
Fester Einband, 228 Seiten

In der ruhigen Amisch-Gemeinschaft von Hickory Hollow im US-Bundesstaat Pennsylvania ist die Zeit stehen geblieben. Doch durch einen Zufall kommt die junge Katie Lapp einem Geheimnis auf die Spur, das das einzige Leben, das sie kennt, in seine Einzelteile zerfallen lässt.

Kannst du mir vergeben?
ISBN 3-86122-419-4
Fester Einband, 278 Seiten

Katherine Lapp hat ihre wahre Identität erfahren und begibt sich auf die Suche nach ihrer leiblichen Mutter. Dabei gerät sie in die unbarmherzige mitleidlose Welt, die ihr völlig neu und völlig fremd ist.

Werden wir uns finden?
ISBN 3-86122-447-X
Fester Einband, 240 Seiten

Katherine ist neue Herrin der Mayfield-Villa und genießt das vornehme „englische Leben“. Dennoch schmerzt sie die Trennung von ihrer Amisch-Familie mit jedem Tag mehr. Erneut ist sie herausgefordert, sich dem Erbe der Vergangenheit zu stellen.

FRANCKE
Verlag der Francke-Buchhandlung GmbH